Phaidon Press

无墙的
学院
Art and Life Lessons

高远 —— 译
Gao Yuan Translates

The Akademie X

Art and Life Lessons from 36 of the World's Top Artists

36位世界顶级艺术家的
艺术和生活课

辽宁美术出版社
Liaoning Fine Arts Publishing House

Introduction
简介

10 查尔斯·盖恩斯 Charles Gaines	19 托马斯·劳森 Thomas Lawson	28 蒂姆·罗林斯 Tim Rollins
11 利亚姆·吉利克 Liam Gillick	20 黎光定 Dinh Q. Lê	29 迈克尔·史密斯 Michael Smith
12 皮耶罗·戈利亚 Piero Golia	21 林园珠 Won Ju Lim	30 约翰·斯德扎克尔 John Stezaker
13 米歇尔·格拉布纳 Michelle Grabner	22 约纳斯·梅卡斯 Jonas Mekas	31 斯蒂芬妮·苏约克 Stephanie Syjuco
14 丹·格雷厄姆 Dan Graham	23 卡丽·莫耶 Carrie Moyer	32 谢淑妮 Shirley Tse
15 卡塔琳娜·格罗斯 Katharina Grosse	24 瓦格西·穆图 Wangechi Mutu	33 詹姆斯·威灵 James Welling
16 琼·乔纳斯 Joan Jonas	25 鲍勃·尼卡斯 Bob Nickas	34 理查德·温特沃斯 Richard Wentworth
17 米兰达·裘丽 Miranda July	26 Raqs媒体小组 Raqs Media Collective	35 克里斯托弗·威廉姆斯 Christopher Williams
18 克里斯·克劳斯 Chris Kraus	27 尼奥·劳赫 Neo Rauch	36 克尔基斯多夫·沃蒂兹科 Krzysztof Wodiczko

玛丽娜·阿布拉莫维奇
Marina Abramović

出生/工作和生活

塞尔维亚贝尔格莱德（前南斯拉夫），1946年/纽约

教育经历

名誉博士学位：

古巴美术学院，2012年

威廉姆斯学院，威廉斯敦，马萨诸塞州，2011年

英国普利茅斯大学，2009年

伊利诺伊州芝加哥艺术学院，2004年

硕士学位：萨格勒布美术学院，1972年

文学学士学位：贝尔格莱德美术学院，1970年

教学职位

纽约玛丽娜·阿布拉莫维奇学院创始人

汉堡比尔登德艺术学院教授，1992—1996年

柏林赫斯特大学客座教授，1990—1991年

巴黎美术学院访问教授，1990—1991年

塞尔维亚诺维萨德美术学院教师，1973—1977年

重要作品

权力之地，瀑布，2013年

艺术必须是美丽的，艺术家必须是美丽的，1975—2010年

艺术家在现场，2010年

七个轻松的作品，2005年

巴尔干巴洛克，1997年

与乌雷合作，1976—1988年

节奏系列，1973—1974年

获奖

2013年：因在歌剧《波莱罗》中的作品而获得"艺术和文学勋章"，巴黎 // 2012年：在俄罗斯彼尔姆举行的Diaghilev音乐节上，因《生与死》获得Diaghilev奖 // 2008年：奥地利科技和艺术荣誉勋章，维也纳 // 2007年：AECA大奖得主，马德里 // 2007年：国际艺术评论家协会 // 2007年：纽约，《七件小事》获AICA-USA奖 // 2006年：纽约，《七件小事》获古根海姆博物馆最佳时空艺术展览奖（录像、电影或表演）// 1997年：《巴尔干巴洛克》获最佳艺术家金狮奖（表演），入选意大利第四十七届威尼斯双年展

近期个展

2014年：进入另一面，Kistefos博物馆，挪威耶夫纳克 // 玛丽娜·阿布拉莫维奇：512小时，蛇形画廊，伦敦 // 2013年：手持虚空，当代艺术中心，西班牙马拉加 // 玛丽娜·阿布拉莫维奇的生与死，MIF13，洛瑞剧院，英国索尔福德 // 2012年：玛丽娜·阿布拉莫维奇，格林辛格画廊，奥地利维也纳 // 巴尔干故事，维也纳艺术馆 // 2011年：艺术家在现场，车库当代文化中心，莫斯科 // 玛丽娜·阿布拉莫维奇，品尼高画廊，佐治亚州萨凡纳 // 2010年：个人考古，纽约肖恩·凯利画廊 // 玛丽娜·阿布拉莫维奇，伦敦利森画廊 // 艺术家在现场，纽约现代艺术博物馆

01

无墙的学院：36位世界顶级艺术家的艺术和生活课

近期群展

2013年：AA布朗森的诱惑，荷兰鹿特丹的威特·德·怀特 // 坏女孩，法国洛林当代艺术中心，法国梅斯 // 2012年：盛宴：当代艺术中的激烈好客，伊利诺伊州芝加哥大学，斯玛特艺术博物馆 // 面孔：视频艺术中的面孔现象，布拉格鲁道夫纳姆美术馆 // 第13届卡塞尔文献展：世俗之家，Karlsaue公园，德国卡塞尔 // 超越时间：国际今日视频艺术，文化宫，斯德哥尔摩 // 2011年：11个房间，MIF11，曼彻斯特美术馆，英国 // 女英雄，蒂森-博尔米萨广场和基金会博物馆，卡亚，马德里 // 公众和反公众，西班牙塞维利亚安达卢斯当代艺术中心 // 2010年：100年，纽约现代艺术博物馆PS1，纽约州长岛市

玛丽娜·阿布拉莫维奇
Marina Abramović

01

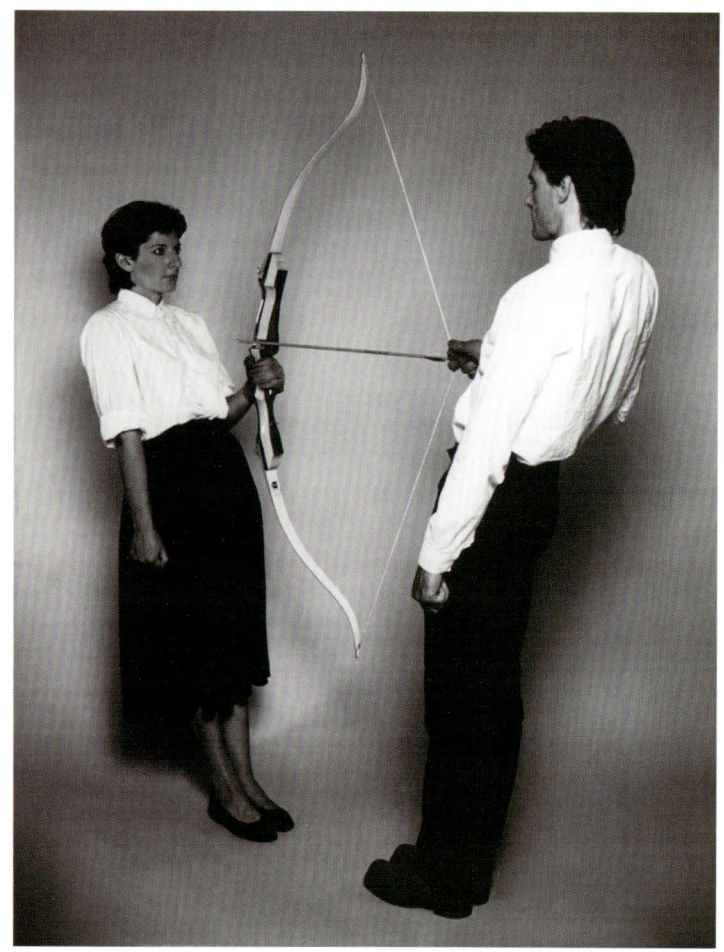

← 休息能量，1980年，表演/宝丽来，都柏林/阿姆斯特丹。与乌雷合作

↙ 节奏4，1974年，表演，标图画廊，米兰，意大利

↓ 等待一个想法，1991年，马拉巴，巴西

→ 艺术家在现场，2010年，为期三个月的表演，纽约现代艺术博物馆

↘ 巴尔干巴洛克，1997年6月，行为装置（细节），第47届威尼斯双年展

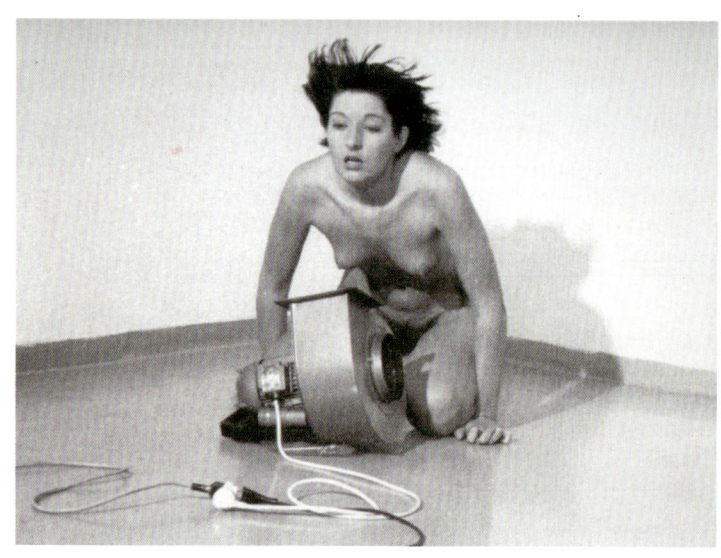

01

无墙的学院：36位世界顶级艺术家的艺术和生活课   13

玛丽娜·阿布拉莫维奇
Marina Abramović

艺术家在其生活中的行为：
艺术家不应该对自己或他人说谎
艺术家不应该窃取其他艺术家的想法
艺术家不应该向艺术市场妥协
艺术家不应该杀死其他人
艺术家不应使自己成为偶像
艺术家不应使自己成为偶像
艺术家不应使自己成为偶像

艺术家与其爱情生活的关系：
一位艺术家应避免与另一位艺术家相爱
一位艺术家应避免与另一位艺术家相爱
一位艺术家应避免与另一位艺术家相爱

艺术家与苦难的关系：
艺术家应当遭受苦难
最好的作品来自苦难
苦难带来变革
通过苦难，艺术家超越了自己的心智
通过苦难，艺术家超越了自己的心智
通过苦难，艺术家超越了自己的心智

艺术家不应该抑郁
抑郁症是一种疾病，应当被治愈
抑郁症对艺术家没有帮助
抑郁症对艺术家没有帮助
抑郁症对艺术家没有帮助

自杀是背弃生命的罪愆
艺术家不应当自杀
艺术家不应当自杀
艺术家不应当自杀

艺术家与灵感的关系：
艺术家不应该对自己或他人说谎
艺术家应该深入自己的内心寻找灵感
越深入地探索内心，他就会越普世
艺术家是宇宙
艺术家是宇宙
艺术家是宇宙

01

课程：一位艺术家的生命宣言

艺术家与自控力的关系：
艺术家不应蛮控自己的生活
艺术家应该对自己的作品有完全的掌控力
艺术家不应蛮控自己的生活
艺术家应该对自己的作品有完全的掌控力

艺术家与透明度的关系：
艺术家应同时给予和接受
透明意味着接受
透明意味着付出
透明意味着获得
透明意味着接受
透明意味着付出
透明意味着获得
透明意味着接受
透明意味着付出
透明意味着获得

艺术家与符号的关系：
艺术家创造自己的符号
符号是艺术家的语言
而语言必须被翻译
有时很难找到诀窍
有时很难找到诀窍
有时很难找到诀窍

艺术家与沉默的关系：
艺术家必须了解沉默
艺术家需要在作品中为沉默创造一个空间
沉默就像动荡的海洋中的一个小岛
沉默就像动荡的海洋中的一个小岛
沉默就像动荡的海洋中的一个小岛

艺术家与孤独的关系：
艺术家应为孤独腾出时间
孤独非常重要
远离家乡
远离工作室
远离家人
远离朋友

玛丽娜·阿布拉莫维奇
Marina Abramović

艺术家应淹留于瀑布
艺术家应淹留于爆发的火山附近
艺术家应长时间观察汛急飞湍
艺术家应停留很长时间观察海洋和天空相遇的地平线
艺术家应长久凝望夜空星汉

与工作有关的艺术家行为：
艺术家应该避免每天去工作室
艺术家不应该像银行工作人员一样安排自己的日程表
艺术家只有在梦里或白天出现突发奇想时才应该探索生活和工作
艺术家不应该重复自己
艺术家不应过度生产
艺术家应避免生产艺术污染
艺术家应避免生产艺术污染
艺术家应避免生产艺术污染

艺术家的财产：
佛教僧人建议一生中最好拥有九件财产：
    一件夏季穿的长袍
    一件冬季穿的长袍
    一双鞋
    一只乞讨食物的碗
    一顶蚊帐
    一本祈祷书
    一把雨伞
    一个睡觉的垫子
    需要的话再加上一副眼镜
艺术家应自行决定自己应拥有的最少个人物品
艺术家应尽可能多地去断舍离
艺术家应尽可能多地去断舍离
艺术家应尽可能多地去断舍离

艺术家朋友的名单：
艺术家应该有帮他振奋精神的朋友
艺术家应该有帮他振奋精神的朋友
艺术家应该有帮他振奋精神的朋友

艺术家敌人名单：
敌人很重要
艺术家必须学会宽恕

01

课程：一位艺术家的生命宣言　17

艺术家必须学会宽恕
艺术家必须学会宽恕

不同的死亡场景：
艺术家必须意识到自己生命的有限性
对于艺术家来说，他的生活方式和死亡方式都很重要
艺术家应当考察自己作品中为不同死亡场景设计的象征符号
艺术家应该无惧有意识地面对死亡
艺术家应该无惧有意识地面对死亡
艺术家应该无惧有意识地面对死亡

不同的葬礼场景：
艺术家应该在生前对自己的葬礼有所设想，以便一切都按他想要的方式完成
葬礼是艺术家离开前的最后一件艺术品
葬礼是艺术家离开前的最后一件艺术品
葬礼是艺术家离开前的最后一件艺术品

指定的阅读和观看

阅读：

安德鲁·格雷厄姆-迪克森，《卡拉瓦乔：神圣而亵渎的生活》，纽约：诺顿公司，2011年。
卡拉瓦乔的生活令人着迷。他以个人的混乱和谋杀改变了画作的方式，成功地完成了出色的作品。

托马斯·麦克维尔，《挑衅者伊夫：伊夫·克莱因和20世纪艺术》，纽约：麦克弗森公司，2010年。
对于年轻的表演艺术家来说，这应该是鼓舞人心的。

邬斯宾斯基，《寻找奇迹》，纽约：Harcourt, Brace & World, Inc., 1949年。
这对我来说是一本重要的书，让我开始理解和思考不同的现实。

观看：

谢尔盖·帕拉贾诺夫导演，《石榴的颜色》，宇宙电影，1968年。
这是有史以来最美丽的电影之一。我与帕拉贾诺夫的工作紧密相连。

皮尔·保罗·帕索里尼导演，《定理》，欧洲国际电影，1968年。
这部电影将以非常原始的方式向学生展示对道德的质疑。

阿伦·雷乃导演，《去年在马里昂巴德》，电影，1961年。
这是一部关于时间和记忆的迷人电影，这两个主题让我非常感兴趣。另外，我相信从看电影的剪辑方式中可以学到很多东西。

18　玛丽娜·阿布拉莫维奇
Marina Abramović

01

← 为"艺术家在现场"展览举办的表演者工作坊和培训，车库当代文化中心，莫斯科，2011年

↙ 与皮埃尔·路易吉·塔齐的工作坊，法国格雷诺布尔，1982年

↓ 为纽约现代艺术博物馆举办工作坊和培训表演者，纽约，2010年

→ 工作坊，1996年，法国

01

课程：一位艺术家的生命宣言   19

威立德·贝西蒂
Walead Beshty

02

出生/生活和工作

伦敦，1976年/洛杉矶

教育经历

耶鲁大学艺术学院硕士学位，美国康涅狄格州纽黑文，2002年

巴德学院文学学士，纽约州哈德逊河畔安嫩代尔，1999年

教学职位

加州帕萨迪纳市艺术中心设计学院美术学院研究生艺术系副教授，2008年至今

纽约州哈德逊河畔安嫩代尔巴德学院米尔顿·艾利艺术研究生院，2008年

伊利诺伊州芝加哥艺术学院客座教授，2007—2008年

加州大学洛杉矶分校艺术系讲师，2006—2007年

加州艺术学院艺术系全职客座教师，瓦伦西亚，2006—2007年

加州大学洛杉矶分校艺术系讲师，2003—2004年

重要作品

铜代用品，2012年至今

旅游图片，2006年/2008年/2012年

多面图片，2006—2010年

手在光的帮助下制作的图片，2006—2012年

联邦快递作品，2007年至今

作品精选，1998年/2008年至今

彩色卷毛作品，2008年至今

近期个展

2014年：特邀劳动，加斯泰因特·珀策尔，柏林 // 工作条件下的表演，佩策尔画廊，纽约 // 作品精选，雷根项目，洛杉矶 // 一个没有前途的发明的部分拆解：慌慌张张和随机笔记，其中滑轮和齿轮随机地躺在工作台上，巴比肯中心，伦敦 // 2013年：合理使用，电站，得克萨斯州达拉斯 // 2012年：旅行图片，托马斯·丹恩画廊，伦敦 // 2011年：证券和交易所，北京尤伦斯当代艺术中心 // 过程颜色田野，雷根项目，洛杉矶 // 力量图示，马尔默艺术中心，瑞典五月二日艺术中心 // 幻灯片，罗多尔夫·扬森画廊，布鲁塞尔 // 2009年：彩色背景上的可读性，赫斯霍恩博物馆和雕塑园，华盛顿特区 // 皮带轮、齿轮、镜子和窗户，密歇根大学艺术博物馆，安娜堡 // 流行力学，纽约墙空间 // 通道，洛杉矶艺术公司 // 制作剧照，托马斯·丹恩画廊，伦敦 // 2008年：科学混凝土，红菱美术/中国艺术物品，洛杉矶 // 工业图片，罗多尔夫·扬森画廊，布鲁塞尔 // 2007年：灰色的布料，格拉斯巴维永艺术学院，柏林 // 2006年：大使！（令人沮丧的科学候诊室）汉默博物馆，洛杉矶 // 2004年：购物的现象学与倒闭的购物中心，纽约现代艺术博物馆PS1，长岛市，纽约

近期群展

2014年：一个零下的世界：摄影棚中的摄影实践，纽约现代艺术博物馆 // 索引出现问题，加州摄影博物馆，河滨 // 漫画未来，韦克斯纳中心，哥伦布/马尔法宴会厅，德州 // 2013年：损害控制：自1950年以来的艺术与破坏，赫施霍恩博物馆与雕塑园，华盛顿哥伦比亚特区 // 测试图样，美国惠特尼美术馆，纽约 // 历史的天使，巴黎美术宫，巴黎 // 改造已知，市立博物馆，海牙 // 2012年：无休止的复兴，巴斯艺术博物馆，迈阿密海滩，佛罗里达州 // 重新发电：第九届上海双年展，代表洛

02

无墙的学院：36位世界顶级艺术家的艺术和生活课

杉矶市 // 更多的美国摄影，丹佛当代艺术博物馆，科罗拉多州 // 由内而外和由浅入深，克利夫兰当代艺术博物馆，俄亥俄州 // 当态度变成形式，又变成了态度，加州美术学院瓦特斯研究所，旧金山 // 状态，温特图尔摄影博物馆，瑞士

威立德·贝西蒂
Walead Beshty

02

↑《铜代用品》（90°长度方向的弯曲，2012年9月18日至21日/10月30日，洛杉矶，加州；2013年5月9日/14日，纽约），2012年至今，抛光铜，305cm×76cm×76cm

→《彩色背景上的可读性》，2009年，安装视图，赫施霍恩博物馆与雕塑园，华盛顿哥伦比亚特区

02

无墙的学院：36位世界顶级艺术家的艺术和生活课

威立德·贝西蒂
Walead Beshty

02

《残铜》（桌子：设计者不详，日期不详；罗多尔夫·杨森画廊，布鲁塞尔，比利时，2011年9月6日），2012年，抛光铜，152cm×305cm

《精选作品》（2008—2010年3月20日，2010年11月15日），2011年，彩色照相纸、黑与白纤维摄影纸，以及档案喷墨纸，228cm×127cm

这一切都始于一些基本的材料：纤维素、脂质、蛋白质、塑料，作为物理存在的人类以及作为物理存在的其他物质所产生的"感知"。"美学"一词源自希腊人的审美观念，即"与感官有关的感知"[1]（"知觉"，来源于拉丁语的"percipere"，为"感知，理解"的含义），因此美学是通过感官产生的理解（来源于拉丁语动词"sentire"，意为"感觉"）。因此，美学判断位于物理存在的世界中，而不是概念或是精神世界中，美学意义是物理经验的结果，而不是对抽象、符号或隐喻的"解读"。简而言之，美学不会像语言那样产生意义。

物体本身没有意义，而是根据上下文提示出其可能具备的含义。虽然含义通常意味着固定的东西，但是在这种情况下，我们可以将含义理解为由于物体暴露在特定情况下而产生的。也就是说，物体促进了某些结果，而不是包含着某些含义，并且每次交互都呈现出并非一定能够进行完全预测的一系列结果的可能性。这些相互作用随着时间的推移而积累，因此物体的含义不断发展。当我们假设物体仅包括含义时，这种复杂的动态就被掩盖了。

美学是交流的主要形式，它的影响是实质性的，通过其产生的行动和行为得以体现。一个物体的

---

[1] 更常见的定义是："一套有关美的性质和欣赏的原则，特别是在艺术方面。"在19世纪初被采用到英语中，在18世纪末在德国被创造为"关于美"。这个定义指的是美学的哲学领域，它与本次讨论没有关系。

02

课程：介绍性讲座的笔记

阿尔布雷特·丢勒，《忧郁症Ⅰ》，约1514年，雕版画，24cm×18.8cm

威立德·贝西蒂
Walead Beshty

形式决定了我们与它的关系，以及在它周围的人与人之间的关系，例如，我们对待桌子后面的人（从事服务业的人）和那些与我们面对面的人的方式是不同的。这些效果是通过重复建立的，当在社会层面上实现时，这些系统会变得更加复杂，因为美学可以表明一系列微妙的权力关系。例如，当我们遇到交通信号灯或警察进入图书馆时，我们在权力关系网络中的角色会立即传达给我们，还会导致我们的行为随之发生变化。这些更改是即时的，通常是自动的或未经思考的。我们在不同的环境中以完全不同的、往往是不协调的方式进行表演，或者更准确地说，我们根据环境和我们被对待的方式占据不同的主体地位。这就是美学在政治上的方式，它标志着我们作为民意测验成员（公民）的角色，它告诉我们应该如何期待被对待，以及我们应该如何对待他人。这就是雅克·朗西埃（Jacques Ranciere）在写"感性体制"时所指出的，即"感知的不言而喻的事实体系，它同时揭示了某种共同事物的存在和界定其中各自部分和位置的界限……决定了那些参与公民社会的人"。①

但是艺术呢？关于艺术，人们可以说的最精确的一句话是：它是关于美学的论述，因而具有检验和制定美学意义生产的能力。因此，艺术能够审视美学如何产生感性的分布，同时还能推测这种分布如何被改变或扩展。哲学追求的是认识，艺术追求的是最广泛意义上的感知。因此，艺术必须保持这一感知过程的开放性；它必须无休止地推迟结论性意义的到来，以保持其对意义如何确立的关注。

艺术持有审美学意义的一种方法是把熟悉的事物变得陌生，将意义置于地平线上，伸手不可及，但仍在视野中。这样一来，艺术反映了在美学世界里的意义。它表明人是存在于美学中的，人不仅仅作为简单的审美信息的消费者，而更多的是在审美生产者的动态系统中。艺术需要流通以保持其探究对象的存在；停滞不前是它的敌人，因为它的意义与存在是通过暴露在一系列环境中而建立的。这种短暂的性质就是约翰·凯尔西在文章中所指出的："画廊是……一个被激活的空间，信息、身体和金钱在这里迅速流通，而这种流通的力量瞬间凝固在图像和物体中。"② 如果我们没有意识到展览空间的停滞是瞬间的，我们将在展厅中看到西奥多·阿多诺所指出的存在——博物馆作为陵墓，与艺术品作为死亡纪念物。③ 展览空间（无论是艺术博物馆，艺术中心，商业画廊等）作为艺术作品的传播中心以及集散中心，通过在这些语境下发生的行为和活动（学院也有相似的职能）扩大艺术品的流通，这样看来，它们也是艺术作品意义的产生者。

赋予物体意义的方式是使用它们，随着时间的推移，某些使用变得自然化，通过对模式的反复使用与日积月累，某些惯例已经逐渐变得标准化了。例如绘画，已经制定了一套基本的惯例（例如架上绘画，矩形的形制，墙作为支撑，可携带）。这些惯例构成了对话的起点，即关于沟通性质的协议。例如，如果一幅画与它所挂的墙有"惯例性"的关系，如果我们把那面墙上的颜料作为作品的一部分来讨论，那就

---

① 雅克·朗西埃，审美与政治，巴黎：La Fabrique-Éditions，2000年，第12页。
② 约翰·凯尔西，100%的丰富文本：艺术精选写作，丹尼尔·伯恩鲍姆和伊莎贝尔·格劳编辑，柏林：斯特恩伯格出版社，2010年，第19页。
③ 西奥多·阿多诺，瓦莱里-普鲁斯特博物馆，棱镜转载，塞缪尔和雪莉·韦伯译，马萨诸塞州剑桥市：麻省理工学院出版社，1967年，第175页。

02

课程：介绍性讲座的笔记

是不诚信的行为。在艺术中，这些惯例指定了什么是作品的内部，什么是作品的外部，作品与周围环境之间的界限通过对惯例的遵守得以体现。

惯例产生于物体所鼓励的行为模式，并构成参与交流的实体之间的默契。因此，即使惯例逐渐改变形式，它们会随着时间的推移而逐渐增强，就像那些位于草坪中间的小路一样，日常变化通常是难以察觉的。为了进行交流，我们必须从一个参考点开始，所以惯例是必要的，这是我们共同持有的东西。但是，正如惯例通过确定行动的重要性来帮助人们理解这些行动一样，它也对那些重要性突然显现或出乎意料的事物视而不见。因此，我们经常不重视艺术品的展示环境和"次要"材料的重要性，例如有关作品的写作、文档、艺术家演讲等。这些材料是艺术品进入公共领域的主要手段。这就是丹·格雷厄姆评论艺术作品只有在被撰写和拍摄后才得以继续存在的原因。[1] 格雷厄姆的见解是将这些艺术作品的扩展视为其在世界上存在的基本要素，一件作品适合被拍照，或者可

谷歌数据中心，普赖尔，俄克拉何马州

---

[1] 丹·格雷厄姆，我为杂志页面工作：概念艺术的历史，加里·杜福尔，丹·格雷厄姆等，珀斯：西澳大利亚艺术画廊，1985年，第8-13页。

威立德·贝西蒂
Walead Beshty

以提供书面描述,这对于理解它至关重要,尤其是对于那些永远不会亲自观看的人(占多数)。在这个意义上,艺术作品只有通过其流通和分配才作为艺术而存在。

每个美学作品都可被视为一个重组过程,将来自其他地方的片段拼凑在一起。物质永远不会被破坏,它们只会被循环利用:填牙的黄金曾是金色星星的核心。同样,所有作品都依赖于先前作品的存在(可以将惯例视为这种依赖的总和)。人类学家和符号学家克洛德·列维·斯特劳斯提出,工匠是审美生产者的典范,"他的诗意来自他不局限于完成和执行的事实:他不仅用事物'说话'……而且通过事物的媒介……通过他在有限的可能性中做出的选择"。① 简而言之,工匠从她/他的周围环境中汲取事物,以改变其在世界范围内的流通。由于它们在明确的约束条件下运行,因此它们还提供了在相同约束条件下可以构想替代产品的可能性。这就是"修补"物品如何不仅是事物,而且是某种生产伦理的命题,表明了一种使特权透明和前景相互依赖的态度。因此,"修补"是被剥夺权利者的有力工具,因为它通过修补既定的意义来反对自我验证的权利,同时通过展示我们重新利用和颠覆它的能力来破坏其稳固性的

图片来源:瓦利德·贝什蒂(CMY/四磁,洛杉矶,加利福尼亚,2013年2月27日,富士彩色水晶档案超级C型,No.166-016,05613),2013年,彩色摄影纸,272cm×129cm

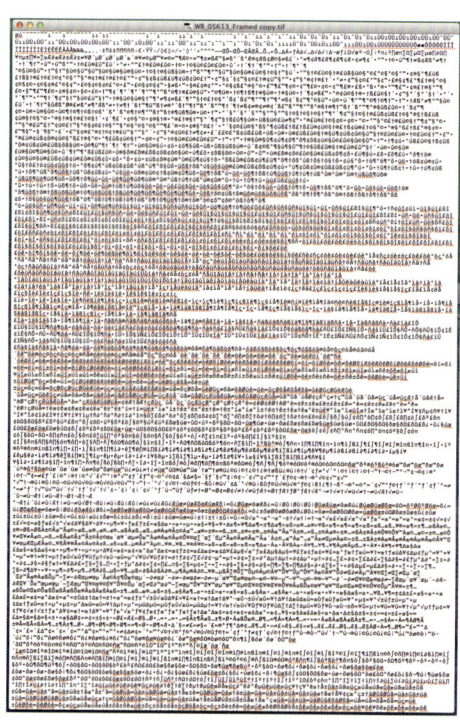

图片来源于打开的苹果电脑文本编辑器

损坏的图片源

---

① 维尔姆·弗鲁瑟,论传播理论,安德烈亚斯·斯特罗尔编辑、翻译,明尼阿波利斯:明尼苏达大学出版社,2002年,第8页。

02

课程：介绍性讲座的笔记　　29

罗伯特·劳森伯格，《被擦去的德·库宁画像》，1953年，带标签的纸上绘画媒体的痕迹，64.1cm×55.2cm，SFMOMA收藏

罗伯特·劳森伯格，《被擦去的德·库宁画像》的数字增强红外线扫描，1953年，显示出威廉·德·库宁的原画痕迹

神话，以达到另一种目的。

　　正如维勒·傅拉瑟所定义的那样，沟通是"一个系统被另一个系统更改的过程，其方式是在过程结束时信息的总和大于开始时的信息大的总和"。①沟通就是做加法，没有沟通是减法。虽然所有沟通都有实质性索引，但我们并不总是知道要寻找什么，思考一下肯尼思·戈德史密斯在他的《无创意的写作》一书中提供的例子。当人们写一封电子邮件时，电子邮件程序会将大量附加信息附加到文本上。该文本是分配文本的网络的物质痕迹，通常对于发送者和接收者都是不可见的。②在发送过程中，会生成消息，因为在发送之前它不作为电子邮件存在。分配始终是具体的，也是生产不可或缺的。即使是互联网，同样是对非物质化的不正常现象的集体幻想，在世界各地留下了大量的物理残留物。③

　　正如谷歌时常向访问网页者询问的那样，请访问您的计算机所在的位置。

　　至此，如果没有计算机或程序接收电子邮件，用于发送电子邮件的脉冲电流又是什么？这些实体之间是否真的有明确的界限？如果不是，我们如何将

---

① 克洛德·列维·斯特劳斯，野蛮的心灵，芝加哥：芝加哥大学出版社，1966年，第21页。
② 肯尼思·戈德史密斯，无创意的写作，纽约：哥伦比亚大学出版社，2011年，第30页。
③ 见詹姆斯·格兰茨，云工厂：电力、污染和互联网，《纽约时报》，2012年9月22日。

威立德·贝西蒂
Walead Beshty

马塞尔·杜尚，《在断臂的前提下》，1915年，木头和镀锌铁雪铲，132cm高

其中一个作为信息，将另一个作为沉默的载体？如果这似乎是无法回答的，那就干脆倒过来，反其道而行之，可能会有帮助。例如，将数字图像放入文字处理程序中（计算机程序的作用类似于惯例）。当我们在文字处理器中打开图像文件时，我们看到了毫无意义的符号流。没有合适的解释惯例，该图像便不再是图像，而文件保持不变。而且，如果一旦在文字处理器中打开图像文件，然后对其进行相应处理，该怎么办？如果我们对其进行编辑然后尝试在图像应用程序中将其打开又将怎么办？在一个程序中执行的小更改会在上下文标记中造成巨大的转换。当这两种应用或惯例被相互"对照"阅读时，图像文件的逻辑就被部分揭示出来。但是这些应用程序之间，分配模式之间存在的新形式是什么？是新的可能性还是死路一条？

批判或否定的概念是从哲学中借来的某种惯例，它们是语言游戏的一部分。只有在一个假设的世界中，一个物体才能消灭甚至"包围"另一个物体。这就是否定和批判在艺术或客体世界中毫无意义的原因。它们仅仅是概念和语言上的操作。例如，罗伯特·劳森伯格擦除了威廉·德·库宁的画时，他没有否定它，而是增加了它，在它上面放置了标记。原始图形仍然存在，既存在于对象的历史中，也存在于对象本身中，这幅画比原来更多，而不是更少。所有活动都是加乘的；这甚至适用于那些似乎不重要的动作，例如谈话，这些动作可以从根本上改

O2

课程：介绍性讲座的笔记 31

变对象的含义。

　　马塞尔·杜尚最大限度地运用话语对美学对象产生更大影响的转换。正如蒂埃里·德·迪弗所观察到的那样，现成品展示了"将未来的观众团结在某个物体周围的契约，这个物体……除了作为契约本身的纯粹标志物之外，没有其他功能"。[①] 它描述的是艺术的社会契约关系，这是我们默认达成的以某种方式将某些内容环境化的协议。现成品艺术的契约显示了启动物体周围的社会关系和随之而来的行为的契约。杜尚表明，该契约不需要特定的物体（这并不意味着说他的物体不是特定的）。物体只

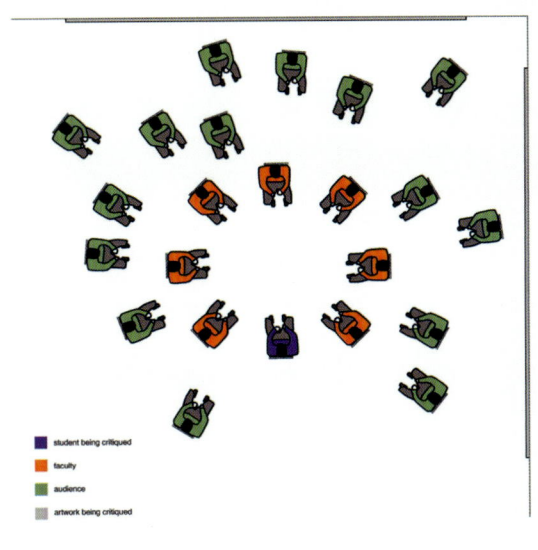

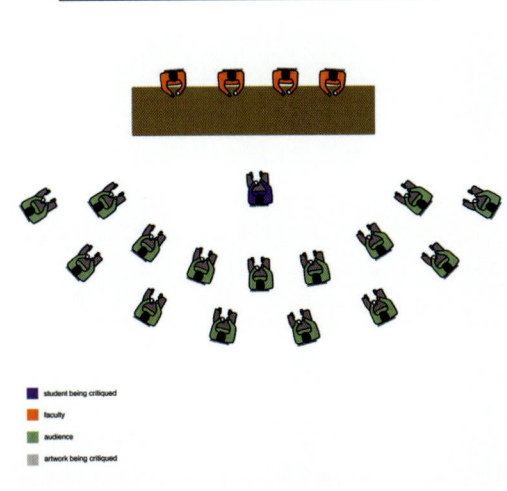

↑ 评审情况示意图，艺术中心设计学院，帕萨迪纳，加利福尼亚州

↗ 在耶鲁大学艺术学院的批评场景图，耶鲁大学艺术学院，纽黑文，康涅狄格州

→ 加州艺术学院的批评情景图，加州艺术学院，洛杉矶

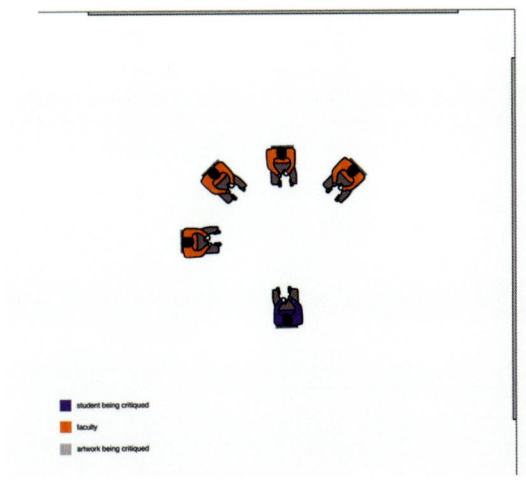

---

① 蒂埃里·德·迪弗，绘画唯名论：论马塞尔·杜尚从绘画到现成品的过程，明尼阿波利斯：明尼苏达大学出版社，1991年，第115页。

威立德·贝西蒂
Walead Beshty

是作为契约的标志，是一个特定的社会组织围绕其形成的支点，其意义源于该群体如何利用该契约。所有的美学都是一种类似契约的结果，而艺术有可能将这种契约暴露出来。

该契约构成了罗莎琳德·克劳斯所说的展示性艺术品的特性。"展览"一词源自法律语境，词源是拉丁文"exhibere"，字面意思是在权威面前"坚持"[①]。因此，展览是对主权的展示，曾经主权意味着国王，但现在却意味着公众，资本主义政体的展示希望保持含糊其词的意义。艺术是有意识地达成这种契约的地方，个体可以退后一步，思考他们每天所从事的审美契约并重新构想它们。这种社会契约是艺术物体的政治所在，它被定义在房间里，不是在别的地方，而是在你面前。因此，艺术作品存在于集体中，而集体是通过艺术作品的存在作为参照点构成的。

与所有文本一样，该文本隐藏了其集合性质。尽管表面看来，它可能是用一种单一的声音写成的，但它却是许多实体的混合体。将其出售给您的编辑、设计师、印刷商、装订商、托运人、售货员，或您从Arc订购的网页上发出的声音都在文字中起作用，上面覆盖着油墨、清漆、玻璃纸和UPC代码。所有这些共同构成了该文本的含义。然而，我们被告诫不要去想它所经过的所有过程，以及在这个过程中的变化。我们认为不是一个人向我们讲话。当我们认为我们实际上是在处理一个物体，一个具有特定于自身的历史的物体（由众多物体组成）时，我们被允许可能进入世界中的扩展世界。

一些封闭的实用性。艺术学院是艺术世界的抽象，但它所反映的世界不一定是当代的。思考一下这些工作室评论的场景：一所学院成立于20世纪80年代，另一所学院成立于18世纪70年代，第三所学院成立于20世纪60年代初期。美术学院像一个宇宙的"替代物"，不论是最好意图的缩影还是最顽固的偏见都会散布在世界各地。必须记住的是，艺术学院是一种人造场景，是一种幻想，有些令人愉快，而另一些则令人反胃。无论艺术学院的建设方式如何，它们反映的都是可能性，而不是事实。它们包含了公理产物的思想和方法论的历史，但其中没有一个是准确的，每个都是哈哈镜，都是一个扭曲的世界格局。它们提供了一个场所，可以据此推测出成为艺术家的条件可能是什么，而不是对艺术家必然存在的证明。

需要记住的是，对话总是在变化，并且许多对话是同时进行。如果没有你喜欢的，则可以轻松发明一种新的。另外，尽管有很多时间浪费在讨论上，但市场并不像某些人假装的那样强大，市场本身不思考也不做判断，它无法表示或传达复杂性，它是虚假的，不一致的，充其量只是循环系统的一种。那些以兴高采烈的嘲讽来讨论它的人通常是神职人员，给予它神圣的出身和虚假的固执。唯一的规则是不要试图超越它；市场太过愚蠢，无法智取；对待市场应该像对待风一样。

谈及神职人员，我们可以发现那些自夸的民粹主义者不以为然。民粹主义是一种认为人是愚蠢的代码，因此民粹主义批评家便以此为借口行使自我验证的权利。当艺术家对他们的工作进行阐述时，民粹主义者就开始抱怨精英主义。艺术需要大量的

[①] 罗莎琳德·克劳斯，《摄影的话语空间》，载于《前卫的原创性及其他现代主义神话》，马萨诸塞州剑桥：麻省理工学院出版社，1985年，第131–150页。

02

时间和精力投入，它的讨论很复杂，需要研究和专业知识，但仅仅因为对艺术的讨论是复杂的，并不意味着它必然是精英主义的，比如，医生不是精英人士，而他们使用复杂的技术术语。艺术是少数几个声称其专业人士之间的复杂话语使其产品具有精英性的学科之一。这个假问题掩盖了艺术和美学的更多压制性和问题性的方面，主要是进入公域和公共话语的机会几乎完全由大企业所仲裁，而所谓不可剥夺的言论自由权往往是以财富为前提的，民粹主义批评家往往是这种垄断的代理人。走近这些批评家，建议他们下次需要医疗时，你将作为他们的医生。当然如果有必要，可以违背他们的意愿充当他们的医生。

健忘症有其优点和缺点。拿到二十年前的惠特尼双年展目录，对拥有二十年历史的拍卖目录进行同样的操作；您认识几位艺术家？对《艺术论坛》进行同样的操作，并注意广告中的名称，包括艺术家和画廊的名称。看看在整个《艺术论坛》的历史上，谁最多地登上了它的封面。你听说过他或她吗？考虑一下所有即将消失的人。

推荐阅读

西奥多·阿多诺，《棱镜》，慕尼黑：德国平装本出版社，1963年。由塞缪尔和雪莉·韦伯译作《棱镜》，马萨诸塞州剑桥市：麻省理工学院出版社，1981年。

瓦尔特·本雅明编辑，罗伊·蒂德曼，《拱廊计划》，法兰克福：苏哈坎普，1983年。霍华德·埃兰德和凯文·麦克劳克林译为《拱廊计划》，马萨诸塞州剑桥市：哈佛大学出版社，1999年。

蒂埃里·德·迪弗，《绘画唯名论：论马塞尔·杜尚从绘画到现成品的过程》，巴黎：米纽特出版社，1984年。由达娜·波兰译为《绘画唯名论：论马塞尔·杜尚从绘画到现成品的过程》。明尼阿波利斯：明尼苏达大学出版社，1991年。

威廉·弗卢塞尔和安德烈亚斯·斯特罗尔编辑，《写作中的"沟通理论"：电子媒介系列》，埃里克·埃塞尔翻译，明尼阿波利斯：明尼苏达大学出版社，2004年。

詹姆斯·格兰茨，《云工厂：电力、污染和互联网》，《纽约时报》（2012年9月22日）。

肯尼思·戈德史密斯，《无创意的写作》，纽约：哥伦比亚大学出版社，2011年。

丹·格雷厄姆，《我为杂志页面工作：概念艺术的历史》，载于丹·格雷厄姆《展览目录》，珀斯：西澳大利亚美术馆，1985年。

约翰·凯尔西，《100%的丰富文本：艺术精选写作》，柏林：斯特恩伯格出版社，2010年。

罗莎琳德·克劳斯，《摄影的话语空间》，载于《前卫的原创性及其他现代主义神话》，马萨诸塞州剑桥市：麻省理工学院出版社，1985年。

克洛德·列维·施特劳斯，《狂想》，巴黎：普朗书店，1962年。译为《野性的思维》，芝加哥：芝加哥大学出版社，1966年。

雅克·朗西埃，《审美与政治》，巴黎：La Fabrique-Éditions，2000年。加布里埃尔·罗克希尔译为《美学政治》，伦敦/纽约：布卢姆斯伯里学术学院，2004年。

桑福德·比格斯
Sanford Biggers

出生 / 生活和工作

洛杉矶，1970年 / 纽约

教育经历

芝加哥艺术学院，伊利诺伊州，美术硕士研究生毕业，1999年

斯科沃甘（Skowhegan）绘画雕塑学校，缅因州，1998年

马里兰艺术学院马里兰大学巴尔的摩分校，1997年

莫尔豪斯学院，文学学士毕业，乔治亚州亚特兰大，1992年

雪城大学（国际课程部，海外项目），意大利佛罗伦萨，1991年

教学职位

纽约哥伦比亚大学视觉艺术专业实践助理教授，2010年至今

弗吉尼亚联邦大学雕塑与扩展媒体助理教授，里士满，2006年至今

康涅狄格州纽黑文，耶鲁大学高级批评家，2012年

斯科沃甘绘画雕塑学院，客座批评家，缅因州麦迪逊，2009年

纽约库珀联盟，周六外联计划联合主任和教学协调员，2000年2月

重要作品

制图师的难题，2012年

某种东西套房，2010年

抖动，摇晃，粉碎，视频装置，2009—2014年

绽放，2007年

莲花，2007年

B-菩萨的曼陀罗 II，2002年

……一个小世界，2002年

获奖

获得美国科学院"柏林奖"助学金，柏林，2014年

格林菲尔德奖，隐士艺术家驻留，佛罗里达州恩格尔伍德，2010年

获得全球驻留项目旅行补助金，创意时光，纽约，2009年

威廉·约翰逊奖，洛杉矶，2009年

获得创意资本基金会奖金，纽约，2008年

纽约"艺术百分比"委员会，2007年

获得艺术事务奖金，纽约，2007年

获得雷玛·霍特·曼基金会奖金，纽约，2001年

近期个展

2014年：鲍德温画廊，科罗拉多州阿斯彭 // 新陈代谢的身体，大卫·卡斯蒂略画廊，佛罗里达州迈阿密 // 漂浮的世界，勒罗伊·内曼画廊，纽约州哥伦比亚大学 // 2013年：黑暗之星，埃里克·费尔斯通画廊，纽约州东汉普顿 // 糖，猪肉，波旁威士忌，马西莫·德·卡罗，意大利米兰 // 前去，莫妮克·梅洛奇，伊利诺伊州芝加哥 // 2012年：法典，佛罗里达州萨拉索塔的林格博物馆，并展览于VCU安德森画廊，弗吉尼亚州里士满，2013年 // 制图师的难题，马萨诸塞州当代艺术博物馆，马萨诸塞州北亚当斯 // 2011年：甜蜜的放克：一次内省调查，布鲁克林艺术博物馆，纽约州 // 宇宙巫毒

03

无墙的学院：36位世界顶级艺术家的艺术和生活课　　35

马戏团，纽约雕塑中心 // 2010年：月亮医学，当代艺术论坛，加利福尼亚州圣塔芭芭拉 // 2009年：星座（更奇怪的水果），哈佛大学，马萨诸塞州剑桥市 // 开花，俄勒冈州波特兰艺术博物馆 // 特殊机构，溶剂空间，弗吉尼亚州里士满 // 2008年：桑福德·比格斯，D'Amelio Terras画廊，纽约 // 2007年：开花，盛大艺术，堪萨斯城，密苏里州 // 2006年：自由与其他少有人走过的路，Mary Goldman画廊，洛杉矶 // 2005年：非洲学法，当代艺术中心，乌雅兹多夫斯基城堡，华沙 // 2004年：两者皆有、也不是、或者，俄亥俄州辛辛那提当代艺术中心，巡回当代艺术博物馆，马里兰州巴尔的摩

近期群展

2014年：由内而外，北京艺术博物馆 // 无界限：佛里达·卡洛之后的当代艺术，MCA，伊利诺伊州芝加哥 // 2013年：软图片，Sandretto Re Rebaudengo基金会，都灵，意大利 // 新时代喧闹，时刻艺术，纽约布鲁克林 // 影子成形，哈林工作室博物馆，纽约 // 严重的笑声：艺术政治，幽默，阿尔斯特表演艺术中心，金斯敦，纽约 // 2012年：自1950年以来的非裔美国人艺术：戴维·C. 德里斯克尔中心的观点，马里兰大学

桑福德·比格斯
Sanford Biggers

03

↑ 第19号被子（摇滚明星），2013年，再利用被子，织物处理的丙烯酸，喷漆和丝网印刷，190cm×190cm

→ 开花，2007年，丝绸、钢、木头，MIDI播放器钢琴系统，洛克菲勒公司，大约370cm×550cm×460cm

↙ QC#10号（哈莱姆技巧），2013年，纺织物和织物处理过的油画棒和喷漆在档案纸上，120cm×120cm

↘ 无题，2013年，牛皮纸袋、焦油、闪光粉和音箱，7.6cm×41.9cm×34.3cm

他们想加入你，2002年，钢制标志，涂料，磁性塑料，字母，107cm×63.5cm

桑福德·比格斯
Sanford Biggers

I 老实说，我是一个糟糕的学生！我通常沉迷于在自己或别人的笔记本、课本、衣服上画画、涂鸦，要么以其他方式分心。那时的情况非常糟糕，我甚至不得不收集某些班级的每日进度报告。现在已经有了治疗这类问题的药物，但无论怎样，彼时我确实是一个"问题学生"。

无论如何，在我离开美国之前，凭借此前的训练我考入了一所文理学院。在这里我完成了我的学业（令人惊讶的是，我的成绩还不错）。回国后，我在不同的领域工作过，没有获得一般意义上的生活动力，因此我决定继续深造去接受正规的艺术教育。那时起，我才真正了解工作室的意义，以及我作为艺术家最自然的工作方式。

毕业后我搬到了纽约，在Hard Knocks学校（TBD课程）深造，而后执教于弗吉尼亚联邦大学、哈佛大学和哥伦比亚大学。考虑我过去在学校的斑斑劣迹，这着实颇具讽刺意味。

就像任何好老师应该做的那样，我仍旧将自己视为一名学生，我在这一路上学到了不少坚实的经验。

像吸血鬼吸血一样工作

我不是一个习惯早起的人。在研究生院，我很快就明白了这一点。哦，我多么羡慕那些早上喝着咖啡听着广播的画家，他们在阳光最好的时候作画，在天黑的时候结束工作，然后去见朋友吃饭或喝酒，在一个合理舒适的时间内回家。但我更喜欢开夜车，经常在晚上八点到我的工作室，一直工作到清晨。我对工作室的工作方式有几个先入为主的设想，但熬通宵的工作根本不在其中。我花了很多年才停止责备自己，最终接受了自己夜间工作的习惯。创造力是一个有机的、反复无常的实体，它对于每位艺术家都是刚需。

II 没有……艺术就没有艺术世界

艺术家在与收藏家、画廊、批评家、策展人等打交道时，经常处于被动的心理。在心底和专业两个方面相信自己的价值，并记住，没有艺术就没有艺术世界。承认你的创造力，把你的职业伙伴当作一个有价值的伙伴，而不是一个雇员。

如果你想过正常的生活，就去找一份正常的工作

你有可能不会每天都坐在户外的咖啡馆里抽高卢烟、戴着贝雷帽、喝着意式浓缩咖啡，然后骑着你的小摩托离开。事实上，艺术家的工作非常辛苦，你的亲朋好友会忍不住张罗饭局好让你放松一下。成为一位艺术家意味着：你偶尔会说"睡觉？哦，是的，我会记得"。你为了完成你的作品从事最糟糕的工作，在最糟糕的地方生活、创作，去和一些最糟糕的人打交道。你会错过很多社交或有趣的活动，你甚至会让修士看起来像派对动物（嘿，至少他们有饭吃）！你会和FOMO（错失恐惧症）成为好朋友。

你将会而且必须拥抱你内心的狂热！这最后一点特别重要，因为这将使你在面临障碍时仍能坚持完成任务。

这是一场马拉松而不是短跑

作为一位艺术家，要想成功和生存，就必须培养真正的毅力、人格的力量、坚定的工作态度和信心。艺术的潮流、观念和鉴赏力频繁变化，因此你必须能够超越你可能经历的成功和失败。认识你与其他艺术家的关系是有益处的；但是，不要让它变成嫉妒或自我怀疑。当我初出茅庐的时候，一位导师建议我："只有为了热爱艺术和创造的行为才能成为一名艺术家。其他的都不是的。"荣誉、名声和财富可能来来去去，你只能看运气。

Ⅲ   **赞助人**

　　正如夜晚的彩虹，真正意义上的赞助人确实存在，但在你找到之前，要意识到你圈子中的艺术家伙伴是你最好和最忠诚的赞助人。你们可以把彼此介绍给策展人、批评家、收藏家和其他艺术家等，帮助彼此找到工作室、驻地或一份工作，在创作时互相帮衬，给对方提出有益的批评意见。重申之前的观点，艺术家不需要等待他人的慷慨解囊，利用你自己的力量和机构、发掘你已拥有的丰富资源。

艺术家作为救世主/纯真是19世纪的特点

　　让我们面对现实吧，我们中大部分人与宣传、销售和购买我们作品的人一样，都受过良好的教育，阅历丰富。你没有任何借口不了解你自己的作品，你得是自己作品最有说服力的代言人。把你所做的事写下来、讲述出来或阅读其他艺术家的文章。总有一天你会表达你的想法，虽然你经常可以决定何时做或者拒绝，但你不希望阐述自己作品时看起来像个傻瓜。

游戏规则

　　不需要规划！

03

建议阅读和收听

阅读：

谢赫-安塔·迪奥普，《黑人民族与文化》，巴黎：非洲之声出版社，1955年。

谢赫-安塔·迪奥普，《黑人文明的优越性：神话还是历史真相？》，巴黎：非洲之声出版社，1967年。默瑟·库克英译为《西方文明的非洲起源：神话还是现实》，芝加哥：劳伦斯·希尔公司，1974年。

这两部著作对我在工作中"纠正"历史的愿望具有开创性，尽管是通过抽象和联想的方式。迪奥普对学术研究和文明史叙述中欧洲中心主义偏见的反驳，导致他被大多数同事所诋毁。然而，在随后的几十年里，他的许多断言已被证明是正确的。

我的额外建议：

（A）你一生的工作在你自己的有生之年可能永远不会完全得到赞赏。我并不是把这个概念浪漫化，但这样有助于理解，这是我们这个领域的一个职业风险。

（B）历史是一部分研究，一部分猜测。或者说，你不能只相信你读到的一切。

戴夫·希基，《空气吉他》，洛杉矶：艺术事务出版社，1997年。

虽然写于多年前，但《空气吉他》仍然让我产生共鸣。我还能说什么呢？我是一个高/低同步性的爱好者，不同的和分散的影响，对当今艺术领域的某些行业的规定性、预先包装和提前审核的性质普遍感到不屑。

谷崎润一郎：《阴影的礼赞》，缅因州塞奇威克：利特岛书店，1977年。由托马斯·J. 哈珀和爱德华·G. 塞登斯蒂克翻译。日文版首次出版，1933年。

我在日本生活时读了这本书，发现它让我对日本美学哲学的各个方面有了更深刻的了解。谷崎认为光明和黑暗的力量是对立的，他赞扬了日本美学中微妙的阴影和有保留陈述的世界，反对西方"进步"的粗暴和闪亮的新事物。

收听：

迈尔斯·戴维斯，迈尔斯·戴维斯五重奏（1965—1968年）的完整录音室唱片，哥伦比亚，1998年。

第一组是来自迈尔斯·戴维斯的第二个伟大的五重奏，与小狮子托尼·威廉姆斯、罗恩·卡特、韦恩·肖特和赫比·汉考克合作。他曾以蓝调和西班牙素描赢得了国际声誉，并进入了他的自由爵士乐阶段。在这一点上，他抛弃了传统的乐队领队/乐队关系，而让所有的音乐家们有机地组织音乐。

迈尔斯·戴维斯，《黑暗法师》，哥伦比亚广播公司索尼，1977年。

戴维斯的道路之所以必不可少，是因为这是他从伯德和迪兹的学徒到他突破性的瞬间和成功的硬跳，酷炫和摩登的爵士乐（诸如蓝调之歌等）的旅程，乃至他对自己的实践的解构和涉足的旅程。电子仪器，摇滚编辑技术和放克，这让他的粉丝和评论家大为恼火和厌恶。《黑暗法师》是在卡内基音乐厅完全即兴演奏的音乐会，危险地有两位音乐家演出，他们甚至那天晚上从未与他的乐队一起演奏！戴维斯在剃须刀的边缘生活和创造，从不止步于桂冠。

04 达拉·伯恩博姆
Dara Birnbaum

出生 / 生活和工作
　　纽约，1946年 / 纽约

教育经历
　　旧金山艺术学院，美术学士学位，加利福尼亚州，1973年
　　卡内基梅隆大学建筑学学士学位，宾夕法尼亚州匹兹堡，1969年

教学职位
　　纽约视觉艺术学院，艺术实践艺术硕士计划教授，2011年至今
　　耶鲁大学高级评论家，康涅狄格州纽黑文，2012年
　　斯科赫根绘画与雕塑学院客座教授，麦迪逊，缅因州，2009年
　　海茵茨和吉塞拉·弗里德·里希基金会访问教授，施塔德尔艺术大学施塔德尔学院和新媒体学院，德国美因河畔法兰克福，1992—1993年
　　纽约城市大学研究生院亨特学院艺术系教授，纽约，1991—1992年
　　新泽西州普林斯顿大学，人文与珀金斯理事会视觉艺术专业访问学者，1987—1988年

重要作品
　　阿拉伯风格，2011年
　　期待 / 期待值，1995年 / 2001年
　　人质，1994年
　　输电塔：哨兵，1992年
　　佳能：走上街头，1990年
　　Rio VideoWallf，1989年
　　浮士德的毁灭三部曲，1983—1987年
　　杂志，1982年
　　流行音乐录影带，1980年
　　亲吻女孩：让他们哭泣，1979年
　　技术 / 转型：神奇女侠，1978年 / 1979年

获奖
　　卡内基梅隆大学，校友成就奖，2012年
　　纽约，匿名者是一个女人奖，2011年
　　美国弗朗斯·毕肖普·古德和大卫·霍洛维茨研究员获得美国艺术家奖，洛杉矶，2010年
　　国际视频和电子艺术节电视图片奖，瑞士洛迦诺，1991年
　　对服务和艺术贡献的认可证书，哈佛大学，马萨诸塞州剑桥市，1988年
　　美国电影学院独立电影和录像艺术家玛雅·德仁奖，1987年

近期个展
　　2014年：巴塞尔艺术博览会，特别展，瑞士巴塞尔 // 与达拉·伯恩博姆的特殊夜晚，"人力资源"画廊，美国洛杉矶 // 2011年：阿拉伯风，玛丽安·古德曼画廊，纽约 // 达拉·伯恩博姆-阿拉贝斯克，玛丽安·古德曼画廊，纽约 // 2010年：达拉·伯恩博姆回顾展，塞拉维斯当代艺术博物馆，葡萄牙波尔图 // 2009年：达拉·伯恩博姆回顾展，城市当代艺术博物馆，比利时根特 // 2008年：达拉·伯恩博姆：技术 / 转型：神奇女侠，现代艺术博物馆，纽约

04

无墙的学院：36位世界顶级艺术家的艺术和生活课　　43

近期群展

2014年：后网络时代的艺术，尤伦斯当代艺术中心，北京 // 收起或放下：制度、形象、意识形态，汉默博物馆，美国洛杉矶 // 2013年：最小抵抗，国家艺术中心索菲亚博物馆，西班牙马德里 // 整个地球：加利福尼亚与外部的消失，柏林文化宫，柏林 // 2012年：未来的曾经：20世纪80年代的艺术、爱与政治，明尼阿波利斯沃克艺术中心，伊利诺伊州芝加哥 // 关键阶段（1957—2011年），巴塞罗那当代艺术博物馆，西班牙巴塞罗那 // 2011年：全球影像，动力历史，工艺美术与创意中心，西班牙希洪 // 日内瓦之窗，实验室，爱尔兰都柏林 // 现代女性：单频道，纽约现代艺术博物馆PS1当代中心，长岛市，纽约 // 解构的冲动：女性艺术家重新配置权力的标志，1973—1992年，纽伯格艺术博物馆，纽约州立大学珀切斯学院 // 2010年：你准备好看电视了吗？加利西亚当代艺术博物馆，圣地亚哥德孔波斯特拉，西班牙

44　达拉·伯恩博姆
Dara Birnbaum

04

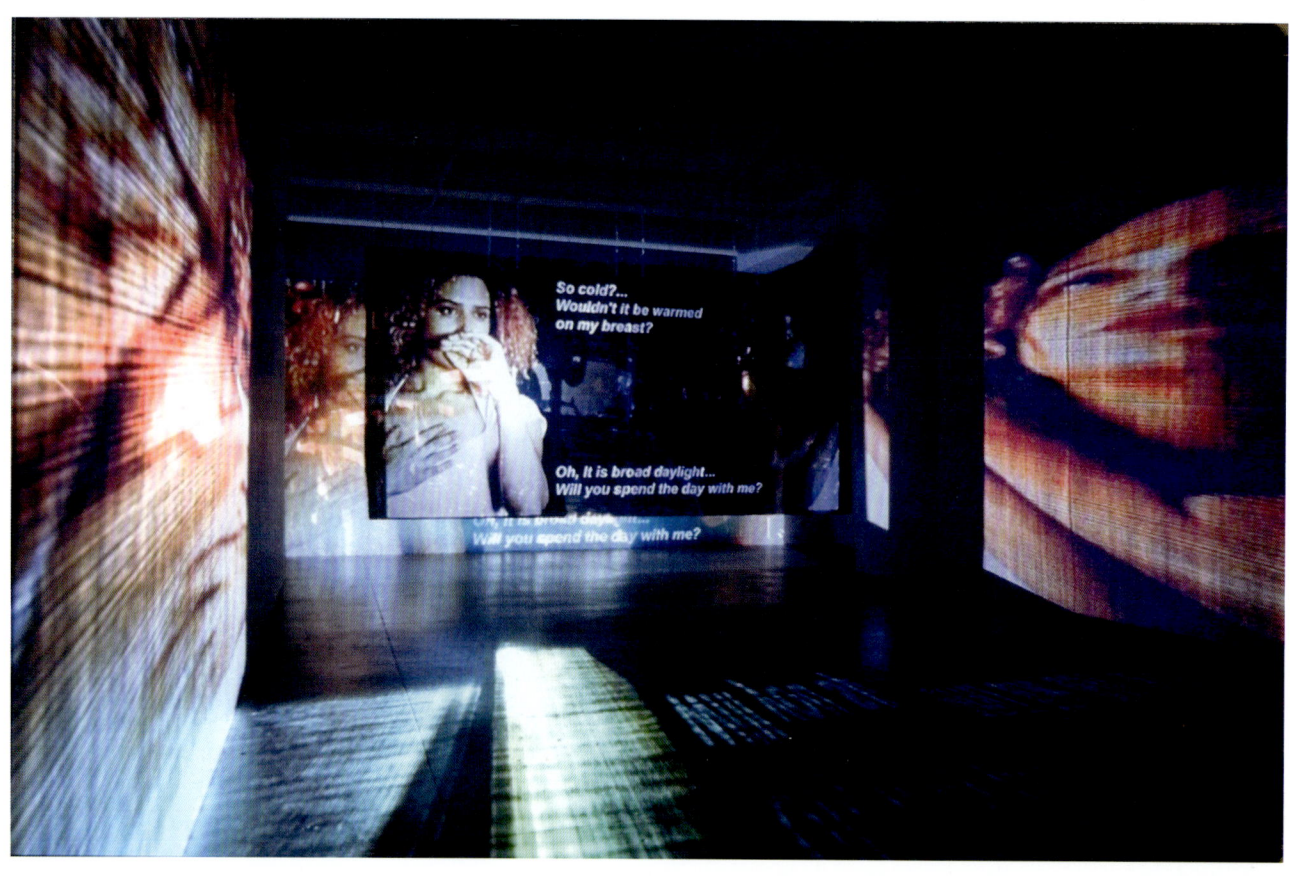

04

无墙的学院：36位世界顶级艺术家的艺术和生活课　　45

↖ 期望／期望值，1995年／2001年，有机玻璃面板，单通道彩色视频，四声道音频，循环播放，装置视图，玛丽安·古德曼画廊，纽约，2001年

← PM杂志，1982年，五色录像，三个立体声通道音频，6分30秒，两个彩色通道、无声，2分56秒，三联画和照片二联画，装置视图，马德里索菲亚国家艺术中心博物馆，索菲亚，马德里，2006—2007年

↑ 传输塔：哨兵，1992年，八个彩色视频，九个立体声通道音频，由Rohm传输塔的各部分，加上定制的额外硬件元素的部分，以及电脑，装置视图，第九届卡塞尔文献展，卡塞尔，德国，1992年

↑↗ 人质，1994年，六色视频，五个立体声通道音频，定制设计的硬件，有机玻璃防护罩，部分内容，装置视图，保拉-库珀画廊，纽约，1994年

→ 技术／转型：神奇女侠，1978年／1979年，单通道彩色视频的剧照，录像，立体声，5分50秒

达拉·伯恩博姆
Dara Birnbaum

04

16岁那年我在卡内基梅隆大学建筑学院学习，当时的我想尽快毕业，因为我对学校的"感情"爱恨交加。我在建筑学（一定的专业水平）上学到的东西不仅对我后来的艺术很有帮助，也对我的教学工作很有帮助。卡内基梅隆大学的课程要求极其严谨，且非常耗时。从一开始，你就被教导要以专业的方式来对待一切，这意味着这将是你的永久职业和生计。你要展示那些质量最高的作品，并始终牢记自己与客户的关系（按分配）。很明显，你要遵守那些"严格的行为准则"，所以我们从来不迟到，而且在对待工作时，我们从不将工作拖延至任何一个"截止日期"当天，通常由"charrettes"（设计活动的密集期）处理，我们的学习充满了严苛的道德和使命感。后来，我又继续在旧金山艺术学院修习之前在综合性大学里攻读的专业，我用两年半的时间结束了在艺术学院的学习——我修习的学分已经达到了毕业要求，并且我不想再待下去。

我并不是所有的课程都在学校学习。从1970年到1974年，我住在加利福尼亚州的伯克利和旧金山。当时我曾在美国最早的环境建筑设计公司之一劳伦斯·哈尔普林工作。我还参与了我们公司与劳伦斯夫人安娜·哈尔普林建立的舞者工作室之间的合作，这种与不同类型艺术室的接触使我能跨入一个全新的领域。舞者工作室位于旧金山的菲尔莫尔街，当时这里基本上是一个黑人社区，安娜与街区的许多人一起工作，她利用他们的语言和手势作为她舞蹈编排的基本组成部分；我们还和劳伦斯一起，在那些大型广场和喷泉区域设计了公共活动，让人们可以与人互动的同时，也与环境进行互动。我们公司还为与我们合作过的所有社区组织了研讨会，例如在华盛顿的埃弗里特市（我负责将社区的代表召集在一起，从许多不同的角度考查他们的环境）。

安娜·哈尔普林，旧金山舞蹈家工作室，约1970—1971年

04

我在伯克利居住的那几年，正值左派激进主义的萌芽阶段，我接触过从激进女权主义到马克思主义再到黑豹党的一切事物。我参加了当时在大街上发生的许多抗议活动（主要是反对越南战争及其向柬埔寨扩张的必然性），也正是在伯克利的街头，我觉得自己应当成长为一个更有良知、更有责任感和更具有批判性精神的人。实际上，我1990年的作品之一被故意命名为《佳能：走上街头》。我从街头学到的东西和从我读过的任何学校学到的东西一样多。

我选择在1972年开始不再从事建筑领域的相关工作，并去了旧金山艺术学院学习。在那里，我多少有些自顾不暇，但找到了几位老师，他们不仅鼓励我继续从事艺术创作工作，更在具体情况下给予我关于艺术创作的启发。而不是回到建筑行业。那些我喜欢并可能与之联系的老师并不一定是被整个艺术界所认识甚至熟知的，也并不被视为"艺术明星"。许多人更专注，而不是过分地雄心勃勃。我对这些怀有深深的感激。那时候，我想的都是画画，而对我的职业一无所知。由于我的热情和愿望，我有时会得到老师的允许，一天最多能进5个绘画班，而不一定要在他们的课上签到。这些教授是汤姆·阿卡维和伊万·马伊德拉科等。我还有一个非常令人生畏的老师萨姆·切卡连，他的绘画课程我上了一次又一次，因为他很有挑衅性，有一种真实感，这年头我觉得很难得。

1969年，我在意大利认识了当时的男友。他想去英国，但我没去，所以在1974年，我们就这样定了下来，回到我们相遇的国家。我想在佛罗伦萨的美术学院继续学习美术。但由于种种原因未能实现。在佛罗伦萨，一次偶然的机会，我发现了一个由玛利亚·葛洛莉亚·比考奇经营的小型当代艺术画廊，名为"图像传播中心"（Centro Diffusione Grafica，后来被称为art/tapes/22）。它专门经营国际知名艺术家的作品，主要是版画复制品。画廊鼓励许多他们的艺术家，如维托·阿孔奇和琼·乔纳斯等人也制作独特的影像作品。作为一个与这家画廊走得很近的人，我也难得地在那里得到了一些帮助，我接触到了一些才华横溢的艺术家的作品。维托·阿孔奇、迪克·兰德瑞和查理曼·巴勒斯坦等艺术家告诉我，纽约（我出生和成长的地方）是当时最能激发艺术灵感的地方之一。这些艺术家认为我应该考虑搬回那里，因为作为一个女人，我在佛罗伦萨得到的机会是有限的。我能够与这些艺术家直接对话，主要是通过画廊；这也是我在1975年回到纽约，继续自己的艺术事业的原因。

当我回到纽约后，一位艺术家朋友借给我他的便携摄影机，我便开始在我那空间不大的工作室空间里尝试着使用这个录像设备（我最早的作品，就是用这种方式制作的，它现在的名字是《六种运动：1975年以来的录像作品》）。大约在同一时期，几乎是在偶然的情况下，我开始与一群相对年轻的艺术家合作，其中包括罗宾·温特斯、斯科特·比林斯利、苏珊·恩斯利、朱莉娅·海沃德和迪克·米勒。不仅如此，我还接触到了两位年长而成熟的艺术家丹·格雷厄姆和威洛比·夏普。李·洛萨诺也是这个圈子的一员，但她从不和我说话，也不愿意直接和我联系。她后来才告诉我，她打破了她的誓言，说她已经不再和女性交谈，因为她的艺术作品中也有女性。这让我大吃一惊。我不习惯这样的行为，尤其是刚从意大利回来的时候。但总的来说，这些艺术家在身边，给了我一种支持和对话的感觉。我们对艺术充满了热情、勇气和活力。我们主要在传统的画廊以外的地方展出，寻找替代性空间和改建厂房来展示我们的作品。如果没有这个圈子，我甚至不知道我将如何继续或保持与艺术界的联系。

当我开始使用视频作为媒介时，我一直在做我

达拉·伯恩博姆
Dara Birnbaum

04

维托·阿孔奇，《主题曲》，单通道录像的剧照，黑白，有声，33分钟15秒，1973年

玛丽亚·格洛丽亚·比科奇在使用视频设备，1974年，art / tapes / 22，里卡索利大道22号，佛罗伦萨，意大利

认为的"实验"或"研究"。我从来没有想过我会去"实践"，当然，即便如此我也没对市场产生兴趣，我认为艺术市场是一个非常保守的体系。我参观画廊的目的是接触当时的艺术，因为我觉得它们比博物馆和其他艺术机构更有时代感，也更有新意。我对国际展览一无所知，不仅是卡塞尔文献展（我最终连续三次入选了第7、第8和第9届），我对那些双年展也知之甚少。

于我而言，最初对自己艺术创作的探索是受到我所见过的艺术家的影响，或者说是我曾近距离接触过的艺术家，比如阿孔奇和格雷厄姆等人的作品。我采取了一种强调女性角色和地位的意识的方法。1977年，我的作品有机会在艺术家运营的空间中展出，但那只是因为一位亲密的女性朋友苏珊娜·库夫勒的邀请才到那里展出，她说只有当我们能像战友或同事一样一起展出时，她才会参展。尽管在她的鼓励下，我想参与其中，但我还没有开始发展出一些我认为可以作为"作品"的东西。所以，我就开始思考我可以表达的最有意义的事情可能是什么，我最直接的诉求就是要面对电视的语言。我觉得这是当时美国最流行、最普遍、最有力量，同时也是最具强制性的语言。

刚开始的时候，我完全没有职业导向的目标。在旧金山艺术学院的毕业典礼上，有人告诉我，要有成为女服务的心理准备。实际上，在1975年回到纽约的几年里，我确实也正是这么做的。于是，我给自己定下了一个目标，那就是关注我认为当时最重要的文化和政治问题。在我看来，"电视体制"是当代文化的主导力量，它的意识形态基础存在着巨大的问题。年轻的艺术家在考虑自己的事业之前，要先找到自己的定位，这本身是一个发现的过程，你要去寻找自己的视野，然后发现自己的独特之处，为你的艺术发声。我不相信艺术上

04

达拉·伯恩博姆,《镜像》,单通道录像的剧照,黑白,有声,6分1秒,1975年

达拉·伯恩博姆,《无题》,1975年,部分装置视图,斯科特·比林斯利的工作室,纽约市中心

设定的具体目标,相反,我相信这一切都是一个探索和实验,同时,允许失败发生的过程。

到了1977年,我的目标是定义与电视机构有关的影像艺术语言,这直接源于我的政治信念,以及我们被电视所主导的语言应该受到挑战并最终改变的感受。我认为艺术允许这种质疑。那时的艺术世界对我来说,似乎是一个行动主义的地方,而不是商业主义和职业驱动的成功。

我认为,记录我的作品是很重要的。在我成长的过程中,我的很多作品都是观念性的,在很多情况下,如果没有这种类型的艺术作品的记录——露西·利帕德(在她1972年出版的书中)将其作为"艺术物体的非物质化"的证据——就不会有历史性的记录。在70年代中期,我经常发现自己观看的是表演和艺术观念的记录,而并非那些具有物质实体的物理存在。当我头几次做展览的时候,比如在"富兰克林熔炉文献库"(1978年),我觉得我有必要记录下我挂在艺术空间橱窗上的黑白摄影放大照片,因为这些现场性的作品在展览结束后将不再存在。所以我非常有意识地对我的艺术理念和展览的过程进行保存。这开始构成了我的档案。但是,是否要把自己的作品存档,这个问题对每个艺术家来说都是非常个人化的。我不认为永久保存是一种必然,它只是一种选择。这只是西欧艺术创制的当代文化,强调要有一个物质基础来形成一套文化准则。

最开始的时候,我并没有找到一个能代理我的画廊。1980年左右,我对纽约的电子世界混合体产生了兴趣,这是一个视频艺术的发行机构,到现在合作已经有四十年了。在我开始创作的时候他们没有限制作品的版权,我认为艺术家们更愿意用这种媒介将作品展示给普通大众,而不是仅仅面向私人收藏家或机构。后来有几家画廊与我接触,分别是纽约的乔什·贝尔和芝加哥的罗娜·霍尔曼,他们对我的作品表现出理解和浓厚的兴趣。因此,我发现自己更愿意参加他们的展览。后来,一些代理我的画廊——像保拉·库珀画廊和过去

达拉·伯恩博姆
Dara Birnbaum

04

十四年来纽约/巴黎的玛丽安·古德曼画廊——为我提供了创作新作品的经费。当我感到被支持而不是被审查的时候，就会有一种积极的合作感。

1978年，丹·格雷厄姆邀请我到加拿大哈利法克斯的新斯科舍艺术与设计学院（NSCAD）任教。这是我的第一份教职。他请了五位艺术家，包括我、杰夫·沃尔和玛莎·罗齐尔在内的五位艺术家分管教学。当我的教学时间与丹·格雷厄姆的教学时间重合时，我们就一起为学生们设立了一个项目，让他们与当地的一家有线电视台合作。那是一个令人兴奋的项目，因为它有助于培养学生的社群意识。第二年，我被要求接手这个项目，并根据自己的需要进行开发。在这一年里，我把重点转移到媒体上，并邀请了一些艺术家，如彼得·戈登、阿莫斯·波和珍妮·霍尔泽等人。那一年，我大部分时间都住在新斯科舍艺术与设计学院，与那些被我引介的艺术家穿插在一起教书。

我相信，如果有人看了一个艺术家的作品，说它在这之前已经有人做过了，艺术家就要考虑是谁发表的评论，以及为什么要这样做。然而，我是一个坚定的信徒，不会重蹈覆辙。年轻艺术家应该对艺术史有一个不断增长的认识。新的作品必须提出其时代的关注点——文化、社会和政治上的关注点，而历史知识有助于将事情纳入视野。

在卡内基梅隆大学建筑学院时，我是班上唯一的女生，也是唯一一个连续三年结业的女生。我在建筑学院学习的六年时间，没有一位教授我的老师是女

达拉·伯恩博姆，课程计划：为了保持革命的活力，1977年，五套黑白照片和文本，照片面板：24.8cm×34.9cm～35.3cm，文字板块：26.9cm～27.1cm×35.7cm，局部装置视图，艺术家空间，纽约

04

课程：走上街头

达拉·伯恩博姆，课程计划：为了保持革命的活力，1977年，一套五张黑白照片和文字板

达拉·伯恩博姆，课程计划：为了保持革命的活力，单张黑白照片和文字板

达拉·伯恩博姆，"读"与"读懂"的关系，三块黑白摄影板，部分装置视图（窗口），富兰克林熔炉，纽约，1978年

性。我并没有被这个事实所吓倒，我只是继续奋斗，即使是在非常困难的情况下，我还是坚持了下来。但是，在艺术领域，我身边的女性相对来说还是比较多的，也有不少女性在各个地方做表演，虽然她们的路途肯定比大多数男同行要艰难。我刚开始从事艺术的时候，女性的展览比现在要少得多。比如说，1982年我参加第七届卡塞尔文献展的时候，这个国际展览的参展艺术家中只有2%是女性。我有一个年轻的男性朋友（现在是一位著名的策展人），他请求我退出第九届文献展（1992年），因为他觉得女性的参与度不够。我拒绝了他的请求，我当然认为在那个舞台上亮相是很重要的，我认为通过退出展览而"消失"并不是正确的答案。我试着告诉他，第九届文献展的女性艺术家人数是第七届文献展的两倍，不幸的是，即便"两倍"看起来增长不少，但实际上该展览中女性艺术家的总数只占4%。今天，女性艺术家的机会更

04

达拉·伯恩博姆
Dara Birnbaum

> DON'T TALK DOWN TO ME. DON'T BE POLITE TO ME. DON'T TRY TO MAKE ME FEEL NICE. DON'T RELAX. I'LL CUT THE SMILE OFF YOUR FACE. YOU THINK I DON'T KNOW WHAT'S GOING ON. YOU THINK I'M AFRAID TO REACT. THE JOKE'S ON YOU. I'M BIDING MY TIME, LOOKING FOR THE SPOT. YOU THINK NO ONE CAN REACH YOU, NO ONE CAN HAVE WHAT YOU HAVE. I'VE BEEN PLANNING WHILE YOU'RE PLAYING. I'VE BEEN SAVING WHILE YOU'RE SPENDING. THE GAME IS ALMOST OVER SO IT'S TIME YOU ACKNOWLEDGE ME. DO YOU WANT TO FALL NOT EVER KNOWING WHO TOOK YOU?

珍妮·霍尔泽，煽动性散文的细节（1979—1982年），1982年，胶印海报，每张43.2cm×43.2cm，安装在第七届卡塞尔文献展上，弗里德里希博物馆，卡塞尔，德国

多了。例如，自2000年以来，现代艺术博物馆举办了许多大型的女性艺术家个展，如辛迪·舍曼和玛丽娜·阿布拉莫维奇，而草间弥生在古根海姆博物馆也举办了个展，奇奇·史密斯也在惠特尼美国艺术博物馆举办了个展，这只是纽约的几个相对较近的例子。这些当代展览使女性艺术家进一步被认可并且创造了新的可能性。在当今的艺术院校中，女学生占了大多数。作为一名艺术家，无论男性还是女性，要想生存下来，就必须对这个领域和自己的艺术事业有强烈的执着。

指定阅读

莫里斯·布朗肖，《白日的疯狂》，巴黎：迦利玛出版社，1973年。莉迪亚·戴维斯英译为 The Madness of the Day，巴里镇，纽约：车站山出版社，1981年。

这个简短的故事是对"可见之物之外的东西"的审视，实际上是对"视线之外的东西"的审视。太阳，不是照亮了，而是变成了一束刺眼的光。这是对视觉的精美凝练和超越性的审视。

莫里斯·布朗肖，《灾难书写》，巴黎：迦利玛出版社，1980年。安·斯莫克翻译为《灾难的写作》，内布拉斯加州林肯：内布拉斯加大学出版社，1995年。

哲学家伊曼努尔·列维纳斯曾评价道，布朗肖的写作是一种"纯粹的超越性语言，没有相互关联"。这本书所探讨的终极问题是：当灾难就其本身的性质而言，它藐视言语并迫使人们保持沉默，我们如何能写出或思考灾难？本书考虑了在描述我们的现代状况时，什么是可能的，什么是不可能的。

T.J.克拉克，《瞥见死神：艺术写作的一次实践》，康涅狄格州纽黑文：耶鲁大学出版社，2006年。

这是对"为什么我们发现自己会一次又一次地回到某些图片上，而我们对图像的理解又是如何随着时间的推移而改变的"这个问题的探讨，以T.J.克拉克每天（在盖蒂博物馆驻留期间）观察普桑的两幅画作为中心展开；这本书是个人的沉思，同时也是对我们图像世界政治的一种更广泛的感知。

唐·德里罗，《欧米伽点：一部小说》，纽约：斯克里布纳图书公司，2010年。

德里罗被《纽约时报》评为"最能预言21世纪美国的作者"，单是第一章就值得一读——其中道格拉斯·戈登在现代艺术博物馆的装置作品《24小时心理学》（1993年）最令人难以置信的描述。随着小说的发展，一位学者、他的女儿和一位电影制作人都被沙漠的风景和心灵的风景所困扰。

朱莉娅·克里斯蒂娃，《黑太阳——痛苦和忧郁》，巴黎：迦利玛出版社，1987年。莱昂·鲁迪兹英译为 Black Sun: Depression and Melancholia，纽约：哥伦比亚大学出版社，1989年。

《黑太阳》是在艺术、宗教和文化背景下对忧郁症的讨论，认为抑郁症是一种话语，像一种语言一样可以被了解，

而非病理可治。克里斯蒂娃讨论了荷尔拜因1522年的绘画作品《死去的基督》[1]，以及玛格丽特·杜拉斯、陀思妥耶夫斯基和尼瓦尔等人的作品。

汉斯·乌尔里希·奥布里斯特，《汉斯·乌尔里希·奥布里斯特》第一卷，米兰/纽约出版社：Chartal / Fondazione Pitti Immagine Discovery，2003年。

这是一套由75位艺术家、科学家、学者、策展人、作曲家、建筑师、思想家等组成的独一无二的访谈集。汉斯·乌尔里希·奥布里斯特对精心挑选的、多元化的智慧、创新和创意人士的思想和灵感的洞察能力非常出色。

苏珊·桑塔格，《关于他人的痛苦》，纽约：皮卡多出版社，2004年。

本书对大众媒体如何将他人的苦难描绘成奇观，以及这对我们的影响进行了深入的调查。书中介绍了历史和当代的优秀例子，引起我们反思，在我们这个时代，战争是如何发动的，以及当战争不是直接经历，而是每天都能看到的时候，它是如何被感知的。

保罗·维拉里奥，《沉默的程序》，加利利版本：巴黎，2000年。朱莉-罗斯译，《艺术与恐惧》，纽约：布鲁姆斯伯里学术出版社，2006年。

这是一个关于现代科技对当代全球状况的影响的精彩视角，对于那些想知道艺术向何处去，科学向何处去的人来说，《艺术与恐惧》是必不可少的读物。

保罗·维利里奥，《掩体考古学》，巴黎：蓬皮杜中心，1975年。乔治·柯林斯英译为 Bunker Archeology，纽约：普林斯顿建筑出版社，1994年。

《掩体考古学》以维利里奥自己的摄影作品为蓝本，以不祥的、引人注目的德军掩体为主题，集中展示了被遗弃在法国海岸线上的德国人的掩体。这些对破坏和压迫的提醒，促使维利里奥思考战争和生存的本质，以及二战和当下的关系。

保罗·维利里奥，《战争与电影1：感知流动》，巴黎：电影手册，1977年。帕特里克·卡米勒译为《战争与电影：感知的物流》，纽约，2009年。

被称为"我们这个时代最具原创性的思想家之一"的维利里奥对军事"观察的方式"进行了诱人的分析。他在战争技术和电影之间建立了一个平行关系。他将战争技术和电影技术相提并论，揭示了两者中感知和破坏的融合。

---

[1] 实为荷尔拜因1521年创作，类似截面般地展现棺木中耶稣骨瘦嶙峋的尸体，现藏瑞士巴塞尔博物馆。

卡罗尔·博夫
Carol Bove

出生 / 生活和工作

瑞士日内瓦，1971年 / 纽约布鲁克林

教育经历

学士，纽约大学斯坦哈特教育学院，2000年

教学职位

纽约大学斯坦哈特艺术与艺术专业技能学部工作室艺术见习副教授，2008—2011年

重要作品和装置

春分，2013年

西莱斯特，2013年

花神的花园Ⅱ，2012—2013年

马的唾液泡沫，2011年

楔形的，2011年

穿越困境，2008年

纽约上空的夜空，2007年10月21日，晚上九点，2007年

宇宙中的家，2001年

获奖

作品《穿越困境》获法国国际当代艺术博览会拉斐特奖，巴黎东京宫，2009年

近期个展和双人展

2014年：卡罗尔·博夫 / 卡罗·斯卡帕，博尔扎诺现当代艺术博物馆，博尔扎诺，意大利，并在英国利兹市亨利-摩尔研究所、比利时多尔的邓特·戴南斯博物馆巡展 // 2013年：卡罗尔·博夫，春分，纽约现代艺术博物馆 // 卡特波勒公司，铁路上的线性公园，纽约 // 马的唾液泡沫，共同公会，格拉斯哥，英国 // RA，或"为什么橘子像铃铛"，麦卡隆，纽约 // 2010年：卡罗尔·博夫，金梅里奇画廊，纽约 // 2009年：拉斐特大奖赛2009年：卡罗尔·博夫艰难的跨越，东京宫，巴黎 // 植物和哺乳动物，纽约园艺协会 // 2008年：青铜花，丹尼斯·基默里奇画廊，杜塞尔多夫，德国 // 2007年：中间的柱子，麦卡隆，纽约 // 2006年：卡罗尔·博夫，格奥尔格·卡格尔，维也纳 // 月球和吠陀，丹尼斯·基默里奇画廊，杜塞尔多夫，德国 // 柏林的夜空，柏林 // 安放一个西红柿，布兰顿艺术博物馆，得克萨斯州奥斯汀 // 2004年：一种模式语言：亲密关系梯度，酒店，伦敦 // 卡罗尔·博夫，苏黎世艺术馆 // 动量1：卡罗尔·博夫，ICA，波士顿，马萨诸塞州 // 2003年：完全自由的实验，团队画廊，纽约 // 性的乐趣：卡罗尔·博夫和查尔斯·雷蒙德，丘比特，伦敦 // 存在的科学和生活的艺术，德国汉堡艺术中心 // 2002年：Team画廊在33届巴塞尔艺术展上的展示，瑞士巴塞尔 // 2001年：卡罗尔·博夫（与埃里克·韦瑟洛合作），Team画廊，纽约 // 2000年：卡罗尔·博夫，布朗文·基南画廊，纽约 // 2000年：卡罗尔·博夫，布朗文·基南画廊，纽约

近期群展

2013年：历史的天使，巴黎艺术宫，巴黎 // 黑暗之星MCA，克利夫兰 // 两维空间中的某处：来自Jumex博物馆收藏+弗瑞德·桑德贝克的精选作品，Jumex博物馆收藏，墨西哥城 // 2012年：第十三届卡塞尔文献展，德国卡塞尔 // 雕塑物质，澳大利亚当代艺术中心，墨尔本，澳大利亚 // 2011年：第54届威尼斯双年展：启迪，意大利威尼斯 // 余像，比利时尤里夫博物馆，布鲁塞尔 // 水瓶座的时代，芝加哥大学文艺复兴协会，伊利诺伊州 // 少的语言（过去和现在），芝加哥当代艺术博物馆，

05

无墙的学院：36位世界顶级艺术家的艺术和生活课　　55

伊利诺伊州芝加哥 // 我们会活着，我们会看见，扎布罗多维茨收藏，伦敦 // 2010年：好奇？来自私人收藏的21世纪的艺术，联邦共和国艺术与展览馆，波恩，德国 // 思考虚空：古根海姆博物馆的介入行动，纽约 // 回望，第五届白柱年展，纽约 // 2009年：临时美术与应用艺术：1928—2009年，泰特，圣艾夫斯，英国 // 2008年：现在的艺术：它的落地方式，泰特不列颠博物馆，伦敦 // 重金属，基尔艺术馆，德国 // 惠特尼双年展，惠特尼美国艺术博物馆，纽约 // 2007年：每一次革命都是掷骰子的过程，玛法舞厅，得克萨斯州 // 非物质的：21世纪的物体，新博物馆，纽约 // 2006年：欺骗草案，奥斯陆艺术家之家美术馆，奥斯陆

卡罗尔·博夫
Carol Bove

↖↑ 艰难的跨越，2008年，钢、玻璃、木头、混凝土、银、铜、青铜、蜡、绝缘泡沫和珊瑚、铝、种子、岩石、贝壳、纸张和照片，187cm×243.8cm×121.9cm

↑ 楔形的，2011年，海贝壳、钢、混凝土和青铜，188cm×30.5cm×30.5cm

↖ 权力的神秘技术，2006年，木头和金属架子、书、孔雀羽毛和混凝土，111.8cm×165.1cm×25.4cm

← 柏林的夜空，2006年3月2日，晚上9点，2006年，蜡像、混凝土、浮木、聚氨酯、泡沫、孔雀羽毛、钢、青铜、木材、有机玻璃和黄金，121.9cm×121.9cm×243.8cm

→ 弗洛拉的花园，2012年，管状的字形（焊接的钢管，光滑的接头处涂有玻璃珐琅，接缝处涂有玻璃搪瓷），硅青铜和不锈钢，平台；青铜、混凝土和钢，雕塑；石化木和钢，工字钢雕塑，尺寸可变。安装视图，第十三届卡塞尔文献展，卡塞尔，德国，2012年

05

无墙的学院：36位世界顶级艺术家的艺术和生活课

卡罗尔·博夫
Carol Bove

工作

1995年到2000年这段时间，我住在曼哈顿桥下的一个非法改造的厂房里，曼哈顿大桥立交桥下是当时十分少见的艺术家建筑之一，这栋建筑以其自制大门上安装的极其荒谬的手工门铃而闻名，建筑的一楼是一个每时每刻都烟雾缭绕的废纸回收厂。不夸张地说，这栋建筑至少住着上百人和他们的各种宠物，一个贩卖异国动物的黑市贩子便隐于其中，因为当他被抓捕归案时，人们都说看到了一只袋鼠，但我只见过他在为我开门的时候露出的一箱土拨鼠。

当时我的一个朋友住在楼上，他在参加威尼斯双年展之前邮购了一种特殊品种的蝴蝶，当时他正在为这些蝴蝶拍照，他打算用这些蝴蝶来做一个蝴蝶花园。不幸的是邻居家的猫在趁他外出吃午饭的间歇捕杀了所有的蝴蝶，对他来讲，这无疑是一场灾难，虽然我自认为是个很善良、很有同情心的朋友，但我还是忍不住笑了。只是，这种艺术工作室的故事是如此惊心动魄，如此普遍的、原始的、脆弱的、充满幻想的、充斥暴力的，同时又冒着傻气。让我现在写着写着就笑了出来。比起"我画过头了"，一只猫捉蝴蝶更清晰、更直观的画面，这就是工作室突发事件的戏剧性画面。

一天，我无意中听到两个住在我隔壁阁楼里的德国女孩的对话（有必要说明的是，我并没有偷听，当时那栋建筑的很多结构均为临时搭建，所以噪声也就无处不在）。那时候我只听得懂几句德语。我知道工作的意思：arbeit。所以在她们说话的时候，我会听到一连串音节，然后是这个词，arbeit……又是一串音节，arbeit……又是一串音节，arbeit……一串音节，arbeit……我简直不敢相信她们到底用了多少这个词。于是，我也在想，我是不是也经常用这个词。

我决定不再使用"工作"这个词，那可是挺难的一种尝试！我不得不用一个更具体的活动描述来代替。比如说，用"我要去画画"代替"我要去我的工作室工作"，或者用"我要去打扫厨房和叠衣服"来代替"我要在家里工作"。我发现，没有"工作"这个词迫使我重新考虑关于闲暇的假设，因为工作的概念意味着它的反面。我摒弃了这样的观念，因为我应该从富有成效的或活跃的时间中抽出一些时间停下来。劳动与休闲的二元对立脱离了彼此，然后消解了。我不能用劳作来减轻内疚、自我惩罚或充满优越感。工作并不存在，所以所有为工作而工作的心理上的回报，都是无用的。

如果不是工作，那么艺术家的活动是什么？

我开始调整我对工作效率的想法，不再重视它本身。时时需要对生活中的寻常日子进行收支分析或是成本效益分析令我感到很庸俗，对我来说，这样的分析无异于将礼物交换视为某种以物易物。工作的实际经历不仅令我感觉到我从资本主义的咒语中清醒过来，也令我从自己文化中围绕时间工具性质的意识形态中抽离出来，即你可以利用时间。我认为艺术家要学习的很重要的技能之一便是从一个"成为共识的现实中"抽离出来的能力，因为这样的能力会帮助她认识到更多的无形的能力。

时间与信息管理

你的时间不是一个孤立的东西，也非工具。时间是创造的一部分。爱默生说："一个人就是他整天在想的东西。"你所做的一切，所想的一切都

05

会出现在你的艺术作品中。计算机科学中的"无用错误信息输入、无用错误信息输出"（Garbage in，garbage out，GIGO）的功能也适用于艺术家。这是你在选择惯性活动的时候要考虑的事情。

有一个问题是，你如何创造一种存在于这个世界的方式，一种让新的事物（思想、信息、人、地方）进入你的生活，而不把所有东西都放进来的方式？我想指出的是，你对媒介饱和度的耐受力可能比你意识到的要低。你需要进行一个开放式的搜索，也不要限制搜索的方式；同时要使你的搜索不至于多到被信息所淹没，因为其中的难题是你需要预先决定了你的结论。

我想推荐的第一本自学读物是茱莉亚·卡梅隆的《艺术家之路》。这本书是基于艺术治疗的理念，类似于匿名戒酒互助社，但它是针对陷入瓶颈的艺术家如何突破，虽然我并不认为自己陷入了瓶颈，但我仍然从大部分的练习中学到了很多。卡梅隆谈到了工作的理念，也在一定程度上谈及了信息管理，但这本书是在1992年出版的，当时互联网还没有真正进入我们的生活。她了解创作的过程，也了解如何去教授它；她所描述的技巧也很受用。我知道你在想什么："卡罗尔，我很害怕，这听起来很新潮啊。"我不能保证这本书会对你有帮助，也不能保证你会喜欢，也不能保证因为你读了这本书朋友们就不会嘲笑你。但我可以保证，它不会削弱你的批判能力、你的智力、你的理性思考能力或类似的东西。如果你对新时代的书籍感到恐惧或不适，那么我觉得那就更应该去读这些书。因为愿意承担心理上的风险，是一个艺术家最重要的技能之一。

另一本我要推荐的自学书籍是提摩西·费里斯的《每周工作4小时》。费里建议：在印度雇用一个线上助理来处理你的日常工作。我没有接受那条

查尔斯·巴索迪，《现在没有人嘲笑我的自助书库了》，2002年，《纽约客》杂志

特殊的建议，但他在时间管理、处理信息过载和邮件依赖的技巧真的很有帮助。我也很喜欢他关于收入自动化的想法。

不加掩饰

在去纽约大学攻读学士学位之前，我在艺术学校的最初尝试只持续了一个学期，这之后我休息了几年。在初次尝试时，我很快就意识到，以我的速度，我不可能被学校改造成一个艺术家，还不如等我自己准备好了再去申请，这是一个明智的决定，但这并不是出于智力的原因，我只是以一种迫切的、感性的方式了解到，我当时并没有能力从课堂上获得任何东西。我很幸运我的父母没有逼我完成学业。恰恰相反，他们是在为我付钱，并认为如果我在艺术学校的第一个学期里不能取得优异的成绩，我就是在浪费他们的钱（这里有一件事让我觉得现在和1988年的时候大不一样：在那个年代，上艺术学校并不被认为是合理的事情。理智的人都会去学平面设计或建筑学或有实际应用的东西。艺术学校是为那些不负责任的怪人或者魔术师准备的。

卡罗尔·博夫
Carol Bove

现在，似乎有一种观念认为，读艺术学校是一种明确的职业道路的一部分，你可以沿着这条道路走向一个受人尊敬的职业。市场大了，可以养活更多的人，当然，但如果它仿佛是一条清晰的路径，那就是一种假象。学院主义、专业主义、官僚主义、官僚作风，都是对艺术创作的戕害，它们必然是干扰和形成的阻碍，而不是促进）。

经过十四个学期的休息，我已经准备好了。我回到学校，回到学校最糟糕的部分是在创作艺术的同时又要阐释它，这让我在尝试时不可能有安全感。出于我深刻自我怀疑和不安全感的后果，我对我真正想做的东西进行了删改，既然认为自己很蠢，那么我真正想做的东西都会很蠢。我想还不如装模作样的好。

一出校门，我就很想知道我到底是在掩饰什么，因为那种压抑是如此刻意，我完全不清楚那是什么。我决定做一个实验。在三个月内，我想做什么就做什么，但我的理解是，我不会把我发掘出来的东西拿出来向任何人展示。但我觉得有必要去发现我的秘密。

我现在可以讲的是，我发现我想画美女的肖像画。一开始似乎很蠢，但我很有耐心，不做判断，只是让我的欲望带着我去了它想去的地方，这就是我的工作方式。

重要的是创造一个非目的性的、自由的空间，在这个空间里玩耍和享受乐趣。当你看到艺术作品的时候是令人兴奋的，你就会知道，这是件很麻烦的事情：看了会很麻烦。另一方面，观察别人解决一个对他来说很刺激的问题，即使这个问题通常不会打动你。我看过孩子们玩泡泡枪之类的刺激有趣的玩具——他们能玩十分钟就不错了。像医生的急救包这样的东西，让他们排演他们日常生活中的剧情，是非常有趣的；他们到哪里都会带着急救包去玩几个月。你的艺术应该像那种玩具一样。它可能是一个智性的计划，但它需要与你的精神生活一起投入，并由情感的需要来驱动。

这个不加掩饰的练习对我很有帮助，我强烈推荐。我是在二十多岁的时候做的，当时我已经有了一定的教育和经验，我正试图找到一种真实的方式来回应所有已经存在或正在出现在我身边的想法和艺术作品。

工作的节奏

学校的形式决定了部分工作节奏或步伐。就像《法律与秩序》[1]中的杀人犯要在50分钟内被抓获一样，艺术作品也需要在学期内完成并进行点评。我的感觉是，人们在学校的时候就把自己的速度定下来了，然后在艺术博览会的时间安排上又强化了这一点，随着场馆成倍地增加，我们的能力也显得捉襟见肘；瞬间发送高清图片，一切都在加速。但这要看你自己的作品是否能从这种速度中受益。当我需要有人提醒我不需要这么快时，我觉得杰伊·德费奥[2]的《玫瑰》很有启发。

---

[1] Law & Order，《法律与秩序》，1990年首播的美剧，持续15载，可能是历史上观看人数最多的美剧。集警匪与法庭于一体，讲述的犯罪案件基本源于真实生活，取材于近期报纸上的头条新闻。

[2] 杰伊·德费奥（Jay Defeo, 1929—1989），美国女性画家，与抽象表现主义关系密切。她的杰作《玫瑰》创作耗时8年，画家几乎倾尽心力心无旁骛地创作这一幅作品，且拒绝了一些重要展览的邀请。画家罹患肺癌于1989年去世，去世后这幅《玫瑰》由于巨大的尺幅和重量一度无人收藏，后存放在其曾经工作过的旧金山艺术学院的会议室中。在封存多年以后，1995年才被纽约惠特尼美术馆永久收藏。

课程:自我表达　　61

杰伊·德费奥在创作《玫瑰》,1958—1966年

卡罗尔·博夫
Carol Bove

Louise Lawler和Allan Mccollum，《为了汇报和展示：理想的设置》，1983年/1984年

金钱

成为一个艺术家并非一个好的商业计划。

谋求事业

我猜想你是想做一辈子的艺术家吧。看得出来，二十多岁的人，当同龄人出场而自己没有出场的时候，会很焦虑，我也担心过这个问题。但我现在明白了，这不是一场竞赛，我希望我没有浪费那么多精力去担心。在我能想到的几乎每一个先例中，早早出道对艺术家的职业生涯都没有好处。你甚至不应该认真地去在商业的环境下展示你的作品，在三十岁之前最好的办法是观察。当你在学习艺术世界的运行规律，要保持低风险。就是说，保持职业生涯的低风险。要一直抱着把握心理风险的心态。

我只是在一定程度上把作品销售与事业画上了等号，但这二者并不相同，二者的关系显然更为复杂，《礼物：想象力与权属的情色生活》是刘易斯·海德（Lewis Hyde）创作的一本书，这本书对我采取正确的态度向市场推广艺术作品特别有帮助。书中将礼物经济的分析描绘出一种非异化劳动的图景；相较于后半部分对艺术表现形式的探讨，前半部分对部落社会和民俗学中的礼尚往来习俗的讨论更大程度地影响了我的思考。

历史

作为一件艺术品的创造者，你确实需要了解一些艺术史。因为你最终决定忽略的惯例、你决定重复的传统以及你发明创造的东西同样重要，甚至你注重的与选择的惯例与传统更重要。如果你刚刚出道，可以从立体主义到超现实主义开始，然后从1945—1975年开始研究。

如果你想了解一些关于潜意识的东西以及一些未被阐明的假设，你可以从《现代主义之后的艺术：反思再现》一书中得到一些线索。20世纪80年代的理论之所以重要，正是因为它塑造了我们的心态，但它已经从我们的意识思维中消退了，潜意识领域中未被阐明的假设是一种强大的、无形的塑造世界的力量。

寻找自我

艺术作品来自总体个性：自我、个性、本我、有意识与无意识、超越个人的、语言与非语言、历史决定的、感官的、情绪的、身体的、精神的、意识形态的和文化的。我相信要想做出有意义的作品，必须始于对自己心理的完全理清。为了摸清自己，我应用了不同的批判方法，如马克思主义、女权主义理论、精神分析理论、历史、阿育吠陀原

理、哲学、费登奎斯疗法、人类学、占星术、知觉生理学、穴居人的冥想体验、健康饮食疗法、迷幻体验、阅读自学读物、易趣网购、恋爱、练习魔法仪式、教学、科学方法、心理治疗、瑜伽、冥想和戒条式宗教传统、斋戒和其他苦修、礼拜、打盹儿、最优运动经验①、文学作品和诗歌、友谊、育儿、幽默感等无数个方面。艺术作品是自我表达，显然，我说的是一种自我的概念，它流露出的东西远超于一个人的身体，甚至是一个人的时代。

指定的阅读和观看

阅读：

瓦尔特·本雅明，《机械复制时代的艺术作品》，1961年。翻译：哈里·佐恩，译为《照明》，纽约：哈考特，布雷特世界公司，1968年。

本雅明的文章《机械复制时代的艺术作品》，每次读到这篇文章，我都会有完全不同的感受。他在做一个关于图像变得可复制的结果的预测，而我们必须用我们所有的想象力去拆解我们的媒介环境，花足够长的时间来理解他的深意。然后，我们将这种反思与我们自己的时代相比，将其与文本进行比较。我还经常回到《历史哲学论纲》中的一句话："过去的每一个不被现在的人承认为自己所关注的过去的形象，都有可能无可挽回地消失。"

茱莉亚·卡梅隆，《艺术家之路：通往更高创造力的精神之路》，纽约：普特南出版集团，1992年。

提摩西·费里斯，《每周工作4小时：逃离朝九晚五，生活在任何地方，并加入新富人行列》，纽约：皇冠出版集团，2007年。

权美媛，《一个又一个地方：特定场域的笔记》，第80卷（1997年3—5月），第85—110页。

正如这段文字所显示的那样，现场特定性的意义远不止于艺术品受环境的影响或在特定的地点制作。

布莱恩·沃利斯、玛西亚·塔克编，《现代主义之后的艺术：反思再现》，现有中译本：《现代主义之后的艺术：对表现的反思》，宋晓霞等译，北京大学出版社，2012年。

十五岁的艺术杂志。

15年大约是一个时尚周期的一半，所以你看到的艺术品最不讨人喜欢。

观看：

亚当·柯蒂斯，导演：《自我的世纪》，英国广播公司四台，2002年。电视连续剧。

这部英国电视纪录片为我们提供了一部精彩的历史，讲述了20世纪以来自我表达的价值化的历史。

---

① Resonance Repatterning译为"最优运动经验"，为"运动哲学"中的概念，指在一般运动经验里，最美好、最超凡的经验。人们从事各种运动所得到的经验，有深有浅、有长有短，每个人都不尽相同，即使相同的人在不同的时间、地点，所获得的运动经验也可能截然不同。有的运动经验会有动作毫不费吹灰之力、完全操之在我、心如明镜般洞悉对手的时候，这些超乎一般的运动经验，就是"最优运动经验"。最优运动经验泛指"优异"的运动经验，因为各种因素完满配合而见其"优"，因与一般运动经验或日常经验区分开来而见其"异"，具有近乎美学圆满的运动经验。译者引自台湾《体育大辞典》词条解释。

塔尼亚·布鲁格拉
Tania Bruguera

出生 / 生活和工作

古巴哈瓦那,1968年 / 住在她做长期艺术项目的地方

教育经历

伊利诺伊州芝加哥艺术学院表演专业硕士,2001年

哈瓦那高级艺术学院美术学士,1992年

圣亚历杭德罗造型艺术学院,文学学士,哈瓦那,1987年

教学经历

皇家视觉艺术学院顾问,阿姆斯特丹,2010年至今

巴黎国立高等美术学院教授,2010年至今

意大利威尼斯建筑大学客座教授

伊利诺伊州芝加哥大学视觉艺术系助理教授,2006—2009年

新流派系特邀教师,旧金山加州艺术学院,2002年

伦敦皇家艺术学院讲师,2001年

波士顿美术博物馆学院讲师,马萨诸塞州,1998年

艺术高等研究院绘画系教授,哈瓦那,1992—1996年

重要作品

国际移民运动,2011—2015年

总罢工,2010年

知识产权转移,2010年

塔特林低语,2009年

马赛协议(与豪尔赫·路易斯·卡斯特罗合作),2006年

行为艺术学校(行为艺术主席),1998年

向安娜·门迭塔致敬,1986年

获奖

德里克·威廉姆斯信托购藏奖,威尔士国家博物馆,当代艺术收藏,卡迪夫,英国,2012年

罗伊·R.纽伯格展览奖,纽约,2010年

AICA大学画廊最佳展览奖,2010年

克劳斯王子奖,荷兰阿姆斯特丹,2000年

古根海姆奖学金,纽约,1998年

近期个展

2013年:艺术实验室,皇后区艺术博物馆,纽约 // 2012年:塔尼亚·布鲁格拉:国际移民运动,坦克,泰特现代美术馆,伦敦 // 2010年:塔尼亚·布鲁格拉:实践智慧,胡安娜·德·艾兹普鲁画廊,马德里 // 塔尼亚·布鲁格拉:关于政治想象,纽伯格艺术博物馆,纽约州立大学帕切斯分校,纽约 // 2004年:过期的肉体,罗娜·霍夫曼画廊,芝加哥,伊利诺伊州 // 2003年:抵抗运动,弗朗科·索凡蒂诺画廊,都灵,意大利 // 2002年:灵魂工程师,阿布兰特宫,萨拉曼卡,西班牙 // 2001年:岛屿的重量,美洲之家,哈瓦那 // 1999年:近期作品,维拉·凡·拉尔画廊,安特卫普,比利时 // 1995年:我所对应的事物,艺术家之家,哈瓦那 // 1992年:安娜·门迭塔,哈瓦那视觉艺术发展中心多功能厅 // 1986年:玛丽莲还活着,罗马利奥波德画廊,圣亚历山大学院,哈瓦那

06

无墙的学院：36位世界顶级艺术家的艺术和生活课　　65

近期群展

2013年：过去即现在，现代美术馆，底特律 // 混合磁带，拉丁美洲艺术博物馆，长滩，加州 // 2012年：100年（波士顿第四版），波士顿大学艺术画廊，马萨诸塞州 // 2011年：都柏林当代艺术展 // 取消赎回权：在危机和可能性之间，The Kitchen，纽约 // 2010年：移动：为你编舞，海沃德画廊，伦敦 // 早年，KW当代艺术机构，柏林 // 2009年：艺术≠生活，卡里洛·吉尔艺术博物馆，墨西哥城 // 2008年：肉食之后的喜悦，达内亚尔·马哈茂德画廊，纽约 // 2003年：皇家，皇家之旅，纽约现代艺术博物馆PS1，长岛市，纽约 // 生活博物馆，法兰克福现代艺术博物馆，德国 // 2002年：第11届卡塞尔文献展，卡塞尔，德国 // 2001年：历史的一点点重现，价值美术馆，柏林

塔尼亚·布鲁格拉
Tania Bruguera

06

↗ 哈瓦那，2000年，视频表演和装置（磨碎的甘蔗、黑白显示器、古巴人、DVD光盘、DVD播放器），33cm×99cm×417cm

↑↑ 有用的艺术，2010年，雕塑安装在浴室里（陶瓷、供水管、法兰盘螺栓、硅胶管、硅酮填缝剂、黑漆），永久收藏，纽约：皇后区艺术博物馆

↖ 信托工作室，2007年，使用心理学技术（前克格勃特工、街头摄影师、老鹰、猴子、照相纸、打印机、墨水、费利克斯·捷尔任斯基的照片），400cm×300cm×200cm

← 马赛协议（与豪尔赫·路易斯·卡斯特罗合作），2006年，法律协议（法律文件、律师、法律证明）

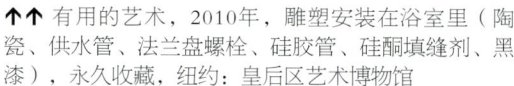

↑ 马赛协议

→ 塔特林低语#6（哈瓦那版），2009年，去语境化的行为艺术（舞台、讲台、麦克风、建筑物内的扩音器和建筑物外的扩音器、两个身着军装的人、白色鸽子、每一位发言者有1分钟的自由审查时间、两百台带闪光灯的一次性照相机），古巴：第十届哈瓦那双年展，林威弗雷多当代艺术中心的中央庭院

06

无墙的学院：36位世界顶级艺术家的艺术和生活课　　67

塔尼亚·布鲁格拉
Tania Bruguera

埃里克·温策尔：我第一次见到塔尼亚·布鲁格拉是六年前在芝加哥大学读研究生的时候。此后我们一直保持联系，最近一次和她交流是在2013年奥地利萨尔茨堡夏季美术学院。在过去的几个月里，我通过电子邮件对布鲁格拉进行了采访，问题涉及教学在她创作中扮演的角色、她对形式主义的思考以及被称为"艺术家"的尴尬人群的看法。布鲁格拉的回答表明了她对艺术、生活和政治的深思熟虑和富有洞察力的见解，以及她对当代艺术系统不断变化的氛围展现出的难以置信的关切和深刻的态度，而这样的当代艺术系统面临的状况可能被认为是一种危机。

您能谈谈您作为教师的角色吗？您启发了一大批形形色色的人，不仅仅是我和我在芝加哥的同辈人，在其他国家您也曾做过教学工作，而且您与之前的学生保持着联系，并支持着他们。您如何看待这种关系？

塔尼亚·布鲁格拉：相比于老师，我觉得我更像是一个与艺术家对话的艺术家，他们中的一些人可能是我多年后的同行。当我们在一起的时候，我并不是在教书，而是在营造一种让大家产生疑问（包括我自己的疑问）的氛围，我们带着疑问去对工作和生活进行交流和讨论。我提到"生活"是因为很多时候，一个失误或不知如何组织你能量的状况，会使你的艺术家之路更加艰难。生活可能会"事与愿违"，把你带离你的道路，然后在某些时候，可能为时已晚，无法回头。讨论是非常重要的，因为一旦你走出学校，你就很少会受到真诚的批评，也更不会遇见有建设性的用以自我批评的场合。所以，当你还是学生的时候，你不仅要利用这段时间去寻找对你的实践有启示的文本、尝试新的工作思路，更要了解你需要在什么样的环境下进行工作，需要和什么样的同事朋友继续对话，以及制作一套怎样的自律的体系。作为一名学生，你必须了解哪些方面对你来说是最困难的（这些困难可以是简单的，比如不能按时完成作业，也可以是不能充分开展项目，有好的想法但不善于表达，或者更为复杂，如不能交流你对作品的想法等）。这些都是你作为一个职业艺术家会遇到的困难，所以学校就是使你注意到这些困难，并找到解决问题方法的地方。

我强调的另一点是让学生给自己的作品赋予价值，要明白年轻不是做不出最好的艺术的理由。我总是拿着我的名单，列举那些在年轻时就获得成功的人给他们压力（汉斯-乌尔里希·奥布里斯特、皮耶罗·曼佐尼、戈登·马塔·克拉克、安娜·门迭塔等）。但我也让学生意识到，并不是每个人的节奏都是一样的，有的学生就像海绵一样，在学校期间的作品并不是那么好，但过了几年，在他们消化了所有听过的、读过的东西之后，就会开花结果。我尽量让每个学生明白每个人都有不同的节奏，也尽量让他们做到细水长流。尤其是这几年艺术职业化之后，我在班上至少会讲一次，艺术工作和就业是两回事。有时它们是相辅相成的，但不能以其中一个来评判另一个。所有我指导过的学生都明白，这是长跑比赛，甚至是长途跋涉，所以我们必须享受它的所有强度，并对我们的工作极度坦诚。对我来说，艺术教育就是要创造一种结构，这一结构可以使你在离开学校的安全网后，依旧拥有持续获得知识和成长的方法。

另外，在上课的第一天，我就让所有的学生知道，他们会获得最高的权限，而且我不会考察出勤率；这样一来，只有那些真正有兴趣的人才会用心来上课，反正我觉得艺术家是不可能有A+或B−的分数限定的。

课程：与未来同行的对话

我不知道是否如你所说的那样我启发了某些人，但我曾在许多不同的学校里教过书，这给了我一个很好的视野，让我知道在不同的地方艺术是如何被构思和生产的，以及这些地方对艺术的态度和期望是什么。虽然我有自己的兴趣范围，但我还是会进行在地性的教学：我试图在他们的教育或文化中找到缺失的部分，然后从那里开始教学。此外，我没有一个"类型"的学生——比如说，我不只和那些对行为或政治感兴趣的学生合作——因为我相信社会变革来自许多不同的感觉和问题。政治是一种态度，而不是一种艺术流派。

教学能吸引我的一点是你必须非常努力地工作，不能失去学生的尊重。这种尊重不是来自营销，也不是来自与艺术界有影响力的人交朋友，而是来自他们对你作品的看法，以及你的作品对他们的影响。这就是最好的激励，让你继续努力工作，而且是以一种当代的方式。

我喜欢教学的另一个原因是它能让你回到简单的、主要的问题上，比如，"艺术是为了什么？""我为什么要关心艺术？""艺术与其他事物是什么关系？"当你是一个以工作室为基础的艺术家时，你会认为这些问题是理所当然的，或者是从在校学习经验中提炼出来的。当我看到一个艺术家的作品时，我常常自娱自乐：我试图猜测它是来自一个拥有工作室基础的艺术家还是一个有学习经验的艺术家；我认为你可以从作品中很清楚地看出来。

艺术家是一个单独的阶层或人口群体吗？

塔尼亚·布鲁格拉：我们绝对不仅仅是一个人群。但是，虽然艺术家构成了一个社群，许多人在他们所属的其他社群（他们的国家、工作、政治立场等）之前就已经认同了这个社群，但这个社群在成为一个起作用的阶级之前还有许多事情需要解决。通常一个阶层很快就会与经济渠道、经济偿付能力、社会地位和教育挂钩，但对于艺术家来说，这些要素对每个人的作用是不同的，甚至在某些情况下，它是以矛盾的方式发生的。有一些艺术家本身没有很多钱，但却过着有特权和经济宽裕的生活，他们旅行时的所有费用都有人来承担，住在原本难以企及的酒店里、吃着精致的饭菜、接受资助以支付天价制作费用、与资金来源方（博物馆馆长、收藏家、慈善家等）有直接的关系、有着高度的全球联通性。另一方面，有一些艺术家并没有具体的政治权力渠道，但在社会上却有着巨大的影响力——他们受到追捧，他们可以改变文化实践，但他们唯一的力量是业内的认可。还有一些艺术家，他们拥有大量的财富积累，但他们缺乏威望，因为他们的作品不被艺术界感兴趣而被忽视。归根结底，这些都是主观的。所以，采用韦伯的说法而非马克思的说法，我们可以说，决定艺术家作为一个阶层的原因，可能更多的是与他们在未来的影响力有关（通过对现在极度精确地把握），但不是他们与生产资料的关系。艺术实践可以是多种多样的：它可以是周日的娱乐、爱好或工作，同时，它也可以是研究，是理解现实的日常实践，也是以这种认识去做事情的方法。

还有就是阶级良知的问题。艺术家在对抗艺术不公的过程中，很少表现出团结，也鲜少有合作。另一方面，你想在艺术界里面争取自己的权利，除了沉默之外，很难找到支持或其他东西。马上就会有审美判断来证明为什么不值得参与那些个人的维权活动，甚至不去理解他们为什么会出现这样的情况。艺术家们开始衡量加入某个运动对自己事业发展的利弊。比如，我见过有机构不支付艺术家的展览费用，虽然合

塔尼亚·布鲁格拉
Tania Bruguera

同上有规定。即使是雄心勃勃的展览策展人，也为强势机构的毁约行为去辩解，因为他考虑的是自己的事业，而不是原则上的正确与否。所以，在艺术界有一种不言自明的规矩，你不争取自己的权利，不去揭露不公正的待遇，因为这可能是你职业生涯中的"错误之举"。每个人似乎都明白这个道理，而他们却在挨饿，而且越来越困苦。这就是为什么我对那些自称是政治性的艺术家却无法面对艺术界的政治和不公正感到非常愤慨，或者当我看到美学的概念被滥用为解决与政治性艺术家对抗的一种手段时——当他们让艺术机构感到不舒服时，他们突然变成了"挑剔"或"坏"的艺术家。如果说，艺术界对"游击队女孩"或汉斯·哈克等老一辈"烈士"的崇敬是一种怀旧的行为，而不是作为一种革命的冲动，进而纳入下一代的诉求中，那就成了一种可悲的举动。当年，当他们做着我们现在所敬仰的工作时，他们是人们的眼中钉——他们令人讨厌，因为他们谈论的是人们避之不及的东西；他们令人难以忍受，因为他们的执着；他们被那些酷炫的艺术活动拒之门外，因为人们害怕他们对展览的提议和他们无法控制的信息表达欲望。

当下的斗争并没有太多的包容（虽然有时候对于一些机构来说，性别、种族、民族和年龄似乎还是问题）。目前要对抗的主要不公是缺乏对艺术家的偿付，机构必须开始向艺术家支付参加展览的费用（很多时候，我们正在创作新的作品，我们总是花费大量的时间来创作作品、参加展览，时间是免费的，因为我们的"报酬"是参加展览）。我们不能假装艺术家的唯一生存方式是在酒吧工作、教书或者挨饿，通过艺术销售来缓解生存的压力，是一个过于强调资本主义生产模式的规则，而这种模式并不能养活所有人。此外，它还造成了异化，因为画廊所有者觉得他们有权要求艺术家以不适合自己的形式创作作品，只是因为它们更容易销售。这是一种倒退的艺术生产方式，因为它无助于艺术的发展，我们在艺术博览会（和许多双年展）上看到的是相反的模式：年轻艺术家和资深艺术家都在毫无魅力地重复着这种公式化的策略。

我强烈主张建立droite de suite（一种允许艺术家通过转售其作品赚取版税的制度）。目前制度下收藏家可以将一件作品卖出比原作高十倍、十五倍、二十五倍的价格，而艺术家们却在为支付租金而挣扎，正是因为他们不想做出让步，比如制作容易销售的作品，这最终可能是使他们的作品变得稀有、珍贵和昂贵的原因之一。这是我们社会中反复出现的一种可悲的故事。把艺术家放在一个为了作为人去生存而不得不背叛自己作为艺术家的情境，这是不公平的。

个人永远只是个人，抑或是政治性的？

只有那些有特权的人和那些符合既定规范的人（或者那些可以接受被压制的人）才会是个人。只要你不被允许做完整的自己，当你的某一部分被审查、质疑或被阻止发展，你便无法做到完整的你，你就自动变成政治的，所以那些认为政治并非日常生活中的元素这一想法是不正确的。

在你的实践中，你是否看到了更多传统的、正式的或美学驱动的作品的位置或用途？除了在政治和社会领域的工作外，你是否有兴趣为画廊或博物馆语境创作作品？

塔尼亚·布鲁格拉：政治性的艺术是由美学驱动的，但美学的概念是在伦理学中发现和实现的——我称之为美学伦理学，在这些情况下，你可以有同样的分类和反应，你可以通过这些分类和反应来了解一种审美体验，但它不是由某种事物的表象和悬置怀疑的过程所驱动的，而是认识到某种事物确实已经发生了变化，它们实际上承载了一种不同的相互关系相处方式、相异的价值观念的迹象与指示，它们带来了另一种对未来的憧憬（一种我们可以认同的、可以让我们更满意的）。这是一个对不可能变为可能的激动过程，这也是一个审美的时刻。美学已经从改造物体（自然的或人造的）所需要的工艺转变为改造我们自己（作为一个人或一个群体）所需要的技巧；所以，这不是一块石头精妙地成为圣人狂喜的面孔，而是调动我们自己的实现过程——顺便说一下，这也表现在那个圣人的脸上。所以，这更像是一种对一直存在的事物的复归。这是对艺术的回归，而不是作为一种形式上的姿态。形式主义是你早已了解的伴随着思维过程而来的，所以你就不再去探寻。形式主义是没有确证的假设。

我必须说的是，我最近很难在一些被明确定义为艺术作品的东西面前产生审美体验，这些东西挂在一个明显构想出来的"框架"之上。近来，从隐喻的层面对我影响最大的是"罢工债务"的一个提议，它是"占领华尔街"运动的团队之一，名为"开动的大赦年"。本质上，他们以一分钱一分货的价格买下一笔集团债务来解放债务人，而不是强制债务人还钱（就像企业买垃圾债一样）。在这种情况下，他们所做的是颠覆我们经济的惯性。他们利用使我们陷入这场经济危机的漏洞，让富人变得更富有，但并不是利用人们的不幸，而是让债务人成为受益者（大多是资助学习或健康事业）。事实上，这种行为与买彩票极其一致，因为他们已经确保了用于购买债务的资金不会被操纵。做这件事的资金捐助者是公民，有些人希望有一天能从他们的行为中受益，但大多数人只是支持这一举措，以表明他们对这一姿态的认可，从而达到政治目的。这是一种新的围观方式：回馈社会，支持他人。比起在艺术展览中安全地展示不可能实现的乌托邦，我对这种"不可能"的社会姿态更能产生审美感动。

我觉得当代艺术不再是为了想象或梦想，也不再是关于悠闲的时光，这些已经没有丝毫变革的意味了。相反，我们要在现实世界中努力实现这些梦想。我觉得当代艺术更多的是关于体验，而不是关于物品或安全环境的生产。新的幻觉是对幻觉的真实体验。特别是，我认为当代艺术的理念是，艺术体验就是一种社会体验，而且环境越"真实"，表达越有效。当代艺术家正试图在社会领域为我们的职业赢得尊重，当我们从信息社会走向服务社会，再走向创意社会（经常与名人社会混为一谈），到达公民社会的时候。我认为当代艺术家是重新定义公民创作新社会角色的排头兵。这里的问题是创造性和公民性的公司化（即社会形式主义）。这就是我认为"开动的大赦年"是有效的原因：因为它是平民对企业战略的挪用，以产生一个不同的社会。这就是我觉得我们作为艺术家最大的挑战：成为创造一个不同社会的积极分子。

我看到的是更传统、更正式或更美学化的作品吗？传统，和"正式"是两码事。对我来说，"传统"就是简单的庸俗，就是一些假装是其他东西的东西——在这种情况下，是一种集体的共识，是一种对艺术真理的断言，只是因为它是一种成熟的实践或技术。另一方面，我对形式主义有强烈的反应。我对为艺术而艺术、为形式而形式不感兴趣。我喜欢"陶醉"的形式，介入未经授权的领域，提出新的用途和新的愿景。遗憾的是，艺术界有一种强烈的倾向，就是把一切都变成了形式，把事物的迫切性（包括形式中的迫切性）变成了自我参照，变成了一种空洞的象征主义和简单的愉悦伎俩。

几个月前，我参加了一个活动，其中一个参与者找到我，很兴奋地说他生活在一个亚洲国家，他想搞一个艺术学校的项目。他不停地说着他要邀请的人和他想要用的建筑，以及费用……我打断他，问道："你的学校项目以什么意识形态作为基础？因为教育是一种意识形态的工具，而你是来自欧洲的白人，来自他们所崇拜的被称为第一世界的地方。你想用你的项目激活什么动力？"他的眼神变得充满恐惧，他回答说："我得再好好想想。"这是形式主义的一个很好的例子。现在已经开始出现了一种趋势，就是把艺术学校当作艺术，或者把艺术学校当作策展项目。然后大家又去复制一个艺术学校项目的形式，但缺乏它所蕴含的政治姿态，也没有文化的紧迫性，他们甚至没有意识到这个姿态的社会意义。然后，这种趋势逐渐变得平庸，人们就像下一个季节性的时尚一样去寻找下一个刺激；空有意识形态，却不了解其中的任何责任。可悲的是，大部分的知名度和资金都赋予了最擅长做三十秒推销行话的艺术家，而不是那些长期工作、致力于理解变革的真正（枯燥乏味）意义的艺术家。我认为这些矛盾的发生是因为当艺术被视为娱乐时，谁投资、谁赚钱都会受到影响。

当你使用没有内容、没有功能、没有成为一种符号姿态的社会形式时，你只是把社会艺术作为一种旅游的形式来优先考虑；你重视社会艺术是通过虚假的"融洽"来绝望地逃避孤独。当我们的艺术史被当作形式史来教的时候，当我们把具有真正社会政治紧迫性的国家所产生的艺术创作看成仅仅是形式上的练习时，形式主义也就开始了——缺乏上下文地被西方的形式史所对照和吸收。

例如，我的作品《塔特林低语》（2008年）——骑警在博物馆对观众使用规训和人群控制技术的那件作品——现在被看作是一件美学作品，因为它是以鸟瞰照片的形式记录下来的；但身处其中，感受到马的呼吸向你逼近，马用它庞大的身躯推着你走来走去——在那种情况下，马变得超乎比例地巨大。当你身处这种情境之中，这已经不是审美的问题，而是镇压的问题。也许我们需要教授艺术的经验史，以便从形式产生反应的临时能力的角度来看待艺术作品，而不仅仅从它们的被动和装饰作用的角度来看待它们。

虽然我是作为一个艺术对象的生产者成长起来的，但这种活动现在对我来说就像做数独游戏一样，这是一种消磨时间的方式。我所做的工作，我所研究的形式，就是政治形式，它不可能是一种形式主义的研究。作为一个艺术家，涉及政治和社会领域的工作是很累的，也是没有回报的，就像吃辛辣的食物一样。在吃过哈瓦那辣椒之后，其他食物就会觉得平淡无奇。

我记得，五年多以前，你是我遇到的第一个呼吁将研究融入艺术的人，你认为艺术家应该把自己的工作看作是在进行研究。这一方面是作为艺术家在更大的教育机构中定位的一种方式，比如芝加哥大学，一所著名的"研究机构"；但同时也是构思自己艺术实践的一种方式。现在这已经成为一种流行语。比如经历了第13届卡塞尔文献展，我觉得被这种"研究美学"轰炸了。好像成了一种时尚，"研究转向"，跟随着"教育转向"和"文献转向"的脚步。您如何看待这个问题，能否展开谈谈您对艺术研究的概念？

塔尼亚·布鲁格拉：我一直认为艺术是一个

研究过程，艺术家是研究者。当年我们在芝加哥大学，艺术系的学生可以利用其他系学生的资源和潜在的合作，以严谨的方式拓展自己的实践，这是很有意义的。我不了解你说的"流行语"，我也没有机会看第13届卡塞尔文献展，但我可以告诉你的是，决定做一个研究型艺术家不是一种倾向，也不是一种时尚；它不是一个在空间中展示东西的策展策略，而是一种看待你在艺术实践中责任的角度和你作为一个艺术家在社会中角色的方式。

指定阅读

克莱尔·毕晓普，《人造地狱：参与性艺术和旁观者的政治》，伦敦：韦尔索出版社，2012年。

皮埃尔·克拉斯特，《社会与国家》，巴黎：午夜出版社，1974年。罗伯特·赫尔利和阿贝·斯坦恩译为《社会对抗国家》，纽约：区域图书，1987年。

布莱恩·霍尔姆斯，《逃离"超码"：监控社会中的行动主义艺术》，荷兰埃因霍温：凡·阿贝博物馆，2009年。

布莱恩·霍尔姆斯，《大陆漂移》，2014年6月23日查阅。

阿尔弗雷多·贾尔和奥斯瓦尔多·桑切斯编辑，《流亡之地：在SITE2000/01圣迭戈/蒂亚·胡安娜的新当代艺术项目》，加州：装置画廊，2003年。

苏珊娜·拉西，《离开艺术：关于表演、政治和公众的写作，1974—2007年》，达勒姆：杜克大学出版社，2010年。

雅克·朗西埃，《疲惫的人》，阿姆斯特丹出版社，2009年。

法丽达·沙希德，《艺术表现和创作自由的权利》，日内瓦：联合国人权理事会，2013年。

雷娜·索菲亚编辑，《失去人形：拉丁美洲80年代的震撼图景》，马德里：国家艺术中心博物馆，2012年。

纳托·汤普森，《作为形式的生活：1991—2011年的社会参与艺术》，剑桥：麻省理工学院出版社，2012年。

斯蒂芬·赖特，《走向用户身份的词典》，荷兰埃因霍温：凡·阿贝博物馆，2013年。

塔尼亚·布鲁格拉
Tania Bruguera

← 塔特林低语#5，2008年，去语境化的行为（骑警、人群控制技术、观众），尺寸可变，演出视角，瑞士银行"活着的货币"展览开幕式，泰特现代美术馆，伦敦

↙ 低语 #5，2008年，去语境化的行为（骑警、人群控制技术、观众），尺寸可变，瑞士银行"活着的货币"展览开幕式，泰特现代美术馆，伦敦

↙↓ 开放的大赦年网站。截至2014年3月，开放的大赦年已经废除了14734569.87美元的医疗债务

→ 在过去的十年里，塔尼亚·布鲁格拉一直在教授和研究Arte Útil。Arte Útil粗略地翻译成英文为"实用的艺术"，但它更进一步暗示了艺术是一种工具或装置

↓+↘ 致敬安娜·门迭塔，1996年，作品的再创作（火药、石头、纺织品）

In Arte Útil we propose some substitutions

Author → Initiator

Artwork → Case study

Production → Implementation

Audience → Activators

Distribution → Network of experiences

Conservation & Storage → Sustainability

Aesthetics → Aesthe-ethics

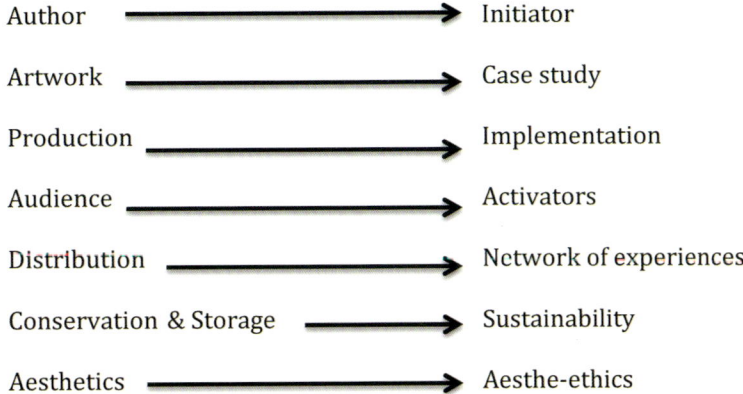

马克·迪翁
Mark Dion

07

出生/生活和工作
　　新贝德福德，马萨诸塞州，1961年/纽约和宾夕法尼亚州

教育经历
　　哈特福德大学艺术学院名誉博士，康涅狄格州西哈特福德，2003年
　　康涅狄格州西哈特福德大学哈特福德艺术学院艺术学士，1986年和1981—1982年
　　惠特尼美国艺术博物馆独立研究项目，1984—1985年
　　纽约视觉艺术学院，1982—1984年

教职和社会身份
　　社会人文系研究员，布朗大学，普罗维登斯，罗得岛州，2014年至今
　　宾夕法尼亚州海滩湖（艺术家驻留项目和智囊团）联合主任（与J.摩根·普特），2006年至今
　　哥伦比亚大学艺术学院导师，纽约，2002年至今
　　之前的教学岗位包括：耶鲁大学，康涅狄格州纽黑文；库珀联盟，纽约；加州艺术学院，瓦伦西亚；哈特福德艺术学院，康涅狄格州西哈特福德；明尼苏达大学，明尼苏达州

重要作品
　　南佛罗里达州野生动物救援队，2006年
　　好奇心商店，2005年
　　马萨诸塞州鸟类图书馆，2005年
　　拯救考古学，2004年
　　植物园，2002年
　　毒药博物馆，2000年
　　安特卫普鸟类图书馆，1993年
　　北极熊和途牛（从亚马孙到斯瓦尔巴），1991年

获奖
　　路西达艺术奖，史密森尼美国艺术博物馆，华盛顿特区，2008年
　　琼·米切尔基金会奖，纽约，2007年
　　拉里·奥尔德里奇基金会奖，康涅狄格州里奇菲尔德，2001年

近期个展和委托
　　2013年：毛骨悚然的宝藏，多梅因博物馆，荷兰锡塔德//马克·迪翁，八角厅，马萨诸塞当代艺术博物馆，北亚当斯//策展人的办公室，明尼阿波利斯艺术学院永久展出，明尼苏达州//地上/地下（与艾米·尤斯合作），锡耶纳艺术学院，意大利//马克·迪翁，追寻威廉·汉密尔顿爵士，皮尼亚特利博物馆，意大利那不勒斯//2012年：克拉克探险队的幻影，探险家俱乐部，纽约，由斯特林和弗朗辛克拉克艺术学院组织，威廉斯敦，马萨诸塞州//解决纷争，南佛罗里达大学当代艺术博物馆，坦帕市//巢穴，挪威国家旅游路线的特定场地装置，挪威//2011年：瓶中船，洛杉矶港滨水区改善项目的公开征集活动，位于加利福尼亚州圣佩德罗的卡布里洛路码头//海洋狂热：神秘海洋的纪念品，摩纳哥海洋博物馆、新摩纳哥国家博物馆和帕洛玛别墅，蒙特卡洛//南佛罗里达野生动物救援小组，迈阿密艺术博物馆，佛罗里达//等待非凡，密歇根州立大学，人文学院，东兰辛//2010年：神奇博物馆：一个马克·迪翁项目，加州奥克兰博物馆//业余鸟类学家俱乐部，欧洲文化之都，鲁尔，德国//马克·迪翁：威廉·巴特拉姆之旅——重新思考，谭雅·博纳达画廊，纽约//

07

无墙的学院：36位世界顶级艺术家的艺术和生活课　　77

2009年：新石器时代考古研究所的永久性装置，新基兴，德国 // 2008年：最近的努力：马克·迪翁的新作品，大西洋艺术中心，新斯米尔纳海滩，佛罗里达州 // 2007年：系统大都市，自然历史博物馆，伦敦 / Carre d'Art，尼姆，法国，并巡展至瑞典赫尔辛堡Dunkers文化中心和瑞士普费菲孔的西德姆文化中心

78 马克·迪翁
Mark Dion

07

07

无墙的学院：36位世界顶级艺术家的艺术和生活课

↖ 诺伊康植物园，2007年，混合媒体装置，长24.4米，西雅图艺术博物馆收藏，华盛顿州

← 巢穴，2012年，混合媒体，沿艾于兰之路旅游路线的装置，维达豪格恩，挪威

↙ 业余鸟类学家协会，2010年，装置作品，Emscherkunst，Emscher，德国

↑ 好奇心商店，2005年，混合媒体，380cm×850cm×370cm，泰特画廊收藏，伦敦

马克·迪翁
Mark Dion

在我的教学方法中，一个极为核心的元素是尝试达成激烈的讨论与强烈的互动，而我的任务，就像我所看到的那样，是通过在纽约和其他地方的挑战性遭遇来加深和加强与城市空间潜在持久的联系。每隔两年，我会把我在哥伦比亚大学指导的学生团队分成三个小组，并将他们派往整个城市进行"寻宝游戏"。12小时后，当所有小组返回并向所有人展示他们的发现时（即统计积分）宣布获胜者。

纽约市的"寻宝游戏"：

1. 一张未使用过的信纸，来自以下任意一家博物馆：现代艺术博物馆、惠特尼美国艺术博物馆、古根海姆博物馆（各5分）

2. 一副伊拉克战争卡牌（2分）

3. 《混凝土丛林》一书复印件（10分）

4. 哥伦比亚大学视觉艺术研究生院教师签名（仅限一个！）（3分）

5. 华尔道夫阿斯托利亚酒店或阿尔冈基酒店的纪念品（每家3分）

6. 尼加拉瓜朗姆酒一瓶（5分）

7. 3号铅沉子（2分）

8. "好运"气雾剂罐头（5分）

9. 今日葡文报纸（新印出来的）（6分）

10. 在独角兽挂毯前拍摄任意三名队员的照片（6分）

11. 马尾毛（5分）

12. 触摸约翰·詹姆斯·奥杜邦的坟墓（15分）

13. 地狱笔记（4分）

14. 以下任何一张明信片照片：奥逊·威尔斯、马塞尔·杜尚、甘地·菲茨杰拉德、西格蒙德·弗洛伊德、汉斯－克里斯蒂安·安德森、艾玛－戈德曼、爱伦·坡、格蕾丝·凯丽、托尼·莫里森、约翰·凯奇、带狗的女人、刘易斯·卡罗尔、巴勃罗·毕加索（各2分）

15. 土耳其软糖①（5分，玫瑰味的6分）

16. 白色的陶土烟斗（15分）

17. 绿色的小孩子手印（5分）

18. 在彭博新闻社或交通违章处理局工作的人的名片（10分）

19. 巴特·辛普森T恤（10分）

20. 珍珠漆的工作申请表（15分）和其他艺术用品商店（各2分）

21. 《十月》杂志第92期（10分）

22. 至少有3名小组成员的自拍照（15分）

23. 1982年以来的任何一本蝙蝠侠漫画（8分）

24. 音效录制，只录以"狗叫声"为特点的黑胶唱片（12分）

25. 纽约市地铁卡（5分）

26. 任何团队成员与坦尼娅·波纳克达尔的照片（7分）

27. 坎贝尔公寓纪念品（5分）

寻宝活动在晚上9点准时结束，所有队员必须到场。每个小组的成员如果在晚上9点时没有全部到达终点线位置，将会扣掉2分。

---

① "Turkish delight"是一种果味软糖，源自奥斯曼帝国和波斯，基于淀粉和糖的凝胶的糖果系列，类似于中国的"高粱饴"。高级品种主要由切碎的枣、开心果、榛子或核桃组成，和胶状物混合；传统品种通常用玫瑰水、糖浆、佛手柑橘或柠檬调味。

指定阅读

这些书与我的世界观和人生观密切相关，通过我的艺术作品表达出来。它们大多是相当忧郁的散文作品，在我26年的教学生涯中，我只遇到过一个学生读过其中五本以上。

亨利·沃尔特·贝茨，《亚马孙河上的博物学家》，伦敦：J. 穆雷，1863年。

米歇尔·福柯，《权力/知识：访谈和其他，1972—1977年》，科林·戈登编辑，纽约：收获出版社，1980年。

克洛德·列维·斯特劳斯，《忧郁的热带》，巴黎：普隆图书馆，1955年。约翰·拉塞尔翻译，伦敦：哈奇森出版社，1961年。

西蒙·沙马，《风景与记忆》，纽约：复古书局，1995年。

基斯·托马斯，《人与自然世界：1500—1800年英国人不断变化的态度》，纽约：牛津大学出版社，1983年。

雷蒙·威廉斯，《城市和乡村》，伦敦：查托与温德斯出版社，1973年。

亚历山大·威尔逊，《自然的文化：从迪斯尼乐园到埃克森瓦尔德斯的北美景观》，多伦多：Between the Lines，1991年。

82 马克·迪翁
Mark Dion

07

07

课程:纽约市寻宝游戏　　83

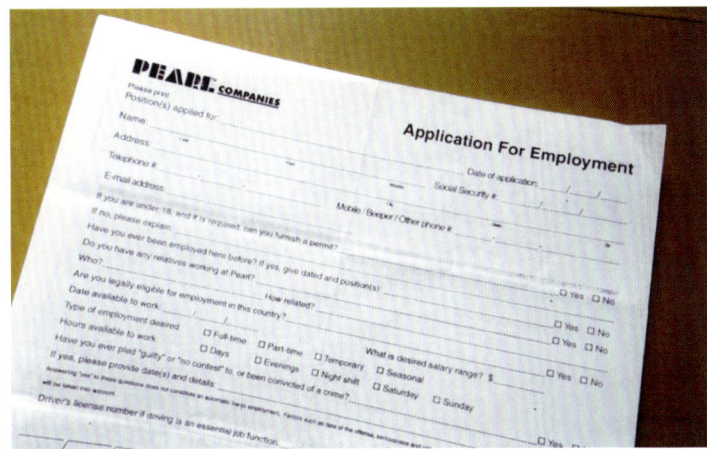

↖《混凝土丛林》一书的副本

← 一瓶来自尼加拉瓜的朗姆酒

↙ 明信片上的照片

↑↑ 巴特·辛普森T恤衫

↑ 珍珠漆公司的工作申请表格

↗↗ 土耳其软糖

↗ 彭博的名片

→ 1982年的《蝙蝠侠》漫画

奥拉维尔·埃利亚松
Ólafur Elíasson

08

出生 / 生活和工作

  丹麦哥本哈根，1967年 / 哥本哈根和德国柏林

教育经历

  哥本哈根丹麦皇家艺术学院，1989—1995年

教学职位

  柏林艺术大学教授，2009年至今

  柏林空间经验研究所创始人，2009—2014年

重要作品

  你置身的花园，2013年

  小屋系列，2012年

  火山系列，2012年

  你的盲目运动，2010年

  你把事情说得很清楚，2009年

  天气计划，2003年

  单色屋，1997年

获奖

  戈斯拉·凯瑟琳奖，德国，2013年

近期个展

  2013年：奥拉维尔·埃利亚松，KUNSTEN现代艺术博物馆，奥尔堡，丹麦 // 奥拉维尔·埃利亚松，维拉卡城堡酒店，圣保罗，巴西 // 奥拉维尔·埃利亚松，兰托斯艺术博物馆，林茨，奥地利 // 2012年：小太阳，泰特现代美术馆，伦敦 // 奥拉维尔·埃利亚松：不确定的博物馆，杜克大学纳舍尔艺术博物馆，北卡罗来纳州达勒姆市 // 奥拉维尔·埃利亚松：你的不确定阴影，PKM三一画廊，首尔，韩国 // 2011年：你的情感未来，平丘克艺术中心，基辅，俄罗斯 // 奥罗什·奥尔胡斯艺术博物馆，丹麦 // 2010年：奥拉维尔·埃利亚松&马岩松：感觉就是事实，尤伦斯当代艺术中心，北京 // 概念运动，博艾曼斯·范·伯宁恩博物馆，鹿特丹，荷兰 // 2009年：你的偶然相遇，21世纪当代艺术博物馆，金泽，日本 // 你的水彩画机，安徒生当代艺术博物馆，哥本哈根 // 身体是大脑——移动的博物馆，项目集合（6），Kunsthaus Zuq，瑞士 // 2007年：慢慢来：奥拉维尔·埃利亚松，旧金山现代艺术博物馆，并在2008—2010年巡回展出至纽约长岛市，纽约现代艺术博物馆PS1、德州达拉斯艺术博物馆，伊利诺伊州芝加哥MCA和悉尼MOCA // 2003年：盲人馆，丹麦馆，第50届意大利威尼斯双年展

部分公共项目

  2012年：你冰冷的期待，由丹麦Kvadrat公司委托Voqt景观建筑事务所和奥拉维尔·埃利亚松合作设计的永久性装置 // 2011年：冰岛雷克雅未克哈帕音乐厅和会议中心的外墙玻璃砖，由亨宁拉森建筑师建筑事务所设计，Eignarhaldsflelagifl Portus有限公司委托设计 // 你的彩虹全景，永久性装置，丹麦奥胡斯艺术博物馆委托设计 // 2009年：现实的会议，在纽约州哈德逊河畔安纳达勒的巴德学院策展研究中心（CCS）的永久装置，由CCS和Luma基金会委托创作 // 2008年：纽约市的瀑布，由公共艺术基金委托，纽约 // 2007年：蛇形画廊展馆，与Kjetil Thorsen合作，由伦敦蛇形画廊委托 // 2000年：勒纳肯永久装置的运动表，受瑞典马尔默市委托 // 1999年：双重夕阳，乌特勒支，荷兰 // 1998年：绿河，在德国不来梅的干预行为，德国；1998年，莫斯，挪威；1998年，"群山之背"路线，冰岛；洛杉矶，1999年；斯德哥尔摩，2000年以及东京，2001年

08

无墙的学院：36位世界顶级艺术家的艺术和生活课 85

近期群展

2014年：格罗苏那·库奇科收藏：每个人对某人来说都是无名小卒，桑坦德银行，马德里 // 五种感官，斯科茨代尔当代艺术博物馆，亚利桑那州 // 2013年：在地平线前，若安·米罗基金会，巴塞罗那，西班牙 // 外观与内观：当代摄影选集，Albright-Knox画廊，布法罗，纽约 // 光影展，海沃德画廊，伦敦 // 第11届沙迦双年展，阿拉伯联合酋长国 // 是的，自然：艺术如何拯救世界，海牙美术馆，荷兰 // 纽约世博会，纽约现代艺术博物馆PS1，长岛市，纽约 // 波哥大摄影，波哥大现代艺术博物馆 // 猎人和工厂，优麦克斯基金会收藏，埃卡特佩克，墨西哥 // 内与外，Casa de Vidro Lma Bo Bardi，圣保罗，巴西 // 再一次：重复、执着和冥想，兰南基金会，圣菲，新墨西哥州

奥拉维尔·埃利亚松
Ólafur Elíasson

← 美，1993年，聚光灯、水、喷嘴、木头、软管、泵、安装视图，"在意世界"展览，奥胡斯艺术博物馆，丹麦，2004年

↓ 你的彩虹全景，2006—2011年，丹麦奥胡斯艺术博物馆的永久装置，奥胡斯艺术博物馆，丹麦

↓↓ 绿河，1998年，尿素、水，装置展，斯德哥尔摩，瑞典，2000年

→ 天气计划，2003年，单频率灯光、投射箔、雾化机、镜面箔、铝、脚手架，装置视图，涡轮大厅，泰特现代美术馆，伦敦（联合利华系列）

08

无墙的学院：36位世界顶级艺术家的艺术和生活课

奥拉维尔·埃利亚松
Ólafur Elíasson

亲爱的：

我们几个"空间实验研究所"的人决定给您写一封信，这并不是课程教案。我们很抱歉，尽管如此，我们不相信理想的课程。事实上，我们并没有一点抱歉的意思。

我们不会提前宣布我们认为什么是要了解的事情。我们做了一件事之后，我们不会说别人也应该做那件事。我们努力学习如何学习，所以我们通过实践的方式来学习我们要去做的事情。我们在过程中评价和批判自己，一起批判，一直批判，通过一切方式。我们邀请其他艺术家和实践者与我们一起思考和实践。我们相信要冒着暴露弱点的风险，在不确定性的强烈不适感中进行实践。共同的弱点很重要。我们认为要走出舒适区。我们相信努力的经济效益，并作出努力。拒绝提供替代方案。我们相信思考和行动，相信积极的想象力是世界的推动力，相信塑造世界和被世界塑造，相信根据我们的立场，世界会有些许不同的倾向，我们喜欢世界这种不同的倾向。

学校并非一个用以授课的安全围场，学校是世界的详述者。课程不是提前制订好的，否则就会成为规则：教条式的、具体化的、坚信不疑的。教学大纲应在课程结束后完成，而课程是无止境的。课程是从空间和世界能量以及关系中产生；它从世界上的相遇中产生，从社会契约中产生。它产生于我们在这个世界上如何协商和相互接触的社会契约；它浮现自问题和感觉、共鸣、实验的政治、感性意识、承担风险的责任和同情心。这是一种关怀的哲学；它涌现自思想和观念的生态、自我意识，以及存在的感知。它产生于这样的问题：艺术如何改变世界？

我们的学校是从"为什么"这一问题中产生的：为什么要做一个具体的艺术作品？为什么要用一种方式而不是另一种方式做某件事？为什么要把一件作品放在一个机构里？一件作品能被赋予什么样的关系？一件作品如何让我们了解和感受到系统将世界挤压成不同形式的环境和限制，从而使作品能够触动世界？找到我们的"为什么"，有助于我们确定内容的优先性，有助于我们用工具塑造出一种精确度。而磨砺我们的工具有助于我们与他人合作，建立开放性。仅仅是喘口气也可以为研讨会提供素材。简单的呼吸也可以成为一项课程计划。

现在就呼吸，来一次深呼吸。简单的呼吸可以帮助我们意识到我们在哪里以及我们在做什么。暂停一下，休息一下，停顿一下。每个人的参与塑造了课程，让课程更多，让课程继续。

思考去做的案例：

（1）和小组一起到外面去。在城市中倒着行走十五分钟，注意速度的变化。注意走近的人有什么变化。

（2）选一个地方，从教室出发穿越到城市的另一边。使用公共交通工具前往，到达之前不要停止行走。

（3）找一个秒表，把秒表放在大家能看到的地方。要求大家闭上眼睛。当大家认为三分钟已经过去时，请大家睁开眼睛。

（4）以小组为单位，在公共场所站成一圈。大笑5分钟。如果必要的话，就假装笑，直到你真正笑出来。

（5）找几把椅子，带上咖啡和茶，把椅子围成一圈。一起坐三个小时，不要起身。不要带任何东西，就坐在那里。

（6）请每位学员提出一篇他们想大声朗读的文章，并与全班同学讨论。与之对应的是另一篇回应的文章。将这两篇文章放在一起，全班大声朗读。在一个学期内，不断重复这个过程。这就是你的"必读"

书目，到了学期末，你就算完成了。下次讨论的时候，你需要一个新的阅读清单。

（7）蒙住一半小组人员的眼睛。两人一组，彼此带领对方穿行城市。请被蒙住眼睛的人按他认为的环路走。请没有被蒙住眼睛的人注意那些可能会碰到蒙住眼睛的人的东西。试着走完那个环路，并回到开始的地方。

（8）一起去旅行。一起坐公交车。一起走路。一起做饭。一起吃饭。一起喝酒。一起坐公交车。一起走路。一起做饭。一起吃饭。一起喝酒。一起坐公交车。一起走路。一起做饭。一起吃饭。一起喝酒。

（9）做一本无意识的书。要求大家在两周内自发地创作作品。这些作品可以是任何东西：表演、装置、诗歌、舞蹈、散步、电影、声音等。两周后，邀请大家带着记录自发事物的文档一起前来。确保墙上有很多空白空间。搭建一个有打印机的工作站。把作品钉起来，讨论作品。根据对方的作品制作新作品。将新的作品钉在墙上，把旧的作品拿下来。一定要给自发的东西留出空间，让它们继续发生。根据拿下来的作品，写一个自发的全体成员的故事。在一天结束时，把墙上剩下的东西，按照大家差不多一致同意的顺序进行整理。并把这些纸页拿到打印机上，打印并装订X份。

（10）摸清自己的兴趣。收集一份你遇到的人（或与你联系的人）的名单。那些正在做着听起来很有趣的事情的人，那些你在一定时间内偶然碰到的人，那些你只是对他们有感觉的人，邀请他们中的三个人参加一个下午的研讨会，即使他们从未见过面，即使你对他们如何融入本学期不断发展的内容知之甚少。告诉他们，研讨会的唯一组织原则是你觉得学校的参与者可能会与嘉宾有共同的兴趣，这些兴趣可以演变成工具。

（11）作为一个小组，在公共场合非常非常非常慢地走十五分钟，非常缓慢地走，就像慢动作一样，就像你意识到每一处弯曲和肌肉，就像空气中浓厚的黏稠血浆一样的气息。感觉你的重量在地面上，感受地面对你的推力，感受你的平衡转变为不平衡。培养那种不平衡感和控制的顶峰，培养出狗屎不如的东西。感受慢动作的每个部分，因为它分布在你的整个身体之中。不要忘记呼吸。

爱你的

奥拉维尔·埃利亚松、埃里克·埃林森、克里斯蒂娜·维尔纳

奥拉维尔·埃利亚松、埃里克·埃林森、克里斯蒂娜·维尔纳一起管理着"空间实验研究所"，这是一个由埃利亚松发起的为期五年的教育研究计划，隶属于柏林艺术大学美术学院（Berlin university of the Arts: www.raumexperimente.net）。

奥拉维尔·埃利亚松
Ólafur Elíasson

空间实验研究所建议的阅读和观看

阅读：

《易经》，中国

埃德温·A. 艾勃特，《平面国：一个多维度的浪漫故事》，伦敦：希利出版社，1884年。

路易斯·贝克、维兰·弗拉瑟，《幽灵蛸：一篇论文，包括超自然科学研究所的调查结果》，德国哥廷根：尹马特里克斯出版社，1987年。由瓦伦丁·A. 帕基斯英译为 Vampyroteuthis Infernalis，一篇论文，附有超自然科学研究所的报告，明尼阿波利斯：明尼苏达大学出版社，2012年。

丹尼尔·比恩鲍姆，《在场的款待：胡塞尔现象学中的他者问题》，斯德哥尔摩：阿尔克维特&维克塞尔国际公司，1998年。

豪尔赫·路易斯·博尔赫斯，《迷宫：故事和其他著作选》，唐纳德·A. 耶茨、詹姆斯·E. 欧比译，纽约：新方向出版公司，1962年。

丹尼尔·博特金，《冲突的和谐：二十一世纪的新生态学》，纽约，1992年。

米歇尔·德·塞托，《日常的发明》第1卷，艺术节，巴黎，1980年；斯蒂芬·伦德尔译为《日常生活的实践》，伯克利：加州大学出版社，1984年。

艾梅·塞泽尔，《回归故土笔记》，巴黎：沃伦特斯出版社，1939年。由克莱顿·艾什曼和安妮特·史密斯翻译为《回归故土笔记》，康涅狄格州米德尔顿：卫斯理大学出版社，2001年。

英格·克里斯滕森，《它》，哥本哈根：居伦达尔出版社，1969年。苏珊娜·尼德英译为《它》，纽约：新方向出版社，2006年。

康拉德，《美丽的火星午后》，纽约：浪潮图书，2012年。

乔纳森·克拉里，《观察者的技术》，马萨诸塞州剑桥：麻省理工学院出版社，1990年。

查尔斯·达尔文，《物种起源》，伦敦：约翰·默里出版社，1859年。

居伊·德波，《景观社会》，巴黎：Buchet Chastel，1967年。弗雷迪·帕尔曼和乔恩·斯考克译，密歇根州底特律：黑红出版社，1970年。

吉尔·德勒兹，《柏格森主义》，巴黎：法国大学出版社，1966年。休·汤姆森和芭芭拉·哈伯杰姆译为《柏格森主义》，纽约：区域图书，1988年。

克雷格·德沃金、肯尼斯·哥德史密斯编辑，《反对表达：概念性写作文集》，伊利诺伊州埃文斯顿：西北大学出版社，2011年。

扬·盖尔，《建筑之间的生活——户外活动和户外环境》，哥本哈根：佛拉格建筑出版社，1971年。乔·科赫译为《建筑间的生命：利用公共空间》，纽约：范·诺斯特兰德·瑞因霍德出版社，1971年。

唐娜·哈拉维，《伴侣物种宣言：狗、人和重要的他者》，芝加哥：Prickly Paradigm出版社，2003年。

韦恩·克斯坦鲍姆，《酒店理论》，纽约：Soft Skull出版社，2007年。

乔治·库布勒，《时间的形状：关于事物历史的评论》，康涅狄格州纽黑文：耶鲁大学出版社，1962年。

朵林·马西，《为了空间》，加利福尼亚州千橡市：SAGE出版社，2005年。

乔治·奥本，《芸芸众生》，纽约：新方向出版社，1968年。

乔治·佩雷克，《空间的种类》，巴黎：伽利略出版社，1974年。约翰·斯特罗克英译为《空间的种类和其他部分》，伦敦：企鹅出版社，1997年。

乔治·佩雷斯，《试图用尽巴黎的一个场所》，巴黎：克里斯蒂安·布格瓦，1982年。马克·洛温塔尔译为《用尽巴黎一地的尝试》，伦敦：韦克菲尔出版社，2010年。

雷蒙德·凯诺，《风格练习》，巴黎：伽里玛德出版社，1947年。芭芭拉·赖特译为《风格练习》，伦敦：加博丘斯出版社，1958年。

彼得·斯洛特迪克，《我是斯帕林·布拉森》，柏林：苏尔坎普出版社，1998年。维兰·霍班译为《泡沫：球体1》，纽约：塞米奥特克斯特，2005年。

弗朗西斯科·巴雷拉，《道德知晓：行动、智慧和认知》，加州红杉木城：斯坦福大学出版社，1999年。

劳伦斯·温施勒，《所见即忘所见之物名》，伯克利：加州大学出版社，1982年。

观看：

唐娜·哈拉维读《国家地理杂志》关于灵长类动物的报道，电视纪录片，纸老虎电视，1987年。

巴尔·法克斯、埃莉诺·科波拉和乔治·希肯卢珀导演：《黑暗之心：一个电影人的启示》，娱乐时间电视网络公司，1991年。

艾莉森·查尼克，导演：《无拘无束：马修·巴尼》，韦恩斯坦公司，2006年。

亚当·柯蒂斯，导演：《自我的世纪》，BBC电视纪录片，2002年。

沃纳·赫尔佐格，《蓝星人怀乡曲（附导演评论）》，沃纳·赫尔佐格电影公司，2005年。

克里斯·马克尔，导演：《日月无光》，阿尔戈斯影片公司，1983年。

乔治·梅里爱：《蛇形舞》（表演者：洛伊·富勒），1896年。

让·维戈：《海王》，高蒙，1931年。

维姆·文德斯，导演：《里斯本的故事》，Axiom Films，1994年。

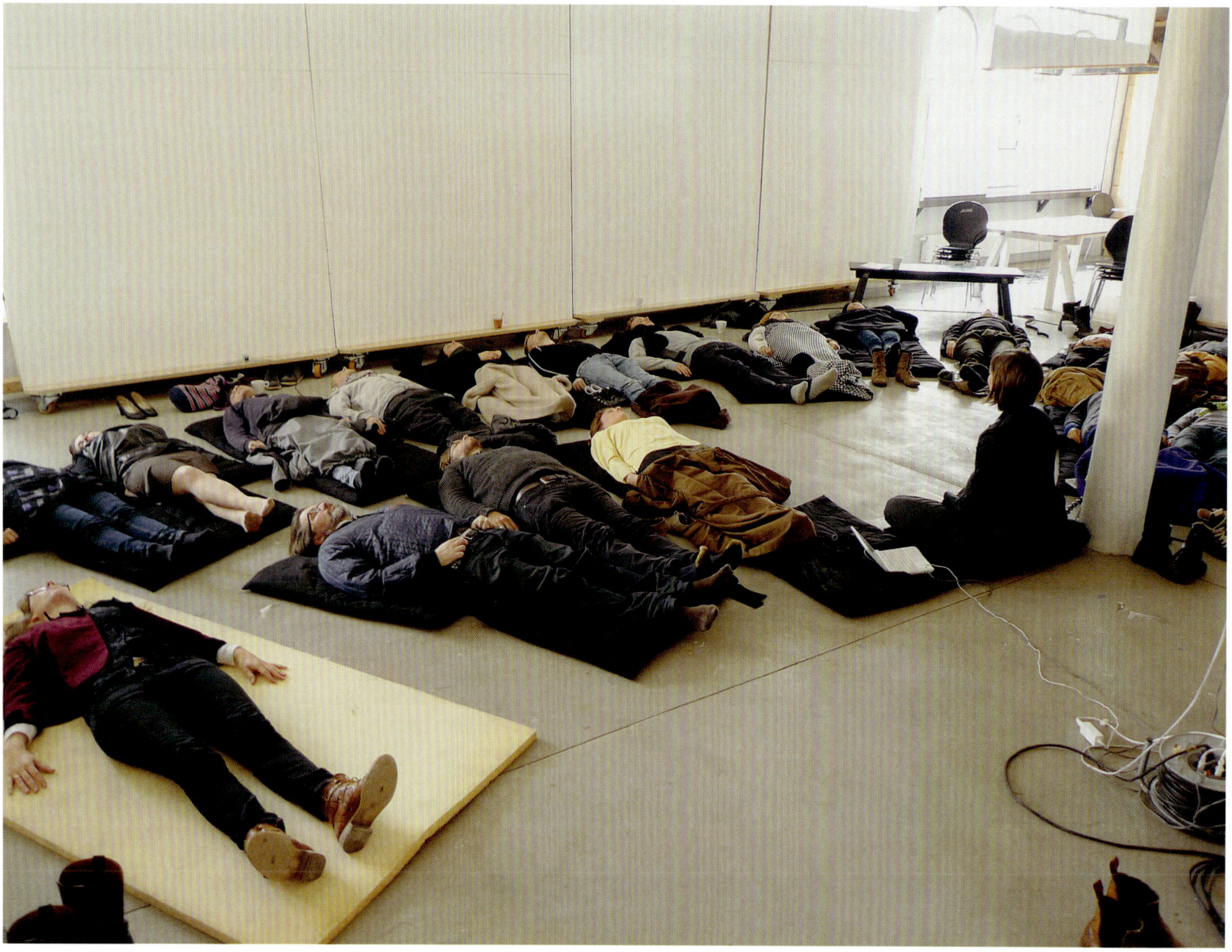

92　奥拉维尔·埃利亚松
Ólafur Elíasson

08

在空间实验研究所的活动和实验，柏林，2009—2014年

08

课程：来自我们的"求爱信"   93

哈勒尔·弗莱彻
Harrell Fletcher

09

出生/生活和工作

圣玛利亚,加利福尼亚州,1967年/波特兰,俄勒冈州

教育经历

加州大学圣克鲁斯分校生态园艺专业结业,1996年

加州艺术与工艺学院跨学科艺术硕士,奥克兰,1994年

旧金山艺术学院摄影系学士,1990年

教学职位

俄勒冈州立波特兰大学艺术与社会实践副教授,2009年至今

俄勒冈州立波特兰大学艺术与社会实践助理教授,2004—2009年

纽约库珀联盟学院雕塑学院讲师,2004年

康涅狄格州西哈特福德市哈特福德艺术学校特别项目指导教师,2003年

加利福尼亚艺术学院跨学科研究生研讨班导师,旧金山,2001年

重要作品

美国战争,2005年

跟着你走,2005年

用我们自己的小手去做夏天,2005年

如果我不是我,我会是你,2003年

你好,朋友,2003年

我们共同发出的声音,2003年

天天阳光,2001年

说我爱你或类似的东西,2000年

获奖

公民参与奖,波特兰州立大学,俄勒冈州,2009年

阿尔伯特视觉艺术奖,加州圣莫尼卡,2005年

湾区奖,旧金山,1994年

近期个展和双个展/三人展

2014年:致一生有意义的相遇(与莫利·谢尔曼和诺兰·卡利什),马蒂斯博物馆,法国卡托·坎布雷西斯 // 2013年:博物馆里最好的东西是窗户,探索博物馆,旧金山 // 2012年:1565年之前和之后,奥古斯丁土著美国人历史的参与式探索,克里斯普–埃勒特艺术博物馆,圣奥古斯丁,佛罗里达州 // 汉默年鉴(与亚当·莫泽合作),汉默博物馆,洛杉矶 // 2011年:主动参与,IDEA空间,科罗拉多州科罗拉多斯普林斯市 // 2010年:我们一起发出的声音,维多利亚国家美术馆,墨尔本,澳大利亚 // 我的战争,艺术与创意科技基金会,利物浦,英国 // 2009年:印度制造,密西沙加美术馆,加拿大 // 2008年:从快乐中诞生,发电厂,多伦多 // 2007年:美国战争,亚特兰大当代艺术中心,佐治亚州 // 学会更爱你(与米兰达·裘丽合作),埃因霍温,荷兰 // 一起来,华盛顿大学亨利艺术馆,西雅图 // 2006年:我生活的地方和我生活的目的,莫尔比昂省所属科尔盖昂内克庄园艺术中心,比尼昂,法国 // 一些翻译,特定场域,巴黎 // 2005年:用我们自己的小手,Wrona画廊,纽约

近期群展

2014年:事物的议会:一个迷失自我的展览,CAFAM双年展,中央美术学院美术馆,北京 // 2013年:

09

无墙的学院：36位世界顶级艺术家的艺术和生活课　　95

过去就是现在，MOCA，底特律 // 2012年：形成的新视界：摄影、电影、摄影书，纽约现代艺术博物馆，纽约 // 西北双年展，塔科马美术馆，华盛顿州 // 海沃德画廊，伦敦 // 2010年：越是变化的东西，SFMOMA，旧金山 // 2009年：新常态，波莫纳艺术学院博物馆，克莱蒙特，加利福尼亚州 // 假设无：新的社会实践，维多利亚艺术馆，不列颠哥伦比亚省 // 土地战争，Te Tuhi艺术中心，帕库兰加，奥克兰，新西兰 // 2007年：纪念伊拉克战争，伦敦国际文化中心 // 2006年：幻影船长：艺术与众包，Apexart，纽约 // 批判性翻译：审视我们社会世界的艺术，明尼苏达大学，明尼苏达州 // 2004年：惠特尼双年展，惠特尼美国艺术博物馆，纽约

哈勒尔·弗莱彻
Harrell Fletcher

09

↑ 科伦廷的乌龟，2005年，科尔盖昂内克庄园艺术中心，法国

→ 可能救赎的问题，2003年，录像，在惠特尼双年展上放映，纽约，2004年

09

无墙的学院：36位世界顶级艺术家的艺术和生活课　　97

↑ 草坪雕塑，2002年，每日阳光展览的安装图，波特兰当代艺术学院，俄勒冈州

← 哈勒尔·弗莱彻的儿童访谈录，发表于《小飞象》杂志第27、28、29和30期，2011年冬、春、夏、秋四期

前几天我和我指导的一个研究生一起出去吃饭，他问我对于一个刚出道的艺术家会给他什么建议。你要知道，我所开设的研究生课程并不是一个普通的艺术硕士研究生课程，所以从一开始就已经有了和大多数艺术硕士研究生不同的框架。我们的艺术硕士研究生课程的重点是"艺术与社会实践"。这到底意味着什么，即使项目本身也是可以解释和争论的，更不用说在其他学校的少数社会实践型艺术硕士研究生项目的背景下，以及其他各种机构、博物馆、驻地、基金会等，将大部分精力集中在更多的社会性艺术活动上。可以肯定地说，我认为这些举措大多淡化了传统

哈勒尔·弗莱彻
Harrell Fletcher

09

我们共同制造的声音，2003年，Diverseworks，休斯敦，得克萨斯州

的工作室工作和商业画廊系统，从而促进了更多的合作性、特定场域作品，而且往往是倾向较少或非物质对象的作品。

面对这个问题，我不得不给出一个答案。我自己这二十年的职业生涯和道路是非常不正统的，也正因为如此，尽管可能有一些基本的概念是有用的，我还是很难用任何确切的方式作为模式。

在互联网普遍使用之前搜索我感兴趣的艺术实践要难得多。那时候无法使用谷歌即时搜索，而是在图书馆和书店的艺术和相关的书架过道上徘徊，参加任何我可以参加的活动、讲座和展览，并与似乎有我正在寻找那类信息的人交谈。我的重大发现不多，但对我这个成长中的艺术家影响很大。属于这一类早期重要影响的人中，有温迪·埃瓦尔德和她的书《肖像与梦想》，这本书是与肯塔基州东部的阿巴拉契亚儿童合作创作的；约翰·马尔佩德和洛杉矶贫民区，他与来自贫民窟的人一起成立的戏剧团体；吉姆·戈德伯格和他的书《富人与穷人》，这本书记录了20世纪80年代来自最底层和高经济阶层群体的旧金山人，并与他们合作。拉里·苏丹和他的摄影书项目"家庭照片"，讲述了他的父母、他们的经历及个人动态；乔治·库查，他收集了大量非常个人化的视频，特别是《天气日记》，这些视频是每年夏天在俄克拉何马州的一个

课程：关于商业系统外的机构和活动的一些思考

小镇上拍摄的；材料组织①和他们的"人民选择"展览——从居住在画廊门店所在的下东城的居民那里收集了有意义的物品。我对约翰·霍尔特、A.S.尼尔和迈尔斯·霍顿等另类教育的支持者，以及海伦和斯科特·尼林、艾伦·查德威克和凯瑟琳·斯内德等回归土地和都市农业的人物也非常感兴趣。

当然，对于任何一个有兴趣发展事业的人来说，一件非常重要的事情就是找到一系列可以作为起点的案例。标准教育的结果一般都是标准的、通用的模式，所以，有必要跳出正统的模式，确定你个人所感兴趣和吸引你的人、实践和项目。在我自己的教学中，我甚至鼓励学生超越艺术学科，去研究和应用其他领域，可能包括城市规划、黑人研究、冲突解决、公共历史、社会学等学科。

几年后，我拿到了自己的艺术硕士学位。我决定回到学校，学习有机农业。作为加州大学圣克鲁斯分校一个不同寻常的课程，叫作"生态园艺和可持续食品系统实习课程"。这只是一个为期六个月的项目，但它极大地改变了我的生活和艺术实践。我们有40个学生，都住在加州大学圣克鲁斯分校校园内农场的帐篷里。我们在实践中学习，方式多种多样，不仅包括种植蔬菜和水果，还包括小规模的本地化销售。我意识到，我的艺术学院和农业学校的同学们有很多相似之处，但也有很大的不同——比如，他们都有以某种另类方式进行创作和分享的冲动；艺术学院似乎鼓励竞争和地域性，虽然主要关注"原创性"和新事物，但组织方式遵循非常严格的惯例，似乎在许多方面受到限制；农业学校并不强调新意，只是将任何看起来有用的东西混杂在一起；传统固然重要，但只有在有意义的情况下才会依赖传统。合作比竞争重要得多，而且有一个非常全面的理解是不仅要制造产品，还要考虑如何以本地化、互惠的方式将产品送到消费者手中。完成课程后，我继续在几个小农场工作，并开始将从农业中学到的各方面知识用于我的艺术和教育实践中。

我在加州的一个小镇长大，所以当我有机会去城市生活时，我选择离开加州，去旧金山的湾区。我在湾区生活了十年，这十年中，我完成了我自己的学业，也与该地区几近全部的艺术组织进行了合作。此后，我没有像其他小有名气的艺术家一样去纽约市发展，我不想照着那个既定轨道来行事，我最终选择去俄勒冈州的波特兰市，当时人们很难在波特兰市发现任何与电视节目有关的炒作行为或是现下较为常见的移动餐车。虽然当时很多艺术界的人士认为我去波特兰市而非纽约市完全是一个"自杀行为"（职业上的），但是我当时已经对艺术的很多方面产生了厌恶感，同时，我也基本上接受了我会渐渐"隐退"的想法。出乎意料的是，我的事业以平缓且稳定的状态持续发展，12年里，我都将波特兰作为我的大本营，这可能比我按照传统轨迹（去纽约或洛杉矶）行动的结果要更为成功。

对于那些其他想要把艺术家作为一种实用职业，但又不想生活在艺术世界中心的人，有几个主要原因，一个容易被忽视的主要原因是网络的普及，在我搬到波特兰的时候，很少有艺术家在网络上有自己的存在，他们大多需要商业化的画廊代理来宣传自己的作品。画廊的协助当然还是很有帮助

---

① 材料组织 Group Material，1979—1996年间活跃在美国纽约的前卫艺术家团体，其主要成员包括费利克斯·冈萨雷斯-托雷斯（Félix González-Torres，1957—1996）。

哈勒尔·弗莱彻
Harrell Fletcher

的，尤其是当你作为一个艺术家想做的是创作待售作品的时候。但是现在已经有好几个例子表明，艺术家在没有商业画廊关系的情况下也为自己做了推广，他们通常是创作在地性的作品，然后在网络上展示文档。碰巧我很幸运，在我搬到波特兰的时候，一个叫Yuri Ono的网络设计师找到我，建议为我做一个网站。我当时心存疑虑，但还是尝试了一下，结果发现它对我的事业发展非常重要。突然间，全国乃至世界各地的策展人和感兴趣的人都能看到我的作品，在那之前，我的作品主要是在湾区作为在地性项目而创作的。其中一些人开始给我发邮件，邀请我去做展览、讲座和各种项目，机会似乎在成倍增加。这是在Facebook、YouTube甚至e-flux之前的时代，所以这些平台的可能性还没有算在内。目前现存的大量网络资源在艺术流通体系之外提供的机会比我那时具有更大的潜在可见性。

我搬到一个"非艺术世界"城市的另一个积极后果是，那里的人知道的艺术家较少，所以当一个策展人来到这里时，我通常会在他们的名单上。此外，生活成本也相对低廉，我可以买得起房子，我可以找到一份教职，当地的艺术家组织也有兴趣与我合作。如果愿意抓住这个机会，类似的可能性还在等待着其他选择住在更偏僻地方的艺术家。我拥有两全其美的办法，因为我经常出差工作，同时还能与波特兰以外的人和事保持联系。

不过，我对自己的职业生涯如何发展的判断是，早在读研究生时，我就几乎不再在工作室里创作作品，而是开始创作各种特定地点的、有参与性的、有强烈公共性的项目。我并没有等待策展人或画廊老板说我的作品是有影响力的，可以展出。相反，我只是开始在我的学校和社区里做一些我完全可以控制的作品，不仅仅是绘画或雕塑意义上的

"艺术品"本身，而是在选择或创造作品所处的环境方面，预设会有一个特定的观众，并考虑相关的海报、出版物、活动等。我能够知道我所做的作品会真正被人看到，并且在社会上产生作用。在攻读研究生阶段，我做了一些事情，比如创建自己的图书馆，在一个空的商场大楼里建立自己的社区画廊，同时，我也在当地的中学、企业和街道上以各种方式做项目；通过将作品公开，并与当地人合作，就他们感兴趣的主题进行创作，投资便会随之而来。我并不是把我的作品放在一个不知名的画廊空间里，然后期望人们愿意来欣赏它；相反，我把它放在人们已经存在的公共空间中，并和他们一起创作，这样就很容易接近，并有一种个人参与的感觉。结果，公众注意到了，本地和外地的人都对作品产生了兴趣。

我一直试图牢记的是，艺术家是一个可以做任何他们想做的事情的人。牙科真的很有趣，但如果你成为一名牙医，你基本上需要坚持以相当传统的方式在牙齿上工作，至少从专业上讲是这样。大多数其他职业似乎也是以类似的方式运作，但艺术家作为其专业实践的一部分，可以决定做关于任何主题和任何形式的工作。做这些工作获取报酬常常是另外一个问题，而且这个问题似乎促使艺术家和艺术学院趋向商业画廊的体系，他们对产出的需求以及与之相伴的所有附加元素——艺术杂志、艺术博览会、有钱人等。因此，如果艺术家可以做任何他们想做的事情，他们中的大多数人都会选择在工作室里花大量时间创作绘画和其他可供收获的作品（即使他们从不展示或销售这些物品），这也许并不奇怪。我非常努力地把自己从那种情境中解放出来，反复质疑自己最终看重的是什么，以及我想把时间花在什么地方。

由于我的工作性质和我自己的项目经历,我经常很幸运地处于这样的位置:一个机构(通常是学校或艺术中心或博物馆)会委托我为他们做一个新项目。我所了解的是可能会做一些与以往不同的事情,很可能会有合作和参与的方面,也很可能会有教育的成分,让我学习一些东西,也可能根本不会产生任何作品。过去,这些项目包括:在一个老年中心与那里的人一起制作一部根据詹姆斯·乔伊斯的《尤利西斯》改编的电影;利用一个孩子的想法并与他合作创作一个公共雕塑;与一群人一起步行数日,学习我们环境的历史和科学;在一家国际杂货店创造一次参与式的地理学习体验;在美国各地重现一类越南战争博物馆;以及大量其他活动,这些活动都是由我学习和欣赏当地知识、技能和文化的愿望联系起来的。

这些项目和我的实践作为一个整体对我来说是非常主观和个人的。我并不想让它们被认为是其他艺术家可以使用的具体模式,但我想通过自己的经历和当前的工作建议:艺术家可以怎样以及用何种方式,在构思和创作实践方面承担更多的个人责任和影响。

指定阅读

温迪·埃瓦尔德:《肖像与梦想》,纽约:作家与读者出版社,1985年。

20世纪80年代末,我在洪堡州立大学①图书馆发现了一本复印版的《肖像与梦想》,当时我还在那里读本科。这本书完全把我震撼了,并重新指引我作为一个艺术家和教师的工作。埃瓦尔德生活在肯塔基州东部的一个非常偏远的地方,并与一群学校的孩子们一起工作了很多年,汇编了他们关于自己的生活和内心世界的照片与文字。其成果确实令人震撼。

保罗·弗莱雷和迈尔斯·霍顿,《以行造路》,费城:天普大学出版社,1990年。

我是在较晚的时候才遇到《以行造路》这本书的,但它对我同样重要。很多人都熟悉弗莱雷和他在南美的工作,但鲜为人知(虽然对我来说同样甚至更神奇)的是迈尔斯·霍顿和他位于田纳西州的组织"高地人民间学校"(*Highlander Folk School*)。"高地人"有许多化身,但一直以一种非正式的方式运作,并专注于各种政治和社会问题——它是民权运动期间的主要活动中心。这本书的写作方式也非常有趣,我曾在一些场合有些引用。这是弗莱雷和霍顿一起录制的对话,后来被记录下来,并以书的形式呈现。

约翰·霍尔特,《儿童如何学习》,修订版,纽约:德拉科特出版社/西摩·劳伦斯出版社,1983年。

这本书是我在伦敦的无政府主义书展上购得的,这是我众多约翰·霍尔特著作中的第一本,当时我还是一个本科生,在国外学习了一个学期。这本书对我理解教育的替代方案和儿童权利方面也非常重要;它另一个让我印象深刻的地方是,1983年版的是1967年原版的修订版,霍尔特在书的空白处写了关于他自己早期文本的评论(通常是批评性的评论)。我觉得以这种方式重新审视自己的作品,并将这一过程公之于众,是一个有趣的想法。

海伦·聂尔宁和斯科特·聂尔宁,《美好的生活:如何在动荡的世界中理智地生活》,缅因州:社会科学研究所,1954年。

在我二十出头的时候,我在加州阿雷塔的一家书店里偶然看到了《美好的生活》。这本书讲述了一对早期的"回归土地"夫妇的故事,以及他们有组织地和有效地过上另一种生活方式的非常具体的路径。这本书以及其他一些书,引导了我去从事有机农业,这对我的艺术实践产生了重大影响。

尼尔,《夏日山庄,一种养育孩子的激进方式》,纽约:哈特出版公司,1960年。

我在同一个伦敦书展上买了一本《夏日山庄》。它讲述的是英国的一所另类寄宿学校,在这所学校里,孩子们被赋予了与成人平等的权利。我记得我第一次读的时候,感觉自己童年时察觉到的传统教育中的谬误都得到了确认。书中的观点对我自己多年来的教学方式和参与式项目作品产生了很大影响。

---

① Humboldt State University,位于美国加州阿克塔(Arcata)。

哈勒尔·弗莱彻
Harrell Fletcher

09

↑ 到派克峰散步，2012年，UCCS当代艺术画廊，科罗拉多斯普林斯，与艾瑞克·斯蒂恩合作

↗ 从杂货店了解世界，2010年，萨拉加国际市场，印第安纳波利斯

→ 博物馆里最好的东西是窗户，2013年，探索博物馆，旧金山

课程：关于商业系统外的机构和活动的一些思考　　103

查尔斯·盖恩斯
Charles Gaines

出生/生活和工作
  查尔斯顿，南卡罗来纳州，1944年/洛杉矶

教育经历
  纽约罗切斯特理工学院艺术与设计学院艺术硕士，1967年
  新泽西州泽西城州立学院文学学士，1966年

教学职位
  加州艺术学院的艺术家和教授，瓦伦西亚，1989年至今
  加州州立大学教授，弗雷斯诺，1968—1989年（现为名誉教授）
  密西西比河谷州立学院助理教授，伊塔贝纳，1976—1968年

重要作品
  Skybox I 系列，2011年
  弦理论：重写巴蒂尔系列，2011年
  爆炸系列，2008年
  明星史，2007年
  飞机坠毁的时钟，1997年/2007年
  夜间犯罪系列，1995年
  影子，1978—1980年

获奖
  古根海姆奖学金，纽约，2013年
  美国艺术家奖学金，洛杉矶，2007年
  阿多琳-肯特奖，旧金山艺术学院，加利福尼亚州，2001年
  国家艺术基金会，华盛顿特区，1977年

近期个展
  2014年：查尔斯·盖恩斯：网格组织，1974—1989年，哈莱姆区工作室博物馆，纽约 // 2013年：保拉·库珀画廊，纽约 // 2012年：在数字的阴影下，查尔斯·盖恩斯1975—2012年作品选，波莫纳艺术学院博物馆，加利福尼亚州 // 2011年：苏珊娜·维耶梅特·洛斯：洛杉矶项目，卡尔弗城，加利福尼亚州 // 2008年：苏珊娜·维耶梅特·洛斯：洛杉矶项目；宣言，肯特画廊，纽约 // Susannp Vi 柏林项目 // 2007年：第52届威尼斯双年展，意大利 // 温室，LAX ART，洛杉矶 // 布里吉特·马奇画廊，斯图加特，德国 // 2006年："爆炸"和"随机文本"系列的绘画作品，苏珊娜·维耶梅特：洛杉矶项目，卡尔弗城，加利福尼亚州 // 林茨伦托斯艺术博物馆，奥地利 // 卡皮诺斯画廊，柏林 // 2005年：史蒂夫·沃尔夫画廊，旧金山 // 2004年：1991—2004年调查展，三重坎迪，纽约 // 2003年：骇人听闻的故事，查尔斯·盖恩斯项目1995—2001年，菲比-康利画廊，弗雷斯诺，加利福尼亚州（此前曾在加利福尼亚大学洛杉矶分校勒克曼画廊和旧金山艺术学院沃尔特/麦克比恩画廊展出）// 2000年：约翰·韦伯画廊，纽约 // 理查德·海勒画廊，圣莫尼卡，加州 // 美洲和加勒比地区非洲散居者研究所（IRADAC），两个单人展，查尔斯·盖恩斯和卡拉·沃克，纽约城市大学

近期群展
  2014年："前景"第3期："现在的注意事项"，展望新奥尔良（三年展），洛杉矶 // 理性的地点：选择最近的收购，纽约现代艺术博物馆，纽约 // 2013年：格伦瓦尔德中心和汉默当代收藏精选，汉

10

无墙的学院：36位世界顶级艺术家的艺术和生活课　　105

默博物馆，洛杉矶 // Adicott收藏，弗雷斯诺美术馆，加利福尼亚州 // 2012年：蓝调为烟，MOCA，洛杉矶安克勒斯 // ANOMALIA，加利福尼亚大学圣地亚哥分校 // 注意间隙，肯特美术馆，纽约 // 2011年：共同的感觉：索尔-勒维特和他的朋友们，马塔塔克博物馆艺术与历史中心，沃特伯里，康涅狄格州 // 舞蹈/绘画，ICA，波士顿，马萨诸塞州 // 这一切和一无所有，哈默博物馆，洛杉矶 // 在大黑太阳下：加州艺术1974—1981年，MOCA，洛杉矶 // 地面控制，哥伦布艺术博物馆，俄亥俄州 // 人类自然，洛杉矶乡村艺术馆 // Now Dig This! 艺术与洛杉矶黑人1960—1980年，哈默博物馆，洛杉矶 // 2010年：艺术家博物馆：洛杉矶艺术家1980—2010年，MOCA，洛杉矶 // 黑色集成，Magazin 4，布雷根茨艺术协会，奥地利，以及波茨坦勃兰登堡艺术协会，德国 // 人之子，从恐怖的情况来看，埃斯林根市画廊，埃斯林根阿姆纳克尔，德国 // 2009年：奥兹：来自天使之城的新产品，瓜达拉哈拉地区博物馆，墨西哥 // 30秒一英寸，哈莱姆工作室博物馆，纽约

106 查尔斯·盖恩斯
Charles Gaines

IO

↑ 飞机坠毁的时钟，1997年／2007年，混合媒体、电子，274cm×396cm×152cm，装置视角，第56届威尼斯双年展，2007年

↗ 面孔：男人和女人，第13组"凯尔尼·卡洛维"，1979年，摄影、纸上墨水，三幅：每幅58.4cm×48.2cm

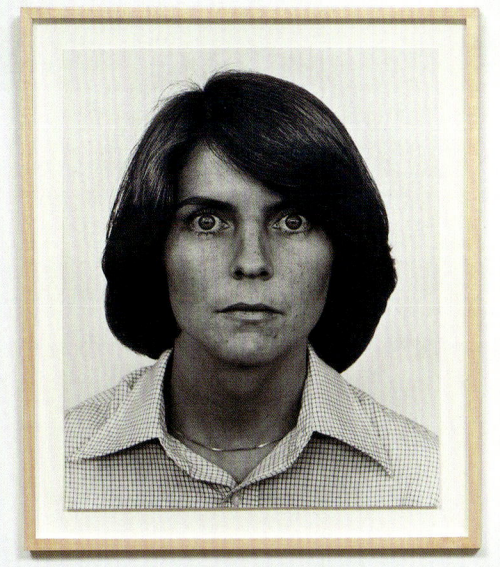

查尔斯·盖恩斯
Charles Gaines

我不记得自己是什么时候开始接触美术的，大概是小学的时候吧。与现在不同的是，早在小学二年级的时候，美术就被当作一门特殊的主科来教。我上的是艺术高中，学习的是艺术专业。我在那时候逐渐了解了美术史和当代艺术（1959—1962年；我用三年半的时间完成了高中学业，而没有用来旅游）。我们学习了早期现代主义的美学价值，也接触了抽象表现主义。当然，从那个时候开始，情况发生了很大的变化。毕加索的《格尔尼卡》在我出生前不久被世界所知晓。我们从早期现代主义到抽象表现主义，再到波普、极少主义和观念艺术，这也是现代主义和前卫艺术的巅峰时期。我在1972年作为第二代观念主义者开始了我的实践，不仅以波普艺术家和极少主义者以及观念主义者的方式，参与了对欧洲现代主义的批判，而且还研究了后来被确定为后现代的策略。此外，就主流画廊展出和代理的情况来说，我所经历的是从女性和少数族裔艺术家几近缺席，到今天他们具有非常稳健代表性的时代。因此，我经历了"图像一代"和女权主义艺术的兴起，一直到塞尔玛·戈登①所定义的"后黑人"时代。

一个艺术家每天应该做什么

一个艺术家需要积极地去创作。

关于艺术的阅读

我的大部分阅读并非关于艺术本身的（尽管在某些情况下可能会涉及艺术），我的实践在批判性思维方面投入很大，所以我在读研究生时就开始阅读批评和哲学。我相信，艺术是知识生产系统的一部分，无论是关于艺术还是关于我们文化的其他部分。因此，我认为艺术家必须始终通过他们的作品进行批判，无论是艺术本身，还是通过利用艺术来寻找我们对构成文化主题理解的边界。这一点最好的办法是探索别人的思想，这就使人走出了自己的习惯和想象力的局限。这就是阅读很重要的原因。我对世界的看法是通过别人的智力探索来推动的，在那里我经常被带到我自己永远不会涉足的领域。教学与我的工作室实践有很大的联系，因为通过参与学生们的思考，我能够找到一个社群环境来研究思想和概念。我阅读的重点是马克思主义、符号学和后殖民理论。最近我一直在阅读认知语言学的相关材料，这是罗曼·雅各布森所开创的语言学领域。

我的工作是关于语言作为一种主题的研究，以及语言本身如何影响我们理解世界的方式。我特别关注我们对于政治的理解，并通过指出美学和政治之间的关系来审视现有的美学理论，其中个人主义的观念与文化和社会的观念彼此相联系，所以我在政治理论方面也有一些阅读。

乔治·库布勒的《时间的形状》让我对艺术有了差异性的思考，也挑战了一些我的预设。

材料和技术

一个人要有很好的技术知识，但我所说的技术

---

① 塞尔玛·戈登（Thelma Golden，1966— ），著名策展人，任纽约哈莱姆工作室博物馆馆长和首席策展人，是巴拉克·奥巴马基金会和洛杉矶当代艺术博物馆的董事会成员，曾任惠特尼双年展顾问团队的成员和英国特纳奖评委。提出"后黑人主义"（Post-Blackness）概念。

10

知识并不是指学习绘画的技巧。这些技巧可能对那些想画画的人有用。我不相信有一种基本的形式化的技术语言适用于所有类型的艺术实践——像设计的原则，或构图的理论和规则这样的小东西。这些领域只反映了某种类型的实践，存在于19世纪到20世纪。而我反对这种技术知识是基础性的观点，它基于一种错误的假设，将艺术描绘为一种类似于我们在谱系研究中发现的有机模式历史时间的产物。这种方法从特定的流派和实践的角度来看待艺术，形成了一种观念，例如，现代绘画在某些技术和主题之间建立了一种关系，这种关系是如此必然，它们将一种不可抗拒的历史付诸实施，作为艺术家，我们不能不成为其中的一部分。这就意味着任何关于艺术的新理念都必须从艺术形成阶段所建立的限制中发展出来。如果我们在做一件我们称之为"绘画"的事情，这可能是正确的，但这与艺术的理念本身无关。正因为如此，在技术层面需要了解什么，取决于一个人想做的艺术作品是什么。在这方面，技术词汇是如此庞大，以至于一个人不可能为了准备制作任何一种艺术作品而学习所有的词汇。而这些不同的实践之间并没有共通的技术词汇。

我的经验是，不同的艺术家对艺术有不同的理解，他们将这些理解带入他们的实践中，或者拒绝这些东西。当然，一个人作品的潜在发展是由他的训练所决定的，但如果没有广泛的训练，也不可能有什么发展。如果艺术是由观念而不是特定的学科或技术（即规定的视觉语言）所主导的，那么艺术家就会学习他们在技术层面所需要的东西来实现他们的想法，或者他们会雇用有专业知识的人去完成。当然强调以观念为主导的艺术是非常重要的，以保持艺术实践的多样性，使艺术成为产生关于世界知识的有用工具。

艺术和道德责任感

我的课上没有太多条条框框，但同时艺术也不能免除道德责任。不要做任何非法的事情或伤害别人。不要用你的艺术来剥削或作为一种工具来推进种族主义或性别歧视。

艺术家和社群

西方传统产生的艺术观念并不偏重于社群的观念。我们继承了几种反映这种情况的艺术创作观：一种是美学，艺术作品被视为独特的审美对象；另一种一般是现代的基本观念。在这种情况下，艺术是现代性的一种最新的例证，在这里，艺术体现了对启蒙运动所倡导的理性信仰的替代；在这里，我们发现了对社群所必需事物的怀疑：语言政治和伦理。因此，艺术实践被认为在表象的范围之外发挥着作用，本体存在于人类无意识的核心，通过表现行为来揭示；或者如波德莱尔所言，存在于想象力赋予形式的能力之前的不确定领域。这些观念以及美学观念本身，没有为集体观念提供任何作用，也没有为推进伦理判断提供任何手段。

在这种情况下，艺术存在于人类意志的自由领域，形成历史，组织文化，其方式与资本主义大致相同。但是，正如资本主义所主张的那样，人的价值干扰了它的运作。我认为在社群的语境下，集体有能力调节来自个人的想法——不是审查它们，而是找到允许它们在文化上实施的方式。艺术家关注其他艺术家的方式是批评他们的作品。对他人作品的认识不是简单的"关注"，而是在一个话语场中参与这些作品。否则，关注只会为艺术对象的商品化服务，因为在这种关注中，只有体验，没有思考。

查尔斯·盖恩斯
Charles Gaines

与他人的作品进行讨论的好处是，人的能动性在这一过程中被建立了，这在任何知识生产过程中都是必要的。这就是艺术如何产生关于自身和世界的新观念。这超越了影响的问题——即基于影响谱系序列的艺术共同体的想法。我主张的是一种特殊的参与方式，这种参与方式将现代性的短暂建构和政治的伦理考量联系在一起。

作为职业艺术家的生活

现在，我真正关心的是年轻艺术家有多少被职业问题所消耗。从根本上说，职业——意味着艺术家的知名度或成功，或扬名立万的能力——与艺术关系不大。我们的文化利用资本主义模式来传播艺术作品，为艺术家提供收入。许多艺术家认为，事业的成功是衡量艺术作品的意义和质量的标准。我认为这是一种误解。如果你把艺术看作是一个三十年到四十年的弧线，而不是形成年轻艺术家视角的三五年，你会发现，一个艺术家产生的想法和他所经历的成功与否之间没有一致性。因为预测是行不通的，就艺术而言，我们发现了职业可能性的博弈，从有名气的优秀艺术家，到有名气但作品欠佳的艺术家，到有钱的著名艺术家，到清贫的著名艺术家。还有一些艺术家的职业生涯就像过山车：今天在这里，明天就消失了。

给年轻艺术家的实践建议

我的一个建议是，一定要对你的作品进行详细而准确的存档，且不要依赖别人来帮你做这些事情。

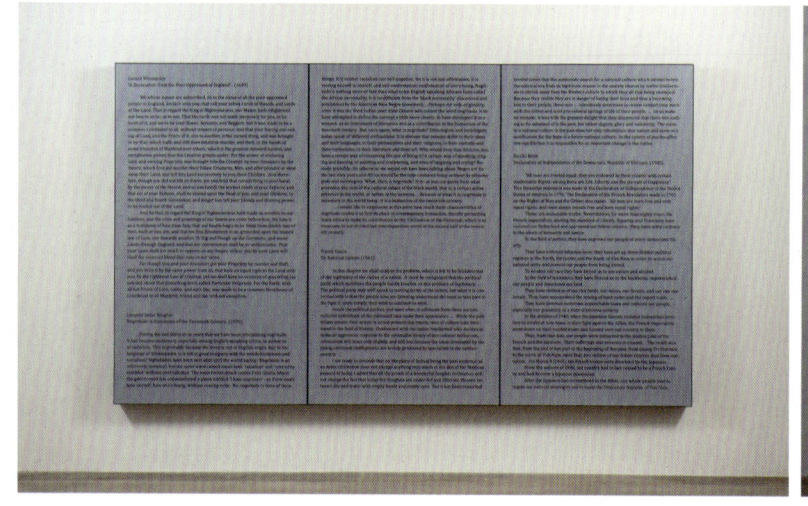
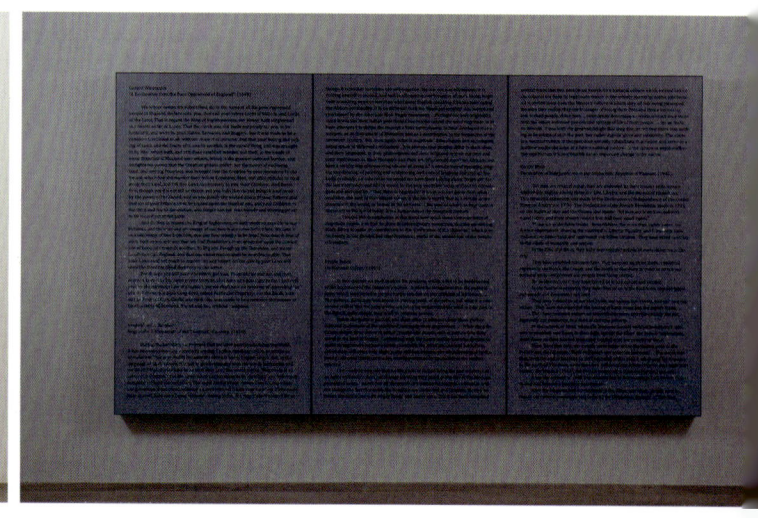

天空盒子Ⅰ，2011年，丙烯酸、数字打印、聚酯薄膜和LED灯、灯光系统控制器、固定装置和轨道，三个盒子，每个122cm×213cm×13cm

10

课程:给年轻艺术家的建议

指定阅读

这张阅读清单是由一些书籍组成的,这些书籍为我的大部分教学内容提供了框架。它们也是我自己实践中的关键兴趣所在。

西奥多·阿多诺,《美学理论》,法兰克福:苏尔坎普出版社,1970年。由罗伯特·赫洛特·肯托译为《美学理论》,明尼阿波利斯:明尼苏达大学出版社,1997年。

特里·伊格尔顿,《美学意识形态》,牛津:布莱克威尔出版社有限公司,1990年。

弗朗茨·法农,《全世界受苦的人》,让·保罗·萨特作序,马斯佩罗出版社,1961年。由康斯坦斯·法林顿翻译为《地球上的可怜虫》,纽约:格罗夫出版社,1963年。

雅克·朗西埃,《美学及其不满》,巴黎:加利利出版社,2004年。史蒂文·科克兰译为《美学及其不满》,剑桥:Polity Press,2009年。

利亚姆·吉利克
Liam Gillick

出生 / 生活和工作

英国，白金汉郡，艾尔斯伯里，1964年

纽约

教育经历

伦敦大学金匠学院文学学士，1984—1987年

英国赫特福德艺术学院文凭，1983—1984年

教学职位

纽约哥伦比亚大学讲师，1997年至今

巴德学院策展研究中心讲师，纽约州哈德逊河畔安娜达尔，2008年至今

重要作品

池塘水位升高讨论平台（工作编号1073），2013年

完成垃圾箱开发，2012年

室外日景，2012年

联动预测，2010年

普罗旺斯地区艾克斯馆，拉科斯特城堡，2010年

费尔蒙环太平洋酒店，温哥华，2009年

奥德拉德克墙，1998—2011年

获奖

文森特奖，提名，阿姆斯特丹市立博物馆，荷兰，2008年

特纳奖，提名，泰特不列颠美术馆，伦敦，2002年

保罗·卡西勒艺术奖，柏林，1998年

近期个展和双人展

2014年：埃斯特·希佩尔，柏林 // 从199A到199B，格勒诺布尔，商店，法国 // 2013年：Taru Naso，东京 // 11月1日至12月21日（利亚姆·吉利克和路易斯·劳勒），凯西·卡普兰画廊，纽约 // 为了被焊死的门，凯林画廊，都柏林 // 边际时间2和拉古纳讨论平台，奥斯汀艺术博物馆，得克萨斯州 // 高地当代艺术学院，卢克·鲁斯文，苏格兰 // 五个结构和一个棚屋，IHN画廊，首尔，韩国 // 2012年：从199A到199B：利亚姆·吉利克，海瑟尔艺术博物馆，巴德学院，哈德逊河畔安娜达尔，纽约 // 凯西·卡普兰，纽约 // 蝎子或菲利克斯，伊娃·普雷森哈伯画廊，苏黎世 // 莫琳·佩利，伦敦 2011年：巴黎空气展 // 米舍利娜·施瓦塞尔画廊，比利时安特卫普 // Stzuki博物馆，波兰罗兹 // 2010年：艾斯特·施佩尔画廊，柏林 // 一切都好，梅耶·凯纳画廊，维也纳 // 讨论平台/"沃尔沃"酒吧+一切都好，凯西·卡普兰，纽约 // 一条长长的路……两个短短的码头……，德国波恩艺术与展览有限公司，德国波恩 // 2009年：你将如何表现：一只厨房里的猫在说话，第53届威尼斯双年展，意大利 // 三个视角和一个短场景，MCA，芝加哥，伊利诺伊州 // 20世纪90年代和21世纪初的挂图，布德韦斯艺术馆，捷克 // 两个短剧，东区项目，伯明翰，英国 // 2008年：三种视角和一个简短的场景，魏特德维茨当代艺术中心，鹿特丹，荷兰；苏黎世艺术馆和慕尼黑艺术馆，慕尼黑，德国 // 国家本身变成了一个超级不可名状的东西，凯西·卡普兰，纽约 // 2007年：国家本身成为一个超级公社，Micheline Szwajcer画廊，安特卫普，比利时 // 2006年：布莱恩和轮渡. 利亚姆·吉利克和菲利普·帕雷诺，苏黎世艺术馆 // 2005年：关于创造等价经济的可能性的短文，东京宫，巴

II

无墙的学院：36位世界顶级艺术家的艺术和生活课　　113

黎 // 2004年重现，巴尔的摩艺术博物馆，马里兰州 // 2004：利亚姆·吉利克，阿斯本美术馆，科罗拉多州 // Ovningskorning（驾驶实践），密尔沃基美术馆，威斯康星州 // 2003年：公社、酒吧和温室，动力工厂，多伦多，加拿大 // 79号计划，字面上讲，纽约现代艺术博物馆，纽约 // 2002年：森林之路，白教堂画廊，伦敦

近期群展

2013年：9位艺术家，沃克艺术中心，明尼阿波利斯，明尼苏达州 // 一脚踏进了一个真实世界，爱尔兰现代艺术博物馆，都柏林 // 未知的力量，托帕内阿米尔，伊斯坦布尔 // 多尼戈尔散居的当代艺术家，区域文化中心，莱特肯尼，爱尔兰 // 2012年：脱下你的银色马刺，帮我打发时间，尼古拉斯·鲁奇齐卡画廊，萨尔茨堡，奥地利 // 抽象的可能，斯德哥尔摩协同效应，坦斯达·康斯塔尔，斯德哥尔摩 // 釜山双年展，韩国 // "总体艺术品"，21号房子艺术博物馆，美景宫，维也纳 // 2011年：抽象的可能，墨西哥城塔马约美术馆，墨西哥城 // 都柏林当代，爱尔兰双年展，IMMA，维也纳 // 2011年："抽象的可能"，墨西哥城塔马约美术馆，墨西哥城 // 都柏林当代，爱尔兰双年展，IMMA，都柏林 // 英国现代雕塑，皇家艺术学院，伦敦，以及史祖基博物馆，罗兹，波兰 // 2010年：第八届上海双年展，中国 // 过去的承诺，蓬皮杜中心，巴黎 // 高价与疯狂的梦想，画廊维拉蒙罗，汉堡，德国 // 干扰：斯德哥尔摩现代美术馆工作室，倾听与实践领域，斯德哥尔摩 // 就是它，1414空间，波多黎各

利亚姆·吉利克
Liam Gillick

↖ 现在的绝望边缘：亚当·柯蒂斯的纪录片，电子流，纽约，2012年

← 原型会议室（白教堂版本），2002年和2008年，永久装置，白教堂画廊，伦敦

↑ 会议室的原型设计（马修·莫迪恩的笑话，由马库斯·魏斯贝克统筹），1999年，大卫，法兰克福艺术中心，法兰克福

↘ 埃德加·施密茨，2005年，装置展，当代艺术研究所，伦敦

利亚姆·吉利克
Liam Gillick

我恐怕没有简单的建议。以下的笔记是在与哥伦比亚大学艺术硕士系不同学生的对话中整理出来的，是针对这样的说法："在发达的自我意识的新自由主义生产语境中，对影响艺术对象的意义和相对地位非特异性质的调查。"也就是——学习艺术的人为了继续创作或被理解而应该牢记的事情。

有必要考虑：

修辞和实践之间的差距。行为／表象与实践之间的矛盾。拒绝的模式。天赋的水平（这些因素是否可以被认识或分析？）与学校／艺术环境的其他部分不相容。工作室的条件。形式／实践／媒介的连续性。艺术家似乎除了他们所做的事情之外无能为力的程度。艺术家的生产力水平。完成的百分比。实践的商品化程度。什么被认为是特异性的，什么是泛文化认可的。作品轨迹的隐藏和未来路径的遮蔽。对实践潜在优势的未知程度。艺术家自觉挖掘历史参照点的程度。

街道作为原始素材。刻意选择的文化中的物品，但不一定作为原始素材。视觉上的分离，却又与外界接近。与街道的对应关系。与城市的互动。审美经验的双重品质。与主流形式语境成熟的自觉关系。趣味：在边缘？快速／完全的鉴赏能力？游离在边缘（从内到外，再从外到内）。在社会景观中不断地自我意识。绘画作为一种高度人工化的行为。对过度认知的表现性转译。以后现代困境为出发点的诉求。虚假的困境。无礼的历史主义对抗街角社会。通过历史批判术语来还原"资产阶级"一词。宏大的野心对抗极端的经济。作为实践的核心组成部分的非本质属性。艺术家对艺术之外的其他精神状态的意识。拒绝拉康式的"大他者"（BIG OTHER）概念，或对大他者的质疑。批评在当代艺术面前的失效。批评的小团体或自我批评作为一种可行的模式。过度的可读性而得不出什么结论。不以质疑为策略，也不担心艺术的地位。

作品的出发点可以不深刻，但其具体内容至关重要，拒绝控制作品周遭空间的潜质。事物总是被假定为艺术家所希望的方式，即使艺术家并不希望被这样理解。艺术中缺乏猜测的空间会引发焦虑，停工的感觉意味着产出。在作品中没有对意图的认识，作品本身也没有试图吸引你或欺骗你，而是不断地退回外部事物。优雅／简化／类比。不顾及群体之外的其他社会结构。艺术是最蹩脚的东西，通过艺术或在艺术中获得幸福的可能性。事情的真相是显而易见的、清晰的。没有什么伎俩可言。我知道你知道我知道。专注／自我意识。会不会不顾一切地去做艺术？艺术家对艺术市场和商品地位的掌控，比古典艺术的商品批判更清晰。品位和姿态具有文化的特殊性。沉默是一种挑战，被批评理论所回避。在同一作品中表达的反对或支持某观点的概念复杂化。关于即时语境的选择／影响。城市自我意识片段的火花就是思想的生成器。这一切都取决于"你在哪里……？"

反映作品产出的一般条件。参考周围环境的艺术。换位思考。为美好时代而艺术。承认文化矛盾是艺术的出发点。保持单一的视角没什么不好。电视和电影作为审美生产和分析的重要标志。阶级与资本？这才是定义品位的关键。实践的速度和可持续性。从目前来看，动态文化一旦松动，就立刻失去意义。无政府主义和暴力的问题，但不一定要去实践这两者。艺术家是认真的，艺术家说的是真话……一个非本质而深刻的道理。出发点是对未来商业化的认识。话语中缺乏分辨力，反映在话语的成效中。即使在没有什么可表达的情况下也被迫表达。以消极的批判来重新肯定自己的处境，即默认"不是什么"，而不是"是什么"。打破生活的条条框框。挖一个两头贯通的洞，或者半贯通（截断）的洞。拒绝说清楚或根本不说，作为一种强大的艺术家的立场。

广告：

做的是同样的事情，只是看起来不一样，你总是知道在描述什么样的关系。如果不工作，你就无法找到行为的边缘（维特根斯坦作为优雅结构与边缘概念之关系的标志）。观念/观念转换的速度与观念的产生并不同步。对艺术家和观众背景的自我意识。文化取样。如果人们制作说教式的社会艺术，他们就是在制作凡·高的木鞋，仅此而已。中国DVD市场破坏了形象的首要地位和拥有感。趣味/好莱坞。艺术家都是有符号素养的。"茶几"和"谈判桌"的设计。面对"假设"时该怎么办。"礼物"。建议的概念。在接待和生产之间操作。在作品中体现出"礼貌"的感觉。由于批判与批判价值体系的力量有关，艺术中缺乏真正批判的可能性。

艺术行动可能是对其他微不足道事物细微反应的程度。拒绝客观化的品位建构。最终以特权化的品位取代说教的结构。拥有围绕艺术的语境生产的所有条件。从自己的生产中异化/去异化。当涉及什么是或不是主观的问题时，可以进行性别化的批判。平衡、开放和特殊性的概念。内在与外在的不断紧张。实践的难度，但又不至于让人觉得很吃力。艺术家并不比别人强。当毕加索住在巴黎时，他在想什么？生产力、轨迹与漩涡效应。与时间感的关系。缺乏对作品的泛文化关联性的关怀。真实性与完整性的张力。不花时间思考自己不感兴趣的工作。是否在别人的作品中寻找完满的迹象？

实用主义与选择。作品的尺度是趣味和背景的标志。"如果我说我做的比我实际做的少，那就太可笑了⋯⋯"作为一种工作方法论（即在其中⋯⋯请不要反馈⋯⋯避免反馈⋯⋯）艺术环境的重要性。不要对什么都不在乎（即让事物自我限制）。观念性艺术在头脑中或墙上⋯⋯一个好想法的碎片可能看起来很糟糕。思想⋯⋯去工作⋯⋯忘记它们⋯⋯或者完成想法⋯⋯桌子作为一个工作环境。绕过表象，选择本质。反馈作品的非常状态/条件。艺术家的编目职责。责任在于艺术家对事物的选择。新观念实践中的自我意识传递。一种更好方式的概念。寻找"可行的方式"。作为实验室的工作室。对实验室的批判。什么样的工作场所和该特定场所产出的重要性。创造场景，作品本身只是恰好存在于其中。作品的不稳定状态。忽视实践的自觉性。如何展示系统的工作还没有好的解决办法。混乱（颤抖：思想和分析的不断颤抖）⋯⋯木马满天飞。搞清楚发生了什么，同时真正参与到发生的事件中去。生产/服务/纪念品⋯⋯它们如何平衡？在不知不觉中下意识地引导品位。每样事物都带有审美属性。每样事物都有共同的品质。艺术作为一个越来越主观的领域。符号的帝国（被其束缚）。不创造新的符号。后现代理论作为一种阶级性的进步工作模式。不以新末日的崩塌为前提。艺术作为一种爱好。实践与自我认同的不一致。多愁善感。艺术家对自己的作品进行理论化的义务。在创作中所说的和所想的分离。然后形成的直觉。让艺术家与作品之间形成一种自然化的思考。做出好作品的问题。录像的美学（电影学——电影评论）。怀旧。不在电影院里展示。悲怆与伤感的共同作用。悲悯与荒诞。自我认知感。有点邪恶。好悲哀⋯⋯情景的创作，但与电影无关。不得不创作行动的描述问题。不相信对可有可无事物直截了当的描述。掩盖源头与解决方式。不明确概念与执行之间的关系。把注意和揭示作为一种癖好。瞬间"如实"地记录。制作没有人感兴趣的东西。把电影作为一种巨大的缺憾。把拍电影作

利亚姆·吉利克
Liam Gillick

为终极点。糊涂到永远不知道下一步的想法。试图做一些新的想法，与失去这个想法相关的想法。反正价值也会由艺术家以外的人决定。期待的空间作为艺术家的领地。有意识地避开新近艺术史的进程。认识的延迟——艺术与认知的不同步。在理解的瞬间，时间的变化。给自己和观众带来惊喜的元素。来自艺术家的疑惑。展览不是解决、判断的时刻，而是一种发人深省的意图。避免庸俗。展示与作品内容的不协调。人类学的世界观。高雅文化作为前社会主义国家的民族主义的分支。艺术家发声，但并不总是一致的——有时是这样。才华的概念并不是构建趣味的核心。同情心（例如）是才华的一个强势方面……在各种意义上。不反对操纵。明白自己的实践和语言。实践的轻松和尊严与疲惫。做一个坏的人和做一个坏的艺术家。艺术家四处游走而不能待在原地。艺术作为他人欲望建构的反映。作为表演者的艺术家。艺术家的表演行为（自我工作感）。投机压倒审美。黑/白与彩色/老派与当代。摄影和电影有相似之处，这样的想法是不好的，或者说头脑简单的，拿绘画做比较也是如此。老派绘画大师们在阶段性地延续。对轨迹或质量的概念不清楚。害怕生产中的虚假自我意识。焦虑可能是优秀艺术的前提条件。绘画保留了过去错误的痕迹。平衡与和谐是主观的概念。"恰当的氛围"是自觉的。未完成之前的停顿问题。自负的实现与完全覆盖一个对象或思想有关。无聊作为打败无聊的一个因素。判断力的投入不是技术特有的。在本来稳定的结构中，可窃取的技术的片段。挪用的概念已经变得模糊不清了。但人称和策略的挪用可能持续存在。持续的、永久的挪用状态，并不宣布自己的存在。艺术家乐于接受别人的不同做法。对于一些艺术家来说，当一幅画很棒的时候，它是世界上最好的东西，而当它很糟糕的时候，它比其他任何可以想象的东西都要糟糕。目前还不清楚画家是否意识到自己作品目前的历史轨迹/地位/存在。不过，有意识的协商仍在继续。质询式的课程是新的艺术学院模式。品位/风格趣味和品位的自我认知水平。

有意识的协商。糟糕的说谎者。无法了解说谎和诚实的区别，易被受骗者误导。避免这种情况的方法之一是内敛和画地为牢（即避免被不知道撒谎/说真话的"区别"的人所欺骗）。社会性说谎与艺术性说谎的区别。暂停行动的观念。行动的扼杀。非行动——行动的默认。语境的重要性。对艺术家生产的期望在所有语境中是一致的（艺术家除外）。一个人整天要做什么？研究——非结构化的。不信任/怀疑主义。对理念的崇拜。把决策权交给别人。害怕做出看似刻意的东西。极富分析形式的。公式及对其的恐惧。被某种方法论所说服——然后是并没有被说服。作用在艺术作品/艺术家身上的力量是不同步的，是波动/脉动的。渴望以腐败或腐败的方式工作。每个人都在以某种方式进行剥削。对世界/文化环境中腐败的表现不确定。思想的投射与思想的期望，认识到自己的观念也是别人的观念。对某件事情的可能性的想法——如"这可能是可能的"。

对反馈的不信任。试图栖居在艺术家的世界里。作为最后一个艺术家。怀疑自己是否应该在某个地方。缺乏机构。敏感的反应，对深思熟虑的怀疑的敏感反应感到恼火，指称/命名的东西并不如其所示。称写作为绘画，反之亦然。对艺术家概念的随意性。绘画/艺术作为一种逃避的模式。做出意义和描述，从而避免表征问题。制造理论陷阱。看似是主体的东西，却不是作品的重点和核心。

无为而治的新方式。艺术家作为一个巧言令色的人，总是遮遮掩掩其出身。审美作为质疑艺术地位的结果。也许有些事情正在发生，但却没有发生。公

II

共领域的表演，针对的是"优秀"的劳动人民。叙述和话语可能比工作更好。不想打扰任何人。工作的要义，只是为了打发时间。绘画作为一种描述性的工具，而不是写作或理论分析。表演和绘画的二元审美是性别化的。"我不能做别的事情。"没有工作室自带展示作品的功能。

谦虚？没有必要把事物加乘。把绘画作为一种把事情说出来的方式。不是艺术家的人画的画。艺术作为艺术状况的标志。持久不断的路径。性感作为趣味的组成部分。对外表的自我认知。对一个非问题的不回答。否认明显的事实。我在做什么，与"我该做什么"的两难选择。设身处地地做一些事情以发现一些事物的道德/伦理成分。过程与理论的关系。实验室作为工作方法论的概念。抽象作为世界上具体事物的参照点。海报，日常图像。平面设计的"来源"，而不是设计本身。抽象作为损耗或创伤的标志。抽象中的个性化。内部的"割裂"通过抽象表现出来。将抽象作为一种将事物在心理上融合的方式。挖掘难以取舍的美学。对束缚和锁定理论的厌倦。试图处理后现代建筑轨迹的平行轨道。

作为工具的反讽，与作为后现代状态的建筑与艺术的二元对立关系。在真诚与反讽之间翻转。微调的"不确定"，最终提供了一种评论事物的方式。抓住一种效果的片段。测试过程不一定会留在完成的作品中，但会在不久的将来留下痕迹。在处理大多数平面艺术时，尺寸是取决于作品，而不是取决于空间。作品的起源是直觉和试探的融合，也是对未来作品的预知。艺术的概念给你"微小的刺痛"或让你振作起来。将艺术的养料播撒到稍微相关的平行领域。绘画是有"气质"的。现代艺术实践的触觉品质比你想象得更重要。发现事物的唯一方法是工作。每一个想法都会成为你工作的一部分。

艺术是轻松的。以项目为导向的工作是"它可以"和"我应该用这个有趣的东西/观察/数据做什么"的结合。深刻和发人深省的结合。以项目为基础的作品像旅游纪念品式的庸俗面向。识别和/或使用低层次文化交流系统，并将自我反思的对象插入其中。项目与美学结合的危机。协同工作的气质以一种柔和的方式影响审美。功能/活动作为一种压制视觉判断时机的方式。工作室内/工作室外。趣味是在某物的呈现方式中而不是在其产生的瞬间被锻炼出来的。街头的传单。艺术家希望得到陌生人的喜爱。与项目型工作相关的快速决策。向世界发出非决定性反应的事物与过度决定性反应的区别。地区的殖民化。同时穿透观众和艺术家的品质。

批评的后殖民气质。与公共领域相关的生产方式。作为审美来源的家庭/社区/地方。对宏大规划的厌倦。避开艺术特质而追求传播速度。文化中松散信息的神秘性。与观众/作品使用者的互动不稳定。误入歧途的作品。厌倦做一个摇旗呐喊的人。东西给谁用的问题。操控谈吐/失去控制的问题。轻度邪恶。年年如此，循环往复。必须是艺术家的表演，不能是随便什么人。压制具体的交换价值（如金钱观）。附庸风雅或超级艺术意识的念头。

厨房设计。安德烈/莫里斯[①]。路易斯·巴拉干[②]的影响。运用权威人物与街道的关系的问题/疑问。不一定是破坏或建议，而是运用。趣味不是稳定的，趣味的等级制度也不是稳定的。如何在艺术中生活，

---

① 指卡尔·安德烈和罗伯特·莫里斯两位"极少主义"艺术家的代表。
② 路易斯·巴拉干，20世纪墨西哥建筑师。

利亚姆·吉利克
Liam Gillick

而不是把它作为一个完全独立的东西。某些都市人在艺术中的细节意识界限模糊。文化旅游及其碎片。允许生活片段中的偶然因素进入作品中。坚守形式中的道德伦理痕迹。意识，即使是对事物形式中蕴含的等级信息的破坏。向外看，而不是向内看。坐在贾德夫妇中间，看着外面的纳瓦霍地毯，而不是看里面的作品。我们不断意识到某些室内生活空间的现代主义状态。艺术是轻松的（再次），与新教的工作伦理相对，并在审美悖论方面作为其中的一部分。风格高于必要性是一种性别化和政治化的概念。必要性高于风格是一种性别化和政治化的概念。风格或事物外观的文化决定论。极少主义作为面对艺术（和其他事物）的不同步的解释策略的一部分。关系实践的排他性神话。被排斥的事物是动态的、不稳定的。漆和糖衣。作为策略的赝品。分层/迷失。德性被提高到极端的程度。某些艺术实践与非体育的关系。态度作为视觉文化生产中的一个标志。设计本身是负面的，但当它是建筑和设计的时候就不是了。误读亚文化活动的失常气质。自由式行走。与形象化相关的道德的特殊品质。不真实/真实——画家的谎言。被设计所困。被艺术困住的设计。自然与超验。艺术作为一种视觉的东西（愚蠢）。互联网是思想的来源，但也是图像的渣滓。极端的深度与过度的复制。支撑作品的形式是内容的自觉延伸。亚特兰大的杂货店——厚树脂玻璃。看到作品被过滤/分层。通过漫画保留绘画的历史。接受和拒绝自己的手（字面和隐喻）。非破坏性的分层。

　　思想的分层，但每一层都是无解的，结果也是无解的。一旦你看到某种后现代批评的"真实"画面，它就会崩溃，拍个照。艺术的反面是通过笨拙的姿态来掩盖自己的意识。焦点的转换并不是大动作，在这种意义上，仅仅是转换焦点就被视作过度分析的范式转变。一个想法和它如何被展示（而不是它如何被构建）之间的裂痕。仅从作品内部的问题中生发的作品（艺术作为反馈循环的自我生成器）。艺术家创造出一些未曾见过的东西的简单想法，以及在起点上对这种设想的压制。比如说，观众在多大程度上受控于作品或者作品是为某一个人而做的。艺术展示的观念成为其他人的问题。线性逻辑作为一种自欺欺人的工具。展示问题是由语境决定的非问题。你可以通过"容器"来确定"内容"。回避放映上的问题会突出内容载体的问题。展示条件与生产动态和轨迹之间缺乏同步性。复杂的展示呼应复杂的情况呼应复杂的内容的问题。过多的解决方式导致崩溃。新美国绘画（更好地解决它）？异想天开，以此来回避当下的明确问题。

　　一些事情在继续。加快速度。不担心东西是否好看。让品质问题成为观众的问题。具有"嗒嗒"质量的艺术。从"图像"/照片开始，去掉精确性/可命名性。为失败留有余地（再次）。意识到图像在作品中被压抑的程度。在形象塑造上，做加法与主观经验同样关键。态度的描述与作品本身，或者说与它试图表现的东西一样重要。

　　作为一个精神分裂的艺术家。渴望发散潜能和方法论。利用难以取舍的意象和艺术家们。绘画过程往往是一个起点或本身就是一个完整的工作步骤，没有其他外部影响和因素。缺少将小事物放大成大事物的能力。形象反复出现。能及时意识到缺少了什么东西。树林中的艺术。与重新占据国家中心的事物有关的事情。试图想象"他者"。关于无节制和暴力的描述不准确。试图捕捉"深刻"瞬间的真实平庸的不确定属性。对自己作为一个艺术家是起步晚还是起步早，是前进还是后退，有一种无解的自我认识。通过一种建构的自我来实现自我的感受，然后削弱。竞争/复制。产生争议路径的组合。

指定阅读和观看

阅读：

科尔尼、理查德和玛拉·雷恩沃特主编《大陆哲学读本》，伦敦：劳特利奇，1996年。

可以阅读二手资料和电子书。

观看：

皮埃尔·安德烈·布当导演，《吉尔·德勒兹的宝库》，蒙帕纳斯电影公司，1996年。电视连续剧，涵盖了字母表中的所有字母，本系列片为德勒兹的方法做了一种建设性的切入①。

克里斯·马克尔、马里奥·马雷、米歇尔·德鲁瓦、布鲁诺·米埃尔、让·皮埃尔·蒂艾博和特奥·罗比克导演，《梅德韦德金小组》，蒙巴纳斯电影公司，2006年。《梅德韦德金小组》的影片描绘了劳工斗争的变化和对抵抗的描述。

南妮·莫雷蒂导演，《亲爱的日记》，新线电影公司，1994年，电影，一种以情节电影形式呈现的自传模式，保留了政治意识。

---

① 《梅德韦德金小组》是由皮埃尔-安德烈·布当于1988年至1989年拍摄的纪录片，长达8小时的纪录片是德勒兹的学生克莱尔·帕奈对德勒兹的访谈。德勒兹从A到Z每一个字母中选出一个以该字母为首的关键词进行谈论，在1995年德勒兹去世后在电视上进行了播出。

皮耶罗·戈利亚
Piero Golia

出生 / 生活和工作
意大利那不勒斯，1974年 / 洛杉矶

教学职位
与埃里克·韦斯利共同创立洛杉矶艺术学校，2005年

重要作品
无题（或遗憾是失败者的借口），2012年
哦，我的天啊，太厉害了！2009年
夜光球，2008—2012年
巴士（无题），2008年
两百万美元，2007年
墙的细节，无题3，2007年
无题（邪恶存在于好人无所事事的地方），2005年
需要一个百万人口的国家来阻挡我们的脚步，2003年

获奖和荣誉
《杀手虾》入选意大利威尼斯电影节，2004年
获奖者，第四名，意大利都灵遇见艺术奖，都灵，意大利，2000年
入围意大利博洛尼亚Furla奖，2000年
马尔卡·鲁贝尔斯基基金会工作室项目，纽约，1999年

近期个展和三人展
2014年：皮耶罗·戈利亚：模特儿、纪念碑和雕塑，关于基座，高古轩画廊，巴黎项目空间，巴黎 // 2013年：最后的威尼斯，方提画廊，那不勒斯，意大利 // 2011年：混凝土蛋糕和星座画作，高古轩画廊，洛杉矶 // 双重翻滚或令人敬畏的双胞胎，城市博物馆，阿姆斯特丹 // 欢迎来到机会之地，高地画廊，墨尔本，澳大利亚 // 2009年："哦，我的上帝，这太可怕了！"博尔托拉米画廊，纽约 // 废墟，遗憾和可见的效果（与法比安·马尔蒂），罗马瑞士学院，罗马 // 2008年：刀，方提画廊，那不勒斯，意大利 // 2007年：来自边缘的明信片，宇宙画廊，巴黎 // 无题（时间机器），博尔托拉米画廊，纽约 // 2005年：皮耶罗·戈利亚，方提画廊，那不勒斯，意大利 // 2005年2月，克里斯蒂娜·威尔逊画廊，哥本哈根 // 2004年：国王已死（与克里斯蒂安·杨科斯基和詹妮·莫蒂合作），宇宙画廊，巴黎 // 2003年：也许甚至不是一个百万人的国家（与马切罗·西梅奥内和马可·波焦·萨拉合作），宇宙画廊，巴黎 // 陈述，巴塞尔艺术博览会迈阿密海滩艺术展，佛罗里达州 // 2002年：我是认真的！马西莫-德-卡罗工作室，米兰，意大利 // 继续，梅兹画廊，都灵，意大利 // 美第奇别墅的疯狂，C.帕里西的关怀，（与马可·波焦·萨拉合作）法兰西学院，罗马 // 敬启者，埃卡尔，巴塞尔，瑞士 // 2001年：你不知道我认为我是谁，维亚法里尼，米兰 // 文身，1-20画廊，纽约 // 2000年：莫拉的奶牛，莫拉工作室，那不勒斯，意大利 // ……永远……，迷宫画廊，都灵，意大利

近期群展
2013年：反之亦然，意大利馆：第55届威尼斯双年展，意大利 // 混合媒体信息，格莱斯顿画廊，纽约 // 2012年：神秘谷，里卡企业基金会，巴黎 // 2011年：宅展：重新审视，圣巴巴拉当代艺术论坛，加州 // 2010年：意大利奖，罗马二十一世纪艺术博物馆 // 艺术家的博物馆，洛杉矶当代艺术博物馆 // 意大利综合征，格勒诺布尔当代艺术中心，法国 // 我们所知的世界末日，牟罗兹美术馆，法

12

国 // 孤独的力量，维特·德·威斯，鹿特丹，荷兰 // 只有艺术家能做的事，马可当代艺术博物馆，维戈，西班牙 // 2009年：糟糕的孩子们，Jumex展览馆八大收藏，Fundacion/Coleccion Jumex，墨西哥城 // 废墟、遗憾和可见的效果，瑞士学院，罗马 // 虚无与存在，Fundacion/Coleccion Jumex，墨西哥城 // 金龟子，瑞士学院，威尼斯，意大利 // 关于今天的丹迪主义，加利戈当代艺术中心，意大利 // 新世界纪录，萨顿画廊，墨尔本，澳大利亚 // 2008年：加州双年展，橘郡艺术博物馆，加州 // 幸运数字七，圣菲美术馆，新墨西哥州 // 回顾展，高古轩画廊，纽约 // 处女座之光，中国美术馆，洛杉矶 // 2007年：莫斯科当代艺术双年展 // 不确定的美国州：第三个千年的美国艺术，斯夫特里尼昂博物馆，法国塞里尼昂博物馆和鲁道夫努姆画廊，布拉格 // 2006年：灰旗，雕塑中心，纽约 // 停止使用，佩斯卡拉，意大利 // 黄金标准，纽约现代艺术博物馆PS1，长岛市，纽约

皮耶罗·戈利亚
Piero Golia

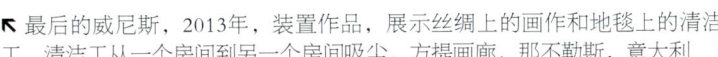

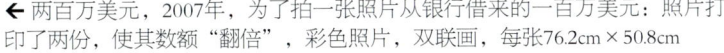

↖ 最后的威尼斯，2013年，装置作品，展示丝绸上的画作和地毯上的清洁工，清洁工从一个房间到另一个房间吸尘，方提画廊，那不勒斯，意大利

← 两百万美元，2007年，为了拍一张照片从银行借来的一百万美元：照片打印了两份，使其数额"翻倍"，彩色照片，双联画，每张76.2cm×50.8cm

↙ 宿命（Tsien和Williams从1.8m的坡道上，跳到6cm×365cm×635cm的红色聚氨酯泡沫着陆垫上），2008年，由展览设计师建造的坡道被切割，人们有机会跳到泡沫着陆垫上，圣达菲当代艺术机构委托，新墨西哥

↑ 海报2003—2010，2010年，24张独立装裱的海报，有些是预先制作的，有些是戈利亚为洛杉矶当代艺术博物馆的艺术家博物馆创作的，在当代艺术博物馆的会议室里展示——公众可以要求陪同观看作品

↗ 无题（我的黄金是你的），2013年，混凝土块注入金粉，为威尼斯双年展现场制作，观众被鼓励从混凝土块中"开采"黄金，并允许保留他们提取的东西，250cm×250cm×250cm

→ 无题，2013年，戈利亚虚构的工作室的缩影，青铜、黄铜、铝、锌合金、铜、不锈钢，26.7cm×98.4cm×99.1cm

皮耶罗·戈利亚
Piero Golia

问：你培养了哪些不同的技能，使你成为一位成功的艺术家？

答：这不是一种技能，而是一种召唤。你要投入你有能力做的事情中；我不擅长朝九晚五的工作，我倾向于艺术创作。现在的艺术界和我年轻的时候很不一样，在我年轻的时候，艺术界是你去选择成为一个失败者的地方，这是一种职业选择，你选择做一个失败者。我从来没有梦想过我会成为一个职业艺术家，从来没有。

——迈克-凯利，接受盖瑞·菲亚尔卡的采访，《105分钟与迈克》，2004年。

我从来没有上过艺术学校。这也许就是为什么我从来没觉得自己是个艺术家的原因。我在那不勒斯长大，那时，我每天都在街上闲逛，等待着星期天——那个可以看见伟大的马拉多纳踢球的日子。我延续家族的传统，在读大学的时候选择了化学工程专业，直至今日，我母亲依旧因为我没有成为一名工程师而感到十分遗憾。没有说明手册可以帮助你成为艺术家，也许你天生就是艺术家，或者当社会承认你是艺术家的时候，你就成了艺术家。我不知道如何建立这种认同的标准。我从来没有读过阿瑟·丹托或克莱门特·格林伯格的书，但伊曼纽尔·康德写道："我们不可能对美有一个普遍的定义，那么我们为什么需要对什么是艺术家有一个普遍的定义，或者认为别人应该同意我们的观点？"他还写道："天才有自己的规则，人们不能规定这些规则：它们歪曲了现实，就像现实歪曲了这些规则一样。"

所有的行动路线都是有风险的，所以谨慎不在于避免危险（这是不可能的）。——尼科洛·马基雅维利，《第二原理》的第三章，1514年。

语境塑造了术语。现实不仅仅是一个地点，而是一个平台；不是一个被动的容器，而是一个主动的容器。在开始创作作品的过程之前，创作行动直观地发生。这时，制作本身就成为由最初的想法开始的叙事的一部分。表面、材料的时间塑造，是由现实来执行的。

艺术的社会功能是通过给人们带来新的经验，来克服传统、拓展现实。它是一种诗意的语言，把人们带到已知的边缘，去见证原本不为人知的幻象；是一种使某物活起来的魔术。

艺术家是现实的编舞者，不断地变换着边界，他是一个个体，他发现自己有政治投入和社会责任；创造意义，但也以一种令人难忘的方式传递意义，介于巫师和表演者之间。但正如居伊·德波所言，超越景观的艺术不仅仅是图像的集合，而是图像与图像之间的社会关系的集合。这是一种声明，让人意识到包括我们在内的生命系统，以及我们如何能找到新的方式来穿过它们，影响它们，让它们影响我们。单纯的娱乐和幻觉有一种方式限制了现实，关闭了可能性，缩小了认知和选择。同样的社会关系可以运用在更陌生、更有启发性的行动中。

布鲁斯·瑙曼说过："真正的艺术家是通过揭示神秘的真理来帮助世界的"，但我们不要忘记他是用霓虹灯写下这些信息的，同样的灯光在酒吧外闪烁。艺术带来的启示不一定要通过静态的乏味或长时间的沉思来接受（当然还有很多通往艺术的道路），也可以通过惊奇来接受，就像一些禅僧的俳句一样，只有跳出常规的现实思考才有意义。但是，单纯特效上的惊奇又缺乏必要的庄重和深度，正是这些特殊的品质使一件艺术作品与那些廉价的文化制品区分开来。现实的局限性以及让术语转变和跳跃的能力早已成为艺术家的领域。

艺术是冒险、进化和转变。艺术是不确定性，对可能性和机会的开放性。艺术蕴含着风险，就像薛定谔的猫在实验中的那一刻，猫既是活的又是死的。

经验可以推翻物理学，艺术也可以。

我决定学习飞行。在过去的三年里，我一直在重复这个练习。也许我永远也飞不起来，但如果我让我的孩子和他们的子孙重复这个练习，总有一天我的后代会突然发现如何飞行。

——吉诺·德·多米尼奇斯[①]

我们正处在一个特殊的历史境遇中，务实的

[①] Gino De Dominicis（1947—1998），意大利前卫艺术家，拒绝以影像的方式记录其作品。

12

资本主义已经达到了顶峰，利润已经成为研究和发现的唯一目标。人们在研究、反思、盲目地从过去的图像和模型中提取，而不去扩展它们的意义或创造新的叙事，就像唱片公司的高管们只是简单地给糟糕的流行歌曲改了歌词。当然，许多从事艺术工作的人也犯了这样的毛病：他们只是聪明的模仿者而不是原创者。他们忽略了重点。艺术在体现不确定性的同时，始终是一场赌博，就像意识的延展一样，一直如此，其实这是很危险的。

艺术家的作用是扩大现实的条件。在过去，艺术家们是通过创造图像来实现的，但最近有一种超越和跳出图像的限制而转为叙事的倾向，这种连续的叙事创造了一个在时间和空间中流动变化的故事——一个传奇，在每一次重述中增加了越来越多的重要性，并不断在这个过程中扩大和转变。如今，艺术家们扩大了与现实互动的可能性，不仅仅是作为一种一对一的体验，比如艺术对象与孤独观众之间的关系，而是通过直接面对现实，作为一种社区体验与公众互动。这使互动达到了更高的层次，建立了一种公共叙事——不是旧有的"大众"，而是借用哲学中的一句话"诸众"，一群个体在集体经验中分享和交换。新的叙事构建者需要观众的积极参与才能发挥作用，这就造成了生活与社会状况之间的不断博弈。

我对艺术作为一种由分数指导的经验的想法不感兴趣；预测就是欺骗。相反，重要的是通过行动来说话，看看事情的最终结果。艺术行动会根据当前变化的现实条件产生不同的情况或发展。比如我记得我曾多次想到："如果你的展览开幕式当天是洛杉矶历史上唯一的雨天，会不会影响人们对作品的看法？"我相信会的，但我不能说如何影响。我觉得下雨和作品都会结合在观者的感知中。艺术是由现实塑造的，就像艺术试图塑造现实一样。这种对话可以是史诗般的。

不可思议的经历在记忆和传说中久久回荡。几个世纪以来，《奥德赛》只是一首被反复吟诵的诗歌，是古希腊宴会上口口相传的朗诵，后来被记录下来。这些传奇的产生共鸣永远超越了其单一的来源。正是其他吟游诗人成百上千次地重复、补充、修正、打磨和调整，才创造了这首诗，甚至可能比荷马创造的还多。

你在公共领域中表演了一个行为不一定就会影响公共领域，你需要与公众建立联系，分享你的经验，不仅仅为他们建立一种叙事，更重要的是与他们一起建立这种叙事。一旦你做到这一点，人们就不仅仅是被动的观众：他们的记忆和叙述将代表作品的下一步。在一个人见证某件事情的那一刻，他就成了这段记忆的保管者。目击者不仅仅是温顺的看客，他们会发表意见，并介入其中。如果作品做得足够好，这种经历会深刻地改变人们，以至于塑造和影响他们之后看到的一切。这种影响会波及其他人，见证者不仅仅是看到，他还能做证。

记忆与永恒有很大关联，因为这关系到人们会喜欢什么，记住什么。如果你的作品是如此强大，以至于在你死后还能存续，也许那时候你就可以称自己为艺术家了，但我还没到那个地步。

指定的阅读和观看

阅读：

莱昂·巴蒂斯塔·阿尔伯蒂，《论绘画》，1435—1436年。约翰·R.斯宾塞英译，康涅狄格州纽黑文：耶鲁大学出版社，1956年。

居伊·德波，《景观社会》，巴黎：Buchet-Chastel，1967年，由弗雷迪·帕尔曼和乔恩·苏帕克英译，底特律：黑红出版社，1970年。

罗伯特·史密森，《文集》，杰克·弗拉姆编辑，伯克利：加州大学出版社，1996年。

孙武，《孙子兵法》，公元前6世纪，莱昂内尔·吉尔斯英译，伦敦，Luzac and Co，1910年。

观看：

访谈：伊莱·艾略特导演，《与迈克的105分钟：格里·菲亚尔卡的访谈》，2004，Youtube/Elienation. www.youtube.com/watch?v=D6D6lmIMyyc. 2014年6月18日访问。

电影：丹·格雷厄姆导演，《摇滚我的信仰》，电子艺界混杂，1984年。

128　皮耶罗·戈利亚
Piero Golia

12

↖ 皮埃尔·于热，回忆（Zoodram 4，根据康斯坦丁·布朗库西的《沉睡的缪斯》），2011年，活的海洋生态系统、玻璃罐、过滤系统、树脂面具／寄居蟹、箭蟹，152.4cm×134.6cm×101.6cm

← 布鲁斯·瑙曼，真正的艺术家通过揭示神秘的真理来帮助世界（窗口或墙面标志），1967年，霓虹灯，149.9cm×139.7cm×5.1cm，费城艺术博物馆

↑ 杰夫沃尔，一棵由柱子支撑的小树苗，2000年，灯箱中的透明度／C-Print，56.2cm×47cm／40.6cm×33.5cm

↗ 克里斯·伯顿，拍摄，在下空间的表演，圣安娜，加利福尼亚，1971年11月19日

→ 约瑟夫·博伊斯，我喜欢美国，美国也喜欢我，在纽约雷尼·布洛克画廊与一只野狼举行为期三天的表演，1974年5月

12

课程：扩大现实的范围 129

米歇尔·格拉布纳
Michelle Grabner

出生／生活和工作

奥什科什，威斯康星州，1962年／橡树园村，伊利诺伊州

教育经历

伊利诺伊州芝加哥西北大学艺术理论与实践专业硕士，1990年

威斯康星大学密尔沃基分校艺术史硕士，1987年

威斯康星大学密尔沃基分校绘画与素描专业学士，1984年

教学职位

伊利诺伊州芝加哥艺术学院绘画系教授，1996年至今（2009—2013年任系主任）

耶鲁大学客座教授／核心评论家，绘画与版画制作，康涅狄格州纽黑文市，2011年至今

巴德学院米尔顿-艾弗里艺术研究生院绘画系教师，纽约州哈德逊河畔安南达勒，2014年

费城宾夕法尼亚大学美术系高级评论家，2011—2013年

伊利诺伊州芝加哥艺术学院绘画系主任，2009—2013年

威斯康星大学麦迪逊分校艺术系副教授，1997—2003年

其他专业活动

纽约惠特尼双年展联合策展人，2014年

沃帕卡县贫困农场（非营利性展览和项目空间）联合主任，2009年至今

伊利诺伊州奥克帕克市，郊区（一个艺术家项目空间），共同主持，1999年至今

近期个展和三人展

2014年：詹姆斯·柯汉画廊，纽约 // 安妮·莫塞里·马利奥画廊，巴塞尔，瑞士 // 布雷特·沙欣：现代与当代艺术，克利夫兰，俄亥俄州 // 2013年：当代艺术博物馆，克利夫兰，俄亥俄州 // 秋季空间，芝加哥，伊利诺伊州 // 布伦丹·福勒，米歇尔·格拉布纳，沙恩·坎贝尔画廊，橡树园，伊利诺伊州 // 2012年：农舍作品，绿色画廊，密尔沃基，威斯康星州 // 米歇尔·格拉布纳：爱诺瓦调查，威斯康星大学，密尔沃基 // Against New York，康德画廊，哥本哈根 // 奥什科什，PS，阿姆斯特丹 // 2011年：就像一个罕见的莫雷尔，沙恩·坎贝尔画廊，芝加哥，伊利诺伊州 // 为什么鸡会过马路？原创的关于郊区和贫困农场的笑话，耶鲁大学艺术学院，纽黑文，康涅狄格州 // 2010年：当我说和米歇尔·格拉布纳在一起的生活是乏味的时候，我从审美和艺术的角度来说话，里奥·柯尼希项目，纽约 // 煎饼，火箭画廊，伦敦 // 混沌在本章中是严格的结构化的，游隼计划，芝加哥，伊利诺伊州 // 2009年：银点与嘉宾移动，绿色画廊东，密尔沃基，威斯康星州 // 银点，沙恩·坎贝尔画廊，芝加哥，伊利诺伊州 // 2007年：米歇尔·格拉布纳的"永远不快乐的家"，南弗斯特，布鲁克林，纽约 // 请归还我的肯尼斯·诺兰目录，沙恩·坎贝尔画廊，芝加哥，伊利诺伊州 // 2006年：留在光中，大学画廊，伊利诺伊州立大学，诺马尔

近期群展

2014年：米歇尔·格拉布纳和布莱德·基拉姆，16画廊，旧金山 // 敏感仪器，科比特和邓普西，芝加哥，伊利诺伊州 // 夏克提，全新画廊，米兰，意大利 // 社会哥特，斯堪的纳维亚学会，纽约 // 最简单的方法，杰夫·贝利画廊，纽约 // 晨昏庇护所，谭雅·莱顿，柏林和Off Uendrome杜塞尔多夫，德国 // 30/30图像档案计划：集体收藏（第四版）A|B|C当代，阿明伯杰画廊，苏黎世 // 2013年：关闭绘画，打开绘画哈尔西·麦凯画廊，东汉普顿，纽约 // 家用抽象：温迪·爱德华兹和米歇尔·格拉布纳，飞车射击计划，沃特敦，马萨诸塞州 // "绘画习惯：一个雄心壮志"，贝希画廊，迈阿密

13

无墙的学院：36位世界顶级艺术家的艺术和生活课　　131

海滩，佛罗里达州 // "旁观者体育"，当代摄影博物馆，芝加哥，伊利诺伊州 // "PS"，露丝·鲁赫特画廊，杜塞尔多夫，德国 // "距离密尔沃基19516公里或12126英里"，美佐子&罗森工作室，东京，日本 // 2012年：抽象的迂回，卢森堡穆达姆美术馆 // 七孔之地，PS，阿姆斯特丹 // 2011年：绘画的不规范性——从20世纪60年代到现在的国际抽象主义，泰特圣艾夫斯美术馆，英国

132 米歇尔·格拉布纳
Michelle Grabner

→ 米歇尔·格拉布纳展览的装置视图，2013年，谢恩·坎贝尔画廊，芝加哥

↓ 我的牡蛎（作品背面），2012年，米纳斯空间的装置视图，纽约

↘ 米歇尔·格拉布纳：黑天鹅展览的装置视图，2012年，谢恩·坎贝尔画廊，芝加哥

↓↓ Newtonland展览的装置视图，2010年，白旗项目，圣路易斯，莫桑比克

→ 无题，2009年，银尖笔画板，102cm×102cm

13

米歇尔·格拉布纳
Michelle Grabner

我是在威斯康星州东北部长大的，我那时候非常喜欢在日常背景下参与艺术创作，所以我对艺术概念的理解主要是一些对手工艺的追求以及对其他相似艺术类型的追求；比如在老式手锯上面创作一幅风景画，或是将一个形状怪异的树根打磨成较为抽象的雕塑，这能反映人们对自由时间、材料、自然世界和传统的某种"掠取"方式。艺术和手工艺从来都不是空前绝后的，也没有人立志成为"艺术家"，但亲手制作东西是被尊重的，是充实生活的一部分。①

在大学里，艺术史和20世纪研究课程均强化了语境作为价值构建的主要手段。因此，由于我受到所在地区的文化的深刻影响，以及我属于"生物脉络"类型，倾向于看到"大图片"，对我来说，我总是很难把任何东西（包括艺术）看作一个独立的实体。②在伦理方面，我也从来没有考虑过将前卫的概念作为艺术创作的"政治纲领"或概念框架。相反，我对马尔库塞的《美学维度》给予了高度评价："似乎'艺术即艺术'表达的是一种真理、一种经验、一种必然性，虽然不属于激进实践的范畴，但却是革命的重要组成部分。"③马尔库塞接着说：

我将提出以下论点：艺术的激进特质，即它对既定现实的控诉和对解放的美丽形象的召唤，恰恰是建立在这样的维度上的：艺术超越了它的社会判定，并将自己从既定的话语和行为的宇宙中解放出来，同时维持了它的压倒性存在。因此，艺术创造了一个领域，在这个领域中，对艺术所特有的经验的颠覆成为可能：艺术所形成的世界被认为是现实，而这种现实在既定的现实中被压抑和扭曲。④

关于优秀的陈腐建议

"每个人都游弋在一个微弱的暗示性意象的海洋中，这是一个由压力、潮流和建议组成的网络，它往往比图片更不明确，它将我们虚无缥缈的现在与我们的过去和未来联系在一起。"⑤哲学家和小说家艾丽丝·默多克在20世纪60年代末写下了这些话。虽然她预见到了我们现在的网络世界，但她所强调的"微弱的暗示性意象"与我们今天"游弋其中"的明确的、无止境的物质流截然不同。在默多克的"海洋"中，人们必须借助想象力。当我们面对模糊的、不清晰的、不明确的事物时，我们必须仔细地、专注地观察，这样才能组合图像，建立知识库。当事情模糊不

---

① 我很高兴地说，这种想法在今天仍然很明显。每年夏天，沃帕卡郡B公路沿线的一个农村蔬菜摊位都会出售农产品和葫芦鸟笼，同时还出售一些富有想象力的石头，这些石头被巧妙地画成各种动物，石头的形状暗示着动物的形态。这些物件的价格不超过一袋五磅重的红薯。而每幅岩画的下方都有"BZ"的签名。
② 我所指的"生物脉络"类型可称为阅读障碍，一种学习障碍，有时被称为"字盲"。和许多有阅读障碍的艺术家一样，我把它看作是一种天赋，也是一种障碍。在《纽约时报》一篇题为"阅读障碍的好处"（2012年2月4日）的文章中，科学研究员安妮·墨菲·保罗写道："有阅读障碍的人，有一个偏向于视觉外围的偏见，（他们）可以迅速将一个场景作为一个整体——研究人员称之为吸收'视觉要旨'。"她继续指出，那些有阅读障碍的人更快地处理来自视觉外围信息的有趣证据也来自对"不可能的形象"的研究，比如艺术家M.C.埃舍尔所画的那些素描。如果只关注他的复杂画作中的一个元素，就会让观众相信，这幅画代表了一种合理的物理安排。然而，如果能以更宽广的视角，将整个场景一次性看完，就会发现，埃舍尔的楼梯确实无处可去，他的喷泉中的水是往上流的，而不是往下流的——总之，它们是不可能的。威斯康星大学的心理学副教授Catya Von Károlyi博士发现，有阅读障碍的人平均在2.26秒的时间内就能识别出简化的埃舍尔式的图画是否在现实中可行；普通的观众往往要多花三分之一的时间。Von Károlyi博士和她的合著者在《大脑与语言》杂志上写道："这一发现的迫切意义在于，阅读障碍的特点不应该仅仅是缺陷，还应该是天赋。"
③ 赫伯特·马尔库塞，《审美维度》，波士顿：灯塔出版社，1978年，第1页。
④ 赫伯特·马尔库塞，《审美维度》，波士顿：灯塔出版社，1978年，第6页。
⑤ 艾丽丝·默多克，《好与坏》，纽约：维京出版社，1968年，第342页。

清的时候，我们要努力去辨明。这项工作很重要，必须付诸实践，否则我们会发现自己只是在"海洋"中冲浪，被信息和图片的浪潮推着走。

艺术作为一种获取知识的手段，这便是我工作的动力。我一生都在观察艺术的周围，识别和建立语境。这需要时间、好奇心和对自己观察的信任，才能同时看到中心和外围。此外，你必须准备好定期撤销和重整你的世界结构，并适应变化，就像你发展和塑造叙事一样容易。需要在长时间内持续的关注和耐心，这样你也可以成为别人的好榜样。很明显，你要尽可能地了解你周围的一切。满腔热情地增强或批判共同的事业。"谋生"就是要有足够的生活。问别人"你需要什么？""我能帮你什么？"这些都是陈词滥调，但如果你能以善意和尊重的态度去做，你就能尊重自己。最重要的是，请记住，人文主义和它所强调的"善"会产生社会和心理上的自由。而对于艺术家来说，自由是一切艺术创作的必要基础。正如戴维·福斯特·华莱士所说：

"我们唯一的选择就是崇拜什么。而选择某种神或精神类型的东西来崇拜的迫切原因——是耶稣基督……或一些不可侵犯的道德律令——是你崇拜的任何其他东西都会把你生吞活剥。如果你崇拜金钱和事物，如果它们是你挖掘生命真正意义的地方，那么你永远不会……觉得你有足够的崇拜……你的身体、美貌，你就会永远觉得自己很丑陋……在某种程度上，我们都已经知道这些东西。它已经被编纂成神话、谚语、陈词滥调、史诗、寓言：每一个伟大故事的框架。所有的诀窍都是在日常的意识中持续坚持真理。崇拜权力，你最终会感觉到软弱和恐惧，你会需要更多的权力来控制别人，以麻痹你自己的恐惧。崇拜你的智慧，被视为聪明，你最终会觉得自己很愚蠢，是个骗子，总是处于败露的边缘。"①

陈词滥调、谎言与失败

在我自己以图案为基础的工作中，以及在我的写作和策展中，我接受了广泛的信息领域。我不仅擅长看到视觉材料中的联系和配置，而且还总能从树林中找到出路（字面意思）。我不会迷路，因为我能成功地驾驭大的信息领域，所以我对陈词滥调情有独钟，欣赏近似的真理价值，笼统的说法并不令我反感，我在工作中把它们作为潜在的素材加以利用。有时候，有效的回应需要一种陈词滥调，需要对平凡的、预期的、平庸的确认。②更通俗地说，"陈词滥调的指示更深奥，实际做起来很难"。③

多年来，我还明白了开发情境是一种创造性的行为，关于建立情境框架，你不必具有权威性或事实性。你可以通过在你的现实中插入虚构来搜集同样多或更多的知识。我并不是在谈论成为一个胡说八道的人。我说的是撒谎。说谎比吹牛更有趣，更关键，因为说谎与真相有关。在艺术界猖獗地胡言乱语，是一种没有安全感的疲惫表现，或者反过来说，是一种自恋的状况。而说谎，则是针对比自己更强的东西。正如哈利·法兰克福所写的那样：

"说谎是一种聚焦的行为，它的目的是在一套信念或系统的特定点上插入一个特定的假话，以避免

---

① 戴维·福斯特·华莱士，2005年毕业典礼演讲，凯尼恩学院，俄亥俄州甘比尔，http://moreintelligentlife.co.uk/story/david-foster-wallace-in-hisown-words.
② Nigel Fountain，陈词滥调：像避免瘟疫一样避免他们。伦敦：迈克尔·奥玛拉图书有限公司，2012年，第8页。
③ 戴维·福斯特·华莱士，无间道，纽约：小布朗和公司，1996年，第237页。

米歇尔·格拉布纳
Michelle Grabner

该点被真理占据的后果。这就要求说谎者有一定程度的技艺，服从于他所认为的真理所施加的客观约束。说谎者不可避免地关注真理价值。"

作为对工作室中乏味的"失败"的另一种选择，我说，"去说谎吧"。向着理想或被误解的成功努力。但看在上帝的分上，不要为了失败而工作。

当它是好的

谈到与工作相处的时间，字面意义上的"大画"给我带来最大的视觉享受也就不足为奇了。乔托在阿西西的壁画和奥赛博物馆中库尔贝的《奥尔南的葬礼》充斥着我的余光，并将我的身体拉入画面空间。同时，我的头脑也能将历史力量和绘画发展编织在一起，为前文艺复兴时期的绘画和19世纪的现实主义负责。另一方面，安尼·阿尔伯的编织作品需要勤勉的计算和简易的数学来揭示它们的图案。观看这件作品的观众也必须考虑材料、质地和尺度，然后才开始思考工艺与艺术、功能美学之间那场棘手的争论。①

我最近看到的一件艺术品，迫使我转变了对艺术可以是什么或做什么的定义。罗伯特·文丘里在费城郊外栗子山为他母亲建造的房子，让我重新考虑后现代建筑，这是一个具有复杂形式和观念的案例，它仿制作品和文丘里作为里根时代放松管制跳板的声誉变得复杂。他的纲领是不切实际的，也是我如何架构目的论式作品的哲学对立面。但我无法停止思考他的问题。他写道：

"我喜欢建筑的复杂性和矛盾性……我喜欢混合而非'纯粹'的元素，妥协而非'干净'的元素，扭曲而非'直接'的元素，模糊而非'清晰'的元素，反常而非个人化的元素，无聊而非'有趣'的元素，传统而非'设计'的元素，不一致和含混而非直接和清晰的元素。我欣赏凌乱的生命力。"②

问答：

一个艺术家在工作室的时间应该占多大比例？

现实中，"工作室"的时间应该一直在变化，反映生活和手头的工作。有时，从事全职工作比工作室活动更合适，参见本·金蒙特正在进行的项目：《有时候，一个更好的雕塑是能够为你的家庭生活谋便利》。

你会建议艺术家每天做哪些事情？

为闲暇和无聊留出时间。对寻求分心的事情感到内疚。如果你每天都在看艺术博客，或是在脸书上关注杰瑞·萨尔兹，你就完蛋了。

哪些传统上与艺术无关的技能对艺术家特别有价值？

无私和同情心。尽管有流行的传说，一位艺术家的优劣取决于他的人性。

如果有人看了艺术家的作品，说"已经有人做过了"，他应该在意吗？为什么要关心？为什么不关心？

他当然要在意。如果相似是故意的，就说明你的理由。如果不是，那就赶快去了解你工作的新环境。

一个艺术家如何避免被画廊或收藏家利用？

只有当你过于重视消费和市场的时候，你才会有风险。

---

① 哈利·法兰克福，*On Bullshit*，普林斯顿和牛津：普林斯顿大学出版社，2005年，第51页。
② 罗伯特·文丘里，建筑中的复杂性和矛盾性，纽约：现代艺术博物馆，2002年，第16页。

13

课程：我与马尔库塞

如果你能回到过去，见到23岁的自己，你会提醒自己哪些陷阱？

那些把时间浪费在消费市场主导的陷阱，包括DIY行业。

回想你刚开始的时候，你对职业艺术家生活最大的误解是什么？

创作"好"的艺术是最重要的。

你希望在艺术学院学到的是什么？

人文学科的相关知识。

一个学生在艺术学院学到的最有价值的一课是什么？

在中年和职业生涯中期到来的自由和确定性。

什么是好的艺术？什么是坏的艺术？如果可能，请举例说明。

艺术的好坏，取决于它与环境的关系。所以，坏的艺术是对其语境价值的误解。

哪些关于艺术创作的长期规则值得被打破？

创作"好"的艺术才是最重要的。

对艺术家来说，理解过去有多重要？

这是必不可少的，因为那是最初的语境。

艺术在哪里结束，政治在哪里开始？

如果它是艺术，那么它就不是政治。但就像风景或静物一样，有一种类型叫作"政治艺术"。

艺术家对整个社会有什么独特的责任吗？

不是作为艺术家的责任，而是作为公民的责任。

艺术有目的吗？

艺术是学习的一种诉求。再次引用华莱士的一句话：学习如何思考，其实就是学习如何对自己的思考方式和内容进行一些控制。这意味着要有足够的意识和觉察力来选择你所关注的东西，选择你如何从经验中构建意义。因为如果你不能在成人生活中行使这种选择权，你就会被彻底抛弃。想起那句老生常谈的"心灵是个好仆人，却不是好主人"。

指定阅读和实地指导

阿多诺，美学理论，格雷泰尔·阿多诺和罗尔夫·蒂德曼编辑，法兰克福：苏尔坎普出版社，1970年。C. 伦哈特英译，伦敦：劳特利奇出版社，1984年，第1–90页。

马丁·阿里亚斯和马丁·哈迪斯编辑，博尔赫斯，英国文学课程，普兰尼塔编辑，2000年。凯瑟琳·西尔弗译为《文学课程》，新方向出版社，2013年。

罗兰·巴特，《图像、音乐、文本》，纽约：Hill and Wang，1977年。散文集，斯蒂芬·希斯译，1977年，见《作者之死》和《从作品到文本》。

瓦尔特·本雅明，《技术复制时代的艺术作品》和《讲故事的人》，载于《文选，第3卷，1935—1938年》，由伊兰·霍华德和迈克尔·W. 詹宁斯编著，剑桥，马萨诸塞州：贝尔纳普出版社，2006年。

亨利·柏格森，《形而上学导论》和《论威廉·詹姆斯的实用主义，真理与现实》，载《创造性思维：形而上学导论》，多佛出版社，2007年。

霍米·巴巴《文化的方位》中的"被视为奇迹的迹象"，纽约：劳特利奇出版社，1994年。

马歇尔·博斯威尔和斯蒂芬 J. 伯恩编辑，《大卫·福斯特·华莱士研究指南》，纽约：帕尔格雷夫·麦克米伦出版社，2013年。

海伦·西克苏，《美杜莎的笑》，1975年，基思·科恩和保拉·科恩译为《美杜莎的笑》，见于《符号》第一卷第4期，1976年6月至8月，第875-893页。

西蒙妮·德·波伏瓦，《第二性》，巴黎：伽里玛出版社，1949：PP-xiii-xxix. 康斯坦丝·博德和希拉·马洛瓦尼·谢瓦利耶译为《第二性》，伦敦：Vintage，2010年。

唐·德里罗，《球门区》，波士顿：霍顿·米夫林，1972年。

雅克·德里达，《语法学》，巴黎：米纽特出版社，1967年。伽亚特丽·查克拉瓦蒂·斯皮瓦克译为《语法学》，巴尔的摩/伦敦：约翰霍普金斯大学出版社，1976年，

米歇尔·格拉布纳
Michelle Grabner

第97-164页。

雅克·德里达,《哲学的边缘》,巴黎:米纽特出版社,1972年。艾伦·巴斯译为《哲学的边缘》。芝加哥:芝加哥大学出版社,1982年。参见"延异""人的终结"和"白色神话"。

雅克·德里达,《论撒播》,瑟伊尔出版社,1972年。芭芭拉·约翰逊译为《传播》,芝加哥:芝加哥大学出版社,1983年。参见"柏拉图的药"。

费迪南·德·索绪尔,《普通语言学教程》,巴黎,帕约出版社,1916年。韦德·巴斯金译为《一般语言学教程》,伦敦:Peter Owen,1959年。

理查德·T. 德乔治和费尔南德·M. 德乔治,《结构主义:从马克思到列维-斯特劳斯》,纽约:锚点出版社,1972年。

弗朗兹·法农,《全世界受苦的人》,巴黎:马斯佩罗出版社,1961年。让·保罗·萨特作序。康斯坦斯·法林顿译为《大地的悲哀》,纽约:格鲁夫出版社,1963年,见《论民族文化》。

弗朗兹·法农,《黑皮肤,白面具》,纽约:格鲁夫出版社,1967年。

菲利普·费希尔,《奇迹,彩虹,和稀有经验的美学》,剑桥,马萨诸塞州,哈佛大学出版社,1999年。

米歇尔·福柯,《规训与惩罚》,巴黎:伽里玛出版社,1975年。阿兰·谢里丹译为《规训与惩罚》,纽约:万神殿出版社,1977年,参见"受谴责的身体""一般化的惩罚""多愁善感的身体""惩罚中的温柔之道""泛灵论",以及"肉体"。

西格蒙德·弗洛伊德,《文明及其不满》,维也纳:国际精神分析研究所出版社(IPV),1930年,安德鲁·韦伯译为《文明及其不满》;《施莱伯案》,伦敦:企鹅出版社,2002年。

肯尼斯·哥德史密斯,《无创意写作》,纽约:哥伦比亚大学出版社,2011年。

坦普尔·葛兰汀,《动物让我们成为人类:为动物创造最好的生活》,波士顿/纽约:霍顿·米夫林·哈考特出版社,2009年。

尤尔根·哈贝马斯,《现代性:一项未完成的事业》,在哈贝马斯获得T.W.阿多诺奖时发表的文章,1980年。由塞拉-本-哈比卜译为《现代性与后现代性》,载于《新德国批评》第22期,1981年,第3-14页。

马丁·海德格尔,"什么是形而上学"和"关于人文主义的信",载《基础写作》,大卫·法雷尔·克雷尔编著,纽约:哈珀柯林斯出版社,1977年。

马丁·海德格尔,世界图片的时代,以及《关于技术的问题及其他论文》中的《关于技术的问题》。纽约:Harper & Row出版社,1977年。

马丁·海德格尔,"艺术作品的起源",载《诗歌、语言、真理》,纽约:Harper & Row,1977年。

露丝·伊里加蕾,《此性非一》中的"话语权/女性的从属地位",巴黎:米纽特出版社,1977年。由米纽特出版社凯瑟琳·波特和卡洛琳·伯克翻译为 The Power of Discours and the Subordination of the Feminine,纽约,康奈尔大学出版社,1985年。

威廉·詹姆斯,《思想流》,载于《心理学原理》第一卷。纽约:科西莫出版社,2007年。

弗里德里克·杰姆逊,《后现代主义或晚期资本主义的文化逻辑》,达勒姆,北卡罗来纳州:杜克大学出版社,1991年。

雅克·拉康,《文集》,巴黎:瑟伊尔出版社,1966年。由布鲁斯·芬克翻译为《文集》,纽约:诺顿公司,2002年。见"镜像阶段作为精神分析经验中所揭示的'自我'的形成过程"。

让-弗朗索瓦·利奥塔,《后现代状况》,巴黎:米纽特出版社,1979年。由杰夫·本宁顿和布莱恩·马苏米翻译为《后现代状况》,明尼苏达:明尼苏达大学出版社,1984年。

赫伯特·马尔库塞,《关于权力和家庭的研究:社会调查研究所的研究报告》,巴黎:费利克斯·阿尔坎图书馆,1936年。由乔里斯·德·布雷斯翻译为《关于权力的研究》,纽约:维索,2008年。

赫伯特·马尔库塞,《艺术的持久性:反对某种马克思主义美学》,慕尼黑:卡尔·汉塞尔出版社,1977年。由艾丽卡·谢罗夫翻译为《审美之维:走向马克思主义美学的批判》,波士顿:灯塔出版社,1978年。

卡尔·马克思和弗雷德里克·恩格斯,《德意志意识形态》,莫斯科:马克思-恩格斯学院,1932年。由国际出版公司翻译(第一部分),1947年。修订后的译本(第一部分),由劳伦斯·维舍特出版社从第二和第三部分中选出,并作为《德意志意识形态》出版,由克里斯托弗·约翰·阿瑟编辑,纽约:国际出版商,1970年。

卡尔·马克思,《资本论》,由弗雷德里克·恩格斯编辑。汉堡:奥托·迈斯纳出版社,1867年。由塞缪尔·摩尔和爱德华·艾维林译为《资本论》,纽约。L.W.Schmidt,1887年。见"使用价值""交换价值"和"商品拜物教"。

弗里德里希·尼采,《论道德之外的真理和谎言》,

13

1873年。由丹尼尔·布雷泽尔翻译为《论非道德意义上的真理和谎言》，载于《哲学与真理：尼采19世纪70年代初的笔记本选集》，大西洋高地，新泽西州：人文出版社，1979年。

弗里德里希·尼采，《悲剧的诞生：源于音乐的精神》，莱比锡：Verlag Von E. W. Fritzsch，1872年。由沃尔特·考夫曼翻译为《悲剧的诞生》，纽约：科诺夫·道布尔迪出版集团，1967年，第1-15节。

弗里德里希·尼采，《论道德的谱系》，莱比锡：C. G. 瑙曼出版，1887年。由沃尔特·考夫曼翻译为《论道德的谱系》和《瞧，这个人》，纽约：古典书局，1969年。

玛丽·奥利弗，1963—2013年间写的30本诗集，加上她的非小说类书籍。

马乔里·佩罗夫，《非原创天才》，芝加哥：芝加哥大学出版社，2010年。

保罗·拉宾诺编辑，"什么是作者？"载《福柯读本》，纽约：万神殿出版社，1984年。

约翰·拉吉克曼，《建筑》，剑桥，马萨诸塞州：麻省理工学院出版社，1998年。

莱恩·里尔亚，《你的日常艺术世界》，剑桥，马萨诸塞州：麻省理工学院出版社，2013年。

理查德·罗蒂，《语言的偶然性》，载《偶然性、讽刺性、团结性》，剑桥，英国：剑桥大学出版社，1989年。

芭芭拉·罗思，《作为艺术的艺术：阿德·莱因哈特文选》，伯克利：加州大学出版社，1991年。

伯特兰·罗素，《闲散颂》，伦敦：乔治·艾伦和昂温出版公司，1935年。

爱德华·赛义德，《东方主义》中的"导论"，纽约：古典书局，1978年。

伽亚特丽·查克拉瓦蒂·斯皮瓦克，"克庶民能说话吗？"载《马克思主义和文化的解释》，卡里·尼尔森和拉里格罗斯伯格，芝加哥：伊利诺伊大学出版社，1988年。

伊恩·斯图尔特和马丁·戈卢比茨基，《恐怖的对称性》，纽约：多佛尔出版社，2010年。

路德维希·维特根斯坦，《哲学研究》，由G. E. M. 安斯科姆翻译为《哲学研究》，马尔登，马萨诸塞州：布莱克维尔出版社，1953年：第1-113页。

弗吉尼亚·沃尔夫，《一个人的房间》，纽约：哈考特出版社，1929年。

14

140 丹·格雷厄姆
Dan Graham

出生 / 生活和工作
　　乌尔班纳，伊利诺伊，1942年 / 纽约

经历
　　创始人，纽约约翰·丹尼尔斯画廊，1964年

重要作品
　　挪威木格子被弧形的双向镜面分割，2010年
　　滑铁卢日落，于伦敦海沃德画廊，2002—2003年
　　双边三角形，内部曲线，2002年
　　希腊漫步玻璃馆开幕，2001年
　　女孩们的化妆室，1998—2000年
　　无题雕塑，1996年
　　月窗干预下的玻璃馆，1989年
　　后院新房计划，1978年
　　对面镜和视频显示器的时间延迟，1974年
　　美国家园，1967年

获奖
　　南特市荣誉奖，法国，1993年
　　斯科希甘混合媒体奖，纽约，1992年
　　库次当代艺术基金会奖，苏黎世，1992年

近期个展
2014年：屋顶花园委托创作：丹·格雷厄姆，大都会艺术博物馆，纽约 // 模型与超越，De Pont 基金会，蒂尔堡，荷兰 // 丹·格雷厄姆 / 黑默·左伯尼格。艺术作为设计 / 设计作为艺术，克里斯汀·迈耶画廊，慕尼黑，德国 // 2013年：丹·格雷厄姆，过去·未来·分散的注意力，曼彻斯特国际艺术节，英国 // 丹·格雷厄姆：两个立方体，一个旋转45°，特纳当代美术馆，马盖特，英国 // 丹·格雷厄姆：带孔边的表演咖啡馆，代入当代艺术研究所，温尼伯，加拿大 // 2012年：摇滚秀：儿童和精品店的未实现项目，豪舍和威尔斯画廊，苏黎世 // 2011年：透过大脑看世界：瑞士观念摄影收藏展，圣加仑艺术博物馆，瑞士 // 丹·格雷厄姆，原型影院，伊斯坦布尔 // 丹·格雷厄姆，模型和影像，东区计划，伯明翰，英国 // 2010年：当代艺术中心，北九州，日本 // 丹·格雷厄姆，石井孝画廊，东京 // 根项目画廊，洛杉矶 // 2009年：丹·格雷厄姆，现身新泽西，法兰克福，德国 // 剧场，里森画廊，伦敦 // 超越，沃克艺术中心，明尼阿波利斯，巡展至洛杉矶当代艺术博物馆，洛杉矶；惠特尼美国艺术博物馆，纽约 // 玛丽安古德曼画廊，纽约 // 死于巧克力，德国学术交流中心画廊，柏林 // 2008年：尼古拉·瓦尔纳画廊，哥本哈根 // 佛朗切斯卡·米妮妮画廊，米兰，意大利 // 老生常谈，豪舍和威尔斯画廊，苏黎世 // 2007年：玛丽安·古德曼画廊，巴黎 // 已经死亡，Reena Spaulings造型艺术画廊，纽约 // 2006年：里沃利城堡当代艺术博物馆，里沃利，意大利 // 约翰恩画廊，柏林 // 丹·格雷厄姆，致命巧克力，西埃德蒙顿购物中心，奥查德，纽约 // 2005年：米其林·斯瓦耶尔画廊，安特卫普，比利时

近期群展
2014年：回溯：1964—1987年的行为艺术，特拉华艺术博物馆，威尔明顿 // "69/96"，格伯特基金

14

无墙的学院：36位世界顶级艺术家的艺术和生活课　　141

会，拉珀斯维尔，瑞士 // 2013年：存在，艺术与建筑的前沿，纽约 // 丹·格雷厄姆和安托万·卡塔拉的合作作品，《海豚的微笑》（以及更多），3A画廊，纽约 // 最低限度的抵抗：在晚期现代主义和全球化之间，80—90年代的艺术实践，索菲亚国家艺术中心博物馆，马德里 // 反对方法，一般基金会，维也纳 // 2012年：信息量：1965—1980年加拿大的观念艺术，温哥华美术馆，加拿大 // 行动：1960年以来的艺术与舞蹈，国立当代艺术博物馆，首尔，韩国 // 建筑师，汉堡火车站当代艺术博物馆，柏林 // 真实的故事，现代美术馆，慕尼黑，德国 // 2011年：透过大脑看世界：瑞士观念摄影收藏展，波恩美术馆，德国 // 爱丽丝梦游仙境，泰特利物浦美术馆，英国，并在意大利特伦托和罗韦雷托现当代艺术馆和德国汉堡艺术馆巡展 // 相关工作：艺术与机构，维也纳斯图加特艺术之家，维也纳 // 2010年：聚焦艺术家，旧金山现代艺术博物馆，旧金山 // 寻常的疯癫，卡内基艺术博物馆，匹兹堡，宾夕法尼亚州 // 云是什么？恩尼亚·里纪藏品展，现代与当代艺术博物馆，博尔扎诺，意大利

14

142 丹·格雷厄姆
Dan Graham

14

← 11个糖块，1970年/2012年，彩色照片，24个部分，每个24cm×36cm

↙ 双向镜面曲线被挪威木格子分割，2010年

→ 宽松/放松，纽约大学Loeb学生中心的首次演出，纽约，1969年5月

↓ 展示摇滚乐视频/电影的展馆，2012年，双向镜玻璃和不锈钢，250cm×834cm×420cm

丹·格雷厄姆
Dan Graham

14

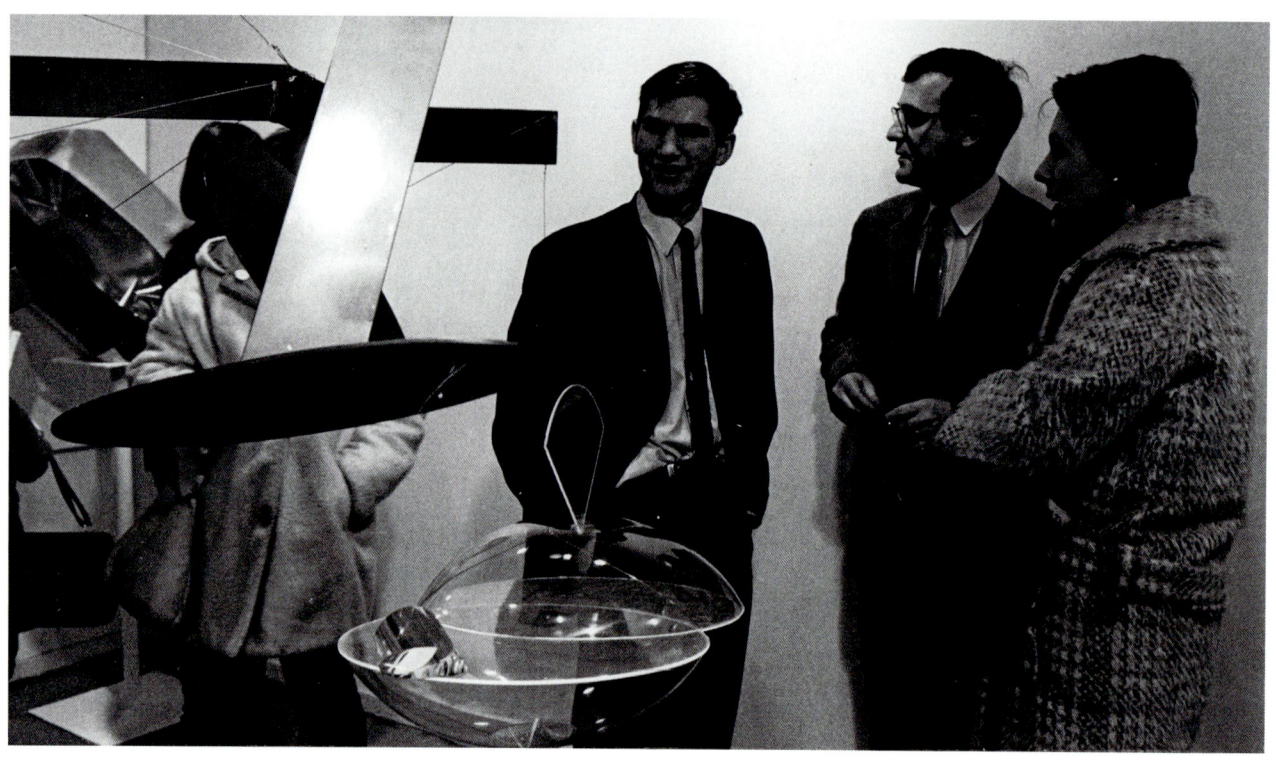

丹尼尔画廊举办的开幕群展的安装图，纽约，1964—1965年

最该做的

1. 拜访艺术家：讲座和参观工作室。
2. 班级出行。
3. 是否有录像、电影、音响设备，并配备技术人员。
4. 平面设计等方面的实训。
5. 好的图书馆。

最不该做的

1. 20世纪80年代以来，强调把艺术作为专业的"职业化"，而不是作为一种激情的实验。
2. 将艺术家视为未来"艺术明星"的迷恋。
3. 执着于为艺术做学术性的论证，一个很好的例子是"问题化"这个词的过度使用。
4. 只教图书馆里艺术杂志上的当代艺术。

我个人的观察，我最喜欢的艺术家要么来自非艺术领域，要么像我一样，从来没有上过艺术学校或大学——自学成才。就我而言，我最初想成为一名作家，后来我之所以追求成为一名艺术作家，是因为我很欣赏那些在我的画廊里展出的"年轻"艺术作家，所以我意外地创办了约翰·丹尼尔斯画廊。这些人是以写艺术评论为生的唐纳德·贾德，在《艺术论坛》上有每月专栏的丹·弗莱文，以及学过建筑的索尔·勒维特，他既在大型建筑师的办公室工作，又是杂志的平面设计师。他和我一样喜欢文学，也偶尔会写点东西。我的画廊关停后，我通过撰写有关摇滚音乐或电视等文化现象的文章来养活自己。因为我发表

14

Production / reception (piece for two cable TV channels) (1976)

The piece utilizes two cable channels in a local environment in addition to a normal commercial broadcast. Two cable programs are to be broadcast live and at the same time as a commercial program, originating on a local station. Any locally produced commercial program can be used, for instance, a local evening news broadcast.
Cable channel A broadcasts a live view originating from a single camera placed inside the control room of the studio producing the local commercial program. A wide-angle lens is used and the camera, aimed through the glass panel at the stage, shows the entire stage-set, surrounding cameras, cameramen, director, assistants and the technicians and technical operations necessary to produce the program. Microphones placed in many locations within the stage-set, behind the stage, and in the control-booth are mixed together and accompany the visual image. They give a complete sense of *all* relationships occurring within the enclosed space of the commercial TV studio.
Cable channel B broadcasts a live view from a single camera from within a typical family house in the community. It shows viewers present observing the local commercial broadcast on their TV set (the view shows both the television image as well as the viewers present). The camera-view is fixed. Occupants of the household may or may not be present in the room watching the TV set at a given time. Sounds from *all* the rooms of the house, documenting all of the activities taking place there during the duration of the broadcast, are mixed together and accompany the camera-view.
Anyone in the local community with cable television in addition to the commercial channels may, by switching from channel to channel, see channel A's view framing the local program in the context of its process of production, or channel B's view showing the program's reception within the frame of a typical family's household, or turn to the commercial channel and be themselves receiving the particular local program in their house.

Note:
Production/Distribution was a response to my partial knowledge of an earlier work by my friend, Michael Asher, using broadcast television: *The Occurrence of rolling the Television Program the tenth of January 1976* (see following page). Both works involve a sense of the architectural properties of television. One might compare the differences and the similarities of the two works.

生产/接收（两个有线电视频道的片子），1976年

了一些关于艺术的文章，艺术学校邀请我去做讲座或相关的教学。我曾在20世纪60年代末受邀到哈利法克斯的新斯科舍艺术学院进行短期的驻留，通过学校的电影和录像设备，我和学生们一同尝试录像艺术和行为艺术项目。在这个艺术学院的小组环境中，共同的交流和反馈促进了这些想法的实现。

当我刚开始在新斯科舍艺术学院教学的时候，我希望学校能走进当地的社区中去，进而我利用当地有线电视的公共访问驻地来开展学生项目。通过在当地电视新闻节目中的露面，我发布了我的《喜欢：一个电脑占星约会服务》。虽然学校已经为（包括我在内）三位访问艺术家做了限量版的版画，但我认为这种对学校设施的利用是非常有限的，所以我建议学校邀请我的朋友卡斯帕·柯尼希，以及稍后的本杰明·布赫洛来监督纽约大学出版社，写作涉及艺术家、音乐家和舞蹈家的专著，如西蒙妮·福尔蒂、伊冯·赖讷、达拉·伯恩博姆、史蒂夫·赖希、迈克尔·阿舍和我，并重新出版以前绝版的唐纳德·贾德的早期评论和文章。学校之前曾邀请访问艺术家来做两三天的短期驻留教学，所以我发起了一个课程班，我先做三周的驻留，然后再由一系列从未教过的访问艺术家做三周的驻留。在这一年的年底，我会再做三周的教学（杰夫·沃尔、迈克尔·阿舍、达拉·伯恩博姆和玛莎·罗齐尔是我邀请的第一批参加这个课程班的艺术教员）。

我认为从艺术学院的访问艺术家教员的立场出发，教学既是赚取现金的好地方，也是与年轻艺术家学员进行专注对话的理想地点，他们的作品在最初绽放时往往比后来在画廊环境中完善的样子更具启示性。我也喜欢谈论其他共同的爱好，比如摇滚乐。我特别喜欢从外国学生的文化背景和个人履历中学习。最后，艺术学院的环境也是让那些已经是朋友但很少见面的艺术家再次共度欢乐时光的一种方式。

丹·格雷厄姆
Dan Graham

14

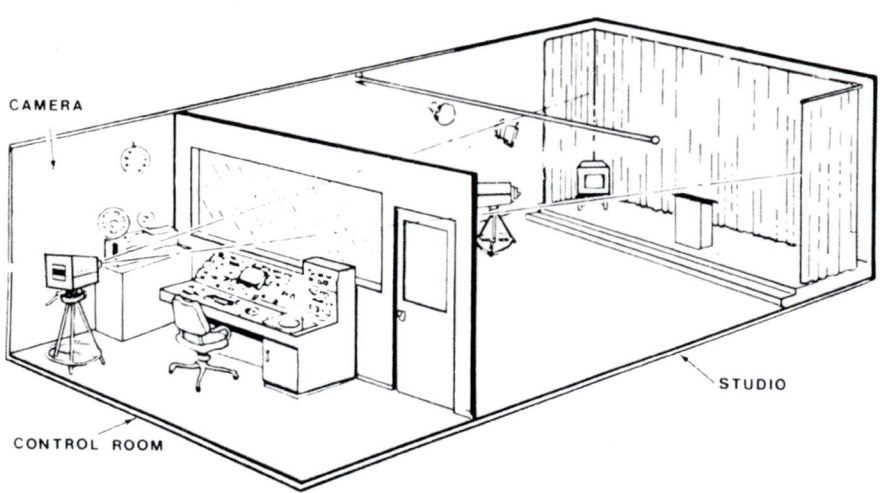

Position of camera in cable channel A broadcast.

Technicians producing a broadcast television program.

指定阅读

瓦尔特·本雅明，《技术复制时代的艺术作品》，法兰克福，1961年。哈利·佐恩英译为《机械复制时代的艺术作品》，载《启迪》，纽约：哈考特教育出版公司，1968年。

T.J.克拉克，《人民的形象》，伦敦：赫德逊出版社，1973年。

菲利普·k.迪克，《乌比克》，纽约：双日出版社，1969年。

科杜沃·爱生，《丹·格雷厄姆：摇滚我的信仰》，剑桥，马萨诸塞州：麻省理工学院出版社，1994年。

马库斯，格里尔，《神秘列车：摇滚音乐中的图像》，纽约：达顿出版社，1975年。

罗伯特·罗森布鲁姆，《现代绘画与北方浪漫主义传统：弗里德里希到罗斯科》，纽约：哈珀与罗出版公司，1975年。

14

课程：艺术学校的最佳和最差表现　　147

▲ 地方电视新闻节目分析公众有线电视

↑+→ 喜欢：一个计算机占星学的约会安排服务，1967—1969年

148 卡塔琳娜·格罗斯
Katharina Grosse

15

出生/生活和工作
弗莱堡，德国，1961年/柏林，德国

教育经历
BFA，绘画研究，明斯特艺术学院和杜塞尔多夫艺术学院，德国，1990年

教学职位
德国杜塞尔多夫艺术学院教授，2010年至今
德国柏林设计艺术大学教授，2000—2010年

重要作品
只有我们两个，2013—2014年
障碍物，2013年
避重就轻，2009年
矮脚草，2009年
用前摇一摇，2008年
前景·1，2008年

获奖
罗马别墅大奖，佛罗伦萨，意大利，1992年
卡尔·施密特-鲁特罗夫奖金，杜塞尔多夫，德国，1993年
艺术基金，波恩，德国，1995年

近期个展
2013年：心理学家，约翰·科尼希画廊，柏林 // 只有我们两个，布鲁克林商业区广场，公共艺术基金 // 我的办公桌，雪地，Kurt-Kurt艺术项目，柏林 // 两个年轻的女人进来拉出一张桌子，德邦当代艺术博物馆，蒂尔堡，荷兰 // 蛇在她和海岸之间，施华特画廊，维也纳 // 障碍物，纳希尔雕塑中心，达拉斯，得克萨斯州 // 2012年：他们带着东西一起去吃饭，约翰·科尼希画廊，柏林 // 第三个男人开始掏她的口袋，MOCA，克利夫兰，俄亥俄州 // 你能拼出混音吗，Dirimart画廊，伊斯坦布尔 // 蓝色的橘子，公共艺术项目，瓦拉，瑞典 // 2011年：在七天时间里，波恩美术馆，德国 // MANNER SOLLEN FRAUEN WOLLEN，芭芭拉·格罗斯画廊，慕尼黑，德国 // 2010年：更上一层楼，麻省当代博物馆，北亚当斯，马萨诸塞州 // 你好，小蝴蝶，我爱你，你叫什么名字，阿尔肯现代艺术博物馆，丹麦 // 2009年：临时艺术馆，柏林 // 新博物馆，纽伦堡，德国 // 阿尔肯现代艺术博物馆，哥本哈根 // 2008年：奥弗涅当代艺术基金，克莱蒙费朗，法国 // 摩德纳市政画廊，意大利 // 2007年：塞拉维斯当代艺术博物馆，波尔图，葡萄牙 // 文艺复兴学会，芝加哥，伊利诺伊州 // 郊区项目空间，伊利诺伊州，芝加哥 // 奥弗涅当代艺术基金会，克莱蒙费朗，法国 // 昆士兰艺术画廊，南岸，布里斯班，澳大利亚 // 这不是我的猫，高岩兰斯福德画廊，奥克兰，新西兰 // 2006年：De Appel画廊，阿姆斯特丹 // 当代艺术中心，辛辛那提，俄亥俄州 // 马克·米勒画廊，苏黎世 // Helga de Alvear画廊，马德里 // 艺术与设计工厂，哥本哈根 // 芭芭拉·格罗斯画廊，慕尼黑 // 2005年：Constructions a Cru，东京宫，巴黎 // 2004年：斯德哥尔摩艺术馆，斯德哥尔摩，瑞典 // SAFN，雷克雅未克，冰岛 // 当代艺术博物馆，休斯敦，得克萨斯州 // 2002年：Ikon画廊，伯明翰，英国 // 伦巴赫之家城市画廊，慕尼黑，德国 // 圣加仑当代艺术博物馆，瑞士

15

无墙的学院：36位世界顶级艺术家的艺术和生活课   149

近期群展

2013年：我的残疾朋友，哥伦布艺术与设计学院，俄亥俄州 // 库里提巴国际双年展，巴西 // 2012年：德国绘画：60年代至今，莫斯科国家当代艺术中心 // Bildspeicher 11/杜塞尔多夫艺术学院，德国 // 快速向前：现代时刻1913—2003年，高等艺术博物馆，亚特兰大，乔治亚州 // 2011年：绘画的非纪律性，泰特圣艾夫斯美术馆，英国 / 东京当代博物馆 // 2010年：鲁道夫·斯坦纳与当代艺术，沃尔夫斯堡当代艺术博物馆，德国 // 格罗斯/格罗斯，芭芭拉＆卡塔琳娜·格罗斯，当代艺术博物馆，弗赖堡，德国 // 如果不是这个时代，德国绘画展，圣保罗艺术博物馆，巴西 // 第二届今日文献展，协商，今日美术馆，北京 // 2009年：作为媒介的空间，迈阿密艺术博物馆，佛罗里达州 // 拥抱！丹佛艺术博物馆，科罗拉多州 // 2006年：东京-柏林/柏林-东京，守艺术博物馆 // 东京-柏林/柏林-东京，双城艺术展，新国家博物馆，柏林 // 台北双年展，中国台湾 // 2003年：deutschemalereizweitausenddrei，法兰克福艺术协会，法兰克福，德国

卡塔琳娜·格罗斯
Katharina Grosse

无墙的学院：36位世界顶级艺术家的艺术和生活课   151

←↖ 他们带着东西一起吃，2012年，混合媒体，装置作品，约翰·科尼格画廊，柏林

↖↖ 无题，1997年，墙面丙烯，450cm×1250cm×400cm，装置视角，项目空间，伯尔尼美术馆，瑞士

← 双层地板画，2004年，墙面、地板、书架和画布上的丙烯酸，680cm×3800cm×1100cm，装置展示，布兰特艺术馆，布料，欧登塞，丹麦

↑ 更上一层楼，2010年，玻璃纤维上的丙烯酸、强化塑料、帆布、土壤、木材、发泡胶、布，尺寸可变，安装视图，麻省当代艺术博物馆，北亚当斯，马萨诸塞州

卡塔琳娜·格罗斯
Katharina Grosse

小时候，不论我睡着还是醒着，总能看到天花板或墙上有一支想象中的画笔，它正忙着抹去或试图抹去阴影和形式：橱柜、架子、窗帘。画笔的动作总是很有秩序地跟着形式走。当然，这个动作从来没有成功过，所有的东西都保持原样——或多或少是静态的。然而，规则是，直到墙被抹去，我都没想过要离开床。我想象中的画笔会把我留在床上，直到墙消失为止。我被自己的目光束缚住了，但这是我到那时为止唯一知道的绘画形式，我不会想太多。我对古典音乐、足球、网球和登山的参与和热情要高得多，但我在这些方面都没有特别的天赋。

后来我突然迷上了画画。母亲在我的书桌上发现了一幅水彩画，于是她建议我参加一个风景画家带领的写生活动。去参与写生的第一天，我在沟渠里画了大约八个小时的柳树，事实上，我分不清这棵树和它周围的环境，这让我明白了一个关于我应当如何看待这个世界的至关重要的事情。我看不到边界——看不到前景和背景之间的边界，也看不到可见和不可见之间的边界。我并不是通过其可识别的形式来感知世界，而是通过其可能的表象。我看到的是如同幻觉的世界的本来面目。

当我在杜塞尔多夫艺术学院学习的时候，我从不同的文化和历史中学习了很多关于精神学科的知识。我从不同老师的实践中了解到它们。我有机会与莱纳·鲁滕贝克见面并交谈，他提到了超凡冥想，还有乌尔里克·罗森巴赫，他是奥修教徒；戈特哈德·格劳博纳，他与佛教思想有关。在学校的工作室工作时，我得以扩展了创作方式和视觉智慧，我了解了其他艺术家的策略，明白了这是一场游戏；明白了如果你做了一件事，那么就几乎总是排除了其他事物，你必须做出选择。

在那段时间里，我也获得了巨大的自由，我得以发现做和想是如何相互关联的。我意识到，思维是具有表演性质的，因此思想会投射空间。我通过以不同的方式思考，并给这些思想留出空间，从而改变世界。因此，我可以主动创造过去、现在和未来，并让它们同时发生。这种共时性产生了空前的自由、巨大的能量和准确无误的信念。因此，我开始喜欢在我的实践和日常生活中承担我的行为的后果。

我产生了一种强烈的感觉，即或创作的绘画得以成为我的行为，最直接成为后果的方式。我专注于如何融合过去、现在和未来，作为一个画家去进入那个空间，而不使结果变得同质化。而我有两个重要的认识：第一，就是要不受预期身份的阻碍，绘画是在公共空间中无拘无束地思考。比如说，看一本这样的菜谱书，可能会变成抑制性的。如果你以为自己应该和世界，甚至和自己一模一样，那你就不必要地缩小了事物的范围。当你仔细观察时，你会发现无论是世界还是你自己，都不曾有过相同的样子。一切都是不断变化的，因此任何时候都有可能。

尽管看起来并不总是这样，这种潜力也并不总是可见，但必须在这个假设上找到你的思路，这样才不会破坏你的可能性。我的工作是以"根茎"的方式，在一个开放的场域延展。这意味着，作为绘画的创作者，我只是其他环节中的一个环节，我和颜料、建筑、时间、观众等有着同样的地位。我不相信因果关系，也不相信时间性上的之前和之后，而是相信同时性和平等性。我画的不是表象，也不是视觉，也许我画的是不假思索的而不是亲眼所见的。我不能用其他的方式，因为有时我的画幅尺寸太大了，我无法在工作时全面审视画作。我们一直理解的视觉可辨识性对我来说很奇怪。

我去到欧洲那些最令人震惊的博物馆去一遍又一遍看所有能看到的原作。壁画引起了我的注意，以及它与建筑的关系,这让我意识到,一幅画可以出现在任意一个地方:在我的肩膀上,在我的膝盖上,在一个房间的角落里,在一个山洞里,或者在空间的容纳中。绘画是我们拥有的最为发达的"用户界面"。

沿着这个思路往下扩展,任何东西都可以激发你的灵感——从爱德华·蒙克将他的画作留在雪地里——这可能会让你以一种意想不到的方式对待你的作品,到凡·艾克的《教堂里的圣母》,甚至是达拉斯牛仔队足球场的巨大屏幕,都可能帮助你理解尺度和大小之间的区别。

在我的思想和工作中,我一直保持着非常独立的立场,我得到了教授们温和但非公开的鼓励。离开艺术学院后,我与小规模的艺术家群体共享工作室,但从未成为一个紧密的艺术家团体的一部分。

对年轻艺术家来说,明确自己想要什么很重要。当考虑他们想要与哪些画廊合作时,他们需要考虑的是经济上的成功、舒适和支持还是最终的名声。我找的是能挑战我的经销商。我在三十五岁的时候就有了我的第一个画廊代理。在此之前我从来没有为其他艺术家做过助理,但这是一个很好的方式来了解经营工作室的业务方面,并使你了解制作和展览作品的日常需求。我只是在实践中了解到经营工作室的情况。最终我决定将我所有的作品归档,这意味着我必须以专业的方式来经营:雇用摄影师、办公室助理和建立办公室。我通过阅读书籍并与朋友分享经验,一步步地学习了商业方面的知识。如今,我聘请了专业人员和专家来管理工作室方面的事情。

当我回顾自己从学生时代开始的工作时,很容易就能把当时经历过的步骤说清楚。但是如果要谈及我目前正在做或参与的事,则要困难得多。工作是一个十分引人入胜的过程,它远远超出了语言解释或任何一种可以立即解释的范畴。

指定阅读、观看以及聆听

阅读:

埃莉诺·卡顿,《发光体》,伦敦:格兰塔出版社,2013年。
在这部小说中,所有的一切都相互关联。这个故事是通过过去和未来的镜头同时讲述的。

阿戈塔·克里斯托夫,《恶童日记》,巴黎:瑟伊尔出版社,1986年。阿兰·谢里丹英译为《笔记本》,纽约:格鲁夫/大西洋出版社,1997年。
冷酷、尖锐、紧凑:一部不设"安全出口"的小说。

赫塔·穆勒,《呼吸秋千》,慕尼黑:卡尔·汉泽尔出版社,2009年,菲利普·布姆译为《饥饿的天使》,纽约:大都会书局,2012年。
穆勒创造的形象生动得让人心疼,在这里,一首语言犀利的诗被改成一本小说。

戴维·福斯特·华莱士,《无穷尽的笑话》,纽约:利特尔&布朗出版公司,1996年。
不断变化的空间和视点。就像一种脉冲,开开合合,晕头转向。

帕拉曼汉萨·尤干南达,《上帝与阿朱那谈话:薄伽梵歌》,洛杉矶:Self-Realization Fellowship,1995年。
我们为什么会在这个星球上?什么是内部世界,什么是外部世界?潘达瓦王子阿朱那向印度教神克里希纳提出了他渴望知道的所有问题。

观影:

约翰·史蒂文森和马克·奥斯本执导,《功夫熊猫》,派拉蒙影业,2008年。
美妙的渲染,幽默的智慧。

聆听:

理查德·瓦格纳,《尼伯龙的指环》,1848—1874年,首演于德国拜罗伊特,1876年,歌剧。
一切声响,眼睛、舌头、鸟、水、风。你的身体在振动。

卡塔琳娜·格罗斯
Katharina Grosse

← 扬·凡·艾克，教堂里的圣母，1426年，橡木板上的油画，31cm×14cm，图片集锦，柏林国家博物馆

↗ 皮娜·鲍什的德国舞蹈团成员在莫斯科莫索维塔剧院表演《洗窗者》，2004年

↗↗ 卡塔琳娜·格罗斯，快照，靴子，2005年

→→ 罗伯特·史密森，沥青的概述，1969年，意大利罗马城外，从原始的126格式，感光显影的透明度中复制出来的

↘↘ 爱德华·蒙克在埃克雷的户外工作室，约1925年

↘ 草间弥生为她的电影《自我湮灭》画演员，1967年

15

课程：艺术家是其他环节中的一个环节　　155

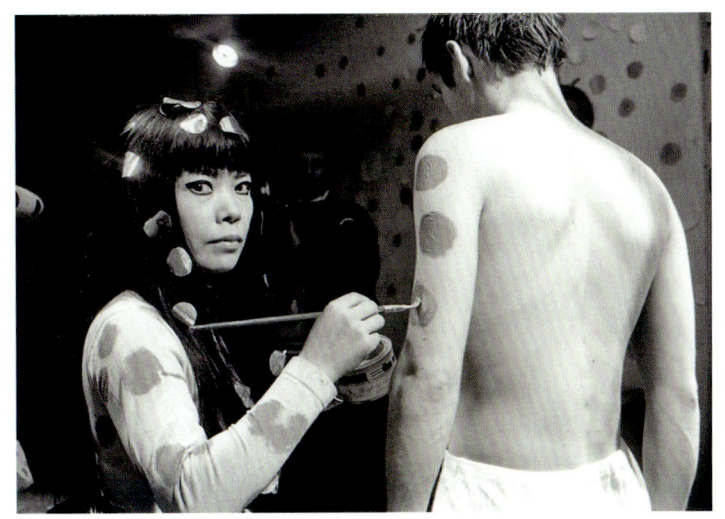

琼·乔纳斯
Joan Jonas

出生/生活和工作

  纽约，1936年

教育经历

  哥伦比亚大学硕士，纽约，1961年

  艺术史和雕塑专业文学学士，波士顿博物馆学院，马萨诸塞州，1961年

  马萨诸塞州南哈德利霍利奥克山学院雕塑和艺术史专业文凭，1958年

教学职位

  荣休教授，表演和三维艺术，麻省理工学院，剑桥，马萨诸塞州，1998年至今

  教授，斯图加特州立美术学院，德国，1994年

重要作品

  复活（在草地上），2010—2012年

  水晶鸭#1，2005年

  狼灯，2004年

  华尔兹，2003年

  沙中线，2002—2005年

  火山传奇，1989年

  颠倒与倒退，1980年

  窗户，1976年5月

  海市蜃楼，1976年/2001年

  纵卷，1972年

获奖

  古根海姆首届年度艺术奖，终身成就奖，纽约，2009年

  "隐匿的女性"基金会奖，纽约，1998年

  弗朗西斯·J.格林伯格奖，纽约，1998年

  当代艺术基金会，艺术家资助奖，纽约，1995年

  玛雅·德伦视频奖，纽约，1989年

  艺术理事会，CAPS，纽约，1971年/1974年

近期个展和双人展

  2013年：重生，伊冯·兰伯特画廊，巴黎 // 面具、玩偶和篮子，平行线项目，墨西哥 // 重生，城市文化中心，斯德哥尔摩 // 平行练习：琼·乔纳斯和吉娜·潘，休斯敦当代艺术博物馆，德州 // 重生/和光艺术馆，东京 // 他们来到我们身边，没有世界，项目画廊，当代艺术中心，北九州，日本 // 2011年：绘画语言和火山传奇，威尔金森画廊，伦敦 // 破缺对称性，当代艺术中心，北九州，日本 // 阅读但丁Ⅲ，卑尔根美术馆，卑尔根，挪威 // 2010年：阅读但丁Ⅳ，拉法拉·科尔特塞画廊，米兰，意大利 // 阅读但丁Ⅲ，伊冯·兰伯特画廊，纽约 // 表演7：海市蜃楼，纽约现代艺术博物馆，纽约 // 绘画/视频/表演，地点一，纽约 // 2008年：琼·乔纳斯：绘画与录像，和光美术馆，东京 // 无间天堂，威尔金森画廊，伦敦 // 时间线：暗室中的透明度，巴塞罗那当代艺术馆，西班牙，并在日内瓦艺术中心巡回展出，瑞士 // 2006年：反射——镜面作品1和2的变奏，1968—2004年，西格蒙德·弗洛伊德博物馆，维也纳 // 2005年：琼·乔纳斯：1968—2005年回顾展，网球馆国

16

无墙的学院：36位世界顶级艺术家的艺术和生活课　　157

家影像美术馆，巴黎 // 2003年：回顾展：五件作品，皇后区艺术博物馆，纽约 // 录像回顾展，卡里罗·吉尔博物馆，墨西哥城

近期的表演和群展

2013年：盲画*，宝马泰特现场，泰特现代美术馆，伦敦 // 火山传奇，松柏之声，北挪威艺术节，哈尔斯塔 // 黑暗天堂，钟楼画廊，纽约 // 2012年：复活*，卡斯卡德电影院，第3届卡塞尔文献展，卡塞尔，德国 // 2011年："活出你的问题"，麦金托什博物馆，格拉斯哥 // 11个房间，曼彻斯特国际艺术节，曼彻斯特美术馆，英国 // 鬼迷心窍：当代摄影/录像/行为，毕尔巴鄂古根海姆博物馆，西班牙 // 2010年：镜像作品I：重新配置*，所罗门·R.古根海姆博物馆，纽约 // 2009年：第53届威尼斯双年展，意大利 // 时间即物质，MACBA收藏新作，巴塞罗那当代艺术博物馆，西班牙 // 2008年：第28届圣保罗双年展，巴西 // 横滨三年展，日本

琼·乔纳斯
Joan Jonas

↑↑↑ 事物的形状、气味和感觉,2006年,在纽约迪亚·毕肯艺术中心的演出

↑↑ 有机蜂蜜的垂直卷,1972年,米兰多赛利画廊的表演

↑ 琼斯海滩小品,1970年,在纽约伦敦岛的琼斯海滩表演

我在纽约市生活到12岁,幼儿园和一年级时,我读的是沃尔特·惠特曼学校。这是一所"激进"的学校。当时,每天早上都有人问我想做什么,我一直都想画画。我记得那一排画架上有画笔和一排装着不同颜色的罐子,那是一种纯粹的乐趣。由于我没有学会如何阅读或书写,所以祖母在暑假教会我这些。不久之后,我被送到了另一所学校,这所学校不仅在学术上非常严谨,而且在艺术课程方面非常出色,我们可以在这里学习各种手工艺,包括木工、绘画和用泥塑。我认为,孩子们在学习阅读和写作的同时,也应该弄清楚如何绘画。

住在纽约的一个好处是可以参观大都会艺术博物馆,我记得我看的是古埃及市场上日常生活的微缩模型。我还会参观现代艺术博物馆,看了又看这些作品:塞尚的《浴者》、马蒂斯的《舞蹈》、贾科梅蒂的《凌晨四点的宫殿》等。这种启人心智的专心看画的经历,可以启发把概念和思想转化为形式的方法。

我在霍利奥克山学院读本科时,在那里学习艺术史、文学和雕塑,当时我并没有想到要上艺术学院,因为我并没有把自己想象成一个艺术家,但我却用黏土工作,以一个现实的模特儿塑造小的雕像。我特别喜欢翻制石膏模型,因为我喜欢石膏的触感和特性。我的老师是亨利·罗克斯。

在霍利奥克山学院完成学业后,我不知道该如何应对我对艺术史和制作东西的

16

课程：艺术学院可以是……　　159

↑↑ 阅读但丁，2008年，在第16届悉尼双年展上的表演。囚室剧院，悉尼

↑ 沙中线，2002年，在卡塞尔第11届文献展上的表演，卡塞尔

琼·乔纳斯
Joan Jonas

热情。所以，为了找到答案我决定去艺术学院学习。亨利·罗克斯建议我去波士顿的美术博物馆学院，以避开我在纽约的家庭关系。于是我听从了他的建议，去了波士顿，在博物馆学院的第二年，我们从模型出发，创作大型泥塑。由于我缺乏解剖学知识，过程对我来说变得很困难，结果令人沮丧。后来，艺术家哈罗德·托维什教我如何开始画画，慢慢地、小心翼翼地、细细地描摹我们面前的模型或物体的轮廓，同时考虑它在纸上的空间位置。当时我也不认为自己是一个艺术家，我只是在蹒跚前行的过程中。我不知道怎样才能成为一个艺术家，但我必须找到一条路，而绘画就是我的一条线索。

大约四年后，我开始攻读哥伦比亚大学的艺术硕士学位，在那里我继续学习雕塑。但当时比工作室课程更让我感到受启发的是艺术史和文学方面的课程，比如关于中国早期青铜器的艺术史课程、梅耶·夏皮罗的印象派课程（他是一个杰出而有魅力的人物），以及弗雷德·杜佩教授的现代主义诗歌课程。特别是夏皮罗的讲座非常吸引人，因为他将对印象派绘画的考虑与19世纪的技术发展结合起来。在诗歌课上，我们阅读了威廉·卡洛斯·威廉斯、埃兹拉·庞德和希尔达·杜立特尔等人的作品（最近，我的一首作品就是根据希尔达·杜立特尔的一首史诗改编的）。

大学只是生活的一个方面。重要的是要记住学习可以发生在任何地方，它可以是有意的，也可以是偶然的，可以是艺术学院内部的，也可以是外部的。

在20世纪50年代末到60年代中期，对我来说上学的开销只是现在的一小部分。学校是一个可以探索的地方，是一个人在走向世界之前找到工作方式的地方。我有时间去闯荡，去实验，去探索工艺和材料。我遇到了很多有趣的人，其中有几个人我还在联系，比如诗人苏珊·豪，当时我在波士顿博物馆学院学习绘画时，她也在那里学习。但时代已经发生了巨大的变化。上艺术学院的费用已经变得令人望而却步，而债务对许多人来说是难以偿还的。这是一个不该由试图找到自己声音的艺术家来承担的重担。还有其他获取知识的方式，比如年轻艺术家组织自己的分享知识和传递知识的另类方式。一个人可以在机构之外进行自我教育，特别是在艺术家和知识分子群体中。自我组织是很重要的，艺术家已经形成了这样的群体和引领者。

60年代中期我从哥伦比亚大学毕业后，我搬到了市中心，我找到了一份兼职工作，在57街的绿色画廊给理查德·贝拉米当秘书，在绿色画廊工作是一个不可思议的经历。在那里，贝拉米发现并展示了许多当时最有趣的艺术家（克里斯·奥登伯格、马克·迪·苏维罗、草间弥生、乔·贝尔、李·洛扎诺、卢卡斯·萨马拉斯）。20世纪60年代和70年代的纽约是令人兴奋的。在哥伦比亚大学求学前后，我在街头学习，去看"偶发剧"、艺术展、表演、舞蹈、音乐和戏剧。我每周都会去"选集电影档案馆"看几次。在那里，我得以观看早期的俄罗斯、法国、德国、日本、印度和美国的电影，其中许多是默片。我被吉加·维尔托夫、谢尔盖·爱森斯坦、弗塞沃洛德·普多夫金和亚历山大·杜夫仁科早期电影中蒙太奇的概念所吸引，除了他们使用特写镜头来建立叙事之外，他们还使用了一个又一个的意象。诗歌和电影的结构影响了我后来表演和录像作品的结构。在这段时间里，我找到了我想做的事情，那就是表演。为什么要做表演？并没有什么既定的程式。

我开始进行全职教学的时间比较晚，20世纪90年代初，在加州大学洛杉矶分校的新流派艺术系，然后在德国斯图加特的艺术学院，同时在阿姆斯特丹的皇家美术学院，最近在麻省理工学院。我很享受这段经历，尤其是与学生见面，讨论他们的项目，观察他们作品的发展。也有持续的友谊，以及在不同城市的驻留，在洛杉矶、得克萨斯州奥斯汀、阿姆斯特丹、斯图加特、柏林和意大利科莫。有时候，我主持的工作坊几乎和我做的表演一样具有挑战性，我在作品中使用了工作坊的素材。这样一来，学生便真的对我的思考有所帮助。

以下是基于我在麻省理工学院教授的题为"行动，深海考古学"（2010年）的笔记和课程：

工作坊 1

1. 我们观看了让·佩恩莱夫创作的电影《海马》，1934年；《海上芭蕾舞团》，1960年；《章鱼的爱情生活》，1967年；以及其他许多片子。

2. 我们考虑将现代诗歌和电影作为结构的例子——例如，如何根据一个主题（在本例中是深海）来组织一个作品或一系列的行动和/或图像。我们从我们的身体作为媒介开始——作为在空间和时间中移动的物体。同时我们也意识到其他人生发出图像和声音的序列。学生也被要求带来得以建立一个涉及海洋主题的时间图像的构成材料。

一些简单的热身练习：

边走边让手脚的重量带着你走。

像在海底一样，像承受着巨大的压力一样，慢慢地移动，像通过水的媒介或在沙尘暴中移动（在风中的沙上行走）。

从这里移动到那里需要多长时间？

找出一连串的手势。

加上物体和声音。

3. 设置一台安装在三脚架上的摄像机，以闭路循环的方式连接到大屏幕上的投影上，在定格一个表演空间的同时，也定格了这个空间的细节，同样让参与者作为表演者参与其中，并结合一系列与物体/道具相关的动作。

4. 制作一个音轨。

带上能产生声音的物体。

声音是如何改变画面的？

空间是如何改变声音的？

为别人提供一个声音。

用声音做一个两分钟的表演。

想象声音的形状，然后构造一个形象。令形象与声音合作，给朋友说一句话，边走边重复，听听自己的声音。

一个个走到话筒前说话——扩音。不带话筒说话。

5. 对着相机画画。

用相机画画。

看着自己画。

移动到画中，用身体画画。

不看就画。

将两个想法并置。

列一个清单：剪切、蒙太奇、框架、覆盖、重叠画面。

要有一种不安的感觉。

画出形状之间的空间。

书写、涂鸦、草图、画线、追踪。

想象大的形状——在笔记本上边画边在形状之间移动。

6. 意识到别人的存在。

想象一些你不想说的话。

一边动，一边想怎么说。

这样如何产生动作？

琼·乔纳斯
Joan Jonas

7. 在房间中间放一堆物品。

重新排列它们，用不恰当的方式使用它们。

把自己想象成别人。

做个侦探——带个笔记本。

交换物品。

每天画画、设计、做饭、散步。

戴着面具工作。

8. 参加魔术表演，去马戏团，研究化石，研究其他文化（比如墨西哥）。

9. 关注博物馆的空间和时间。这是你的空间。利用免门票的日子。改变你的人设。

用你的一生去寻找和记忆。

下午去电影院看电影。

指定阅读、观看和聆听

阅读：

露易丝·布尔乔亚，《父亲的毁灭 / 父亲的重建》，玛丽-劳尔·贝尔纳达克和汉斯-乌尔里希·奥布里斯特编辑，剑桥，马萨诸塞州：麻省理工学院出版社，1998年。

露易丝·布尔乔亚是一位伟大的视觉艺术家，同时也是一位天才的作家。在她的艺术实践中，写作是不可或缺的。她非常清楚自己作品的心理根源，比如压抑和创伤，她在她的作品中努力探讨这些主题。

贝蒂娜·布兰德、劳伦·布西尼和英奇·贾德，《无感觉的美：海德堡大学普林斯霍恩收藏，1890—1920年》，比利时沙勒罗瓦：美术宫，1995年。

这本来自海德堡大学普林斯霍恩收藏的目录，是汉斯·普林斯霍恩收集的精神病患者作品的记录。我一直对体系外的作品感兴趣，这个宝贵的档案和记录对我自己和其他艺术家都有无穷的启发。

西蒙娜·福尔蒂，《动作手册》，加拿大哈利法克斯：新斯科舍艺术与设计学院出版社，1974年。

西蒙娜·福尔蒂是20世纪60年代至今最具创新精神的舞蹈家之一，她将幽默和动物动作融入自己的舞蹈创作中。在这本书中，她直观地将她舞蹈的即兴性转化为她的写作。

爱德华多·加莱亚诺，《风的世纪：火的记忆三部曲》，马德里：Siglo XXI，1986年。

塞德里克·贝尔弗拉格译为《风的世纪：火的记忆三部曲》，第3卷，伦敦：诺顿出版公司，1988年。

爱德华多·加莱亚诺的《风的世纪》是其"火的记忆"系列的第三部，是一部拉丁美洲的诗意历史。他的文字以真实事件和历史人物为基础，以短篇叙事的形式写成。在这些书卷中，人们可以找到许多具有煽动性的、隐藏的故事。

唐纳德·基恩，*No and Bunraku*，纽约：哥伦比亚大学出版社，1991年。

在这本书中，日本艺术界最权威的人士之一唐纳德·基恩对"无"和"文乐木偶戏"进行了研究，这两种形式影响了从安托万·阿尔托到威廉·巴特勒·叶芝等许多艺术家。这两种形式是音乐、视觉，并与梦想和幻想有关。日本戏剧对道具、物品和舞台的巧妙运用，是视觉艺术家在绘画、雕塑和表演之间工作的另一个来源。

安·雷诺兹，《罗伯特·史密森：从新泽西和其他地方学习》，剑桥，马萨诸塞州：麻省理工学院出版社，2003年。

这是少数关于罗伯特·史密森的实践和关注的重要书籍之一。雷诺兹对档案中史料的解读，将他的研究推向了更广泛的艺术史和档案关注的主题之外。

伯纳德·鲁道夫斯基，《没有建筑师的建筑：简述来历不明的建筑》，纽约：现代艺术博物馆，1964年。

跳出传统的建筑史总是很重要的。在这种情况下，伯纳德·鲁道夫斯基提供了一个关于土著建筑的历史调查，并以梦幻般的图片进行说明。这些公共建筑的例子源于每个群体特有的需求、材料和景观。

理查德·塞拉：《写作和访谈》，芝加哥：芝加哥大学出版社，1994年。

对学生来说，阅读艺术家关于自己作品的著作是非常重要的。作为当时最重要的雕塑家之一，理查德·塞拉在他的著作和访谈中揭示了他对身体、雕塑和空间的关注。这本书阐明了他的思维方式和他对当代艺术的认真参与。

苏珊·桑塔格，《偶发：一种激进的共生艺术》，载于《反对解释及其他论文》，纽约：法劳·斯特劳斯·吉罗出版公司，1966年。

苏珊·桑塔格的《反对解释和其他论文》一书很复杂，但很简练。我给我的学生布置了她的文章《偶发：一种激进的共生艺术》，因为这是我读过的对"偶发"最好的描述，它抓住了整个运动背后的动机和想法。

莫里斯·塔奇曼、朱迪·弗里曼，《艺术中的精神：1890—1985年的抽象绘画》，洛杉矶郡艺术博物馆，1989年。

这是一个非常漂亮的展览，其中包括当时（1986年）相对不知名的艺术家的作品，如尔玛·阿夫·克林特，实验各种媒介图像的艺术家，如乔丹·贝尔森和哈里·史密斯，以及著名的当代艺术家，如马特·穆里肯和多萝西娅·洛克伯恩。这本目录也是一本关于欧洲和北美各种哲学和神秘主义运动的优秀参考书，从炼金术、卡巴拉和第四维度到俄罗斯神秘主义文学。

阿比·瓦尔堡，《北美普埃布洛印第安人地区的图像》，柏林：瓦根巴赫出版社，1988年。迈克尔·P. 斯坦伯格英译为《北美普埃布洛印第安人地区的图像》，纽约：康奈尔大学出版社，1995年。

这是一本非常重要的书，关于德国艺术史家瓦尔堡在19世纪末访问美国西南部的情况。书中收录了他近三十年后在瑞士一家医院对医生的演讲，当时他正从精神崩溃中恢复过来。这是一个关于欧洲人如何看待美洲原住民文化的深刻感悟，我们现在知道，原住民在美国的生存现状威胁了原住民文化。虽然瓦尔堡对美国原住民文化的解读是有问题的，但他是最早从跨文化角度思考艺术史的人之一。

玛丽娜·华纳，《陌生人的魔法：迷人的国家和阿拉伯之夜》，伦敦：查托和温达斯出版公司，2011年。

这只是华纳的重要著作之一，其中许多书都涉及神话和历史中的魔法和女性主义问题。这本书涉及《阿拉伯之夜》，是对这部伟大文学作品特别及时的研究。重要的是，华纳发现了过去和现在的神奇想法之间的相似之处。

观看：

玛雅·黛伦导演，《神圣的骑马人：活着的海地天神》，国际微型电影公司，1985年，电影。

《神圣的骑马人：活着的海地天神》，是对海地伏都教仪式的令人信服的描述和记录，很少在电影中拍摄。影片记录了重要的仪式，包括绘画、祭祀、痴迷舞蹈和附体。

克里斯·马克尔导演，《日月无光》，电影，阿尔戈斯电影公司，1983年。

影片《日月无光》是马克尔的随笔电影之一，展示了他在日本和几内亚比绍旅行的影像。纵观记忆和全球历史，《日月无光》是对散文电影的一次真正创新。

小津安二郎导演，《东京物语》，标准影集，1953年，电影。

《东京物语》是小津众多重要影片中的一部，他与沟口健二同为20世纪初至中期日本最伟大的电影人。他运用镜头和运动与建筑的关系，创造出完全独特的空间感。在这一时期，日本正经历着深刻的文化和政治变革，人们也可以从中了解到很多关于日本的情况。

尚·维果导演，《亚特兰大号》，电影，高蒙电影公司，1934年。

维果是法国早期的电影人，他还执导了《零度》，对法国新浪潮产生了重要影响。《亚特兰大号》诗意而神秘，在魔幻现实主义的边缘玩耍。

聆听：

当代音乐中最重要的三位作曲家是拉蒙特·杨、宝琳·奥利弗罗斯和莫顿·费尔德曼。杨的作品在持续时间和时间感方面意义重大，特别是与现场音乐中身体所感受到的体验有关。奥利弗罗斯尝试用传统和电子声音来探索冥想、神话和仪式。费尔德曼对图形音乐符号的前卫实验模糊了声音、音乐和造型艺术之间的界限。

米兰达·裘丽
Miranda July

出生 / 生活和工作

    伯克利，加利福尼亚州，1974年 / 洛杉矶

表演和互动作品

    某人，2014年

    我们独自思考，2013年

    11件大事，2009年

    我们不理解也绝对不会去谈论的事情，2006年至今

    学会更爱你（与哈雷尔·弗莱彻），2007年

    我是如何学会画画的，2002—2003年

    天鹅工具，2000—2002年

    爱情钻石，1998—2000年

长篇电影

    未来，2011年

    我和你以及我们认识的所有人，2005年

近期短片

    你是谁最喜欢的人吗？2005年

    海沙·罗伊科，2003年

    每天变强，2001年

    十人之巢，2000年

    业余爱好者，1998年

    亚特兰大，1996年

著作

    第一坏男人，2015年

    它选择了你，2011年

    学会更爱你（与哈雷尔·弗莱彻），2007年

    没有人比你更属于这里，2007年

主要获奖

    弗兰克·奥康纳国际短篇小说奖，2007年

    2005年，《我和你以及我们认识的所有人》获得圣丹斯电影节评委特别奖

    在戛纳电影节上获得四项大奖，包括2005年《我和你以及我们认识的所有人》的金像奖

近期展览

    2013年：女异形，卡内基梅隆大学，匹兹堡，宾夕法尼亚州 // 斯宾尼纳之语：苏菲·卡列和米兰达·裘丽，原美术馆ARC，日本 // 更多的爱：自20世纪90年代以来的艺术、政治和分享，阿克兰艺术博物馆，北卡罗来纳州教堂山 // 2011年：社交媒体，佩斯 / 麦吉尔画廊，纽约 // 11件重物，MOCA太平洋设计中心，洛杉矶 // 注视音乐3.0，现代艺术博物馆，纽约 // 2010年：11件大事，中心草坪，联合广场公园，纽约 // 走廊，原美术馆，东京 // 2009年：11件重物，第53届威尼斯双年展，意大利 // 2008年："走廊"，横滨三年展，日本 // "占领区"，由Haysha Royko主演，伊斯坦布尔现代艺术博物馆 // "我们的韵律"，女性、艺术与政治，雅加达当代艺术博物馆，日本 // "我们的韵

17

无墙的学院：36位世界顶级艺术家的艺术和生活课　　165

律"：女性、艺术与政治，芳草地艺术中心，旧金山 // 2007年：恒温器：录像与西北太平洋，巴塞尔艺术博览会，迈阿密海滩，佛罗里达州 // 由米兰达·裘丽和哈雷尔·弗莱彻策划的"学会爱你更多"展览，日记画廊，纽约 // 由CCA策展学生策划的"学会爱你更多"展览，MU，埃因霍温，荷兰 // "漂亮的宝贝"，沃斯堡现代艺术博物馆，得克萨斯州 // 2006年：美国的不确定状态——第三个千年的美国艺术 / 蛇形画廊，伦敦，并在奥斯陆阿斯特鲁普-费恩利现代艺术博物馆和第二届莫斯科当代艺术双年展巡回展出 // 2004年：惠特尼双年展，惠特尼美国艺术博物馆，纽约 // 2003年：没有人比你更属于这里（个展），博尔德当代艺术博物馆，科罗拉多州 // 合作驻地/个展，FACT，利物浦，英国 // 2002年：惠特尼双年展，惠特尼美国艺术博物馆

米兰达·裴丽
Miranda July

↑ 11件大事，2009年，装置展，纽约联合广场，2010年5月29日至10月3日

↓ 未来，2011年，电影剧照，由米兰达·裴丽和哈米什·林克莱特主演

↘ 我和你以及我们认识的所有人，2005年，电影剧照，由迈尔斯·汤普森和布兰登·拉特克里夫主演

↑ 走廊，2008年，38.1米长的走廊上有50个木制标志，一边是英文手写，另一边是日文，受横滨三年展委托，2008年，日本东京原美术馆收藏

17

无墙的学院：**36位世界顶级艺术家的艺术和生活课**　　167

↑↑ 天鹅工具，2000—2002年，视频和音乐表演，与扎克·洛夫合作，由波特兰当代研究所、鹿特丹斯库沃堡和鹿特丹国际电影节共同委托创作

↑ 学会更爱你，作业#33 给别人编发，保拉·吉布森，休斯敦，得克萨斯，2002—2009年，与哈雷尔·弗莱彻合作的在线艺术项目

米兰达·裘丽
Miranda July

亲爱的读者：

我的计划是给你写十条建议与提示。第一条很容易，但之后我就停滞不前了，事实证明这似乎不太可能成为一个十分有效的教学方法。我总是通过观察别人的生活方式学到最适合自己的东西：朋友、朋友的父母以及排在我前面的那个拿着巨大手提包的女人。我来讲讲我的身世。每个人都有一些你可以偷学的技巧，或者可以避免的错误。拿走有用的东西——别管其他的。大多数情况下，谋事在人，成事在天——一个非常个人化的理由，它永远不会被完全理解，但却会在你身上涌动，让你既渴望又好奇又紧张还疯狂地过度自信。当你读到这里的时候，你现在就能感觉到它，在你的胸膛里嗡嗡作响，在你的大腿上卷曲。你甚至可能想跳过这一段，直入正题。

我的父母经营着一家小型的独立出版公司。这是一个家族事业，父母勤劳、实干的职业道德在我身上打下了终身烙印，有个房间内时常充斥着巨大的空纸箱，我们会用书填满这些纸箱，然后把它们拖到邮局。一个人拥有一份职业并不会随之带来什么了不起的神秘感——你只要考虑好你想做的事，然后你便行动了，在此过程中，困难和风险是显而易见但无关紧要的事实，而这便是自由。

我16岁的时候开始和一个正在服刑的罪犯弗兰科·琼斯通信，我并不认识他，我在一本杂志的封底发现了他的名字，上面还注明了"监狱笔友"。我是十二年来第一个给他写信的人，所以他非常恳切地希望收到我这个住在加州伯克利的十几岁大学预科班学生的信，这是我做的第一件与我的朋友、家人或我认识的任何人都毫无关系的事情。我们的书信往来持续了三年，在这三年中，我曾感到震撼，也曾感到恐惧，这些感受着实令我兴奋。我必须划定界限，并去说明我是谁——这是我第一次真正领会与我完全不同的生活。但我们有一些共同点：我们都很孤独，我们都会做很多白日梦，我们都会觉得真实的生活发生在别处，我们都认为对方是个异类，我们都珍藏着对方寄来的信件和磁带，我们都极度渴望被人看见和理解。

这段在我心中成为秘密的关系像一团烈火在我心中熊熊燃烧。我迫切地想用一些新的，同时也是更好的方式来描述它，如果我不能把它表达出来，我可能会死于孤独，所以我写了一出关于它的戏剧——《无期徒刑犯》。

我下定决心要把《无期徒刑犯》写得足够"真实"，我不希望让它成为一部尴尬的学生作品。我打电话给当地的免费周刊，刊登了一则"米兰达·裘丽新剧"的试镜广告，仿佛这只是一个知名文化人的最新作品。我在一家俱乐部举行了试镜。我把弗兰科的角色分配给了一个三十多岁的男人，他是一个戒毒咨询师。我的角色则由一位二十五岁的拉丁裔女子扮演。我们在我父母的阁楼上排练，并在吉尔曼街924号（当地的

我6岁的时候

弗兰科送的生日卡片

全年龄朋克俱乐部）演出了两次。

　　这部戏本身有点保守，但是我受到当地剧团的影响，音效设计对于这部戏的规模来说比较精心——我运用了不少音效，其中一个是在监狱暴动时，弗兰科在现场录制到犯人用扫帚敲打牢房门的录音，这些声音是由一个我当时的一个朋友演奏的。

　　在最终进行正式演出时，我是带着恐惧的心情看戏的，我感到失控的感觉令人害怕。事实上，我在表演开始时蹑手蹑脚地走到舞台旁边，尝试对戏剧进行"指挥"，直到我突然意识到这太疯狂了。当观众的掌声响起时，我知道这就是我余生要做的事——专门写剧本，像现在这样为了观众，去冒险。

　　我又写了两部在同一个俱乐部上演的戏。同时我开始在其中表演；这一行为似乎比在尝试在舞台边缘进行指挥更为合理，他们变得更奇怪了，我变得更朋克，或者说具有了更多的实验性，减少了公开叙事性。但"朋克女孩"或"文艺女孩"真正的不同，我总是希望《淹没你》（可怕的名字）被理解。每一个场景对我来说都是非常有意义的，我想做的不仅仅是震惊别人或者简单发泄。在一个场景中，我靠在俱乐部那堵布满涂鸦的墙上，和另一个女孩聊天，我们假装是朋克少年，实则只是在闲逛；但每隔一段时间，我们就会突然大声地向对方喊出我们真实的感受以后焦虑的感觉，说上两句，然后再回到无聊的聊天中去。两人的对话并行不悖，直到尖叫的朋友们达成一致，数到三，才通过互相触碰来结束聊天。我喜欢对抽象的事物进行非常直白的描述。

　　有一天，我发现一些人会刷爆他们的信用卡，用以制作"独立电影"。我把这个想法和我从音像店"先锋派"区租来的简·坎皮恩的短片一起藏在脑海里，我想我可能会拍电影，虽然我不知道这如何实现，因为需要设备，至少要有摄像机。现在，

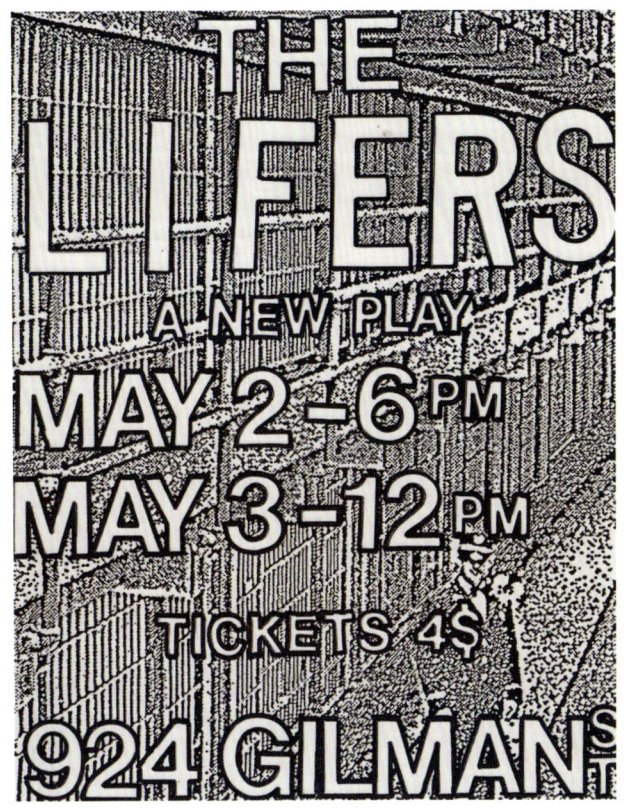

《生命者》传单

简·坎皮恩导演，《无激情的时刻》，1983年，电影剧照，丽贝卡·斯图尔特出演

我坚持用唾手可得的东西。我高中最好的朋友乔安娜·法特曼和我一起做了一本叫《斯纳拉》的杂志，第一期的标题是"如果你把这本杂志卷起来，它就会有斯纳拉的手指那么大"（所以斯纳拉有一个非

米兰达·裘丽
Miranda July

常大的手指）。

我们不写乐队，而是写彼此。我做了采访，采访对象并非音乐人，而是我自己的自信和不安全感；我还采访了裹死我的兔子的那条毛巾。我们做了五六期杂志，然后用大磁铁抵住复印计数器，使其归零，免费复印。我们会在金考①待上几个小时，像老黄牛一样运转机器，然后乖乖地花钱买二十六份。这些就是我在整个高中和加州大学圣克鲁斯分校两年所做的事。

我没有考虑去艺术学院或电影学院，因为我不知道它们的存在；我以为凡是不花哨且在东海岸的学校，基本上都是艺术家的天下，总之，我对被教育没有特别的兴趣，我还感觉到压抑。大学对我来说几乎是一种讽刺的姿态，我记得我和我的朋友决定为我们的一门必修课（一门叫"60A"的无聊历史课）制作旗帜，每隔一段时间我们就会举起"60A"的旗帜，疯狂地摇晃，就像一场体育比赛一样。最后我退学了，搬到了波特兰。

波特兰到处都是暴女②和过去的暴女，以及用永久黑色记号笔在眉毛上着色的女人。现在我的艺术可以充分体现我生活的方方面面，就连我们冰箱里的东西都是激进的（偷来的食物）。我生命中的这段时间并不好过，它并非狂野的，也并不具有狂欢性质。我还记得，当我让我的父母担心，并试图与陌生人交心时，我永远感到恐慌，因为他们毫无信赖感可言。我在我们那间暖气不足的朋克屋里为我的艺术创作申请了一个壁橱，并小心翼翼地把它涂成粉红色，拖来一块窄板当书桌，把照片钉在墙上。当所有熟悉的东西都消失了，制作东西就变得必不可少。起初，我只是为在我家演出的乐队制作海报和请柬。最后，我为自己的一个想法做了一本小册子，名字叫"莫维奥拉（声话剪辑机）

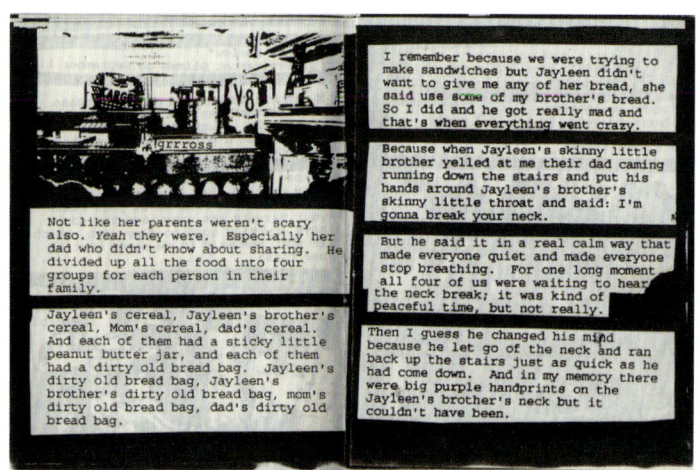

《斯纳拉》杂志内页

一些波特兰女孩

---

① 金考快印（Kinkos），是一家以印务为主要业务的全球连锁公司，总部设在美国得克萨斯州的达拉斯市。
② 原文Riot grrl，实为Riot grrrl，中文一般译为"暴女"。"暴女"（Riot grrrl）是一场地下女权主义朋克运动，开始于20世纪90年代初期，流行于美国的西北部太平洋地区的奥林匹亚和华盛顿州的一些城市。"暴女"是结合女性主义、朋克音乐和政治的亚文化运动，与第三波女权主义有关。后文提到的比基尼杀手（Bikini Kill）乐队即为该运动的代表乐队。

17

大小姐"①。小册子上写着CA的挑战和承诺："女士，你把你的电影寄给我，我保证把最新的'莫维奥拉大小姐'连环信发给你。"这本来是女生拍的电影合集，是我们互相看对方作品的简单方式（在YouTube之前）。

我把这些小册子给了比基尼杀手等乐队，让他们在巡演时分发。渐渐地，电影开始出现在我的邮局信箱里。我收到的第一部片子叫《不只是副手》，是一个女孩拍的，有关一个又一个灾难。第一盘汇编录像带叫《丝绒连环信》（我当时听的是地下丝绒乐队）。我自己创作的第一部短片《亚特兰大》就在下一盘连环信录像带里。我借了一台摄像机，把自己拍成一个12岁的游泳运动员去参加奥运会的样子，也把自己拍成了一个有压迫感的舞台老妈。这反映了我内心的压力，我需要努力工作，向世界证明自己。我自己的父母在这方面并不霸道，但他们很激进，小时候我就是他们的观众。通过"莫维奥拉大小姐"，我找到了自己的观众，但对我来说更为重要的是，观众也是自己的创造者——他们有听力、有活力且有能力。我在观察他们，就像他们在观察我一样。

在接下来的十年里，我汇编了十五盘连环信形成的录像带，就在我拍摄第一部电影《我和你以及我们认识的所有人》之前停了下来。当我经营"莫维奥拉大小姐"项目和制作短片时，我也一直在进行着表演。在这种情况下，戏剧似乎有点造作，所以我随波逐流，和我的女性朋友和另外一个

"莫维奥拉大小姐"传单

《亚特兰大》，1996年，录像剧照，10分钟，由米兰达·裘丽、乌拉·道森和萨莫·马斯塔斯拍摄，米兰达·裘丽编辑

---

① "Big Miss Moviola"，米兰达·裘丽1995年创立的女性创作项目的原名，现为"Joanie 4 Jackie"。自1995年起，裘丽鼓励女性创作者将自己的影像作品录像带寄给Joanie 4 Jackie项目，之后她们会收到"连锁信"——她们自己的作品和九部陌生人的作品剪辑在一起的录像带，并附有每位创作者写给其他女性的信件。在前网络时代，女性可以以这种方式看到其他人的影像创作，知道自己并不是孤独的存在。这个项目鼓励很多年轻女孩第一次拿起摄像机，给女性创作者提供了交流的平台。等到这个项目结束时，有超过200位影像工作者参与制作了22盘录像带，之后这些影像在世界各地展出，从朋克俱乐部到纽约现代艺术博物馆、美术馆。（引自周嘉宁《仍然没有人比你更属于这里》，载《鲤·匿名作家》，北京日报出版社，2018.4）

米兰达·裘丽
Miranda July

朋友组成了一个乐队,叫作"CeBe Barnes"乐队(以琳达·曼茨在 *Out of the Blue* 中的角色命名),后来又叫"The Need"乐队。我不会演奏乐器,所以我是歌手——一个非常糟糕的歌手。一段时间后,我们的正常歌曲和米兰达的怪异歌曲之间产生了分歧,这些歌曲就像非常情绪化的广播剧,乐队通过提供背景音乐来纵容我。我的女性朋友在我表演的时候用帽子遮住了眼睛,因为"太吓人了"。然后组合里的另外两个人,她们想成为二人组。我被彻底击垮了,心碎了。我刚刚为"The Need"订了一个西海岸的巡回演出——她们现在要在没有我的情况下进行这次巡回演出。我气急败坏地给每个演出场地打电话,告诉他们除了"The Need"之外,还有另一个单独的演出:米兰达·裘丽。我去了每个城市,每个俱乐部,从不看她们,也不和她们说话,只是独自表演我的"怪歌"。这很残酷。有一次,我试图变成别人,穿上燕尾服外套,但没有用——我必须做我自己,做当时21岁的我自己。

许多年来,我认为我的整个职业生涯只是为了报复那两个伤了我的心的人。这种愤怒和悲伤与我对父母的感情以及成长过程中的残缺不全混为一谈。现在"做事情"成了最重要的事情,唯一的事情。每一秒钟,我都在排练表演、写故事、拍电影,或试图获得资助,或在全国各地预订"莫维奥拉大小姐"(现在的"Joanie 4 Jackie")的放映。所有这些事情都是互利互惠,相互帮助。例如,我申请了一笔资金,购买了一台视频投影仪,这样我就可以在学校和俱乐部里放映"Joanie 4 Jackie"的电影。我得到了资助,但当我在我的公寓里安装好视频投影仪的那一刻,我就跳进了它的蓝色投影光中,就像在电影里一样。从那时起,我的表演形式就变成了多媒体,我找到了一些音乐家,他们很高兴能为我的"现场电影"进行现场配乐。

我在华盛顿州奥林匹亚的第一次演出后,Kill Rock Stars 唱片公司的斯利姆·穆恩和 K Records 唱片公司的卡尔文·约翰逊都邀请我在他们的厂牌上发行唱片。当时我很兴奋,确实为 KRS 录制了两张专辑,并与卡尔文·约翰逊合作,我甚至还和他约会过一年半。回想起来,我可以看到我被非常勤奋、自力更生的人所吸引,他们发现了他们所需要的东西,成了他们自己的那种品牌——就像我的父母一样,虽然我和他们还很疏远。

我最为严重的叛逆行为是成为一名"酒吧舞者"。我是在分手后开始的——这是我能想到的最不可思议的事情,我希望这能支付房租。我做到了,而且没死,开始我也许会觉得自己是个很坚强的人。但那里的烟酒气令人恶心,所以我换到了城郊的俱乐部。我戴着假发,因为我自己的头发是漂白的纸白色,我想

米兰达·裘丽在表演中

17

我应该像一个正常的女孩一样，有棕色的直发，喜欢流苏装饰。那份工作的薪水真的很低，而且发生了一些很奇怪的事情，但除了整天坐在低劣的音像店后面的狼狈之外，没有什么可怕的事情。

没有一个直接且准确的答案告诉我们要如何成为一个人，也并没有一条笔直的或是符合逻辑的路。虽然我最后还是成功了。俱乐部之后，我在一家叫"Pop-A-Lock"的开锁公司工作，当人们不小心把钥匙锁在车里面时，我就用特殊的工具打开车门。在那之后，我决定我不需要工作了，虽然我还不能靠艺术生活，但我想如果我一直保持运动状态，就不会倒下。就像一个卡通人物在相隔太远的屋顶之间跳跃一样，我就悬停在那里，在半空中，双腿疯狂地搅作一团。

祝你们好运。

米兰达·裘丽

附言：这是我的建议，也是我唯一能想到的建议：你现在的生活和将来一样真实。在未来，当你进入或离开大学，或进入或离开一段关系，或一份工作，或陷入财务困境或健康问题时，它再真实不过了。事实上，让你退缩的事情——这些尴尬、无聊、愚蠢的障碍——是做人的核心。它们是创作和需要艺术的全部理由。所以，你不妨现在就以诸如此类的方式开始吧。

指定阅读，观看和聆听

阅读：

塔玛拉·费丝·伯杰，《梅登黑德》，多伦多：马车站图书出版社，2012年。

托姆·多诺文，保罗·特克的"教学笔记"，《火之野马》（2010年11月8日）。http://whof.blogspot.com/2010/11/paul-theks-teaching-notes.html. 2014年6月18日访问。

莉娜·邓纳姆，《不是那种女孩》，纽约：兰登书屋，2012年。

珍妮特·弗雷姆，《自传：第一卷：到岛上去》，奥克兰：兰登书屋，1982年。

希拉·海蒂，《如何做人？》，多伦多：阿南西之家出版社，2010年。

路易斯·卡普兰，《拉兹洛·莫霍伊-纳吉：传记性著作》，纽约：杜克大学出版社，1995年。

学会更爱你，http://www.learningtoloveyoumore.com，2014年6月18日访问。

克里斯汀·马塞尔，伊夫-阿兰·博瓦和奥利维尔·罗兰、苏菲·卡勒，《你看到我了吗？》，伦敦：普利斯特出版社，2004年。

赖纳·玛利亚·里尔克，《致青年诗人书信》，柏林：弗兰茨·克萨韦尔·卡普斯出版社，1929年，M.D.赫特·诺顿译为《致青年诗人书信》，纽约：W. W.诺顿公司出版，1934年。

观影：

简·坎皮恩导演，《简·坎皮恩三部曲——果皮》，1982年《无情时刻》，1983年《一个女孩的故事》，罗宁电影公司，1984年短片集。

聆听：

帕蒂·史密斯，《马》，索尼音乐，1975年。

克里斯·克劳斯
Chris Kraus

出生 / 生活和工作
> 纽约，1957年 / 洛杉矶

教育经历
> 新西兰惠灵顿维多利亚大学政治学学士，1976年

教学经历
> 目前正在寻找教学职位
>
> 暑期项目，纽约大学"作家在佛罗伦萨"，2014年夏天
>
> 瑞士萨斯菲欧洲研究生院电影教授，2010年至今
>
> 加州大学圣地亚哥分校高级客座教授，2006—2009年
>
> 芝加哥哥伦比亚艺术学院客座评论家，伊利诺伊州，2006年
>
> 旧金山艺术学院艺术硕士教员，2002—2005年
>
> 加州帕森达艺术中心设计学院，艺术硕士教员，1995—2002年

主要作品（电影、表演、策划）
> 《渴望持久》与《便士街机》合作，根据《我爱迪克》改编，由埃里克·华莱士执导，厨房制作，纽约，1998年
>
> 偶然事件：沙漠中的三天，由克里斯·克劳斯策划，1996年
>
> 地心引力与恩典，电影，88分钟，1996年
>
> 离开的忧伤，16毫米胶片，20分钟，1992年
>
> 夜间旅行，录像，14分钟，1991年
>
> 金碗或镇压，16毫米胶片，12分钟，1990年
>
> 如何拍摄犯罪，录像，28分钟，1987年
>
> 罗德兹之旅，16毫米胶片，14分钟，1986年
>
> 愚蠢的幻觉，录像，17分钟，1986年
>
> 恋爱中的恐怖分子，Super8电影 / 录像，5分钟，1985年
>
> 雨果·波尔日记，读本，1983—1984年演出
>
> 为了通过，Super8电影 / 录像，30分钟，1982年
>
> 差别行动 / 绝望行动，1980年演出

主要文章
> 失物招领，2014年
>
> 夏之恨，2012年
>
> 艺术的归宿，2011年
>
> 麻木，2006年
>
> 我爱迪克（与艾琳·迈尔斯、琼·霍金斯合作），2006年
>
> 绿色录像：洛杉矶艺术与虚无的胜利，2004年
>
> 仇视资本主义：Semiotext(e)读本（与西尔维·洛特林格合作），2001年
>
> 外星人与厌食症，2000年

奖项
> 沃霍尔基金会艺术作家补助金，纽约，2011年
>
> 弗兰克·朱厄特·马瑟艺术评论奖，大学艺术协会，纽约，2008年

18

无墙的学院：36位世界顶级艺术家的艺术和生活课　　175

克里斯·克劳斯
Chris Kraus

在二十几岁的时候，我一直住在纽约，但我从来没有想过要去申请艺术学院。因为当时的艺术学院，好像是为那些没真正想要成为艺术家的人准备的。我"认识"所有的艺术家。我甚至和那些人一起学习。但学费——有时是用钱支付的，更多的时候是无形中支付的，但无论如何，从来没有通过一家机构来支付。我付出的忠诚，常常遇到背叛。但这很正常。

我是在我的公寓里接受所谓"真正的教育"的。我坚信如果要成为一位艺术家，就需要大量的空闲时间，我偶尔会去打零工，偶尔做一些低级的骗局或是去跳一些袒胸露背的舞蹈，这给了我很多空闲时间，但当时我并不知道那些时间应当怎么利用。有时我一天睡12个小时。我记得我看着镜子里我那张太过安逸的脸，意识到我要学会的最难的事情就是如何制定自己的计划，如何居于非结构化的时间里同时避免迷失在其中。我不知道在研究生院是否能学会这些。

当我二十多岁的时候，我开始和哥伦比亚大学的一位终身教授住在一起，于是那些关于艺术学院或者其他研究生院的问题就被搁置了，他的研究生成了我的好朋友。在离开新西兰之前，十几岁的我曾申请攻读哥伦比亚大学的新闻学研究生学位，但没有成功。最后，我还是在耳濡目染中开始就读于这所学校。

只有在我想逃避生活的时候，我才会后悔没有去读艺术学院。因为在那些我羡慕的作家的职业简介中，通常都有他们所读的著名艺术硕士机构的名字。如果我上了恰当的艺术硕士课程，我就会有一个经纪人！我就几乎无须自食其力。我不会被Semiotexte这个独立出版机构出版（几乎是自我出版，在那里我是一个联合编辑）。我的作品会在严肃的成人刊物上被评论。但为了让这些事情发生，我不得不写不同的文字。

就像现在这样，我的写作主要是在艺术界被阅读——在这个领域里，几乎每个人都读过一个艺术硕士课程班。而我尽量不批评这一点，也许是为了更好地发展，研究生院已经取代了我这一代人漫无目的的经历。

我注意到在某些文科本科学校的学生中，有一种令人兴奋的趋势，就离开在格林奈尔或里德学院或斯沃斯莫尔学院之后搬到纽约或柏林或洛杉矶。不申请研究生和艺术学院是很新的老派做法。更令人兴奋的是，如果这些城市的文化生活接近一种事实，让不太出名学校的校友也能接受同样作为深层幻灭和自信的混合产物。

艺术和商业从来都是一个硬币的两面，把它们对立起来是错误的。相反，我想谈谈在过去十年中，艺术对象如何进入市场，如何被定义，以及我们如何解读它们这些均发生了改变的事实。

艺术品生产的专业化——与其他后资本主义产业的专业化相一致，这意味着现在唯一能进入市场的艺术是由艺术院校毕业生制作的艺术作品。艺术家的生活变得非常不重要。什么生活？成功的年轻艺术家的生活几乎是一模一样的。在当代艺术界，几乎没有什么余地可以让人搞砸，出现意外或产生不可预见的惊喜。在商业世界里，就业史上的失误会自动将中层经理、IT专家和律师淘汰出快车道。同样，成功的艺术家在高中毕业后上大学，获得本科学位，然后报考一

卡蒂·布拉德肖在她与来自波特兰的朋友合租的布什维克公寓组织的西尔维娅·普拉斯的《阿里尔》马拉松式阅读，俄勒冈州

个备受瞩目的艺术硕士工作室艺术课程。完成这个学位后，艺术家会进入一家画廊，并建立一个工作室。

白人和亚裔男女艺术家机会均等，迎来了大规模的统一。这样可以避免主观性的混乱泄露，以免损害作品，并把作品重新扔回"赤裸裸"的领域。我们都应该认同，这是一种20世纪80年代言过其实且早就被否定的语境。如果要表现亚文化的意象，就像艺术中心毕业生迪恩·萨姆希马的作品一样，重要的是，冷却和疏远任何欲望的暗流。通过这种混同，观众被带入了新企业新观念主义最想要的状态：暧昧的空洞空间，这与矛盾的混乱空间完全不同。两百年前荷兰哲学家巴鲁克·德·斯宾诺莎看到这一切时写道："模糊性是黑夜的王国。"

批评家戴夫·希基、杰里米·吉尔伯特·罗尔夫和大卫·帕格尔，他们对"美"的拥护，仿佛是对"批判性"的反对，是反意义的新警察。在90年代中期及以后，"批判性"（那些不学无术、有种族和性别意识的人的代号，他们被驱使着去创造介入社会体系的艺术，而非其他艺术）成为潜伏在洛杉矶艺术世界之外的"邪恶帝国"。三位批评家都抨击了"学院派"对"历史"的强调，对当代艺术生产的影响。由于这三位批评家都是（或曾经）在学术机构（内华达大学、艺术中心设计学院和克莱蒙特学院）的艺术系工作，我认为他们更具体地指的是被称为"文化研究"的危险的混合学科，自20世纪70年代以来，它以女性主义、历史学和后殖民主义理论作为透视镜来审视自己的世界经验。

当收藏家花一万美金购买大卫·科蒂的风景画时，他们购买的并不是一幅环绕着山丘的夜空的悦目水彩画（其他更稚拙的画家则更稳定地完成了这些画作，甚至可能做得"更好"）。收藏家们购买的是一种态度，或者说一种立场，科蒂通过他不合时宜的题材选择表现出来。作品真正的"意义"与他画中所描绘的画面——夜空环绕着山丘——或其创作方式没有什么关系。相反，作品的"意义"（和价值）在于：科蒂作为一个刚从加州大学洛杉矶分校艺术硕士课程毕业的学生，会不顾一切地用传统的水彩画材料来渲染像风景这样不合时宜的东西，从而向传统倒退，毕竟他拥有全部艺术史的图像库可供选择。

同样，当艺术中心硕士毕业生安迪·亚历山大在他的装置作品《我渴望法律的长臂》的走廊墙壁上喷绘作品时，这件作品并没有被归入"政治"的范畴。"政治"艺术作品，毕竟是所有艺术形式中"最无望的自我暗示……凡是艺术作品……都是为了制造模糊性而存在的，而政治作品则是为了解决模糊性而存在的"①。相反，彼得·卢嫩菲尔德在 Artext 上发表的一篇评论赞扬了他的"微妙的审美主义"，他的作品"在心理和社会领域之间进行了扩张和收缩"。安迪·亚历山大是一位聪明而热情的年轻艺术家。他的父亲曾是比弗利山庄的市长。安德鲁·赫特克兰斯在一篇臭名昭著的《冲浪和草地》文章中接受了采访，这篇文章宣称了南加州艺术学院的主导地位（《艺术论坛》，1998年夏季），亚历山大表达了他对艺术学院的热情，他认为这里"教会你某些看待事物的方式，一种对文化进行批判的方式，这是非常必要的，尤其是现在"②。像这些项目中的大多数年轻艺术家一样，亚历山大对艺术保持着某种乐观的态度：它可能是一个在世界上做一些善事的机会。

---

① 杰里米·吉尔伯特·罗尔夫，超越虔诚：视觉的批判性论述艺术，英国剑桥：剑桥大学出版社，1995年。
② 安德鲁·赫特克兰斯，冲浪和草地，艺术论坛，1998年夏天，第106-109页。

然而，如果一个在机构外工作的黑人或墨西哥裔艺术家安装了一个以政治为主题的艺术装置，我想即使有，也会得到非常不同的评价。这样的装置会被视为陷入了身份政治和说教主义的泥潭，而在90年代，这种政治和说教主义成为洛杉矶艺术界的祸害。1996年，评论家大卫·帕格尔在《洛杉矶时报》上撰文，将英国黑人艺术家/电影制作人艾萨克·朱里安在玛格·利文画廊20年间展出的作品斥为"短视和机会主义"，"这个保守的展览"，帕格尔写道，"为艺术家所属的社会群体比他的作品更重要……作为自我表达的艺术在20世纪50年代就被淘汰了"。帕格尔欣喜地总结道："尽管这个展览试图否认这一点……市场研究将人们分门别类，而艺术只有在分类开始被打破时才开始。"①

现代主义认为艺术家的生活掌握着得以阅读艺术作品所有魔力的钥匙，而新观念主义则对这一观点"泼了一盆冷水"并将其企业化。艺术家本人的生平根本不怎么重要。什么生平？越空白越好。艺术家的生活经历如果被输送到艺术作品中，只能阻碍艺术的新企业化、新观念化的目的。我们要读的是机构的传记。

杰瑞·萨尔茨在《纽约杂志》上评论第13届卡塞尔文献展时，创造了"后艺术"这个词，用来描述那些"甚至不把艺术与生活分开的作品……那些不是艺术品的东西，而是关于制造东西的动力，它们像艺术一样，把想象力嵌入材料中，把握住创造力是一种宇宙力量……一个化学家或将军可能每天都在办公室里做'后艺术'"②。

去年参观加州大学圣地亚哥分校的艺术硕士课程时，我观察到其学生创作的作品有70%不能被称为绘画、雕塑或录像，甚至不能被称为装置。例如，凯特·克拉克在华盛顿联合创办了跨学科的免费学校"Knowledge Commons DC"，并在圣地亚哥定制彩色陶罐。她通过海报和博客来拓展"业务"，后来她给我发了一封邮件，"我用引号来表示'生意'这个词，因为我认为'生意'更多的是一种贸易，而不是一种创造性的实践"。丹尼·坎尼扎罗正在写一部小说，他计划以电子书的形式进行出版。出生于伊朗的艾尔米拉·莫赫巴里正在学习古阿卡德语，以便翻译《吉尔伽美什》。托马斯·莫雷诺正在整理他父亲于70年代在奇卡诺社区的工作档案，并在洛杉矶几个中美洲场地的俱乐部之夜做DJ。加里·加雷正在研究音乐。出生在黎巴嫩的雷耶恩·塔贝特是一名建筑师，他正在准备一个雄心勃勃的项目，追溯被遗忘的跨阿拉伯输油管道的历史。此后，他回到贝鲁特完成并展出了这个项目。

杰瑞·萨尔茨论述"后艺术"时谈道："这是我欣赏的一个想法……那些无法被装入旧有类别的事物体现出强大的创造性形式，能够承载意义和变化。"③但那究竟是什么意思？又是什么变化？艺术批评的一大局限性是它无法超越自身的语境和语言。为什么年轻人会进入工作室艺术课程，成为教师、翻译、小说家、档案管理员和小企业主？显然，这是因为这些活动在文化中已经变得如此堕落和微不足道，以至于它们"出现"的唯一机会就是在当代艺术的编码化且具有无限延展性的话语中。

---

① 杰瑞·萨尔茨，在文献展上瞥见艺术的未来，纽约杂志，2012年6月16日。
② 同上。
③ 同上。

kelly Lake Country Store

随着20世纪60年代建立的松散的地下电影院和电影/录像工作室网络在20世纪90年代的萎缩，纪录片和非叙事电影制作转移到艺术界。威廉·E.琼斯、劳拉·帕恩斯、安德里亚·鲍尔斯、伯纳黛特公司、金成焕和其他无数人制作的电影需要连续观看，但只能在博物馆和画廊中看到，并辅以可出售的照片、绘画或物品。人们更多的是在这些艺术家的职业背景下观看和讨论，而不是通过它们的意义和内容，这些电影的可见性是以其不稳定性为代价获得的。

同样，随着"文学小说"这一类型只描述那些精心制作且易于理解的故事，约瑟夫·斯特劳、莫伊拉·戴维、马克·冯·施莱格尔和其他无数人的作品已经不是作为书籍存在而是作为装置组件和艺术目录的写作而存在。例如，"乌力波"①成员哈利·马修斯，可以说是他那一代最重要的美国诗人之一，在艺术家尼克·干巴洛夫的最新目录中，他与"伯纳黛特公司"②成员吉姆·弗莱彻讨论了他的作品。

当艺术家艾米·利恩和恩佐·卡马乔（分别在纽约和马尼拉）想研究卡马乔的家乡菲律宾马尼拉日益增长的"电话服务中心人群"亚文化时，他们创造了一个艺术装置。正如利恩在一封电子邮件中阐释的那样：

这些呼叫中心已经发展成为"通信工厂"，将菲律宾人的服务特质（友好、礼貌、良好的英语技能、对美国流行文化的社交熟悉度）延伸为虚拟资产。一般来说，电话服务中心的工作人员都很年轻，收入相对来说非常体面，他们在深夜和周末的时候会冲进俱乐部和酒吧，并以他们的狂野而闻名，谣言也是此起彼伏。由于许多员工需要在非常规时间内长时间轮班工作（为适应美国时区而设计），许多呼叫中心都建有寝室，被认为是肮脏的场所。我们想象着这种知识转移，这种文化差异的灌输，通过在电话服务中心培训讨论会上传递的奇怪咒语（"有美国，才有世界其他地方""美国人重视事实而不是感觉"等），美国是一个有关梦想的地方，由于马尼拉与美国的殖民历史以及对其政治和经济政策的持续软殖民管理，它无孔不入地存在于马尼拉的每个生活时刻。

反常的是，就在我写这篇文章的时候，一家向美国报纸提供外包"本地内容"的菲律宾机构Journatic被曝出使用虚假签名。在洛杉矶，一家领先的商业间谍局的工作人员包括前调查记者和普利策奖获得者战地记者。卡马乔和利恩会选择将他们的研究转化为可以在画廊中展示的视觉隐喻、照片和装置，这有什么奇怪的吗？"有一种巨大的欲望，想要了解这个世界……"在我看来，这种欲望似乎比参与视

---

① 乌力波，20世纪60年代成立于法国的实验文学团体。
② 伯纳黛特公司，Bernadette Corporation是成立于纽约和巴黎的当代艺术与时尚团体，成立于1994年，伯纳黛特公司通过其行为、时尚和艺术以不同的方式效仿和扰乱"企业"。

觉艺术固有的形式主义问题更大,正如利恩给我发来的电子邮件所说的那样,"我觉得我真的需要与菲律宾的这种接触,以避免在纽约生活和工作时完全的愤世嫉俗"。虽然有市场驱动,但当代艺术为那些曾经可能在人文学科内完成的工作提供了一个背景,而这些学科现在正濒临灭绝,就像古阿卡德语一样。

本文部分内容节选自《绿色录像:洛杉矶艺术与虚无的胜利》(Semiotexte / 麻省理工学院出版社,2004年)和《凯利湖商店及其他故事》(手册版,里德学院,俄勒冈州波特兰,2013年)。

指定的阅读、观看和饮用

阅读:

《无望的确定性》,2013年,www.certaintyofhopelessness.com。2014年6月6日查阅。

克里斯·格拉策克(Chris Glazek)和西恩·莫纳汉(Sean Monahan)关于学生债务的辉煌和破坏性的小册子(在你假设之前三思而行)。

观影:

露丝·诺瓦切克导演,《新世界》,2013年,电影。

露丝·诺瓦切克是来自伦敦的艺术家和电影制作人,在半小时的时间里,痛苦而甜蜜地唤起了20世纪的情感世界。警告:含有吸烟内容。

埃尔曼诺·奥尔米导演,《场所》,1961年,电影。

埃尔曼诺·奥尔米的这部精美绝伦、含蓄的现实主义和诗意的叙事记录,讲述了乡下人的死亡和高中毕业后没有上艺术学校而是找工作的年轻人。

贝尔纳多·鲁伊斯导演,《记者》,2012年,电影。

贝尔纳多·鲁伊斯拍摄了一部令人毛骨悚然的纪录片,讲述了驻墨西哥记者塞尔吉奥·哈罗的故事,以及他为蒂华纳新闻周刊Zeta报道政治腐败和毒品战争的英勇事迹。

饮酒:

屠夫之泪啤酒。

屠夫之泪的啤酒 http://butchers-tears.com。

屠夫之泪,一个由艺术家经营但完全专业的啤酒厂,因为其啤酒的手工质量和它的创业性质而令人感兴趣。屠夫之泪是由刚从艺术学校毕业的费利西亚·冯·兹维希布吕克创立的,她还经营着西阿姆斯特丹的另类画廊"失物招领"。

《无望的确定性》,2013年,封面

课程：艺术学院　　181

露丝·诺瓦切克导演，《新世界》，2013年，电影剧照

贝尔纳多·鲁伊斯导演，2012年，以Zeta记者塞尔吉奥·哈罗为画面的剧照

Ex Voto，2013年11月25日装瓶

"失物招领"画廊，阿姆斯特丹，2013年2月21日，与《救赎者》黑色版本草案#3，闪光灯牌，由迪恩·布兰特创作

赫尔曼诺·奥尔米导演，《场所》，1961年，剧照

2013年11月15日，为摄影师倒Fuzz酒，屠夫之泪啤酒厂在相邻的房间里有自己的酒吧，以前是一个车库

托马斯·劳森
Thomas Lawson

出生 / 生活和工作

格拉斯哥，苏格兰，1951年 / 洛杉矶

教育经历

纽约市立大学研究生中心艺术史和艺术批评专业硕士，1979—1981年

英国爱丁堡大学艺术史硕士，1975年

英语语言和文学硕士（荣誉），英国圣安德鲁斯大学，1973年

教学岗位和专业职务

加州艺术学院院长和教员，瓦伦西亚，1991年至今

加州艺术学院客座艺术家，1987年和1990年

纽约独立艺术学院联盟，纽约工作室课程，研讨班讲师，1987—1989年

普罗维登斯罗德岛设计学院研究生研讨班导师，1983—1984年、1988—1989年

视觉艺术学院讲师，纽约，1981—1990年

纽约绘画中心策展顾问，1979—1982年

编辑

《东婆罗洲》创始人、总编辑，2009年至今

合编，《毕竟》，2001—2009年

《现实生活》杂志发行人和编辑（与苏珊·摩根一起），1979—1994年

主要作品

绞刑人，2011年

对抗：头号人物，2010年

红色的威胁，2009年

大的粉红色，2002年

为自行车拍摄，1981年

不要再打她，1981年

获奖

约翰·西蒙·古根海姆纪念研究金，纽约，2009年

Ucross基金会驻地，谢里登，怀俄明州，2003年

Lewis Walpole图书馆研究金，康涅狄格州法明顿，2002年

视觉艺术项目，艺术家研究奖学金，英国格拉斯哥，1999年

洛克菲勒基金会，贝拉焦中心驻地，意大利科莫湖，1997年

国家艺术基金会，艺术家奖学金，绘画，华盛顿特区，1989—1990年、1985—1986年和1982—1983年

艺术事务公司，项目资助，纽约，1987年

近期个展

2014年：DB14，达拉斯双年展，德州 // 2012年：在野兽的阴影下，大卫·柯丹斯基画廊，洛杉矶 // 2009年：新世界，参与公司，纽约 // 托马斯·劳森：1977—1987年，大卫·柯丹斯基画廊，洛杉矶 // 2007年：历史 / 绘画 - LAX ART，洛杉矶 // 2004年：广泛的阴谋场景：正在进行中的作品，郊区，橡树公园，IL // 2001年：构建世界观：重构一个旅程，Riaich和大厅的卧铺车厢，爱丁堡 // 1999年：项目墙，Rosamund Felsen，洛杉矶 // 1995年：安东尼·雷诺兹画廊，伦敦 // 威尼斯绘画，诺里奇

19

艺术与设计学院，英国 // 1990年：第三夏娃中心，格拉斯哥 // 安东尼·雷诺兹画廊，伦敦 // 贝特西艺术中心，伦敦 // 1989年：大都会电影公司，纽约 // T.O.O.画廊，加拿大温哥华 // 1988年：库伦施密特/西蒙，洛杉矶

近期群展

2014年：阿诺德和玛丽·施瓦茨画廊，纽约大都会歌剧院 // 2013年：从生活中汲取营养（R.B.基塔伊的作品及周边），洛杉矶有限公司 // 结束和退出：LACMA和布罗德艺术基金会收藏的当代艺术，洛杉矶县艺术博物馆 // 2012年："洛杉矶制造"，汉默博物馆，洛杉矶安吉利斯 // 25年的天赋，玛丽安·博斯基画廊，纽约 // 2011年：贝克的一打三，托伦斯美术馆，加州 // 2010年：ON PTG：米歇尔·格拉布纳、托马斯·劳森、卡莉·莫耶、斯科特·里德、尤里乌斯·凯撒，芝加哥，伊利诺伊州 // 那是当时，这是现在，由欧文·桑德勒和罗伯特·斯托尔策划，CUE艺术基金会，纽约 // 2009年：Les Annees 80，马加辛·格勒诺布尔，当代艺术中心，法国

184 托马斯·劳森
Thomas Lawson

19

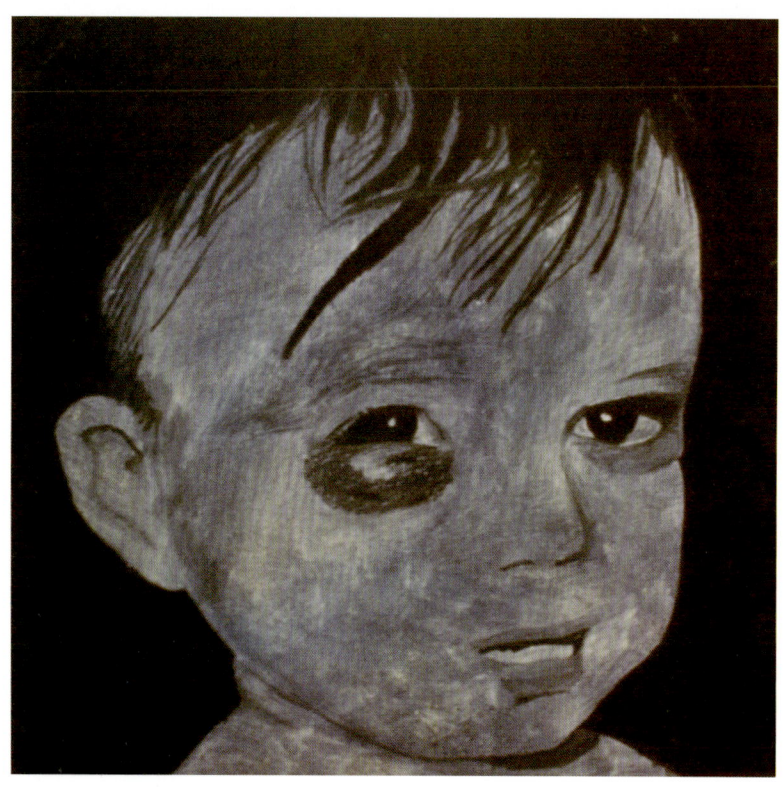

↖ 对抗：人头攒动，2010年，布面油画，183cm×152cm

↑ 红色威胁，2009年，布面油画，183cm×152cm

← 不要再打她，1981年，布面油画，122cm×122cm

19

无墙的学院：36位世界顶级艺术家的艺术和生活课　　185

被吊死的人，2011年，布面油画，183cm×152cm

托马斯·劳森
Thomas Lawson

我从小就开始观赏艺术了，我和奶奶会定期去格拉斯哥的凯文格罗夫艺术博物馆。她喜欢看萨尔瓦多·达利的十字架，我喜欢看蒸汽船模型和盔甲套装。当我挨着她站在达利创作的画作前，我越来越被那疯狂而深邃的透视、阴影的戏剧性，以及底部的小船所吸引。我开始把绘画看作是复杂的谜题，我渐渐发现自己徘徊在画廊里，基本忘记了模型和盔甲，当然也并非全然忘记，伦勃朗创作的一幅戴着头盔的老人的画作成了我的最爱，我仍然记得当时我被那些得以通过颜料的质地模仿衰老皮肤质感的方式所吸引，一些精心布置的白色使金属在光线下闪闪发光。

我和奶奶不得不从城市的南边坐很久的公交车才能到达艺术博物馆，在这期间我们需要穿过一些不安全且令人绝望的地区。即使经历了那些绝望与疏离感，我也常常被那些黑暗且压抑的街道所传达出的缺乏希望或愿景消失的状态，与博物馆所开辟的丰富而充满想象力的空间对比所震撼，我还是极为热衷地去寻找并努力保持艺术空间所提供的自由，并使之作为一种将其他事情放在某种角度的方式。

艺术家会注意到一些东西，比如事物结构或分离的方式、能说明问题的细节或被忽略的废墟、有暗示性的姿态。如果要成为一个艺术家，你必须去训练自己关注你生活的世界，然后不断地寻找线索，同时也要时刻关注周围的环境。观察的同时要做笔记，你要尝试边观察边绘画或拍照，只有这样，你能研究事物是如何构成的。这其中并没有什么方法可言，你的任务就是找到一种方法，注意到那些对你有意义的细节，这些细节会带领你的眼睛找到内容。

我们中的大多数人都会被懒惰的思维所激怒，我们会很轻易地将艺术创作等同于情感表达。很多时候这仅仅相当于一种没人在乎也没人观看的发脾气。如果你对表达情感有兴趣，你就必须研究这种情感，你需要找到它的来源，进而调整角度，以便最好地表现它，最成功的表现主义艺术通常都是要经过冷静的计算。

一位优秀的艺术家会关注他所处的世界，包括这个世界的政治和道德层面。当然，制作直白的政治作品是十分困难的，这其中的大多数尝试都会失败，这些作品要么是显得头脑简单要么是显得过于尖锐；更为糟糕的是，它们通常有着一种特定的时效性，所以这些作品会在几个月内就变得无关紧要。但是，立足于一系列具体的观察，并通过适当考虑和处理的技术发展而来的作品，总是能说明对种种关系进而对整个社会的理解。

一种浪漫的想法是，有些人会认为艺术家在政治领域有特殊的话语权，认为我们在某种程度上比普通人更了解真理，但同时，这也是一条通往狂妄的险途。雪莱声称，诗人是世界上不被承认的立法者；意大利的一些未来主义者接受了他的想法，希特勒也大致遵循同样的原则。

艺术创作就是要把思想和适合表达它们的材料有秩序地排放在一起，当这种匹配看起来天衣无缝且理所应当的时候，好的艺术就出现了。当思想无趣、平庸、过于常见，而材料和处理方式也乏善可陈时，坏的艺术就会出现。

20世纪80年代中期，谢里·莱文正在思考现代社会对原创性的极度重视，这一现象坚持认为只有当一个特别有天赋的人——通常是男性——在一块画布上做了一个即兴的但有灵感的标记时，深刻的意义才能被发现。为了质疑这一点，她请一家木材厂将一些胶合板切割成传统肖像画的大小，用金箔漆填充木面的结疤，并将成品装框。她决定了胶合板的大小和比例以及画框的本质，而必要的工作则由合同工来完成。偶然的机缘决定了构图的安排，她亲自涂上了金

19

箔漆。最后的作品以雄辩的力量和经济手段，表达了她的关注，并将其与现在已经确立的艺术创作传统联系在一起，这种传统最终源于杜尚在20世纪第二个十年对现成品和辅助现成品的探讨，并展现了自己独特的忧虑。

大约五年后，达米安·赫斯特开始制作一系列由同等大小的色点排列在网格上的画作。这些颜色是从商业装饰颜料中挑选出来的，由工作室的助手随意涂抹。这些画作在传统的画布内框上，有各种尺寸和规格。似乎从一开始，这些画作就是作为一种思考尺度和构图问题的方式，很快就发展成为围绕赫斯特更具争议性动物尸体作品的一种点缀。随着时间的推移，它们成了一种随时可用的常备品，然后，随着这些点画转移到版画、T恤和其他更容易销售的物品上，它们成了赫斯特品牌的标志。它们成了商品。

莱文的作品是好的艺术，因为它承接了一系列的想法，并通过设置那些与任务相匹配的材料和方法，找到了一种新的方式来进一步论证。另一方面，赫斯特的作品是坏的艺术，因为它屈从于轻率的思维和决策，因为它试图利用一个营销理念，当然这个项目可能一开始有合理的机会成为好的艺术，但是当它的选择变得越来越武断，并且被一种压倒性的销售欲望所驱动，它就变坏了。顺便说一句，杜尚之所以被赋予"伟大艺术家"的标签，是因为他的思考和选择导致了对过去一个世纪整个艺术创作项目的彻底反思。那么伟大的艺术，就是汇集了非凡的思想和与之相匹配的材料和方法论的艺术。

如果你真的想成为一名艺术家，你就要想出一种工作方法。首先，你要想好怎么交房租，怎么养活自己。你不能每个月都为这个发愁，因为那会毁了你和你长期做艺术的希望。找份工作是一种选择，但确定你将会靠艺术生活也是一种选择。我不支持艺术家通过任何形式的犯罪活动来支付租金的念头。我知道这个想法可能有某种法外的浪漫气息，但现实是你会被抓到，然后在牢房里度过很多极其徒劳的时间。

很多时候，作为一个艺术家就是要把事情做好——要么进行创作，要么监督别人进行创作。没有公式规定你每周需要投入多少时间，但必须有一定的规律。你需要经常在你预留的任何空间里思考和制作艺术，以保证你思考过程的连续性，并有足够的时间去犯错误。

关于艺术家最常见的一个陈词滥调是，我们都是梦想家，不切实际的人，与现实世界的艰难选择格格不入。事实上，做艺术就是要有判断和选择，艺术家要有决断力。我们也要做一个生意人，你需要对你的作品进行盘点，追踪它在世界上的动向，记录它的历史。你还需要对收入和支出都保持敏锐的洞察力，并确保收入能够超过支出，这样你才能继续做你想做的事情。根据你的成本是多少，以及你计划如何抵消成本，这可能也意味着磨炼其他技能，营销、教学、调酒技法或完全其他门类的技能。

所有的艺术家都需要做到的一件事是将自己的想法自信地展示给来过工作室的一系列人——同行、策展人、画廊持有人、批评家、收藏家。如果你畏畏缩缩，你就有可能显得胆小或傲慢，这对你来说都没有好处。作品永远是最重要的，但除非你能建立一个令人信服的背景，让第一批观众有办法进入你的经历，否则没有人会看到你在做什么。而一旦作品呈现在公共场所，你的声音又是最重要且最有说服力的，是能让公众关注到的。没有规则规定你应该透露多少你的灵感/过程/技术。重要的是你要表现出好像知道为什么要做你正在做的事情，以及它是如何与当下关联的，而且你对它的发展方向有一定的认识，你要把你的调查研究带往何处。

托马斯·劳森
Thomas Lawson

19

在千禧年到来的时候，我的工作室出现了一些问题；一些项目和作品系列已经结束，虽然有一些新的东西在酝酿，但很难让人对事情的发展抱有信心，所以我陷入了迷茫。就在这时，策展人保罗·舒密尔找到我，让我为他正在策划的劳拉·欧文斯画展的目录写一篇文章。当劳拉还是加州艺术学院的学生时，我曾与她共事过，之后我们一直保持着联系，但去她的工作室并着手写这篇论文时却让我大吃一惊。墙上挂满了充斥着各种想法和主题的素描和小幅油画。尽管她的大画看起来很随意，但都是经过精心策划和谋划的。就像我当时所写的那样：

欧文斯提供了一场简单慷慨的喜剧，她接受了那些被赋予的宝藏，享受着此时此地的状况。这是一种微妙的行为，需要用坚定不移的目光来表现滑稽的精确性。从表面上看它是一种娱乐性和甜蜜的艺术形式，但它也是一种对大众品位和礼仪观念很残忍的艺术，它提供了一个对绘画是什么，以及它的实践和接受程度如何适应日常生活的认真审视；同时它提供了一种优雅的当下，一种轻盈的存在，一种触觉，一种思想。

如果我能回到过去，我会对二十三岁的自己建议三点：多走走，多看看艺术的实际面貌，早点弄清楚哪些想法目前是有说服力的，哪些已经成为过去；多花点时间做东西，少花点时间空想；做好网站，与表现出兴趣或友谊的人保持联系。

当我二十三岁的时候，在20世纪70年代初，我在爱丁堡试图弄清楚这个我非常想加入其中的艺术世界里发生了什么。我找到了《艺术论坛》和《国际工作室》的复印本——它们通常是在出版后四到六个月出现在大学旧楼的一个被遗忘的角落。我独自坐在一间布满灰尘、过热的19世纪的房间里，试图理解这些关于观念艺术和行为的复杂争论，但没有足够的经验支持，翻译的内容充其量也是不确定的。我试图通过阅读约翰·戈尔丁关于立体主义和杜尚的文章、理查德·汉密尔顿关于杜尚的泰特美术馆文章目录，以及皮埃尔·卡巴内新出版的《杜尚访谈录》来填补后来的艺术事件。我读了哈罗德·罗森伯格关于美国抽象派的文章，但不知道要读克莱门特·格林伯格的文章。

通过《艺术论坛》的页面，我被贾斯帕·琼斯的钝化、难以捉摸的绘画结构所吸引。我对《带有四副面孔的靶子》这样的作品毫无头绪，而画旗帜的想法也不知其所以然（流行DJ在他们的捷豹跑车上画上英国国旗，这怎么能转化为严肃的艺术呢）。但我不断地回到杂志上这些作品的图片，很快就意识到我必须要看到真正的画作。于是我通过苏荷区的卡斯特利画廊给琼斯写了一封信，他回信说他会在纽约待到7月，我应该去他的工作室看看。

在我24岁那年夏天，我终于飞越大西洋去到纽约，亲自去看个究竟。在纽约现代艺术博物馆、惠特尼美国艺术博物馆和古根海姆博物馆，与毕加索和波洛克，与琼斯和斯特拉面对面，我开始呼吸并理解艺术的物质性。我坐火车去费城，面对杜尚的怪异而神秘，脸贴着那扇声名远播的老门。[①]我给琼斯打了电话，他邀请我去他的工作室，在东休斯敦街一角的一家老银行。他和他的助手马克·兰卡斯特曾是理查德·汉密尔顿的学生，并参与了杜尚《大玻璃》的复制品的制作。琼斯非常友好，并问我是否

---

① 指收藏于费城艺术博物馆的杜尚最后的作品 *Étant donnés*，1969年安装，观众通过一扇老旧的木门上的一对孔洞向内部窥视。可以看到门后的破墙后幽暗神秘的空间内有一个躺在草丛中的裸体女人手举煤气灯。

有什么特别想看的东西。我迷恋上了《不》（*NO*，1961年），虽然是13年前的作品，但它还在那里。助手们把它拿出来，让我从上到下看过。当它被靠在墙上时，我感受到了作品的尺幅——大约一个小人的大小——感受到了每一笔蜡质笔迹的沉重、略带灰尘的重量，以及材料和颜色的深度。最重要的是，那条不规则的铁丝悬挂在画面中央，那是一条耐人寻味的动线，将"NO"这两个字母悬挂在画布上，这是在质疑某种不确定性吗？突然间，我明白了：所有关于贝克特的重复、杜尚式的现成品、维特根斯坦式的质询现在都有了某种意义。

第二年我搬到纽约，再次拜访了琼斯。他和之前一样友善，但正忙于筹备即将在惠特尼举办的回顾展。我觉得自己打扰了他的生活，所以没有尝试再进一步接触。如果我可以回到过去，我想我会鼓励年轻的自己突破偏狭害羞的限制，寻求与我们这个时代最重要的画家之一的某种友谊。

试图找出人生背后的目的，是一种狭隘的人生观。仿佛生活本身不够好一样。我记得在学校的时候有人告诉我人的主要目的是荣耀上帝；我又在其他的地方听说，我需要找到一份工作，安定下来，有一个家庭。在当时的我看来（现在看来也是如此），以这种方式寻找目的的人，是想阻隔一切选择，树立简化的行为准则，以达到可预测的结果。他们想把选择限制在他们认为可以接受的范围内，并试图惩罚任何有不同想法的人。艺术的存在正是对这一切的反驳，它赞美存在。创作艺术是一种交流行为，但最令人不可思议的是它在日常生活中没有任何目的，它可能有助于理解事物，但它不规定任何事物。

指定阅读、观看和收听

阅读：

斯维特兰娜·阿尔珀斯，*Interpretation without Representation, or, The Viewing of Las Meninas*，载《再现》第1期，1983年，第30-42页。

作为阅读福柯后进一步思考的解药和触发器（见下文），就应该读阿尔珀斯。

皮埃尔·卡巴内，《杜尚访谈录》，巴黎：贝尔丰出版社，1967年。罗恩·帕吉特译为《与马塞尔·杜尚的对话》，纽约：维京出版社，1971年。

毕加索、马蒂斯、波洛克：这些都是20世纪的艺术巨匠，但并不清楚他们能给我们带来什么启示。而杜尚则留下了"现成品"的遗产，将偶然性作为创作工具，与品位相对的冷漠观念，并要求艺术家考虑他们与观众的关系，总之，他打开了我们对艺术的思考，拓宽了艺术，使艺术更民主化。要弄清他的意思，最好的办法是读他自己的话，这是最好的访谈集。

米歇尔·福柯，《宫娥》，载《词与物：人文学科的考古学》，巴黎：伽里玛出版社，1966年。英译为《事物的秩序》，伦敦：劳特利奇出版社，2001年。

任何对一个有成就的艺术家在画中的人类形象和站在画前的活生生的、有思想的人之间所能创造的复杂关系感兴趣的人，都必须阅读福柯对前现代时代伟大的人文主义作品之一的精妙分析。

罗莎琳德·克劳斯，《前卫的原创性及其他现代主义神话》，剑桥，马萨诸塞州：麻省理工学院出版社，1986年。

在观察和论证的过程中，克劳斯试图弄清20世纪70年代的新形式——表演、录像、大地艺术和以摄影为基础的作品——同时又不完全放弃她早先作为一个格林伯格形式主义者的训练，她坚持艺术的历史发展理念，认为艺术的表达方式越来越纯粹，并被简化为一种基础的本质。在她的所见与所思之间，展开了一场引人入胜的冲突。

托马斯·麦克艾维利，《反艺术的胜利：后现代主义形成过程中的观念和行为艺术》，麦克弗森，2005年。

麦克艾维利没有像克劳斯那样仔细观察艺术本身，但他以更开放的心态和对哲学的广泛而深刻的理解，从前苏格拉底的希腊人到黑格尔，都对艺术的发展方向产生了影响。他为观念艺术和行为艺术的变革效应提出了令人信服的理由，

托马斯·劳森
Thomas Lawson

并解释了它们重新引导我们对艺术创作的手段和目的思考的深刻方式。

霍华德·辛格曼,《艺术史,在谢里·莱文之后》,洛杉矶:加州大学出版社,2012年。

如果上面的论点已经激发了你的思考,那么就深入研究一下这位20世纪80年代举足轻重的艺术家的案例吧。莱文的作品让我们思考原创性和技巧、标记制作和机械复制、所有权和盗版等问题,也让我们不得不考虑艺术市场在艺术接受中的作用。

观看:

埃米尔·德·安东尼奥导演,《画家绘画:1940—1970年纽约艺术现场的真实历史》,斯芬克斯制作公司,1973年,电影。

听到艺术家直接谈论他们的作品总是很好的,本片让你直面纽约,从巴尼特·纽曼到贾斯帕·琼斯和安迪·沃霍尔。这是一场巨人的较量,罗伯特·劳森伯格是长者和年轻人之间恶作剧式的支点。我们还看到了纽曼的悲哀,他几乎是用尽了最后的力气,但仍然消遣式地且气势汹汹地宣称:"艺术批评对于艺术家来说,就像鸟类学对于鸟类一样。"

赖纳·维尔纳·法斯宾德导演,《柏蒂娜的苦泪》,作家电影节/探戈电影公司,1972年。

本片对爱情和背叛进行了美丽而忧郁的思考,将前卫戏剧的风格化表演和非线性叙事,与道格拉斯·西尔克和卢奇亚诺·维斯康蒂的20世纪50年代情节剧的过度情感和离奇色彩融合在一起。

收听:

鲍勃·迪伦,《重访61号公路》,哥伦比亚唱片公司,1965年。

这是一个辉煌的新旧混搭,发现的和被遗忘的——在迪伦完美的不完美声音中捕捉到了消失的美国乡村的回声,用摇滚乐的电光石火和城市的紧迫感来构思和传递。没有比这更好的艺术模式了。

谢里·莱文,大金结疤:5,1987年,胶合板的金属漆,152cm×122cm

19

课程：集中注意力

伦勃朗，穿盔甲的人（又名《亚历山大大帝》），1655年，布面油画，138cm×104cm，格拉斯哥艺术馆和博物馆

托马斯·劳森
Thomas Lawson

← 萨尔瓦多·达利，十字架上的圣约翰，1951年，布面油画，205cm×116cm，格拉斯哥艺术馆和博物馆

→ 贾斯帕·约翰斯，无，1961年，包浆、拼贴和金属雕刻在画布上的物体，173cm×102cm

↓ 劳拉·欧文斯，无题，2000年，丙烯酸、油和水彩画在画布上，280cm×370cm，洛杉矶当代艺术博物馆

黎光定
Dinh Q. Lê

20

出生 / 生活和工作

越南河仙，1968年 / 洛杉矶、越南胡志明市

教育经历

纽约视觉艺术学院摄影及相关媒体专业硕士，1990—1992年

加州大学圣巴巴拉分校美术学士，1984—1989年

专业职位

San Art（为越南新锐艺术家提供机会的非营利组织）共同创始人，越南胡志明市，2007年至今

主要作品

不同灰度的1号公路，2013年

阮玉鸾将军卷，2013年

光明与信仰：越战生活速写，2012年

我是大的，我包含着许多人，2009年

制图者与直升机，2006年

无题（资生堂），2007年

无题（刺绣），2001年

获奖

视觉艺术奖得主，克劳斯王子基金，阿姆斯特丹，2010年

国际项目资助，艺术事务，纽约，2009年

驻场艺术家，东京奇迹遗址青山，东京，2009年

轻工艺术家驻场计划，纽约州雪城，2000年

纽约Gardiner Gunk基金会公共项目赠款，1998年

国家艺术基金会，摄影研究金，华盛顿特区，1994—1995年

杜邦奖学金，马萨诸塞州波士顿艺术学院，1994年

近期个展

2014年：经度、纬度、零、一，P.P.O.W画廊，纽约 // 穿越父亲的海岸，莱斯大学美术馆，休斯敦，德州 // 2012年：抹去，Chancery Lane艺术画廊的项目，中国香港 // 遗迹废墟文明和帝国，索萨纳·韦恩画廊，圣莫妮卡，加利福尼亚州 // 2011年：黎光定：西贡日记，布法罗大学安德森画廊，纽约 // 擦除，谢尔曼当代艺术基金会，悉尼 // 黎光定，克劳斯王子基金画廊，阿姆斯特丹 // South China Sea Pishkun，Ikon画廊，伯明翰，英国 // 2010年：项目93：农民与直升机，纽约现代艺术博物馆，纽约 // 黎光定，南澳当代艺术中心，帕克赛德 // 来自周边的标志和信号，亚利桑那州坦佩市ASU艺术博物馆 // 哀歌，P.P.O.W画廊，纽约 // 2009年：外围的标志和符号，伊丽莎白·利奇画廊，波特兰，俄勒冈州 // 记忆的挂毯，黎光定的艺术，塔夫茨大学艺术画廊，梅德福，马萨诸塞州 // 坚实的一切，城市视觉节，梅赫伦，比利时 // 2008年：如此泥沼，索萨纳·韦恩画廊，圣莫尼卡，加州 // 流放地，P.P.O.W画廊，纽约 // 2007年：记忆的挂毯，贝尔维尤艺术博物馆，华盛顿州 // 伊丽莎白·利奇画廊，波特兰，俄勒冈州 // 2006年，索萨纳·韦恩画廊；肖沙娜·韦恩画廊，圣莫尼卡，加利福尼亚州 // 挂毯，P.P.O.W画廊，纽约

近期群展

2014年：后传统 / 亚洲艺术新声音，艾米丽·劳画廊，霍夫斯特拉大学，亨普斯特德，纽约 // 军械

20

库展，P.P.O.W画廊，纽约 // 感官战争，惠特沃斯画廊，曼彻斯特，英国 // 2013年：战争是为了生活，西尔维娅·瓦尔德和金宝艺术画廊，纽约 // 2013年：卡内基国际展，匹兹堡，宾夕法尼亚州 // 2012年：疑惑的力量，时代美术馆，广州，广东，中国 // 2012年："六线飞行"，当代艺术的地理变化，旧金山FMOMA，旧金山 // 战争/摄影：武装冲突及其后果的照片，休斯敦美术馆，得克萨斯州，2013年在洛杉矶安纳伯格摄影空间巡回展出，华盛顿特区科科伦艺术馆和纽约布鲁克林博物馆 // SVA校友展，纽约 // 第13届开塞尔文献展，卡塞尔，德国 // 2011年：第六届库里提巴双年展，里约热内卢 // 空气洞，国立美术馆，大阪，日本 // 会堂里的艺术，伊洛迪·彭，埃尔金·卡沃斯格鲁，黎光定，白教堂画廊，伦敦 // 质疑的力量/ Museo Colecciones ICO，马德里 // 2010年：釜山双年展，"进化中的生活"，釜山，韩国 // 南京双年展，江苏省美术馆，南京，中国 // 语法与词汇：转变的日常，胡志明市

黎光定
Dinh Q. Lê

20

↑ 擦除（录像剧照），2011年，混合媒体装置，由谢尔曼当代艺术基金会委托制作

← 回到美莱（新千年的目的地），2004年，彩色照片，90cm×120cm

↙ 无题（从越南到好莱坞系列），2004年，85cm×171.5cm，照片编织（彩色照片、亚麻带）

↗ 光与信仰，越战时期的生命之声和素描，2012年，视频和越战时期越南艺术家/士兵的100幅画，由第13届卡塞尔文献展委托创作

→ 农民和直升机，2006年，3频道录像和手工制作的直升机，（与Le Van Danh、Tran Quoc Hai、Tuan Andrew Nguyen和Phu-Nam Thuc Ha合作），《项目93：Dinh Q. Lê》的部分安装图，纽约现代艺术博物馆

20

无墙的学院：36位世界顶级艺术家的艺术和生活课　　197

黎光定
Dinh Q. Lê

如果我能回到过去，见到23岁的自己，我会告诉自己一件事，不要着急。因为当你在23岁的时候，你有大约40到50年的艺术创作时间；而且当你成为一位艺术家，你就不会退休。40年到50年是很长的时间，所以不要急于发展你的艺术实践。有那么多的艺术家，在他们事业的起步阶段是那么的活跃，然后在几年之内就完全倦怠了，销声匿迹了。踏踏实实地走，这是一个非常漫长的旅程，有很多巅峰和低谷。希望峰顶比谷底多些。

我第一次开始关注艺术是在七年级，那时我家刚从越南移民到北美，由于我的英语水平有限，我的大部分午休时间都是在图书馆度过的。也正是因为我的英语水平有限，我在图书馆里能看的书只有图画书或艺术书。这些书大多是关于古典艺术的，主要是文艺复兴时期的。我对那些美丽的画作，对那些天鹅绒窗帘的精致描绘非常着迷，直到20世纪80年代中期我去加州大学圣巴巴拉分校读书，才开始接触当代艺术。

80年代中期和90年代初是一个动荡却也非常令人兴奋的年代。反种族隔离运动在美国的大学里非常活跃；女性艺术运动如火如荼，"游击队女孩"走在最前面，大声揭露艺术界的性别歧视和种族主义；有色人种艺术家也要求被看到和听到。在这些挣扎和痛苦中，90年代后期出现了一个与之前不同的、更有趣的、非常多元化的艺术世界。

1989年，我在加州大学完成了我的本科学业。一年的空闲后，我于1990年秋天来到纽约，在视觉艺术学院读研究生。我受到了很好的艺术教育，但有几件事我希望自己能多加注意，或者说，我希望学校能够更加关注的事情。

我每天都在后悔的一件事是，我没有充分利用英语作文课程的时间提升自己。一位艺术家的大量时间都花在为新项目写提案和声明，以及书面采访和其他信件上。但准确清晰的写作技巧在艺术家的职业生涯中起到至关重要的作用。

我希望在学校里学到的另一件事物是艺术的商业方面。大多数时候，艺术家都要听从画廊和博物馆的摆布。刚开始的时候，我们很多人都很高兴被人需要，虽然最终的结果可能会被人利用。艺术家们花了太多自己的时间和金钱制作作品；为画廊和博物馆提供内容，但他们却从未得到过补偿。如果能有一门课，讲讲对艺术家的期望，讲讲艺术家能从博物馆和画廊那里得到什么，那一定是非常有帮助的。

像所有的年轻艺术家一样，我希望我的作品能够被展示。结果是在我读研究生的第一年，在旧金山的安塞尔·亚当斯博物馆举办了一场双人展，以及在SoHo举办了一场四人展，并在《村声》上获得了整版的报道。这两个展览之后，我被选为身份政治运动的一员，后来作品在很多地方展出。我当时太年轻了，刚刚找到自己的声音，我还没有准备好面对所有的压力和期望。在我从视觉艺术学院毕业后，我搬到波士顿去逃避，最后我回到越南，因为我想回家，搬回越南是我做过的最好的决定。

当我第一次说起我搬回越南的决定时，很多同行都在挠头。越南对于艺术界来说是一个无名之地。策展人在那个时候并没有涉足那里。又因为互联网在越南是非法的，所以和外界几乎没有联系，他们都认为我是在进行"职业自杀"。

但越南能给我的是自己的空间，与艺术界的压力保持距离。这给我提供了时间来推进我的工作，这正是我所需要的。适宜的生活和工作环境对一个艺术家的健康发展起着极其重要的作用。我很高兴遵循自己的直觉，找到了一个更有利于我工作的地方。

如今，在越南使用互联网是合法的，策展人也

20

课程：巅峰与低谷

确实会去越南这样的地方。虽然越南离艺术界还是很远，但没有以前那么远了。这个距离对我来说已经很舒服了。重要的是，一个生活在非西方国家的艺术家也有可能拥有一种国际艺术生涯。处于艺术界的中心仍然很重要，但没以前那么重要了。虽然我的画廊代表仍然认为我更需要在纽约等地露脸，但这些年来艺术世界的开放程度令人惊叹。

当涉及能否跟上所有当代艺术的发展时，在越南生活确实也有一些挑战。越南没有当代艺术博物馆。事实上，越南的当代艺术并不多。我非常依赖互联网来了解我感兴趣的最近的国际展览活动。我通常会在各种新闻网站上阅读展览的评论，然后去画廊的网站上看作品。虽然比不上亲身体验作品，但这些信息已经足够让我知道发生了什么。

目前，作为一个生活在越南的艺术家，我的日常活动与生活在其他地方的艺术家并没有什么两样。我发现很重要的事情是，我每周必须花至少几天时间远离一切，给自己时间思考，我可以在工作室、图书馆或安静的咖啡馆里进行这种"与世隔绝"的思考。

我没有固定的工作室时间，有时我会有好几个星期不在工作室，还有其他一些活动不需要我待在工作室里。我做的研究是在互联网，在现场，阅读书籍……只有当我收集到足够的主题信息时，我才会进入工作室，开始实际制作作品。制作的最后阶段，在工作室工作的时间真的很重要。你在脑海中想象的东西，与在现实中总是不同的。

多年来写个人日记的习惯也在我的实践中起到了非常重要的作用。很多我"昙花一现"的想法和"意想不到"的小插曲都会在日记中被记录下来，这些条目是文字，而一些只是记录想法的图画，我总是被很多事情分散注意力，写日记可以帮助我记住每时每刻进入我脑海或是出现在我脑海中的想法和信息。

我喜欢翻看我以前写的日记，阅读我的日记能让我回想起那些我已经完全忘记的想法和信息。很多时候，它引导我进一步探索这些想法，并将它们发展成完整的作品。

我的大部分时间都花在作品的组织制作上，组织和管理能力是极其重要的。这是我希望在艺术学校里学到的另一项技能。今天，最成功的艺术家们都有一整个工厂的助手帮助他们制作作品。孤独的艺术家在工作室里默默工作的浪漫形象已不合时宜。艺术家需要学会组织，并在必要的时候将自己的作品委托给工作室助理或制作者。

有一些艺术作品和图像是我经常思考的，多年来它们一直指导着我。20世纪90年代初，当我在纽约读书时，我看到了卡尔·安德烈的一件非常简单的艺术品，它不起眼地放在唐纳德·贾德位于SoHo的店面空间的地板上。这件作品名为《天定命运论》（Manifest Destiny，1986年），是一叠垂直的标准红砖，上面印有制造商的名字"帝国"。20年后的今天，我仍然时常想起这件作品。我喜欢它的直率和它提出的明确理念。可以想象，肯定有人没有看到这件"帝国"作品，不小心把它撞倒了。

另一张图片，让我学到了很多关于观看的知识，那就是埃迪·亚当斯的照片，1968年2月1日，阮玉鸾将军在西贡街头处决越共俘虏阮文敛的照片，当时正值新年攻势。这张照片激起了20世纪60年代末的反战运动，因为它显示了美国的盟友南越军队的残暴。但后来得知，阮文敛涉嫌在新年攻势中谋杀了罗恩将军的一名高级军官和他的全家。从另一个角度看，苏珊·桑塔格注意到照片的阶段性，在她的《关于他人的痛苦》一书中提出，如果不是亚当斯和其他新闻界人士在场见证，死刑就不会执行。亚当斯后来亲自向阮将军和他的家人道歉，因为这张照片给他的

黎光定
Dinh Q. Lê

卡尔·安德烈，天定命运论，1986年，唐纳德·贾德画廊的帝国砖，位于纽约春风街101号

埃迪·亚当斯，南越国家警察总长阮玉鸾将军，在西贡街道上用手枪向涉嫌越共军官阮文敛（又称Bay Lop）的头部射击，1968年

名誉造成了无法弥补的损失。这些因素都改变了我们对这张照片的理解，所以花时间去寻找和翻阅一张图片或一件艺术品背后的故事是非常重要的。

由于在越南没有很多当代艺术空间可以去磨砺我对世界的视觉认知，我学会了利用越南的古董博物馆等地方。我鼓励艺术家去参观博物馆。每个文化和时代都有自己的方式来表达对世界的看法。同时，无论在时间和地域上是多么不同，都有很多相似之处。

我收藏了大量的古董，从12世纪到15世纪的越南陶瓷、占婆王国的石雕、阜南王国3世纪到6世纪的石雕和木雕。多年来我对它们的观察和学习，确实让我的视觉感受更加敏锐。一件陶瓷的釉色、釉面的裂纹、釉面的质量——这些微小的细节可以告诉我们很多关于它的历史。我不断地学习新的东西，了解每个时期的作品之间有什么不同，这些不同意味着什么，以及它们在许多方面的相似之处。这些古董让我学会了很多观看的方法。

回想起来，我觉得自从我成为艺术家以来，艺术并没有什么变化。20世纪80年代和90年代是一个你看到各种艺术实践争相被认可的时期。今天，这些另类的视觉和形式是当代艺术实践的前沿。不同的是，新一代的艺术家能够将所有这些不同的实践结合起来，创造出新的混合形式。

去年我在第13届卡塞尔文献展上看到了西斯特·盖茨的一个项目，名为"胡格诺之家的12首民谣"（12 Ballads for Huguenot House，2012），我认为它体现了一种思考艺术，以及艺术可以是什么或艺术家可以做什么的新方法。盖茨提出，没有必要将一种类型的实践与另一种类型的实践分开，艺术可以容纳一切，也可以是一切。他将"特定场域装置"巧妙地结合在一起，这种装置可以追溯到大卫·爱尔兰的《500 Capp街》、里克力·提拉瓦尼等艺术家的作品所带来的社会参与，以及里克·洛维的"排屋计划"所影响的社区再生。他的这些不同方面的实践都不是最新的，但当它们在同一个屋檐下紧密结合在一起时，它们就显得非常新颖。

20

课程：巅峰与低谷

另一个从过去想法中汲取灵感并将其发展成新事物的艺术家个案是雷切尔·怀特里德。她早期的作品经常被比作布鲁斯·瑙曼对椅子下面负空间的投射。但她毫不气馁，从瑙曼漏掉的地方继续前行，创作了一批令人印象深刻且在艺术界广受赞誉的作品。

所有的一切都已经有人去做了，但不是你想做的那样。所以，要勇往直前，无所畏惧！

指定阅读

罗兰·巴特，《明室：关于摄影的说明》，巴黎：伽利玛德电影杂志，1980年。理查德·霍华德英译为《明室：对摄影的思考》，纽约：Hill and Wang，1981年。

随着数以亿计的数字图像每天不断地在社交媒体网站上上传和分享，了解摄影在我们社会中的历史和今天的作用是非常重要的。桑塔格和巴特是研究这一媒介最好的学者。

弗朗兹·法农，《全世界受苦的人》，巴黎：马斯佩罗出版社，1961年。让-保罗·萨特撰写前言，冈斯坦斯·法林顿英译为《全世界受苦的人》，纽约：格鲁夫出版社，1963年。

要了解现在美国、欧洲和中东之间的冲突，从这本书开始，会很有启发。

乔纳森·D. 卡茨，《莫伊拉·罗斯：差异/区别：后现代主义的思考，马塞尔·杜尚和约翰·凯奇》，伦敦：劳特利奇出版公司，1998年。

在本书中，莫伊拉·罗斯和乔纳森·卡茨对马塞尔·杜尚和约翰·凯奇这两位传奇人物进行了引人注目的重新审视和评价。本书中具有开创性的文章——《冷漠的美学》提出了对美国战后艺术的完全不同的理解。

露西·R. 里帕德，《来自中心》，纽约：羽毛出版公司，1976年。

目前艺术界发生的很多事情，都要归功于女性艺术运动。这本书是帮助人们了解女性主义对艺术的影响，以及艺术对女性主义影响的最佳著作之一。

苏珊·桑塔格，《论摄影》，纽约：皮卡多出版社，1973年。

西斯特·盖茨，胡格诺特之家的12首民谣，2012年，装置作品，第13届卡塞尔文献展，卡塞尔，德国

雷切尔·怀特里德，一百个空间，1995年，树脂（一百个单位），尺寸可变，装置视角，威尼斯海关大楼当代艺术中心，意大利，2009年

林园珠
Won Ju Lim

出生/生活和工作
　　光州，韩国，1968年/洛杉矶

教育经历
　　艺术硕士，艺术中心设计学院，帕萨迪纳，加利福尼亚州，1998年
　　理学学士，伍德伯里大学，伯班克，加利福尼亚州，1992年

教学职位
　　圣路易斯华盛顿大学弗罗因德讲师，密苏里州，2013年
　　加州大学洛杉矶分校讲师，2003年至2006年
　　奥蒂斯艺术与设计学院客座讲师，洛杉矶，2001年

重要作品
　　我不在时（部分），2014年
　　巴洛克宠物店，2010年
　　沉默24秒，2008年
　　许多事情要发生，2006年
　　憧憬威尔明顿，2000年

获奖
　　创意能力基金，文化创新中心，加利福尼亚州，2014年
　　洛克菲勒基金会媒体艺术奖学金，纽约，2007年
　　美国视觉艺术韩国艺术基金会，洛杉矶，2005年
　　新兴艺术家奖学金，加州社区基金会，2004年
　　菲利普·莫里斯视觉艺术家基金，2000年
　　艺术中心设计学院研究生奖学金，加州帕萨迪纳，1996年

近期个展
2014年：潮流108：林园珠，圣路易斯美术馆，密苏里州 // 2011年：无题，杰夫·弗里德画廊，达特茅斯学院，汉诺威，新罕布什尔州 // 2010年：巴洛克宠物店，东西方画廊，帕特里克画家画廊，圣莫尼卡，加利福尼亚州 // 2008年：沉默24秒，尤伦斯当代艺术中心，北京 // 林园珠：破碎的风景和其他悲伤的事情，皮拉·帕拉和罗梅罗艺术馆，马德里 // 2007年：破碎的风景，东画廊，帕特里克画家画廊，圣莫尼卡，加州 // 废墟的痕迹，西画廊，帕特里克画家画廊，圣莫尼卡，加州 // 折射/反思，韩国文化中心，洛杉矶 // 2006年：林园珠：在未来的许多事情，檀香山艺术学院，夏威夷州 // 2005年：新雕塑，帕特里克画家画廊，圣莫尼卡，加州 // 转变的塑料，皮拉·帕拉和罗梅罗艺术馆，马德里 // 林园珠，DA2 Domus Artium当代艺术中心，萨拉曼卡，西班牙 // 2004年：林园珠，艾米丽·辛格画廊，伦敦 // 林园珠，马克斯·赫斯勒画廊，柏林 // 2003年：记忆宫殿，帕特里克画家画廊，圣莫尼卡，加州 // Art Unlimited 34，巴塞尔，瑞士 // 2002年：林园珠：极乐净土之北，温哥华艺术画廊，加拿大 // 加州梦，马克斯·赫斯勒画廊，柏林 // 2001年：林园珠，帕特里克画家画廊，圣莫尼卡，加州 // 林园珠：憧憬威尔明顿，锡根博物馆，德国

近期群展
2014年：驻场艺术家，当代艺术家在达特茅斯，胡德艺术博物馆，汉诺威，新罕布什尔州 // 2013年：对话：艺术/建筑、巴黎/洛杉矶，MAK艺术与建筑中心，洛杉矶 // 近期收藏精选展，当代艺

21

木博物馆，洛杉矶 // 2011年：光影小说，底特律美术馆，密歇根州 // 自传：我们的收藏，温哥华艺术馆，加拿大 // 2010年：帕特里克画家画廊，圣莫尼卡，加州 // 2009年：第二自然，瓦伦尔·阿德尔森藏品在哈默博物馆，洛杉矶 // 追求卓越：11位韩国艺术家在美国/艺术博物馆，首尔，韩国 // 2008年：带我去（给我看看），鹿腿画廊，纽约 // 戏剧化现实，皮拉·帕拉和罗梅罗艺术馆，马德里 // [I+E] 近期购藏展，布尔戈斯艺术中心，西班牙 // CCF和盖蒂基金会展现二十年前的今天：资助洛杉矶的独立艺术家，日本美国国家博物馆，洛杉矶 // 我的一代，斯比舍恩大院，科隆，德国 // 包罗万象——一个旅游世界，施恩艺术馆，美因河畔法兰克福，德国 // 2007年：发现，国际仁川艺术家双年展，仁川，韩国 // 田园诗：梦想与谬误，法尔肯贝格收藏，凤凰厅，汉堡，德国 // 2006年：碳酸酐，马克斯·赫兹勒画廊，柏林 // 2005年：来自人造光的灯光艺术，ZKM新艺术博物馆，卡尔斯鲁厄，德国 // 没影点，俄亥俄州立大学韦克斯纳艺术中心，哥伦布

林园珠
Won Ju Lim

↑ 破碎的风景#Ⅰ，画布上的颜料，丝钉和泡沫，2007年，62.8cm×77.7cm×13.3cm

↖ 正面：向后颠倒，2005年，有机玻璃和视频投影，178cm×28cm×43cm。左后方：恰恰，2005年，后右方：碘酒，2005年

← 沉默的24秒（细节），2008年，混合媒体雕塑和五个同步视频投影的装置，33分钟，尺寸可变，盖伊和米利亚姆·乌伦斯的收藏，日内瓦

↗ 漂浮的郊区，2001年，有88个模型的表演，全部都是泡沫芯板上的丙烯颜料，文件来自《桥下》，当代艺术论坛

→ 加州之梦，2002年，有机玻璃，泡沫芯板，静态图像投影，灯、DVD，尺寸可变

21

无墙的学院：36位世界顶级艺术家的艺术和生活课 　　205

林园珠
Won Ju Lim

我觉得分享我对艺术和作为一个艺术家的理念和想法最好方式是通过其他人的声音。这些他人的话语就像幽灵一样在我脑海中盘旋和共鸣。它们确认、反驳和质疑我的艺术创作方法和我作为一个艺术家的理由。

论观看：

"明显的愤世嫉俗者的眼睛通过一触即发的横眉冷对，一个器官的轻微内翻或外翻来出卖自己。那些生来就有斗鸡眼并选择科学、哲学或政治实践道路的人，在体质上似乎已经倾向于对事物、对本质和虚幻、对隐蔽和裸露的双重视觉。"

——彼得·斯劳特戴克[1]

"如果说后现代主义教会了我们什么……那就是要怀疑单一的观点，这种观点就像宏大叙事一样，对一个复杂到无法归结为统一观点的世界提供了笼统的描述。"

——马丁·杰伊[2]

"我们太聪明了，我们的聪明把我们玩弄于股掌之间。我们应该主要相信我们的感觉和那些从不欺骗我们的知觉。我们的智慧扰乱了我们对事物的正确认识。"

——罗伯特·布列松[3]

"至于建筑师的眼睛，它不比给他的土地或他画第一张草图的白纸更无辜。他的'主观'空间充满了过于客观的意义。这是一个视觉空间，一个沦为蓝图的空间，沦为单纯的图像——沦为想象力的敌人的'图像世界'。"

——亨利·列斐伏尔[4]

"所有的电影都有一个共同点，那就是能把人们的感知带到别的地方去。当我写这篇文章的时候，我正在努力回忆一部我喜欢的电影，甚至是一部我不喜欢的电影。我的记忆变成了一片别处的荒野。"

——罗伯特·史密森[5]

"通过对我们身边事物的特写，通过对熟悉事物的隐秘细节的聚焦，通过在摄影机的巧妙引导下对司空见惯环境的探索，电影一方面扩展了对统治我们生活的必要环节的理解，另一方面，它设法向我们保证了一个巨大的、意想不到的行动领域。"

——瓦尔特·本雅明[6]

"那么，静止是第二个文本的一个片段，它的

---

[1] 彼得·斯劳特戴克，《玩世理性批判》，迈克尔·埃尔德雷德英译. 明尼阿波利斯：明尼苏达大学出版社，1987年，第146页。
[2] 马丁·杰伊，《低垂之眼：20世纪法国思想中对视觉的诋毁》，伯克利和洛杉矶：加州大学出版社，1993年，第545页。
[3] 罗伯特·布列松接受查尔斯·托马斯·萨缪尔斯的采访，"邂逅导演：罗伯特·布列松" Robert Bresson，http://people.ucalgary.ca/~tstronds/robert-bresson.com/Words/CTSamuels.html，2014年6月11日访问。
[4] 亨利·列斐伏尔，《空间的生产》，牛津：布莱克威尔，1991年，第361页。
[5] 罗伯特·史密森，《电影的顶点》，《罗伯特·史密森的著作：论文与插图》，南希·霍尔特编辑，纽约：纽约大学出版社，1979年，第105页。
[6] 瓦尔特·本雅明，《机械复制时代的艺术作品》，《启迪》，汉娜·阿伦特主编，哈利·佐恩译，纽约：绍肯图书出版公司，1969年，第236页。

21

存在永远不会超过这个片段；电影和静止找到了自己的重叠关系，但却不能说一个是在另一个之上，或者说一个是从另一个中提取出来的。"

——罗兰·巴特①

"电影在何处？它就在你的周围，在外面，在城市的各个角落，那奇妙的、连续不断的电影和情景表演……要掌握它的秘密，你就不应该从城市开始，向内走向银幕；你应该从银幕开始，向外走向城市。在那里，电影并不以一种特殊的形式出现，而只是给街道和整个城市注入一种神话般的氛围。"

——让·鲍德里亚②

论艺术教育与早期职业

"我认为他们（艺术家）放弃的原因是，在某一阶段，天赋是廉价的……你需要有纯粹的痴迷。如果你不痴迷，你就会堕落。"

——约翰·巴尔德萨里③

"昨天的猪就是明天的火腿。"

——马丁·基朋贝格，苏珊娜·基朋贝格（Martin Kippenberger, Susanne Kippenberger）④

"天赋，无论如何定义，往往被认为是成功的基本条件。但矛盾的是，虽然从某种直观的层面上看，两位艺术家或经销商似乎同样有天赋，但其中一位可能非常成功，另一个则不成功，成功的定义是知名度、批评实践和收入。而不可否认的是，一个人在艺术界的社会关系网的强弱对成功有着重要的影响。"

——理查德·赫兹⑤

"复杂居于简单之中，这不正是诗歌的意义所在吗？"

——哈伊姆·施泰因巴赫⑥

关于专业实践

"就像人们通过精美的音乐来认识诗人一样，人们也可以通过丰富的韵律语句来识别骗子，无论哪种情况下，一时偶然的灵感都是不够的。"

——奥斯卡·王尔德⑦

"所有重要的艺术作品，尤其是那些关注经验中阴暗面的作品，尽管所传达的是诸如绝望之类的情绪，但在形式的实现上却超越了内容的不适感。"

——迈克尔·哈内克⑧

---

① 罗兰·巴特，《第三种意义》，《图像·音乐·文本》，译者：斯蒂芬·希斯，纽约：Hill and Wang，1977年，第146页。
② 让·鲍德里亚，《美国》，纽约和伦敦：维索出版社，1988年，第56页。
③ 约翰·巴尔德萨里，引自理查德·赫兹：Richard Hertz, Jack Goldstein and the CalArts Mafia，奥海，加利福尼亚州：明尼奥拉出版社，2003年，第66页。
④ 马丁·基朋贝格、苏珊娜·基朋贝格：《基朋贝格：艺术家与他的家庭》，亚特兰大和纽约：J&L出版社，2011年，第534页。
⑤ 理查德·赫兹，《节奏与喧嚣：深入洛杉矶艺术界》，奥海，加利福尼亚州，明尼奥拉出版社，2009年，第5页。
⑥ 哈伊姆·施泰因巴赫接受彼得·施万格采访，《炸弹》杂志。布鲁克林，第121卷，秋季，2012年，第22页。
⑦ 奥斯卡·王尔德，《谎言的衰落：观察、意图》，伦敦：詹姆斯·R.奥斯古德，麦克拉维恩，1891年。
⑧ 迈克尔·哈内克接受克里斯托弗·夏雷特采访，《已知的世界》，《电影眼睛派》第4卷第1期，2004年3月8日，http://www.kinoeye.org/04/01/interview01.php，2014年6月11日访问。

"为了避免符合自己的品位，我强迫自己自相矛盾。"
——马塞尔·杜尚①

"在我们这样一个缺乏管理的世界性社会里，围绕着文化对象话语既是自由的偶然性，又是反偶然性的。它既不会固化为教条，也不会因为消散而变得混乱。它创造了新的形象，并与周围新的支持者一道，从旧的形象中创造出新的形象。"
——戴夫·希基②

"任何重复都不可能完全相同，但我的故事带着他人的故事，他人的历史，我们的故事无休止地重复着，尽管我们一直在否定它。"
——郑明河③

"我的欲望何在？我的主观性在何处？就在此地。但此地是何地？就是我的工作室。但我的工作室是我生活的一个地方，它与我的整体环境并不分离，它是这个大环境的一部分。工作室无处不在。"
——哈伊姆·施泰因巴赫④

"我不相信独一无二的艺术家，也不相信独一无二的艺术作品。我相信现象，相信那些把想法放在一起的人。"
——马塞尔·布达埃尔⑤

关于艺术家与社会

"我更喜欢模棱两可。我不会说'艺术是虚假的'——因为艺术总是与现实打交道，如果你从心理学的角度考虑的话。但我想与艺术是关于真理的信念保持距离。"
——麦克·凯利⑥

"在电影中，通过编造谎言，我们可能永远无法达到基本的真相，但我们将永远在通往真相的路上。除了通过说谎，我们永远无法接近真相。"
——阿巴斯·基亚罗斯塔米⑦

"我们现在知道，文本并不是一行字，关系到单一的'神学'含义（作者——神的'信息'），而是一个多维空间，在这个空间里，各种不同的著作

---

① 马塞尔·杜尚被哈里特和西德尼·贾妮思在"马塞尔杜尚：反艺术的艺术家"，《观点》杂志（1945年3月21日）中引用；转载于罗伯特·马瑟韦尔，《达达画家和诗人》，纽约：乔治威腾波恩公司，1951年。
② 戴夫·希基，《空气吉他》，洛杉矶：艺术问题的新闻，1997年，第170页。
③ 郑明河，"奶奶的故事"，《枯萎的寓言：当代艺术家文集》，布莱恩·威利斯编辑。剑桥，马萨诸塞州：麻省理工学院出版社，1987年，第6页。
④ 哈伊姆·施泰因巴赫接受乔什·戴克特采访，海姆·斯坦巴赫（第一部分），《当代艺术杂志》，http://www.jca-online.com/steinbach.html 2014年6月11日访问。
⑤ 马塞尔·布达埃尔访谈，《三脚架》，本杰明·布赫洛（编辑）"布达埃尔：写作、访谈和照片"，剑桥和伦敦：麻省理工学院出版社，1988年，第38页。
⑥ 麦克·凯利对托马斯·麦克埃维利的访谈，《完美的犯规》，约翰·C.韦尔奇曼编辑，剑桥和伦敦：麻省理工学院出版社，2003年，第59页。
⑦ 阿巴斯·基亚罗斯塔米接受阿克拉姆·扎塔尔采访，《阿巴斯-基亚罗斯塔米》；《被炸区域》，1995年冬季，http://bombsite.com/issues/50/articles/1832，2014年6月11日访问。

21

（没有一个是原创的）相互融合，相互冲突。"
　　——罗兰·巴特①

"寓言，在思想之域，就如废墟之于万物之域。"
　　——瓦尔特·本雅明②

"读者既不代表作者的姿态，也不代表作者的立场。他在文本中发明了一些不同的东西，脱离了它们的（失去的或附属的）起源。他把它们的碎片结合起来，在由它们的能力组织起来的空间里创造了一些未知的事物，允许无限多元的意义。"
　　——米歇尔·德塞都③

"真理从来都不是绝对的，它几乎是切切实实地接近的。宣称一种哲学、宗教或社会真理，会把它变成教条，因此会阻止它被体验为真实。相反，感觉真实的事物是诗意的、不可言说的、开放的。"
　　——卡洛斯·雷加达斯④

"无论'现代'意味着什么，我都不排斥这个词。相反，对我来说，'现代'意味着社会和美学上的进步，仅仅是作为多样性中的一个漫游者。"
　　——伊萨·根泽肯⑤

关于艺术的目的

"我相信，我们创造了艺术……而我所知的每一项审慎的人类活动，似乎都在向往艺术的地位，无论多么间接……作为一种防御，以抵御我们完全确定的羞辱和坚持的悲哀：我们都将死去。"
　　——荷利斯·法朗普顿⑥

"如果要求我们对付多余的空间、边缘的空间，我们可以把多余的空间变成一种癌症：这个多余的空间能做的就是病化主空间，削弱主空间……你能不能设置一个疑问，表现出犹豫，插入一个括号，再想一想？"
　　——维多·阿孔奇⑦

"船是最佳的异托邦。在没有船的文明中，梦想枯竭，间谍活动取代了冒险，警察取代了海盗。"
　　——米歇尔·福柯⑧

"如果有谁不知道艺术和生活的区别，我真的会怜悯他。而我参与了这些关于艺术和生活的想法，作为某种隐喻。"
　　——艾米特·威廉姆斯⑨

---

① 罗兰·巴特，《作者之死》，Image-Music-Text, trans. Stephen Heath（纽约：Hill and Wang，1977年），第146页。
② 瓦尔特·本雅明，《德国悲苦剧的起源》约翰·奥斯本译，纽约和伦敦印刷，1977年，第178页。
③ 米歇尔·德塞都，《日常生活的实践》史蒂文·伦德尔译，伯克利和洛杉矶：加州大学出版社，1984年，第169页。
④ 卡洛斯·雷加达斯，约瑟·卡斯蒂洛采访，卡洛斯·雷加达斯，被炸区域，2010年的春天，http://bombsite.com/issues/111/articles/3452. 2014年6月11日访问。
⑤ 伊萨·根泽肯接受迪德里希·迪德里希森采访，伊萨·根泽肯，伦敦：菲登出版社，2006年，第18页。
⑥ 荷利斯·法朗普顿，《混乱圈》。电影摄影，录像：文本，1968—1980年。
⑦ "维多·阿孔奇接受汤姆·芬克尔佩尔的采访"，汤姆·芬克尔佩尔，《公共艺术的对话》，剑桥和伦敦：麻省理工学院出版社，2001年，第176页。
⑧ 米歇尔·福柯，《不同的空间：乌托邦和异托邦》，第48卷，第9期，1985年，第17页。
⑨ 艾米特·威廉姆斯，拉尔斯·莫文，《错位：30年的波动》为丹麦国家电影委员会制作的Cinnamon电影，1993年。

林园珠
Won Ju Lim

21

"'破碎'比'整全'更深地埋入记忆。在'整全'的表面上,记忆会滑落,而'破碎'的表面可以使人的记忆抓住。"

——维姆·文德斯[①]

"只有当艺术是零碎的、不连续的、不完整的时候,我们才能知道那个排除对象和确定意义的空洞的永恒。"

——罗伯特·史密森[②]

指定观看

尚塔尔·阿克曼,导演,《我你他她》,1974年,电影。

疏远和隔阂的主题——在尚塔尔·阿克曼接下来的许多电影中都会出现,如让·迪尔曼和来自家的消息——是许多艺术家都能感受到的主题。

亚历杭德罗·佐杜洛夫斯基,导演,《圣山》,ABKCO音乐和唱片公司,1973年。

这是有史以来最具视觉冲击力的电影之一。它让人深感不安,却又天真轻快。佐杜洛夫斯基在各方面都是一个杰出的视觉艺术家。

克里斯·马克尔,导演,《日月无光》,阿戈斯电影公司,1983年。

现在似乎比以往任何时候都更适合(重新)观看日月无光,并思考时间和记忆。克里斯·马克尔通过叙述者/调解人和旅行摄影师的声音,描述了不同的现实和时间概念。他指出,不可能拥有真正的个人记忆,而这种记忆又不被历史所破坏或被图像所影响。他问道:"历史是在何处创造的?"

史蒂夫·麦奎因,导演,《饥饿》,图标制片公司时代精神电影公司,2008年,电影。

这部电影讲述的是鲍比·桑兹的绝食和其他爱尔兰共和军囚犯的抗议。它讲述的是这些人如何在极端的条件下,用自己的身体作为自我表达的场所、工具和材料。这是我在过去几年中看到的最有力量的电影;它在我的脑海中产生了智力和视觉上的共鸣。

费里德李希·维尔海姆·茂瑙,导演,《诺斯费拉图》,1922年,中央电影局出品。

在这部德古拉的第一部电影版中,诺斯费拉图远非皮肤无瑕的美丽花花公子、古董收藏家,也不是美酒佳肴的鉴赏家,他不像后来的许多德古拉那样,饱读诗书,能言善辩,也不像后来的许多德古拉那样,被几百年的文化所损伤心理。他是一个单纯的吸血鬼,有着蝙蝠一样的特征、姿态和不良的个人卫生习惯。费里德李希·维尔海姆·茂瑙将故事设定在两次世界大战之间,描绘了一个生活在疾病恐惧和社会腐败中的排外社会。

阿伦·雷乃,导演,《去年在马里昂巴德》,科西诺·马尔索制片公司,1961年。

本片的逻辑就像梦中的逻辑。我们之所以喜欢非线性的电影,喜欢时空的扩张、收缩和矛盾,或许是因为我们对梦境世界的熟悉。当我问自己:"在梦中还是在电影中看到的?"我并不觉得自己的记忆遭到背叛,而是想起了不确定性中的诗意。

亚历山大·索库罗夫,导演,《俄罗斯方舟》,井泉传媒,2002年,电影。

在96分钟的长镜头拍摄中,索库罗夫通过冬宫藏品讲述了俄罗斯三百年的历史和文化,令人印象深刻。本片的特别之处不在于它是用一个个连续镜头拍成的,而是在于它没有剪辑,即没有创造电影时间的工具;现实时间与历史时间之间的一种寻常关系便凸显出来。

蔡明亮,导演,《再见龙门客栈》,井泉传媒,2003年,电影。

蔡明亮电影中的人物常常感到与城市生活格格不入,他们渴望一个别处——不一定是另一个地方,也许是另一个时代。在这里,主题是对电影时过境迁的哀悼。

奥逊·威尔斯,导演,《审判》,阿斯特电影公司,1962年。

这部根据弗兰茨·卡夫卡遗作改编的电影,层层叠叠的

[①] 维姆·文德斯,http://www.wim-wenders.com/art/once.htm. 2014年6月11日访问。
[②] 罗伯特·史密森,"未来的形状和记忆",《罗伯特·史密森的著作》,南希·霍尔特编辑,纽约:纽约大学出版社,1979年,第211页。

主题都很深刻——资本主义世界的偏执主体、司法系统的腐败、原罪，但光影的运用才是这部电影的亮点。光影运用得如此精妙的例子只有德国表现主义电影，这显然对威尔斯产生了重大影响。

王家卫，导演，《2046》，索尼影视经典/美亚/鞑靼电影公司，2004年，电影。

当摄影师克里斯托弗·多伊尔和王家卫在一起时，色彩变得流行，时间变得缓慢，平凡事物的特写镜头变成了他们自己的世界，风格表达胜过了叙事内容。在这部他们合作的最后一部长片中，人物从一个地方飘到另一个地方，从一个时空飘到另一个时空，他们的身份在彼此间折叠。这部科幻/黑色电影/剧情片囊括了我对王家卫电影的全部热爱。

→ 塞缪尔·贝克特，《电影》，1965年，电影剧照

↓ 迈克·凯利，《艾伦·鲁珀斯伯格、帕特里克·佩因特、戴夫·穆勒、杰尼斯·温加顿、迈克·凯利、卡梅隆·杰米、萨沙·弗里德曼、艾米·王、玛丽·克莱尔、史蒂文斯、奥弗丁和凯特、哈伊姆·斯坦巴赫、丽莎·拉宾斯基的架子》，2008年，装置视角，奥弗杜恩和凯特，洛杉矶

林园珠
Won Ju Lim

← 阿巴斯·基阿罗斯塔米,《像恋爱中的人》,2012年,高梨凛的电影剧照

↙ 霍利斯·弗兰普顿,《乡愁》,1971年,电影剧照

↙↓ 罗伯特·史密森,《阿马里洛斜坡》,1973年,得克萨斯州阿马里洛的特科瓦斯湖

↓《圣山》,1973年,电影剧照

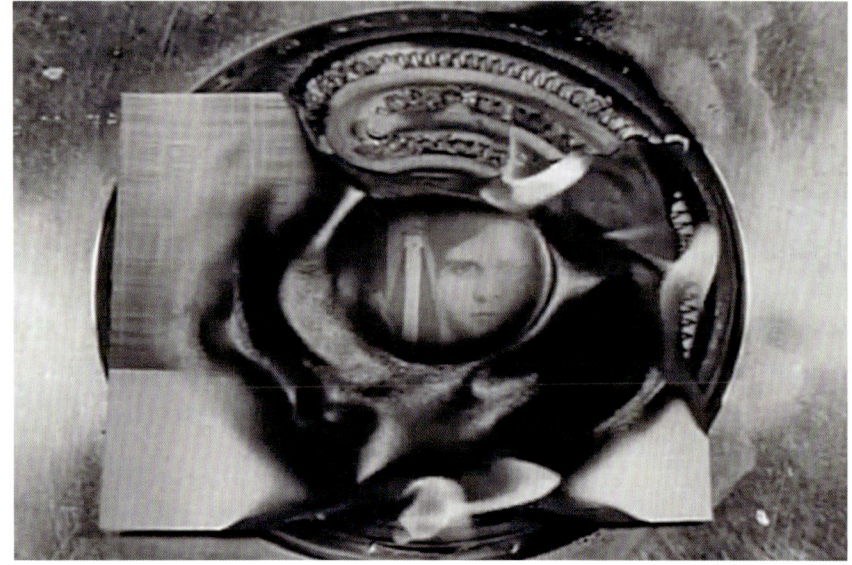

21

课程：通过他人的声音　　213

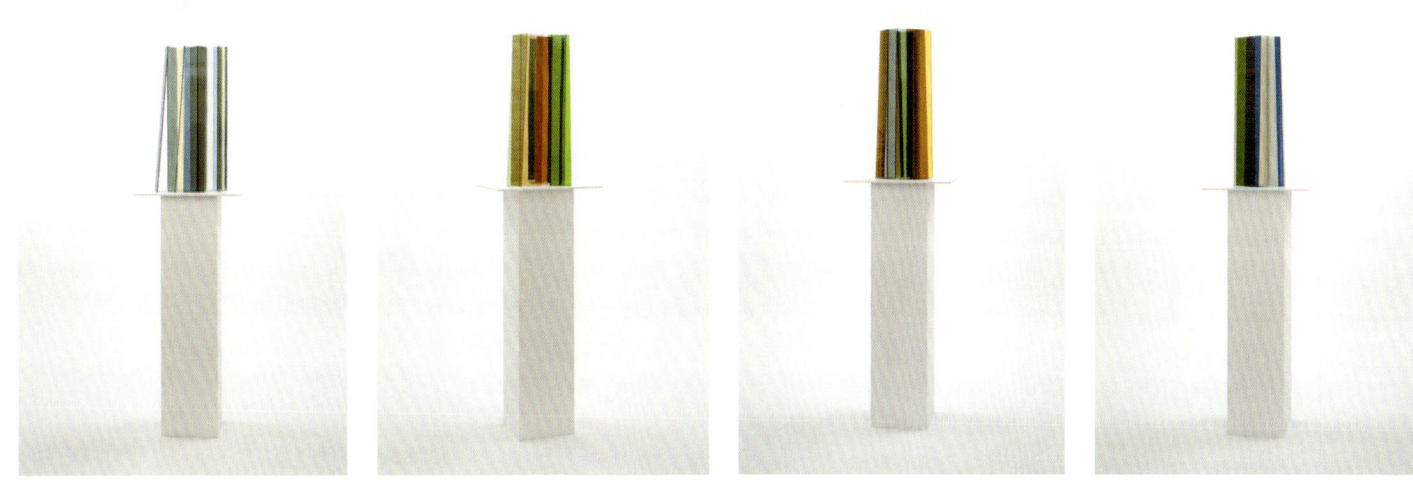

伊萨·根泽肯，《柏林的新建筑》。2004年，四个部分，玻璃、环氧树脂、木材。每个220cm×60cm×45cm

史蒂夫·麦奎因，《饥饿》，2008年，影片中的主角是利亚姆·麦克马洪和布莱恩·米利根

F.W.茂瑙，《诺斯费拉图》，1922年，电影剧照

阿伦·雷乃，《去年在马里昂巴德》，剧照，1961年

约纳斯·梅卡斯
Jonas Mekas

出生 / 生活和工作
塞梅尼什基亚，比尔扎伊，立陶宛，1922年 / 纽约

教育经历
法国美因茨大学哲学专业，1946年至1948年

教学岗位和专业职务
自20世纪70年代起在纽约社会研究新学院、麻省理工学院、纽约库珀联盟和纽约大学教授电影课程
1964年，纽约电影制片人电影资料馆（后来的"选集电影资料馆"）共同创始人
1962年，纽约电影制片人合作社共同创始人
1958年，纽约《电影文化》杂志共同创始人

重要作品
不眠之夜的故事，2011年
365天计划，2007
当我向前走的时候，我偶尔会看到短暂的美丽的一瞥，2000年
轻柔的西风，1992年
迷失，迷失，迷失，1975年
立陶宛之旅的回忆，1972年
瓦尔登湖，1969年

近期奖项
当选为美国艺术和科学院院士，2013年，马萨诸塞州剑桥
法国文化部艺术和文学勋章获得者，2013年
弗朗西斯·J.格林伯格奖，纽约，2013年
立陶宛文化部颁发的"光明与信念"奖，2012年
乔治·伊斯特曼荣誉学者奖，纽约州罗切斯特，2011年
第二届罗布·普鲁特艺术奖终身成就奖，纽约，2010年
奥地利科学和艺术荣誉勋章，维也纳，2008年
波罗的海文化成就奖，华盛顿特区，2008年
洛杉矶影评人协会颁发电影艺术贡献特别奖，2007年
罗斯维塔·哈夫特曼基金会特别奖，苏黎世，2007年
立陶宛维陶塔斯·马格努斯大学名誉博士，1997年
国际纪录片协会奖，洛杉矶，1997年
纽约影评人圈特别致敬奖，1996年

近期展览和放映
2013年：生活在继续……我一直歌唱，黛博拉·科尔顿画廊，休斯敦，得克萨斯州 // 约纳斯·梅卡斯/《波动墙》，博扎尔艺术中心，布鲁塞尔 // 约纳斯·梅卡斯：平凡的赞美，Phi中心，蒙特利尔，加拿大 // 让我自我介绍一下，我的俄罗斯朋友们！国家冬宫博物馆，圣彼得堡，俄罗斯 // 60年代四重奏，赫尔辛基当代艺术博物馆，赫尔辛基 // agnès b.，马赛，法国 // 亡命之徒：新作品，显微镜画廊，布鲁克林，纽约 // 我举起酒杯敬你，我的维也纳朋友们！克林辛格项目，维也纳 // MUAC，墨西哥城 // DOX当代艺术中心，布拉格 // 2012年：365天计划，蓬皮杜中心，巴黎 // 蛇形画廊，伦

22

敦 // 黑暗中的图像，詹姆斯·富恩特斯画廊，纽约 // 德国的回忆，约纳斯·梅卡斯视觉艺术中心，维尔纽斯 // 德国的回忆，市立博物馆，威斯巴登，德国 // "365天计划"，2B画廊，布达佩斯 // 可塑音乐，agnès b.，Howard st boutique，纽约 // 肖像：约纳斯·梅卡斯和罗伯特·波利多里，埃德温·胡克画廊，纽约 // 2011年：天堂的这一边，agnès b.，Rue du Jourboutique，巴黎 // 2010年：带着爱去纽约，詹姆斯·富恩特斯画廊/纽约 // 布鲁森年会，纽约 // 2009年：毁灭四重奏，国王郡双年展，布鲁克林，纽约 // 与爱同在纽约，巴斯·费舍尔邀请赛，迈阿密，佛罗里达州 // 1989年，维也纳美术馆，维也纳 // 约纳斯·梅卡斯，Toki no Wasuremono画廊，东京，日本 // 1968，比勒菲尔德美术馆，德国 // 2008年：Ragghianti基金会，卢卡，意大利 // 路德维希博物馆，科隆，德国 // 2007年：约纳斯·梅卡斯：朋友在一起的美，纽约现代艺术博物馆PS1，长岛市，纽约 // 2006年："美丽的一瞥"，米德画廊，华威艺术中心，英国 // "扩大的眼睛"，苏黎世美术馆 // "日记电影"，哥德堡美术馆，瑞典 // 赫什霍恩博物馆，华盛顿特区 // 2005年：第51届威尼斯双年展，意大利 // 告别苏荷区，斯德哥尔摩现代博物馆 // 2004年：约纳斯·梅卡斯：约纳斯的摄影机，巴黎现代艺术博物馆

216 约纳斯·梅卡斯
Jonas Mekas

22

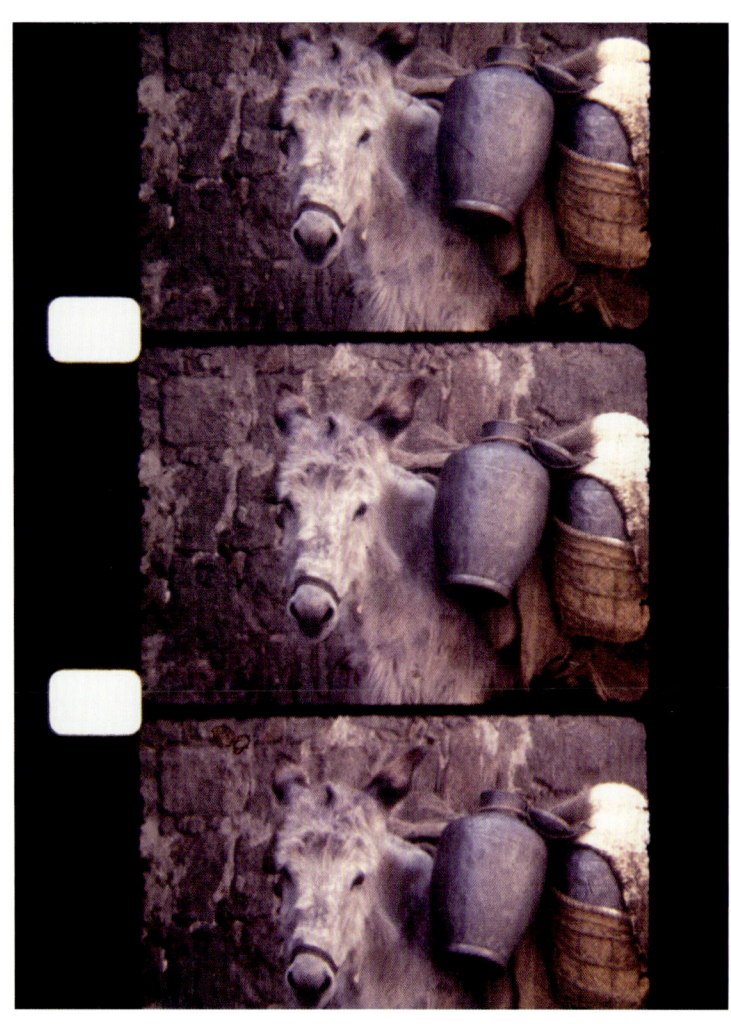

22

无墙的学院：36位世界顶级艺术家的艺术和生活课　　217

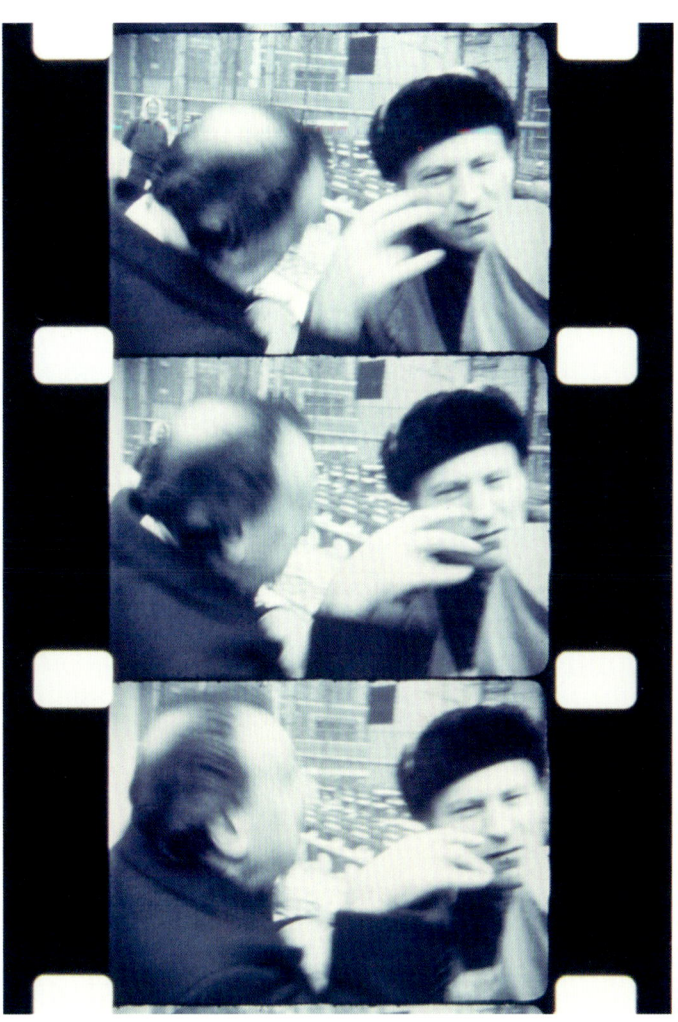

↖↖《阿维拉之歌》，电影剧照，2003年，3分2秒

↖《安迪·沃霍尔获奖感言》，电影剧照，1964年，12分钟

↑《安迪·沃霍尔的生活场景》，电影剧照，1990年，35分钟

↗萨尔瓦多·达利和乔纳斯·梅卡斯在纪录片《之间》中的剧照，1978年，52分钟

约纳斯·梅卡斯
Jonas Mekas

1.

现今，至少有5亿种设备和小工具可以用来制作电影：胶片相机、摄像机、电脑、手机，甚至谷歌眼镜。这意味着几乎任何人都可以制作电影，就像任何人都可以写作、跳舞或唱歌一样。

虽然大部分的歌唱、跳舞、写作，以及现在的动态影像拍摄/传播都只是正常的"社交活动"的一部分，但我们中总有一些人主动地想要，或者被莫名其妙地驱使着更进一步，去追求所谓的"七种艺术"所建立的传统，而动态影像艺术现在也被加入其中。

2.

如果你已经为电影着迷，我想和你分享以下的想法，也许在踏上你人生的那段危险旅程后，会有一些用处。

3.

电影，就像文学或绘画，或其他任何艺术一样，可以想象成一棵大树，有许多枝条，这些枝条中有的很大，有的很小，有的甚至袖珍。重要的是，不要忘记无论尺寸如何，它们都有自己的功能，同时它们共同构成了这棵树。因此，我们有一个大的叙事或讲故事的分支，它本身又分出了一些更小的分支，如西部片、黑色电影、音乐剧、喜剧、滑稽剧等；还有几个分支，分出了"现实生活"的门类：新闻、实录电影、电视纪录片和报道，甚至现实生活中的连续剧和文献片。还有不同品种的自传体和日记体电影（我自己也在进行这一类型实践），以及一个被称为"家庭电影"的分支和一个散文体电影的分支（比如说，克里斯·马克尔、马塞尔·哈农和彼得·格林纳威都在实践）。还有一个更小的分支群，它们处理非叙事性的问题；我们可以称它们为"诗意的"电影形式，它们在很多方面对应于文学中各种不同形式的诗歌。例如，玛丽·门肯的抒情电影，斯坦·布拉哈格的《歌》（1964—1969年），布鲁斯·贝利的电影；还有一些分支可以与信件和明信片相提并论，因为它们构成了油管（YouTube）、脸书（Facebook）和个人网站上大部分的创作。

4.

我相信，有两个最好的这段旅程的方法：（1）与另一位你欣赏其作品的电影制作人合作，像文艺复兴时期的那些大师那样学习艺术和手艺；（2）获得一台相机，任何一台相机，并开始将拍摄/录像作为一种日常练习。只有通过拍摄或录像，你才会开始发现你想拍什么样的电影，朝着电影之树的哪个分支生长。

5.

年轻诗人最好的老师是阅读其他人的诗，这一方法同样适用于电影界，电影制作人最好的学习就是去观看电影树上各个分支的电影，其中包括经典的和当代的。你可以找到离你最近的放映经典电影的场所。并认识其他和你有同样梦想的年轻人，与他们相约在当地的电影场馆中与他们见面，他们在那里放映他们的电影/视频；不要迷失在单纯的"商业""公共"电影场馆中。在独立的小场馆里才会产生刺激，才会有新的想法。

6.

读书！不要忽视你艺术的履历，也不要浪费时间或是白费力气去做重复的工作。虽然说电影是随着我们摄像机的每一次嗡嗡声而重新开始的，但我们已经继承了一个令人兴奋的电影机体，也反映了电影树的所有分支，这也是事实。在某种程度，我们就是它的分支，我们只能向上生长，而不能逆向生长。

我不会看电影杂志，它们现在都非常小儿科。我也会说，当代大部分关于电影的书籍也是如此。读早期的书，比如保罗·罗萨的《迄今为止的电影》，刘易斯·雅各布的《美国电影的崛起》，汉斯·里希特、让·爱泼斯坦、杜拉克，那些早期（1900—1915年）布拉格作家（如果你能找到的话）、普多夫金、阿恩海姆的著作。从同时代人来看，可以读斯坦·布拉哈格的《视觉上的隐喻》，P.亚当斯·西特尼的《视觉电影》，史蒂夫·德沃斯金的 *Film Is*，多米尼克·诺格兹，以及我自己的《电影杂志》。在当代书籍之外，我推荐早期的电影著作，因为早期作家对电影艺术的无限热情，他们的激情、憧憬、梦想，在当代的电影著作中已经消失了。

7.

就像音乐家或画家一样，电影/视频制作者必须了解有关制作与展示艺术的工具和技术的一切，而且对他们所选择的动态影像制作工具的功能、性能和局限性有全面的了解，才能发挥其最大的潜力。〔参见哈摩尼·柯瑞尼的《垃圾保险杆》（2009年）——一部有关"糟糕"的剪辑，带着"吓人"的摄影工作的"糟糕"电影，一切都很糟糕——但却也是一部杰作；以及我自己的《马戏团笔记》（1966年）——关于宝来克斯相机能做什么的语汇。〕

8.

MOVEMENT（运动）。电影中的运动现在可以从完全不动（安迪·沃霍尔创作的《帝国》，1964年）到模糊的唰唰声（迈克尔·斯诺创作的《前后》，1969年），再到一百万种不可预测的速度和狂喜（例如布拉哈格的作品）。经典的电影词汇只允许节奏可敬，稳定，不动声色的摄像机运动，这就是所谓的"好的""清晰的"影像。但电影制作者已经解放了摄像机的运动，摄影机现在可以到任何地方去，从清澈、田园式的宁静到狂热的心醉神迷。我们各种状态的情绪都可以被记录和反映——如果不是为其他人记录的话，就是为我们自己进行记录。镜头可以像我们的思想一样狂热。没有所谓的"正常的运动"或"正常的图像"；没有"好的"图像或"坏的"图像。我无须告诉你的是，我在这里所说的与古典和专业的当代公共电影的公认美学完全相悖。

9.

灯光/曝光。你可以从"适当的"曝光和照明的图像（用测光表测量）到"适当的"完全被破坏；从完全的白（冲淡）到完全的黑。现在，无尽的细微差别向我们敞开了大门，阴影的诗意，或过度曝光和欠曝光。见阿彼察邦·韦拉斯古哈的《能召回前世的布米叔叔》（2010年）。

10.

我们现在知道，一种曝光（看）事物的方式是并不存在的；稳重或锐利或清晰（以及它们的所有对立面）本身并不是美德或绝对属性；电影语言和其他任何语言或语法一样是不断变化的，因为我们制作动态影像的工具和我们观察现实的方式都在以复杂、神秘且不可预测的方式进行变化。（参见哈莫尼·科林的《垃圾堆》、乔治·库查的《天气日记》，1986—1990年，伊西多尔·伊苏的《黏液与永恒的条约》，1951年）

11.

请不要听那些说模拟电影之死，数字技术万岁的人说的话！不！不！不！在巴黎、伦敦、纽约、东京，有许多，我重复一遍，许多年轻人仍然相信现在所谓的"模拟"电影：胶片，赛璐珞电影，他们也在实践。他们知道在哪里可以找到8毫米和16毫米的胶片，他们建立了自己的胶片加工实验室，他们保存了旧的放映设备，他们鼓励胶片生产商继续制作8毫米和16毫米的胶片。他们还通过非商业性的电影制作者合作社——巴黎的"光锥"、纽约的"电影制作者合作社"、旧金山的"峡谷电影院"、伦敦的LUX等进行作品交流。你可以通过联系巴黎的"回看"电影档案找到很多这方面的信息。作为胶片的电影将继续存在！

12.

最后：请像你尊重你的父母一样尊重你的影像格式和你的相机。8毫米或16毫米的胶片应该始终以8毫米和16毫米的格式放映，而不能转为其他格式；同样，35毫米和所有其他格式的影片也是如此。一部影像作品应该以影像的形式来放映，而不是通过转成胶片来胡闹。就像水彩画和油画有其特殊的、不可转换的属性，或者萨克斯管不能翻译成小提琴一样，胶片和数字格式也有其不可转换的技术、风格，以及内容的独特属性，你用手机做的事情，用35毫米的相机永远做不到。

13.

我在纽约的布鲁克林写下上述这些笔记，我认为这些笔记是完全理性的，如果按照这些笔记去做，对任何想拍电影的人来说都是有益的。但我写这些时会完全知晓，在另一个远离布鲁克林的被称为奥林匹斯山的地方，有八位缪斯女神[①]，她们有自己的计划，谁也不知道她们会选择谁：因为一旦她们选择你，你就别无选择。你也无须任何指导手册。记者会问你：你是怎么开始的，为什么？而你也没有答案。

[①] 关于古希腊神话中掌管艺术和文学的缪斯女神的数量说法不一，一般有九位和三位的说法，其中九位缪斯比较普遍，但没有八位的说法。一般以"缪斯"象征艺术和文学的灵感来源，甚至用来作为艺术的代称。

22

课程：关于电影制作的十三条注意事项

指定阅读和观看

我建议你远离电影理论书籍，至少在你从事电影工作的前十年。它们会把你搞得一团糟，需要很长时间才能回归自我。我的书单只包括作者（包括我自己）像诗人一样写作电影的书，这些书对电影作为一种艺术和发现的可能性充满热爱和激情。

阅读：

约翰·格里森，《格里森论纪录片》，伦敦：柯林斯出版公司，1946年。

——我选择这本书是因为它对现实生活中的电影的卓越见解——电影是对我们周围现实的记录。

乔纳斯·梅卡斯，《电影日记》，纽约：麦克米兰出版社，1972年。

——我不是一个历史学家，也不是一个电影评论家，我是一个电影爱好者。

汉斯·里希特，《前卫艺术史》，旧金山，1947年。

——我选择这本书是因为汉斯·里希特对非叙事性、诗意和抽象形式电影的可能性的无拘无束、富有感染力的热情。

保罗·罗萨，《迄今为止的电影》，伦敦：春天书局，1967年。

——这本书是在电影史作者们还在以梦想家纯真的态度来描写移动影像这门年轻艺术的时候写就的。

观看：

斯坦·布拉哈格，导演，《视觉上的隐喻》，电影，1963年。

——这位伟大电影诗人的这本书介绍了他对人眼、人类视觉运作的远见卓识，因为人眼、人类视觉在努力通过艺术来记录它所看到的东西。

卡丽·莫耶
Carrie Moyer

出生 / 生活和工作

密歇根州底特律市 / 纽约布鲁克林区，1960年

教育经历

艺术硕士，米尔顿·艾弗里艺术研究生院，巴德学院，纽约州哈德逊河畔安嫩代尔，2000年

纽约布鲁克林普瑞特学院艺术学士，1985年

斯科希甘绘画和雕塑学院，纽约，1995年

教职和专业职务

纽约亨特学院艺术系副教授，2011年至今

当选为纽约斯科希甘绘画和雕塑学校理事会成员，2010年

Dyke Action Machine!（干预主义公共艺术项目；见 www.ciykeactionmachine.com）联合创始人（与摄影师休·沙夫纳），1991—2004年

重要作品

石头、布、剪刀，2012年

走进森林，2011年

老虎的妻子，2011年

Frieze，2009年

机械芭蕾，2008年

The Crux，2006年

近期奖项

古根海姆奖学金，纽约，2013年

琼·米切尔画家和雕塑家奖，纽约，2011年

纽约"匿名的女性奖"，2011年

近期个展和双人展

2014年：海盗珍妮，哥伦布艺术学院，俄亥俄州 // 2013年：海盗珍妮，纽约州萨拉托加斯普林斯，斯基德莫尔学院，纽约 // 卡丽·莫耶，柏林凯·海因茨 // 2012年：星际穿越，伍斯特艺术博物馆，马萨诸塞州 // 卡丽·莫耶和莱斯·罗杰斯，苏珊娜·塔拉西芙，巴黎 // 2011年：正典，加拿大画廊，纽约 // 2009年：奥秘，加拿大画廊，纽约 // 卡丽·莫耶：绘画宣传，美国大学博物馆 / 卡顿艺术中心，美国大学，华盛顿特区 // 2007年：石器时代，加拿大画廊，纽约 // 项目：渲染，与JC2：乔伊·埃皮萨拉，乔伊·加内特合作，卡丽·莫耶和凯利山岗，动势艺术，布鲁克林，纽约 // 黑金，罗兰当代艺术机构，芝加哥，伊利诺伊州 // 黑金，亨特画廊，玛丽·鲍德温学院，斯汤顿，弗吉尼亚州 // 2006年：卡丽·莫耶和戴安娜·彭塔 / 参孙计划，波士顿，马萨诸塞州 // 2004年：两个女人：卡丽·莫耶和谢拉·佩佩，棕榈滩ICA，佛罗里达州 // 姐妹花，形形色色的作品，休斯敦，德州 // 正面项目，Triple Candie，纽约 // 2003年：宣言，加拿大画廊，纽约 // 2002年：同志万岁！Debs & Co.，纽约 // 吟游诗人绘画，绿街画廊，波士顿，马萨诸塞州 // 肉云，Debs & Co.，纽约 // 形形色色的作品，休斯敦，得克萨斯州 // 2000年：神之军，Debs & Co.，纽约

部分群展

2012年：白色相册，路易斯·B. 詹姆斯，纽约 // 倾泻，佛罗里达大西洋大学，劳德代尔堡，佛罗里达州 // 2011年：绘画展，哈里斯·利伯曼画廊，纽约 // 亲和力：抽象绘画，达梅利奥·特拉斯

23

画廊，纽约 // 论文中的所有，休·斯科特画廊，纽约 // 2010年：珠宝窃贼，唐人教学博物馆，斯基德莫尔学院，萨拉托加斯普林斯，纽约 // 特雷西·威廉姆斯，LTD，纽约 // 图片使我们被俘：卡丽·莫耶和杰瑞德·斯普雷彻，田纳西大学市中心画廊，诺克斯维尔 // The Exquisite Corpse Project：由大卫·萨勒、克莱门斯·加塞尔和塔尼亚·格鲁纳特策划，纽约 // 生动：绘画中的女性潮流，施罗德·罗梅罗和碎纸机画廊，纽约 // 爱永不消逝，Form+content画廊，明尼阿波利斯，明尼苏达州 // 超声速四代，马克·摩尔画廊，圣莫妮卡，加利福尼亚州 // 芝加哥，伊利诺伊州 // 关于PTG，尤里乌斯·凯撒画廊，芝加哥，伊利诺伊州 // 2009年：不要湮灭，里奥·柯尼希项目，纽约 // "艺术家看芝加哥"，郊区@海德公园艺术中心，芝加哥，伊利诺伊州 // 哟妈妈：希拉·佩佩和朋友们，纳奥米·阿林当代艺术中心，拉斯维加斯，内华达州 // 2008年：那是以前……这是现在，纽约现代艺术博物馆PS1，长岛市，纽约 // 打破常规！希伯尔/台岑博物馆，曼海姆艺术协会，曼海姆，德国

卡丽·莫耶
Carrie Moyer

↖↑ Yes Rays，2013年，丙烯画布，168cm×137cm

↑↑ 火焰喷射器，2010年，布面丙烯和闪光剂，168cm×137cm

↑ 博士先生，2012年，布面丙烯和闪光剂，152cm×183cm

← 钩、线、沉，2012年，布面丙烯、石墨和闪光剂，183cm×152cm

→ 竞技芭蕾，2008年，布面丙烯和闪光剂，203cm×152cm

23

卡丽·莫耶
Carrie Moyer

我对绘画的初恋

小时候,我经常被带到底特律艺术学院。我那时完全被底特律工业壁画所吸引,迭戈·里维拉(Diego Rivera)于1933年创作的巨幅连环壁画,直接覆盖住了博物馆内一个装饰性的艺术庭院的墙壁。墙的下半部分是一幅展现了福特汽车厂的工人们操作的壮丽描绘。墙的上半部分是土著和基督教的神灵仁慈地主持着这些人间的事物。里维拉恢宏的壁画让我感受到艺术可以是壮观的,也可以是令人向往的。我仍然被他的宗教圣像、平面设计和乌托邦信息的辉煌组合所迷惑。

对艺术的多重情感

我对艺术的趣味是"天主教"的。多年来,我喜欢许多不同种类的艺术和艺术家。十岁左右,我发现了"青骑士"画家群体,特别是阿历克塞·冯·雅弗林斯基和他的1909年的《亚历山大·沙卡洛夫肖像》,一个性感的舞者,这反过来又把我引向了马克斯·贝克曼、克里斯蒂安·沙德和"新客观派"的艺术家。从绳文时代(公元前12000年)的日本新石器时代艺术,到中世纪的有机抽象,再到20世纪70年代的女性主义艺术运动,再到胡安·米罗、莫里斯·路易斯、科里塔修女、斯蒂芬·穆勒、多纳·尼尔森和尼古拉·泰森,一切都让我着迷。工作室的每一个新方向都提供了一个探索的机会。现在,我对伊丽莎白·默里、克里斯蒂娜·兰贝格和The Hairy Who非常感兴趣。

事实和感觉

我还是个艺术系学生的时候,第一次亲眼看到卡西米尔·马列维奇的一幅《黑方块》绘画。我自己都很吃惊地发现我竟在画前悄悄地哭了,虽然它的表面已经开裂、发黄,但画布上却有一些令人难以置信的伤感和美丽。这刷新了我的感知,这幅不起眼的手工作品竟然向世界释放了抽象主义,并彻底改变了我们对艺术的思考和创作方式。

通过亲身观察艺术来提高你的视觉智慧

近距离观察是一种用以收集信息的手段,目的是在其制作者设定的参数范围内分析一件艺术作品,通过仔细地"检查",对象的材料、尺寸、规模;它的制作过程和方法;制作者的身份;它与媒介和流派的历史,以及与整个世界的关系都可以展现出来。用这种形式的鉴赏力来决定艺术是"好"还是"坏",会失去目的,因为这样更像是一位科学家学习的方式,学习如何分析和识别你所看到的东西。

关于艺术职业、日间工作和课余生活的几点思考

1. 艺术是一个全天候的职业。
2. 艺术家没有一条已经成文的职业道路,每个人都是走一步看一步。
3. 艺术世界的内部运作往往是相当不透明的(即使对老前辈们来说也是如此)——征询很多问题,找到同道中人,围绕你在工作室里做的事情建立一个社群。

23

4. 尽量不要执着于"闯"到现场。如果你不断做出有趣的作品，人们是会注意到的。

5. 毕业后的标准工作——艺术创作工作者、画廊主、艺术家助理——这些常常让人感觉与自己想要的职业格格不入。

6. 尝试与艺术无关的工作。那些不拘一格的生活选择会使你的一切丰富起来（包括你的工作）。

7. 暂时搬到便宜的地方，这样你就不需要十个自由职业者的工作来支持你的工作室实践。

8. 如果你的日常工作确实让你远离工作室，那么你一定要每天对你的艺术有个交代，你可以找一个资助或艺术家，买一些颜料，研究一个过程，与你的想法保持联系。

9. 不要因为你能申请到所有的东西就去申请。资助金和驻留地不仅仅是你成长的印记或是你简历上的一行。阅读细则并深思熟虑地去申请——因此它们是针对艺术家职业生涯的不同阶段而标定的。

10. 艺术世界是变幻莫测的，艺术职业也是有起伏的，所以你需要在萧条期以及繁荣期都胜任你的工作。

原创的不可能性已经被完全夸大了

任何学生或老师都可以告诉你，模仿是学习如何创造和理解艺术的一种历史悠久的模式。然后，我们要发展自己的影响力、创意和经验的特殊组合。

对艺术家来说，了解过去很重要吗？

是的，对我来说，创作的一个重要部分是了解过去。同样艺术创作的一个重要部分是与过去和未来的艺术家进行对话。我认为自己是一个漫长连续的制造者和思想家的一部分。特别是绘画，它与个人的历史是一种自我反思的关系。出于这个原因，对画家来说，关键是要对自己的媒介历史有深刻的了解，其中包括材料和工具的演变。

艺术在哪里结束？政治在哪里开始？

不是这样的——所有的艺术都是政治性的。引用伟大的美国作家托尼·莫里森在2008年接受《诗人与作家》杂志采访时的一句话：所有好的艺术都是政治性的！没有例外。而那些努力避免政治化的（艺术家）则是政治化的，他们说："我们热爱现状。"我们只是玷污了"政治"这个词，让它听起来像是不爱国之类的。这一切都开始于国家艺术时期，当你看到持不同政治立场的人四处奔走制作这些海报的时候，人们的反应是"不，不，不，只有美学而已"。我的观点是，它必须同时具有美感和政治性，我对与现世无关的艺术不感兴趣。

228　卡丽·莫耶
Carrie Moyer

23

23

课程：回忆、宣言和十项建议　　229

指定阅读和观看

阅读：

大卫·列维·施特劳斯——任何著作。

施特劳斯是最博学、最具批判意识的思想家之一，他经常写关于艺术与权力的关系。

莫里斯·塔奇曼，《艺术中的精神：抽象绘画，1890—1985年》，洛杉矶当代艺术博物馆，洛杉矶：洛杉矶郡艺术博物馆/阿布维尔出版社，1986年。

1986年洛杉矶当代艺术博物馆展览的图录，令人惊奇的彩色插图集，加上关于联觉、神智学、炼金术、神秘主义、禅宗等文章。是我最喜欢的书之一。

斯科希甘讲座档案，http://www.moma.org/learn/resources/archives/EAD/Skowhegan，2014年6月19日访问。

斯科希甘讲座档案馆包括650多份从1952年至今学院客座教师在缅因州乡村的年度暑期课程中发表的讲座录音。这些坦率、非正式的谈话让我们深入了解了一些最具开创性的艺术家的职业生涯和创作过程。

观看：

丹·格雷厄姆导演，《摇滚我的信仰》，混合电子艺术中心，1984年，电影。

格雷厄姆的"纪录片"直接从18世纪70年代摇滚乐领袖、魅力四射的Mother Ann Lee与70年代朋克摇滚乐诗人戈王帕蒂·史密斯联系起来。

吉姆·贾木许导演，《离魂异客》，米拉麦克斯电影公司，1995年，电影。

《离魂异客》是一部迷幻的西部片，讲述了一个来自克利夫兰的温和会计师威廉·布莱克（约翰尼·德普饰）和一个美国土著人无名氏（加里·法默饰）的异象探索，他相信自己遇到了他最喜欢的英国诗人的转世。

↖ 迭戈·里维拉，《底特律工业》壁画（细节，北墙），1932—1933年，壁画，底特律艺术学院

← 阿历克塞·冯·雅弗林斯基，《亚历山大·沙卡洛夫肖像》，1909年，布面油画，69.5cm×66.5cm，慕尼黑伦巴赫美术馆

←← 卡西米尔·马列维奇，《黑方块》，约1923年，布面油画，106cm×106cm

→ 伊丽莎白·默里，《搅动的静止》，1997年，木板油画，234cm×292cm×18cm

瓦格西·穆图
Wangechi Mutu

出生 / 生活和工作

内罗毕，肯尼亚，1972年 / 布鲁克林，纽约

教育经历

耶鲁大学艺术学院雕塑系硕士，康涅狄格州纽黑文市，2000年

纽约库珀联盟艺术学院学士，1996年

国际文凭组织大西洋联合世界学院，兰特威特梅杰，威尔士，英国，1991年

近期教学职位

视觉艺术学院客座教授，纽约，2014年

艺术家讲座，国际摄影艺术中心，纽约，2014年 // 2013年：俄勒冈州立大学，科瓦利斯；菲利普斯收藏馆和乔治·华盛顿大学，华盛顿特区；普林斯顿大学，新泽西州；哥伦比亚大学，纽约；耶鲁大学，纽黑文，康涅狄格州；纳舍尔艺术博物馆，达勒姆，北卡罗来纳州 // 2012年：斯坦福大学，帕洛阿尔托，加利福尼亚州；马里兰艺术学院，巴尔的摩

重要作品

吃遍天下的结局，2013年

不，我不后悔，2007年

面具，2006年

我邪恶的劳动成果，2005年

"反抗"的布鲁斯，2004年

假珠宝，2002年

获奖

纽约布鲁克林博物馆亚瑟-B.迪朗年度艺术家奖，2013年

奥古斯都·圣高登斯杰出艺术家奖，库珀联盟，纽约，2011年

年度艺术家奖，柏林，2010年

路易斯·康福特·蒂芙尼基金会赠款，纽约，2008年

近期个展

2014年：维多利亚米罗画廊，伦敦 // 2013年：瓦格西·穆图：梦幻之旅，北卡罗来纳州达勒姆市杜克大学纳舍尔艺术博物馆，并在纽约布鲁克林艺术博物馆、佛罗里达州北迈阿密市MOCA、伊利诺伊州埃文斯顿市西北大学玛丽和利·布洛克博物馆进行巡回展出 // 澳大利亚当代艺术博物馆，悉尼 // 瓦格西·穆图，德雷克塞尔大学德雷克塞尔艺术馆，宾夕法尼亚州费城 // 2012年：苏珊娜·维尔梅特，洛杉矶计划，洛杉矶 // 这无梦的后裔，巴登巴登国家艺术馆，德国 // 蒙特利尔当代艺术博物馆，加拿大 // 2011年：瓦格西·穆图，摩羯座画廊，威尼斯，意大利 // 2010年：狩猎、埋葬、逃亡，芭芭拉·格莱斯顿画廊，纽约 // 瓦格西·穆图：我肮脏的小天堂，德国古根海姆博物馆，柏林，并在布鲁塞尔维斯博物馆巡回展出 // 瓦格西·穆图：这被你称为文明？圣地亚哥当代艺术博物馆，加拿大 // 2009年：圣地亚哥现代艺术博物馆 // 2008年：瓦格西·穆图：在谁的图像中？维也纳艺术馆项目空间，卡尔斯广场，维也纳 // 小感动，苏珊娜·维尔梅特画廊，洛杉矶 // 2007年：Yo.n.I，维多利亚·米罗画廊，伦敦 // 清洁地球，富兰克林艺术作品，明尼阿波利斯，明尼苏达州

近期群展

2014年：我们住在布鲁克林的宝贝，史蒂文森画廊，开普敦 // 冲突：当代对战争的回应，昆士兰大

24

无墙的学院：36位世界顶级艺术家的艺术和生活课　　231

学美术馆，布里斯班，澳大利亚 // 死亡是你的身体，法兰克福艺术馆，美因河畔法兰克福，德国 // Dak'art 达喀尔双年展，塞内加尔 // 2013年：第五届莫斯科双年展，俄罗斯 // 如果影子成形，纽约哈林区工作室博物馆 // 地球问题：土地作为非洲艺术的材料和隐喻，国家非洲艺术博物馆，史密森学会，华盛顿特区 // 海的异托邦，诺丁汉当代美术馆和泰特圣艾夫斯美术馆，英国 // "地震变化"，国家学院博物馆，纽约 // 2012年：非洲当代艺术，巴西银行文化中心，里约热内卢 // 没有什么档案会丢失，格拉塞尔艺术学院，休斯敦美术博物馆，得克萨斯州 // 紧密的接近，东京宫，巴黎

232　**瓦格西·穆图**
Wangechi Mutu

24

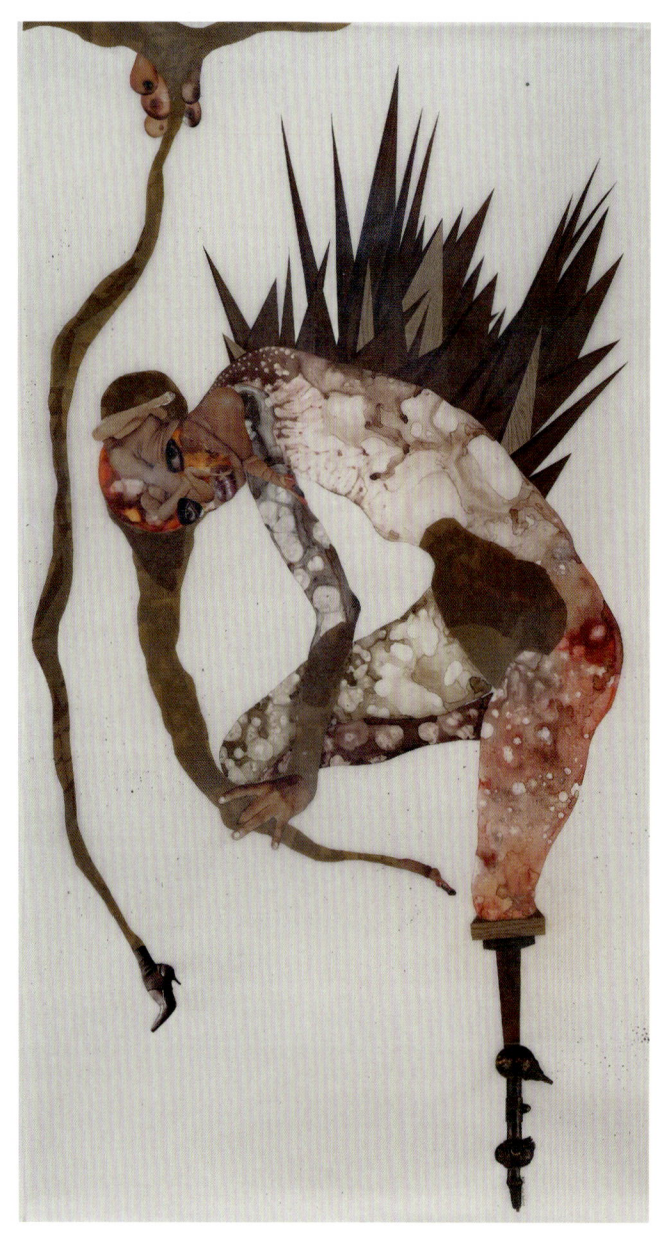

我的信念是艺术属于每个人，每个人都有能力进行艺术创作。有些人可能更有动力、更有天赋、更有兴趣成为艺术家，但艺术是一种共同的体验，任何地方的人都可以真正感受、相信和享受艺术。我觉得那种认为艺术是给受过艺术教育的人欣赏的，或者说艺术是给那些受过专门训练的人观看的理念是不妥的。

其次，我认为艺术几乎可以用任何东西来做，所以我不相信一定要在某种特定的经济环境中、文化背景

↖ 我邪恶劳动的顽皮果实，2005年，墨水、丙烯、拼贴、接触纸、包装胶带，麦拉纸，224cm×125cm×8cm

↑ 误导性的不可原谅的微小等级制度，2005年，墨水、丙烯、拼贴、接触纸，麦拉纸，206cm×132cm

→ 交织，2003年，纸上拼贴和水彩画，50.8cm×40.6cm

24

无墙的学院：36位世界顶级艺术家的艺术和生活课 233

瓦格西·穆图
Wangechi Mutu

24

一路走来，一路走去，2012年，油毡上的混合媒体拼贴，188cm×128cm

下，或者独特的空间里，或者有特定的物品可以用来做艺术。有创造力的人无论在哪里都可以创造艺术。在这个意义上，我认为艺术是最平等、最民主的一种表达方式。

在我刚入行的时候，我对职业艺术家的生活最大的误解是，每个艺术家都有一个可以适应的结构，有导师和圈子，一旦开始工作，这些东西就得准备好。实际上，并没有这样的事情。关于缺少导师或是缺少可以仰望的人这件事情，我与同龄人有过很多讨论。我们都认为老一辈艺术家拥有的蓝图其实并不存在，不仅是因为每个艺术家都是不同的，也同样因为艺术家本身并不像你想象的那样慷慨——尤其是在资源非常稀缺的情况下。在抱怨和讨论这些事情的过程中，我们意识到其实你必须自己建立这些缺失的圈子，你必须从头开始学习一切，同样如果这确实是你想做的事，你必须准确地构想你想成为的那种职业艺术家，并理解作为一位艺术家不一定意味着你有能力成为一位专家。你必须创造和构建你自己的生态系统，通过这个系统来创作和运作你自己的团队，你自己的行为方式，这些都与你是什么样的人有关。我的误解是我当时认为只有一种模式，而事实上有多少艺术家就有多少模式。

如果我能回到过去，我会告诉年轻的自己，一切都会好起来的。我是一个非常焦虑和紧张的人，我不知道我是否能在纽约生存下去；不知道我是否能创作并成为一个成功实践的艺术家，这一直是我的最为宏大的梦想。现在，我只是告诉自己要冷静，要有爱心，要冷静对待一切——一切都会好起来的。我也会提醒自己，我并不是偶然才成为一个艺术家的，我是经过了巨大的努力，做了很多正确的决定才走到今天的。与其让自己的信心被生活中遇到的各种问题慢慢削减，不如不断地提醒自己："瓦格西，你会做得很好，因为你有能力，你已经把自己带到了这个位置。这就是你从家里一路走到纽约的原因。"

视觉智力的训练对艺术家来说至关重要。我建议你从事绘画——我说的画画不是指用迂腐的、高深的、指导性的方式作画，我是指用你的手和你的头脑把潜意识中的信息抓取出来，放到表层，放到现实世界中。这是缩短你大脑和指尖之间的距离，让你从自己的内心去判断如何呈现的最好方法之一。当你加快这个过程，用铅笔、木炭、水墨和毛笔等基本材料作画时，你的直

24

觉、诚实和正直的感觉就会被磨炼出来。

我还会推动每一位艺术家通过参观博物馆或剧院、参加诗歌朗诵会、参加DJ舞会、听乐队现场演出——以这样或那样的方式参与和进入文化空间，来增强自己的语境感和作为艺术家的角色。作为一位视觉艺术家，了解其他流派和媒介在你所处的特定时刻发生了什么是很重要的，因为即使你不觉得我与你有关，但通过相互参照，你会意识到自己的位置，以及你在那个特定时刻的生命力。

每个人都应该尽可能多地了解自己脑海中的过去。作为自己文化和圈层的代言人，艺术家尤其应该尽可能多地了解自己存在之前发生的事情。如果是作为当下的声音脱颖而出，向已经发生的事情致敬，也尽量避免重复已经犯下的错误，这也是一种方式，这不仅仅是一种与自己的人性保持连接的方式，也是与其他陌生人的人性保持连接的方式。

对于在艺术市场上的航行，我最简单的建议是永远不要从绝望的境地开始运作，永远不要低估自己的价值。永远要承认自己在食物链中的地位：无论用何种媒介工作，艺术家都是变革、创造和承担风险的人。所以，在任何职业背景下，永远不要把自己看成一个需要被拯救的对象。要始终坚持自己的固有价值和独特地位。一分耕耘，一分收获。

指定阅读

钦努阿·阿契贝的任何作品。

阿契贝的作品斩钉截铁地贯穿了非洲人的心理经历，从欧洲殖民之前一直到我们今天的困境，用最触手可及的语言描述了我们被接管，然后不得不重新定义新自我的经历。从《不再自在》开始，然后你一定要读《物是人非》。

艾薇菊·丹提卡，《讲故事？听故事！》，纽约：苏荷出版社，1991年。

丹提卡是最完美的作家之一，她讲述了那些来自"别处"的困难、复杂而又充满诗意的经历，而这些经历总是被人诟病和误解。《讲故事？听故事！》通过谈论奇异的人物和他们强烈的多层次生活来解密和重写人性，是一套精彩的故事集，其中充满了作为海地人、作为女人、作为移民和作为魔幻的厚重感。

唐纳·哈拉维，《机械人宣言：科学、技术，以及20世纪后期的社会主义——女权主义》，见《类人猿、赛博格和女人——自然的重塑》，纽约：劳特里奇出版公司，1991年。

这是我最喜欢的文学经典，上面写着"未来是女性的"。随着技术的推动，我们的思维可以更快地在时间中穿梭，《赛博格宣言》是对哈拉威的思想、工作和对女性作为一个彻底重新定义实体的洞察力不可思议的前奏。我们也可以窥见作者反对任何女性本质主义的论点："作为女性，没有任何东西可以自然而然地将女性捆绑成一个统一的类别。"哈拉维从传统和单一的立场出发，对抗任何将女性归类的倾向。作为一个创造者，我自己也是一个挑战类别和权力神话的混血儿，我非常喜欢这篇文字！

格雷格·泰特，《牛奶中的飞仔：当代美国论文集》，纽约：西蒙和舒斯特出版公司，1992年。

如果你是一个当代艺术家，想在一个意识和文化警觉的空间里行动，格雷格·泰特的写作是必需的。这些文章帮助你精确地了解你如何在社会、文化、政治和种族问题的大熔炉中酝酿艺术创作，以及任何文化生产。

赛亚凡加·瓦奈纳，《如何写非洲》，格兰塔出版社，第92期，2005年。

这是一个多么有力的方式来描述在肯尼亚的成长。如果我不是在那里长大的，我会想去看看它，看看它嵌入在宾雅万加的世界里。这是一个关于一个人的故事，但也是一个关于一个小国家的故事——它是如何与他一起成长，他又是如何让它对每个人都很重要。

米歇尔·华莱士，《黑马乔与女超人的神话》，纽约：戴尔出版公司，1978年。

如果你对女性赋权问题如何与黑人男性气质有相近的构成而感到好奇，而你又是一个有意识的创意型女性，这本出版物就是为你准备的。

鲍勃·尼卡斯
Bob Nickas

出生/生活和工作
    帕特森，新泽西州/纽约，1957年

教育经历
    新泽西州韦恩威廉·帕特森学院，格利高里·巴特科克的助理，1979—1980年

教学职位
    纽约大学客座讲师，2011年
    纽约哥伦比亚大学客座讲师，2000—2001年

主要出版
    1984—2011年展览目录，2nd Cannons Publications，洛杉矶，2011年
    急速冲浪：消失的美学，第1卷，第1号，W.C. 39号，白色专栏/纽约大学
    描绘抽象：抽象绘画新元素，费顿出版社有限公司，伦敦，2009年
    盗窃是一种视觉，JRP/Ringier出版社，苏黎世，2008年
    斯蒂芬·肖尔：美国表面，费顿出版社有限公司，伦敦，2005年
    收藏日记，JRP/Ringier出版社，苏黎世，2004年
    不自由毋宁死：文集1985—1999年，报道中的"新闻"，法国第戎市，2000年
    单色：奥利维尔·莫塞/卡迪·诺兰，米格罗博物馆，苏黎世，1999年
    表演的艺术：评论文选，编者为格利高里·巴特科克和罗伯特·尼卡斯，艾普·达顿出版社，纽约，1984年

重点展览和策展项目
    2013年：69/96（与弗雷迪·菲施利和尼尔斯·奥尔森共同组织），老工厂出版社，苏黎世
    2010年：白柱年刊，纽约
    2008年：杰克·史密斯-电影回顾展：杀死时间，看一部电影，索菲亚王后国家艺术中心博物馆，马德里
    2007年：每一次革命都是一次掷骰子，马尔法舞厅，得克萨斯州
    2004年：李·洛萨诺，从生活中来：1961—1971年，纽约现代艺术博物馆PS1，长岛市，纽约
    2003年：明天就会发生，第七届里昂当代艺术双年展（作为Le Consortium的策展团队的一部分），法国
    2001年：W艺术博物馆，文森特·佩克尔组织，多勒，法国
    2000年：坠落时的16进制时间，team画廊，纽约
    1994年：真实世界的图片（实时），河原温1966—1994年的绘画/1966—1994年的摄影，保拉·库珀画廊，纽约
    1993年：关于解放的论文，威尼斯双年展，Aperto '93，意大利
    1988年：初级结构，吉尔伯特布朗斯通公司，巴黎
    1986年：当态度成为形式，贝丝·卡特勒画廊，纽约
        红色，马西莫·奥迪罗画廊，纽约

25

鲍勃·尼卡斯
Bob Nickas

—这是不是有点不公平？你有问题也有答案。

鲍勃：想象一下课堂上的老师或法庭上的律师。无论是哪种情况，都会有一种引导证人的诱惑，他们在这个舞台上表演，这很可能是为了满足自我的某种需要。毕竟，一些律师和老师都爱上了自己的声音。

—你一直反对艺术学院，为什么？

鲍勃：因为你无法真正地把一个人变成艺术家，虽然我并不相信艺术家是天生的。只是我们都有一种感觉，或者根本没有感觉。你可以教给别人技术，如何使用材料和设备，如何处理出现的问题，螺母和螺栓之类的东西。你可以教别人如何做艺术，但是做什么和为什么做却没人教你。2012年去世的电影制作人若松孝二便是自学成才的，他的第一部电影就是把报纸和杂志上的图片剪下来，然后给摄影师看，以便为每个场景设置他想要的角度和镜头。他曾说过："如果一个人没有天赋，你教他什么都没用。"若松始终关注社会和政治，坚决反对独裁主义，他认为电影制作是关于想象力的。任何创造性的行为（即使是所谓的批判性艺术），也是如此，都是故意或必然地在视觉领域之外进行的。艺术的过程往往是以不切实际的方式进行的，是以偶然和错误的方式，导致无法预料的方向。艺术家的工作是出于对世界的好奇心，需要分享他们看到的或看不到的事物——通过感性进行过滤最终呈现出的翻译行为。我们每个人都至少会说一种语言，但有多少人能够从一种语言转换到另一种语言，或者发展出自己的语言？

—这些都可以在学院里得到鼓励和发展。

鲍勃：或者在其他地方。为什么不可以在其他地方？因为感性在很大程度是基于我们自己的生活经验，而不是程式化的信息嫁接？如果你想和这个世界有任何关系，哪怕是几乎不受约束的关系，你就必须身处其中，而且是在没有过多地进行监督，没有被培养的情况下。研究生课程最终是什么？是一种为毕业生提供的学校，而且没有什么是免费的，大多数学生都要付费，而且费用也并不便宜。在美国，学生贷款和追债是一个价值数十亿美元的行业。相较于对教育的兴趣，没有银行显然对年轻人成为负债者的兴趣更大。

2012年12月，纽约市库珀联盟的学生抗议学校决定开始对他们的研究生课程收取学费——这在该校153年的历史上还是第一次。这无疑是库珀联盟最终全面收费的前奏。看看它正在建设中的新大楼，以及银行是多么急切地为了招生人数的增长而包揽校园的扩张项目。这一切都与未来学生债务的利润有关。在我看来，艺术不应该成为强化和确认机构、制度和市场的手段。但是，我对它在我们生活中的目的有自己的理解。

—所以不去读艺术学院是一种政治声明？

鲍勃：我经常把艺术学院和幼犬繁育场相提并论，事实证明，这个玩笑并不那么好笑。幼犬繁育场似乎提供了很多可爱的小种狗，它们摇着尾巴跳来跳去，兴奋地跑出去玩，渴望被抚摸，渴望得到奖励。然而这是一个残酷的环境，从幼犬繁育场出来的动物往往是畸形的或有心理问题的，不生育的狗会被处理掉。如今，有一整代的学生，他们在所谓的好的艺术学院里受到了很好的教育，但有时却出现了视觉上的损害。而到了现实社会，有的艺术家却很难继续坚持。你只能当这么久的老师的"宠物"。

—你有什么建议？

鲍勃：至少5年时间来抵制艺术学院，这与"艺

25

课程：一飞冲天的小狗工厂　　239

占领库珀联盟，2012年12月3日

所有的教育都应该免费的，"占领库珀联盟"的匿名涂鸦，2012年12月3日

锁在笼子里的小狗

术罢工"有关。"艺术罢工"最早由纽约的艺术工作者联盟于1970年提出，1974年由英国的古斯塔夫·梅茨格积极发起，作为一种拒绝生产艺术的行为，以削弱一个道德沦丧的系统，并实现社会变革。

—这对学生来说会有什么好处？

鲍勃：短期内，市场上源源不断的新艺术家可能会变成更多的涓涓细流。如果艺术家们能打开自己的局面，而不是依靠"衣食父母"来出售他们的作品（顺便说一句，半价销售作品的话，艺术家们会因为听话而发放艺术家的津贴，艺术家可能会获得一定程度的独立）。你真的没有什么可失去的，但却可以赢得一切：自由和尊严。当我提出暂时"放下"艺术学院的时候，你要记住，我并不是在提倡一种放弃或退出。"放弃"还有另一重含义——自由自在、无拘无束。

—艺术家是不是太多了？

鲍勃：在所谓的艺术世界里有太多的东西——艺术家、画廊、博览会、双年展——但首当其冲的是钱。艺术已经成为一种容易被交易的形式，也是最美妙的、可塑的生活的完美背景。我们都能看到当下很多平庸的艺术是如此膨胀，而这也使艺术成为一个骗局的概念得到延续，它是一条通往掠夺的捷径，这最终贬低了我们对艺术和艺术家的理解。但我还是要说，是金子总要发光的。

鲍勃·尼卡斯
Bob Nickas

—你烹饪的例子之前已经被提出来了。

鲍勃：有很多伟大的厨师都跳过了烹饪学校——费伦·阿德里亚、马里奥·巴塔利、大卫·布利、保罗·普德霍姆、艾利斯·沃特斯……不胜枚举。他们都是在厨房里学习烹饪的。同样的经历还出现在一些音乐家身上，上过音乐学院的人很可能最终会在乐团里演奏。艺术家与在乐队中演奏的音乐家有更多的共同点，他们中的许多人都是自学成才的，有些人是从艺术学院毕业的，或者是从艺术学院辍学的——比如布莱恩·伊诺和布莱恩·费里，他们后来创立了罗克西音乐乐团。

—艺术学院在Wire和Talking Heads等乐队的形成和审美中也占有重要地位。

鲍勃：这倒是真的，米克·贾格尔（Mick Jagger，滚石乐队主唱）当然曾在伦敦政经学院学习过。不过他后来的教授是查克·贝瑞、博·迪德利、马迪·沃特斯和威利·迪克逊，他们首先教会了米克如何"Paint It Black"。①

—那么你有什么建议来取代艺术学院？

鲍勃：学徒制和行会制会比较好，今天的行会让我感兴趣的是他们如何加强和执行知识产权。年轻人可以在成熟的艺术家的工作室工作，至少在他们能够自立门户或联合起来之前。首先，他们会得到报酬，即使报酬不多，他们也会得到培训，而不至于背负无法偿还的债务。我相信在职教育的价值，只要你不要让老板把你所有的好想法都拿走就好。这就是学习的代价。

—也有一些伟大的艺术家—教师，他们是：贝恩德和希拉·贝歇夫妇、约翰·巴尔德萨里、约瑟夫·博伊斯……

鲍勃：博伊斯坚持认为教学是他最伟大的艺术，从人格崇拜的角度来说，他很可能是最恶劣的罪犯。想想他比较著名的一句话："人人都是艺术家。"再想想马丁·基彭贝格的反驳："每个艺术家也是人。"艺术家拥有和其他人一样的人性弱点和力量，但却拥有更大的权力。博伊斯想把街头的人"提升"到艺术的崇高地位，但是，就像本杰明·布赫洛反驳的那样，为什么"艺术家"是一种令人羡慕的、更高的地位？是约翰·米勒提醒我注意布赫洛的批评，对我来说，他提出了另一种重要的观点。我们已经有很多非艺术家了。你可能管它叫艺术，但你不一定要把它尊为作品。如果说去技能化只是一种礼貌性的说法，那么无能呢？

—但我们见证了艺术家的思想。

鲍勃：这是一个值得商榷的问题，至少我们应该根据证据逐一衡量。今天的"观念"只是一个外包的问题，它使生产线成为可能，使各种捏造成为可能，使艺术家和助手相互依赖，而艺术家——在一个越来越企业化、品牌化的世界里增加了他的专业层次——只是另一种顺应者而已。

—苛刻！

鲍勃：如果你回溯战前和战后的美国艺术教育体系，就会看到艺术学院更多的是被人反抗，而不是使人顺从。

---

① 滚石乐队著名单曲名。

25

—而你认为今天他们会顺从吗?

鲍勃:的确。某些课程可能会被认为是一种灌输,就像艺术中的其他东西一样,有好有坏。艺术学院唯一的问题是他们倾向于学术化,而他们培养的是什么?我们面对的是一个艺术家还是一个明星学生?在未来,我们今天看到的一些艺术家可能已经成为设计师、历史学家、评论家或策展人,这些都不是特别赚钱的职业。即便如此,还是有许多蓬勃发展的策展课程可供选择。显然,就像你可以教人成为艺术家一样,你也可以教人成为策展人。当我在20世纪80年代初开始工作时,情况并非如此。我的兴趣集中在波普艺术中模仿和挪用的策略,然后是电影、行为和观念艺术,以及基于时间和观念的艺术作品。我花了一段时间后才开始画画,因为当我1984年来到纽约时,很多东西都是彻底的倒退——新表现主义、新超现实主义,以及东村的尴尬的具象艺术。在20世纪80年代,我开始对单色及其持续的、对图像的否定和挪用感兴趣,尤其是对它的绘画形式,现在回想起来,我认为这是非学院的艺术学院。这一切都与我的个体意识有关,也与琼·华莱士的"用图像去看"的观点有关。

—就像T.L.肖所说的,"艺术是通过恨而不是爱来进行的,要学会憎恨杰作,才能产生超级杰作"。

鲍勃:这无疑是某种"精简版"的机构批判艺术成功的原因。这句话出自他1967年出版的《不要这样教艺术!》一书,我第一次看到这本书是在80年

费伦·阿德里亚 在巴塞罗那的厨房车间里检查食材

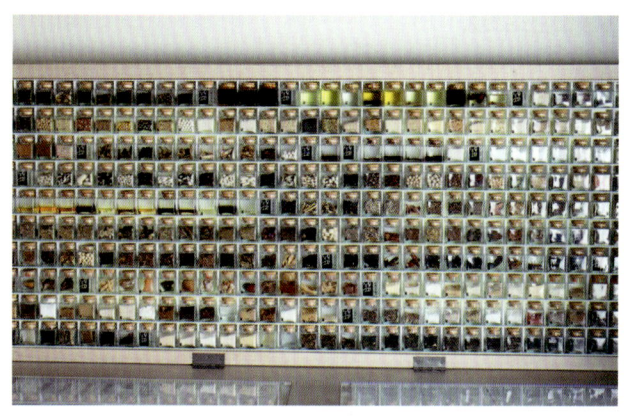

巴塞罗那El Taller餐厅的费伦·阿德里亚实验室里的原料

由爱丽丝·沃特斯创立的加州伯克利市"可食用校园计划"

鲍勃·尼卡斯
Bob Nickas

马丁·基彭贝格，《马丁，你应该为自己感到羞愧》，1989年，树脂浇铸和香烟（头和手）、金属、发泡胶、泡沫橡胶、衣服（衬衫、长裤、吊带、皮鞋）、铁板，175cm×80cm×40cm

代中期——对于一个初入艺术界的人来说，这并不是最好的教科书，虽然它对我的影响不那么好，但我乐意承受。它让我对艺术学院、批评家、市场、画廊系统和博物馆的敌意少了一些。这本书的不敬是一种解放，而我当时是个彻头彻尾的小屁孩。所以我不得不思考我认为可以信任的东西，什么让我兴奋，什么让我厌恶，什么让我被吸引。我发现检测我的想法，以及我在艺术世界中角色的方法之一是组织表演，这么多年后，我仍然经常这么做。

-肖还写了《关于艺术的虚伪》和《珍贵的垃圾》两本书。

鲍勃：我从来没有见过那些书，我不需要再被毒害了。格利高里·巴特科克是我的师傅，而不是我的"老师"，他是一个马克思主义者，他常穿着量身定做的意大利西装，有点像艺术界的卢奇诺·维斯康蒂。他参与了艺术工作者联盟的工作，并在将赫伯特·马尔库塞的政治和批评理论引入艺术批评方面起到了关键作用，但他也喜欢生活中的美好事物，比如美食和美酒，他还喜欢旅行。巴特科克在我内心灌输了一个知识分子型享乐主义者的形象。他的例子迫使我们承认艺术生活的复杂性和矛盾性——如果你有一些良知的话。与巴特科克共进午餐，你能学到的东西比一整个学期的教学内容都要多。当我教书的时候，我意识到学期结束后发生的事情（课后继续的交流）才是真正有意义的。课堂这个地方本身，以及在教学过程中扮演的角色，可能太过约束，或者太过程序化。

-所以也许艺术学院作为一种前奏终究还是重要的。

鲍勃：学院已经不像以前那么重要了。过去，一个年轻艺术家，一个初出茅庐的艺术家，会被认为是史密斯金匠学院、耶鲁大学或加州艺术学院的毕业生，而且是一位著名艺术家的学生。新出道的艺术家都是有来头的。今天，我们甚至会去问某人去了哪里学习，或者跟谁学过。事实上，问一个人在哪里上过学，就像想知道他们是怎么赚钱过活一样不礼貌——这是一种非常美国式的冒犯问话。

-最近，在惠特尼有一个关于韦德·盖顿的展览，他骄傲地告诉记者，他曾被拒绝参加惠特尼独立研究计划，不止是一次，是有两次！

鲍勃：他想告诉人什么？《意志的胜利》？《书呆子的复仇》？惠特尼独立研究计划和博物馆其实是两个独立的实体，如果纠缠在一起，也只是带着某种敌意。

-他可能会同意你认为艺术家不需要上艺术学院的观点。在学院或者曾经在学院的艺术家，你认为哪些艺术家是好老师？

鲍勃：我已经提到了约翰·米勒。还有她的学生特丽莎·唐娜丽。还有迈克尔·克莱伯、尤塔·克特尔——我所知道的少数几个有实际教学资格的艺术家。还有朱迪·林恩和斯蒂芬·肖尔在巴德学院教授摄影，还有威立德·贝西蒂，他师从肖尔。当然，有一位艺术家没在艺术学院待过，给她一百万年她都不会去，但她是一个了不起的老师，她就是卡迪·诺兰。

-她没上过艺术学院？

鲍勃：没有。事实上，如果你想想她的兴趣，这些都是非艺术的兴趣——表演、戏剧、行为科学、心理学、病理学。这些兴趣都是她作品的灵感来源，并赋予了极具暗示性和实质性的主题。

鲍勃·尼卡斯
Bob Nickas

—艺术家理查德·诺纳斯在想做艺术之前，曾做过十年的人类学家，这在他的雕塑作品中表现得淋漓尽致。

鲍勃：诺纳斯说，在从事了十年的人类学研究之后，他"在墨西哥和亚利桑那州之间的一个相当偏僻的村子里待了两年——州界实际上穿过了一个大概有50人的村子。在那两年里，我周围的一切都没有任何意义，尽管对其他人来说都很有意义，所以在某种程度上，这使我的陌生感加倍。我在有强大气场的地方做田野调查，这些地方非常接近骨头的性质——存活的骨头。沙漠、森林……奇怪但强大的物理环境：坚硬、严酷、美丽"。

—你知道，我们越是谈论这件事，越是觉得不是谁应该教的问题，而是应该让学生远离谁。

鲍勃：我们可以从玛丽娜·阿布拉莫维奇开始，她认为她可以教一个人成为一个行为艺术家，通过使用她所谓的"阿布拉莫维奇方法"。这基本上是企业的品牌，而这是你在商学院里通常会学到的东西。我不知道这是否会被证明是危险的，但她的方法很可能会导致一种对20世纪50年代缺乏想象力表演的模仿。在我看来，玛丽娜的"实验"可能只不过是一种人体克隆的形式，而她的白大褂带来了十足的时尚效果，但却没有任何科学性。

—克隆充满了各种危险，最为危险的是寿命缩短。

鲍勃：嗯，这与艺术界的幻想和衰退的职业状况类似。这让我想到一个人，他绝对不可能被允许进入教室，因为周围都是容易受影响的孩子，自然孩子只想在艺术上取得成功，并被邀请参加所有合适的聚会。

—那是谁？

鲍勃：一个学牙医而不是学艺术史的人。

—克劳斯·比森巴赫[1]

鲍勃：虽然经他整改的学校从外面看起来像圣巴斯岛[2]，但实际上是莫罗博士岛[3]，之后又演变成了马龙·白兰度，对比森巴赫来说，方法变成了疯狂。

—那你有什么建议？

鲍勃：如果你不是在艺术学院，就不要去。要么在艺术家的工作室、画廊或博物馆里找一份工作，或者在任何与你兴趣相关的非艺术领域——这可能是最好的方法。睁大你的眼睛，竖起你的耳朵。去图书馆阅读，但不要阅读艺术杂志和艺术博客。因为这两者基本上都是无关痛痒的。当你遇到艺术家时，可以一起去参观工作室和看展览。不要担心自己是否准备好了参展，也不要担心是否有人有兴趣购买你的作品，要想办法让你和你的朋友们参展。你可以邀请商业画廊的老板和掮客，但你要记住：如果他们不想来，你就没有把他们拒之门外的机会了。

—如果你是在艺术学院呢？

鲍勃：那我只需三个步骤——调入、开工和辞职。

---

[1] 克劳斯·比森巴赫，著名策展人，现任洛杉矶当代艺术博物馆馆长，前纽约现代艺术博物馆PS1馆长，以及纽约现代艺术博物馆馆长。
[2] 加勒比海度假胜地。
[3] H.G.威尔斯科幻小说《拦截人魔岛》中的人物，电影又名为《莫罗博士岛》。

西奥多·L. 肖,《不要这样教艺术!正如许多人所做的那样》,波士顿:斯图尔特出版社,1967年

鲍勃·尼卡斯
Bob Nickas

25

↑ 艺术的数学（第30–31页）

↖ 朋友，他们在嘲笑你！（第87页）

← 公元5000年的大学课堂（第117页）

25

课程：一飞冲天的小狗工厂　　247

约翰·弗兰肯海默，导演：《莫罗博士岛》，1996年，马龙·白兰度的电影剧照

指定的阅读和收听

阅读：

理查德·赫兹，《杰克·戈德斯坦与加州艺术学院黑手党》，明尼阿波利斯出版社，2003年。

故事讲述了20世纪70年代后半叶，一群雄心勃勃的艺术学院学生，他们来到纽约"达成目标"，并且做到了。尽管对一些人来说，成功是微不足道的，而对另一些人来说，他们的道德和情感支出的代价是不小的。（马塞尔·布达埃尔是一位在40岁时才开始职业生涯的艺术家，用今天的标准来看，他已经不年轻，他说："不要觉得你还没被人买走，就已经飘飘然了。"）这本书以第一人称的方式，通过多种平行的声音进行叙述，虽然尤其针对20世纪80年代的艺术场景，但很容易适用于我们这个时代，是对后世的警示。人类的行为——包括其所有的缺点和弱点——并不会随着时间的推移而显著改善。其结果是，历史，包括艺术及其市场的小历史，在它同时循环和呈现的过程中，不可避免地倾向于重复自身。

约翰·米勒，《交换的废墟和其他关于艺术的写作》，2012年。

约翰·C. 威尔什曼，迈克·凯利编辑，《肮脏的完美：散文和评论》，2003年。

在涉及艺术而非感性教育的时候，这三本书由20世纪80年代出现的两位最重要的思想家和实践者所写，他们同时也是加州艺术学院的校友，不管是否巧合，对于任何怀疑艺术与社会、工作、政治和更大的文化概念相关问题的人来说，都是必不可少的"教科书"。而对于其他人来说，不必担心：放轻松，把你的眼睛放在奖金上。

收听：

电报乐队，《我们就是变革》，2013年。

早在1976年，一些英国艺术学生发现了一些更好的事情。在十几张专辑和各种组合的过程中，一种音乐范本被不断地完善和修改，并在近四十年后发现他们拥有了大多数艺术家都会为之疯狂的东西：一个推动我们前进的回顾性视角。

Raqs媒体小组
Raqs Media Collective

出生/生活和工作

杰贝什·巴奇，1965年；莫妮卡·纳鲁拉，1969年；薛达布拉塔·森古普塔，1968年/印度新德里

教育经历

新德里国立伊斯兰大学大众传播研究中心，1992年

主要任职

2000年与拉维·瓦苏德万教授和拉维·桑达拉姆教授共同创办的民主社会研究中心的萨莱项目

2000年至2013年编辑《萨莱读者丛书》

担任艺术与美学学院客座教授：德里贾瓦哈拉尔·尼赫鲁大学艺术与美学学院；马萨诸塞州波士顿艺术博物馆学院；伦敦海沃德画廊开放学校；旧金山艺术学院、苏黎世艺术大学

重要作品

万物之家与无物之家，2013年

你的眼泪中的盐，2011年

罢工时间，2011年

解铃还须系铃人，2010年

积累的资本，2012年

逃亡，2009年

KD维亚斯通信，卷一，2006年

策展项目精选

2014年："插页2014"，马蒂加尔，新德里甘地国家艺术中心 // 2013年：莫斯科策展人暑期学校，"这是展览，也是很多东西的展示" // "萨莱读本09"，德维艺术基金会，古尔冈，印度 // 2012年："缺席的照片"，照片西班牙，马德里 // 2008年："遗忘的脚步，印度高速公路"，蛇形画廊，伦敦，2009—2010年在奥斯陆阿斯特鲁普·费恩利现代艺术博物馆、丹麦海宁艺术博物馆、瑞典隆德艺术博物馆巡回展出 // 意大利南提洛尔地区，特伦蒂诺–上阿迪杰大区，"剩下的时间"，Manifesta 7

近期个展

2014年：马德里莫斯托雷斯展览馆，并巡回至墨西哥城当代艺术大学博物馆 // 极其节约的经济手段/过境展示，布拉格 // 2013年：13号表演，纽约 // 邦尼尔艺术馆，斯德哥尔摩 // 赫兹利亚当代艺术博物馆，以色列 // 黑匣子：Raqs拉克斯媒体小组，巴尔的摩艺术博物馆，马里兰州 // 额外时间，新时线媒体艺术中心，上海，中国 // Raqs拉克斯媒体小组："大地毯与星座"，伊莎贝拉·斯图尔特·加德纳博物馆，波士顿，马萨诸塞州 // 离子化，维也纳博物馆区 // 里氏量表上未注册的下午，摄影家画廊，伦敦 // 逆向工程，自然之森，柏林 // 自闭症的初级教育，奥丹画廊，温哥华，加拿大 // 臆想之作，弗里斯街画廊，伦敦 // 2011年：满射，约克大学画廊，多伦多，加拿大 // 阅读之光，秋日艺术展，巴黎 // 2010年：积累之都，88号工程，孟买，印度 // "恋爱时发生的事情"，波罗的海当代艺术中心，盖茨黑德，英国 // 2009年："每一天的表面都是一个不同的星球"，"即刻艺术"灯箱，泰特英国美术馆，伦敦 // "当你眼中的天平落下"，圣像，伯明翰，英国 // 逃亡，斯特里特街画廊，伦敦 // "分解，亚洲艺术档案"，中国香港 // 2006年："KD维亚斯通信，卷一"传媒博物馆，美因河畔法兰克福，德国

部分群展

2014年："安装希望"，兰德维特机场，瑞典 // 2013年："光州智力障碍者Ⅱ/自动驾驶者的运输"，光州

26

无墙的学院：36位世界顶级艺术家的艺术和生活课　　249

地铁，韩国 // "如果世界改变了"，新加坡双年展，拉士巴沙，武吉士区 // "控制线：隔断作为一个生产空间"，纳舍尔艺术博物馆，杜克大学，北卡罗来纳州达勒姆市 // "话不投机半句多"，国际灯光艺术中心，乌纳，德国 // "主人和客人"，特拉维夫博物馆，以色列第11届沙迦双年展，阿拉伯联合酋长国 // "轻质汽油，你心灵的能量"，米兰双年展和博洛尼亚恩佐宫，意大利 // "经济"，加州艺术学院和爱丁堡剧照画廊 // "群众艺术奖"，尤伦斯当代艺术中心，北京 // "每一天都很重要"，法斯高基金会，哥本哈根 // 2012年："临界质量"，特拉维夫博物馆，以色列 // "契约：艺术的真品证书"，素描中心，纽约 // 第9届"欧洲宣言展"，根特美术馆，比利时 // "创造性毁灭，厨房"，纽约

26

无墙的学院：36位世界顶级艺术家的艺术和生活课　　251

← 逃亡，2009年，二十七个贴有标签的原始时钟，四个视频屏幕和一个配乐，在伦敦弗里斯街画廊的装置展，2009年

↑↗ 一个木在"里氏震级"上记录的下午，2011年，单屏投影

↗ 不同的重力，2012年，家具，文字

→ 捆绑的结就是打结的结（细节），2010年，七屏数字电影装置（从高清转来）

Raqs媒体小组
Raqs Media Collective

书信A

你们来到艺术学院的原因各不相同：你们当中有的人是因为觉得它很容易；还有些人是因为感觉它很难；有些人是来讲故事的；有些人是来寻找自我的；有些人是为逃离自己的家乡；有些人是来寻找回去的路；有些人离开了大城市；有些人是从小镇跑出来的；当然不乏有些人在日常生活的小冲突中伤痕累累。你们中的一部分群体曾上过遥远的战场；还有一些人知道如何修复破碎的东西或破碎的想法。你们中有些人是发明家，有些人是魔法师，有些人是航海家、冒险家、诗人和商人。你们中的一些人是有远见卓识的人。

你们所有人都有故事可讲，有图片可以展示。即使你们中的一些人最终放弃了艺术，你们仍然会拥有这些。这才是真正重要的。也许你们中的一些人可能会成为哲学家或巫师，因为艺术再次以偶然的方式教会了你们思考。

每次你我相遇，我们的对话都是未知的，让我们措手不及。我们都经历过不得不面对未完成的教育这件事情。不论是没有读过艺术院校的我们，还是正在读艺术学院的你。我们每个人都会每时每刻面对自己的不完整。

一个提醒：

"当代艺术的专业领域是存在于一个更大经济体系中的物质和非物质文化产品的生产。这包括媒体和娱乐业、出版业、软件业和设计业，此外还有活跃于全网的画廊和拍卖行网络，这些画廊和拍卖行从事艺术（传统的、现代的和当代的）和古董交易……毋庸置疑的是，大量在艺术院校接受培训的人最终在这个新兴的行业中成为（正常或不稳定就业）打工者。当艺术院校的学生毕业后，他们通常会在白天成为这个行业的'无领'工人，晚上成为艺术家。"①

书信B

每当在教室里，我们都面临着一个充满危险的预期，那就是我们又一次发现自己站在了一个未曾谋面大海岸边。当我们三个人组成的集体，以教师的身份进入课堂时，我们的工作就像一个围成三角形的希腊戏剧合唱团——引入注释和叙述，抛出观点，公开地互相反对，切换面具、声音和语调来推动剧情的发展，有时是向前，有时是向后。但如何"教"当代艺术？如今当代艺术的轮廓是如此的多样化，他们脱离了稳定的审美标准，导致传授教育的指导性和评价模式意识到自己处于危机之中。我们中的许多人之所以能在艺术中找到庇护，是因为作为艺术家，我们可以敞开心扉接受事物、行为和可能性；我们可以思考许多事情，也可以通过任何事物进行艺术创作——无论是质数之谜，还是铝提纯的细节、梵文诗歌中的韵律模式或是西班牙无政府主义的历史。我们一直试图为自己寻找一种介于那些世界上和生活中肆虐的风暴与艺术创作中明显静止之间的语言，就像我们一直试图共同思考的那样。课上教学作为一种准公共的、表演性的思考形式，获得了一种厚重感和价值，它不一定是建构

---

① Raqs媒体小组，"如何在晚上做个艺术家"载《艺术学院》：史蒂文·亨利·马多夫编辑，《艺术学院：21世纪的命题》，马萨诸塞州剑桥：麻省理工学院出版社，2009年。

的，不一定是完整的，不一定像现在这样已经准备好面对世界，而是需要一种蹒跚学步的过渡。

一个提醒：

"艺术家承诺通过他们的实践和整个工作生活不断地改变自己。对于一位艺术家来说，做一位艺术家和学习成为一位艺术家之间没有严格的区别。继续做艺术家的原因，在于每天都在重新审视有待说或做的事。做一位艺术家和学习成为一位艺术家没有什么不同。这个重新审视的过程，每天都在改变着艺术家。艺术家自身的视野不断扩大，以逐渐解开艺术家仍然希望铭刻在他／她的意识和世界注意力上的东西[①]。

第一课：走钢丝

第一堂课往往是关于行走的。有时，我们在上课时首先播放保罗·克利的《走钢丝的人》（1923年）和詹姆斯·马什的电影《钢丝上的男人》（2008年）。对我们来说，一个人在两座塔楼之间行走的形象，就像在空中行走一样，泰然自若却又充满危险，这与2001年9月11日发生在这两座塔楼上的其他更具代表性的画面形成了对照。如果说后一种图像带有破坏力，能够引发遥远的战争、经过处理的仇杀和瞬间的殉难，那么前一种图像则是对倒塌塔楼图像的狂暴力量的一种独特的解读。它记录了一种行动，这种行动没有特别的存在理由，但一旦存在，就会因其优雅、纯粹的大胆、不必符合实用性和必要性的自由，以及表达不可言说的能力而令人难忘。对我们来说，这种行动才是艺术的最佳特征。

第二课：脚手架、碰撞与扩张

第二堂课应该是考虑放手。有时一件作品、一次对话要想站稳脚跟，那么搭建一个由概念、手势、语言、图像、材质和粗略的期限组成的脚手架便成了十分必要的。这些都是作品在制作过程中的初次衔接。它们初看起来可能是由物质构成，标示着作品的边界。材料的来源有很多种——一个场景、一个令人费解的形象、一个哲学中的谜团、一段历史中的艰难时刻、一场文学之旅、一个难以辨认的物体、一张假想的图画、无法获得的材料、对观察记录的密切关注或作品制作过程中附带的事件痕迹。它们在碰撞中发挥作用，勾勒出作品自身的野心。这种野心，是意图和目的的捆绑，是最初的构架。它在即兴创作中，在反复尝试表达作品的过程中表现自己。在这种无形却又强烈感受到的力量上，在这种几乎可以看到的骨架上，塑造作品的轮廓，试探它的极限，目测它的容量，或者看看它能有多么反复无常。

然而，很快就会有这样的时刻，就像任何边界、任何保护性的支架一样，脚手架会显现出它的局限性、制约性和有限性。这时，脚手架就不再是一个支撑物，而开始成为一堵附件。这时，就有必要将作品从制作过程中聚集在它周围的修改和注释中分离出来。这时，就是让作品卸下盔甲的时候。

当作品从静止的准备状态跨越到最终准备与世界见面的状态时，始终是一个扩张的过程。作品的赋形与扩张同时进行。扩张是与赋形平行的过程，

[①] Rays 媒体小组，"如何在晚上做个艺术家"载《艺术学院》，史蒂文·亨利·马多夫编辑，《艺术学院：21世纪的命题》，马萨诸塞州剑桥：麻省理工学院出版社，2009年。

是作品实质上的一种状态变化。它标志着丰满，是一种欲求扩大作品的情感与语境的意愿，是一种不需要提供解释就坚持要求存在的渴求。

扩张发生在准备好的时刻。它需要时间和思考。随着时间的推移，对作品是否在"言说"它必须说的所有话的焦虑，让位于其陈述和倾向的内化，从而不再需要证明它的意义。艺术家不再"放出"作品的话语框架，而是开始准备好以作品向世界敞开的方式"接受"它。从某种程度来说，这即是一种信息和语境权重枷锁的松动。

第三课：喝酒的时间

第三课是关于时间的。有时候，为了上好这一课，我们不得不准备一场盛宴——一场没有食物，但有很多酒和很多笔记的盛宴。其中的一种形式就是关于时间的研讨会，它是2012年夏天在伦敦海沃德画廊的"旷野学校"项目中首次创作的。形式很简单，却依然经久不衰。

15位左右的参与者围坐在一张大桌前，每人面前都有一个盘子和一只酒杯。盘子上出现一组精心挑选的印在索引卡上的时间记录，时间记录以"课程"的形式出现。每位"客人"读出自己盘子里的"分量"，然后大家喝酒，一轮读完后（一道菜），"桌子"上的人进行对话。这个想法是需要思考、对话和必要的酒量来完成它的工作，以刺激人们对时间的思考。时间本身是物理存在的。通过时间的推移，经过酒的累积和递增效应，将体验转化为被包裹在一个扩张的褶皱中。学生不再是"学生"，而是表示精心设计的理论。沉默寡言的人变成了健谈的人，害羞的人变成了大胆的人。有一次，在宴会结束时，人们放声高歌，泪流满面。每一处欢声笑语都始终伴随。这至少持续了三个小时，大约是一顿节奏鲜明的正餐时间。随着课程的发展，思想和图像、联想和可能性的激活，我们开始掌握时间本身的质感。我们理解了艺术的存在与经验的强化之间的关系：在于不同的时间感受。

书信C

最后，我们能教给你的，不过是你自己能学到的东西。因为我们就是这样学习的，我们在某些方面都是无师自通。有些人发现了这些方面，并"激活"了它；有些人则让它一直潜伏在心底。自学者通过转化自己的好奇心来表现自己。他们把自己变成磁铁，吸引新的思考世界的可能性。由于他们并不是通过对既定知识的顺从而被塑造的，所以自学者发现可以自由地让他们的问题引导自己超越熟悉的认知和做事方式的局限。这些轨迹不可避免地将自己导向其他的疑问。问题不一定都能得到答案，但它们总是会产生更多的问题。自学者的思想生活不断转述着不同思想载体之间的相遇。这可以为我们开辟一种新的想象社群的方式，因为它是由问题和共性构成的。社群没有必要被看作是忠诚或血统所构建的静态形式。相反，按照自学者的引导，人们的聚集可以成为一个不断提问和联系的欢快前奏。

陌生人因好奇心而聚集在一起，呼应了自学者从不同来源中汲取思想集成的方式。这可以看作是类似陌生人形成社群的方式。一个自学者被一种新的思维形式所吸引一样，就像陌生人在酒吧里找人聊天一样。亲和力、欲望、好奇心和吸引力产生了纽带，将人们层层叠叠地联系在一起。人们学会了彼此相处的方式，就像自学者自我学习思考自己在这个世界上的位置一样。

26

对艺术的思考就是对场所和生活的思考。就是生活在其中创造碰撞与亲和、差异与相似、失调与纠结，如何制造和不制造事物，如何制造场所。

作为艺术家，你们要学会在清醒和陶醉之间选择自己的那根钢丝行走。只要作为艺术家的教育还没有完成，就一直走下去吧。

指定阅读和观看

阅读：

弗洛里安·杜姆博瓦，克劳迪娅·马雷，乌特·梅塔·鲍尔，迈克尔·施瓦布，《智能鸟笼：作为研究的艺术实践》，科隆：瓦尔特·科尼格出版社，2012年。

史蒂文·亨利·马多夫编辑，《艺术学院：21世纪的命题》，马萨诸塞州剑桥：麻省理工学院出版社，2009年。

保罗·奥尼尔，米克·威尔逊主编，《策展与教育的转向》，伦敦：Open Editions，2010年。

最近的三本选集，在艺术实践、研究、智力工作和教育之间的有益关系。

雅克·朗西埃，《无知的校长：关于知识解放的5堂课》，巴黎：法雅尔出版公司，1987年。克里斯汀·罗斯英译为《无知的校长：关于知识解放的5堂课》，加利福尼亚，斯坦福大学，1991年。

朗西埃对自学主义价值的探索，可以作为艺术家继续自我教育的典范。

Rags拉克斯媒体小组，《蚯蚓在跳舞：慢镜头双年展笔记》，电子通量杂志，第7期（2009年6月至8月）。

论证重新思考艺术实践中的时间过程，让人们有更多的思考。

Rags拉克斯媒体小组，《渗透》，柏林：斯滕伯格出版社，2010年。

Rags拉克斯媒体小组的散文、图像文字作品和短文集。

Rags拉克斯媒体小组，《德里：城市报告》，弗里兹杂志，第148期（2012年6—8月）。

我们对艺术在德里这样的大都市的城市文化语境中的转变的看法。

Rags拉克斯媒体小组，《艺术作为场所》，戴安娜坎贝尔编辑，TAKE杂志第10期（2013年2月）。

在Raqs拉克斯媒体小组策划的在印度古尔冈戴维艺术基金会"萨雷读本"展览的背景下，与艺术家和一位历史学家对话，探讨艺术在世界中的地位。

电子通量杂志，http://www.e-flux.com/journals。2014年6月19日访问。

当今当代艺术领域最有趣的期刊之一。

双年展，http://manifesta.org/tag/education，2014年6月19日访问。

这是一个很好的例子，说明了当代艺术展览的教育资源和策略可以活跃起来。

观看：

詹姆斯·马什，导演，《钢丝上的男人》，木兰影业/艾肯影业/迪亚法纳影业，2008年，电影。

艺术、生活和学习之间的平衡与张力的寓言，我们在教学情境中得到了有效的运用。

Raqs媒体小组
Raqs Media Collective

26

↑ 希罗尼穆斯·博斯，愚人船，约1490—1500年，木板油画，58cm×33cm，罗浮宫博物馆收藏，巴黎

↗ 保罗·克利，走钢丝的人，选自《当代艺术》作品集，1923年，石版画，43.4cm×27cm，纽约现代艺术博物馆

→ 詹姆斯·马什，导演，钢丝上的人，2008年，电影剧照

→→ 莫卧儿王朝的细密画，描绘了一个亲王和男人在花园里喝葡萄酒，约1700—1740年

26

课程：书信/提醒/功课

尼奥·劳赫
Neo Rauch

出生 / 生活和工作

莱比锡，民主德国，1960年 / 莱比锡，德国

教育经历

民主德国莱比锡平面设计及书籍艺术学院硕士研究生，1986—1990年

民主德国莱比锡平面设计及书籍艺术学院绘画专业学生，1981—1986年

教学职位

莱比锡平面设计及书籍艺术学院教授，2005—2009年（名誉教授，2009年至今）

德国莱比锡平面设计及书籍艺术学院助理，1993—1998年

重要作品

磨坊主，2013年

晚间弥撒，2012年

蓝色，2006年

莱波雷洛，2005年

课堂测验，2002年

获奖

德国斯图加特普世圣经与文化基金会奖，2010年

德国汉堡芬肯韦尔德艺术奖，2005年

文森特·凡·高欧洲当代艺术双年奖，博内凡滕博物馆，马斯特里赫特，荷兰，2002年

艺术奖，莱比锡大众报，莱比锡，德国，1997年

近期个展与双人展

2014年：大卫·卓纳画廊，纽约 // 2013年：尼奥·劳赫：幽灵，EIGIN + ART画廊，莱比锡，德国 // 尼奥·劳赫：造物主的痴迷，精选作品展1993—2012年，布鲁塞尔美术宫，布鲁塞尔 // 尼奥·劳赫：图形作品，第二部分，尼奥·劳赫造型艺术基金会，阿舍斯莱本，德国 // 2012年：尼奥·劳赫：权衡，开姆尼茨艺术收藏馆，德国 // 尼奥·劳赫：图形作品，尼奥·劳赫造型艺术基金会，阿舍斯莱本，德国 // 2011年：尼奥·劳赫：疗养院，大卫·卓纳画廊，纽约 // 尼奥·劳赫：弗里德布尔达博物馆，巴登巴登，德国 // 尼奥·劳赫：同志：现实主义的神话，扎克塔国家美术馆，华沙 // 尼奥·劳赫和罗萨·卢瓦：花园之后，埃塞尔博物馆，克洛斯特新堡，奥地利 // 2010年：尼奥·劳赫：同志，莱比锡现代美术馆和慕尼黑现代艺术陈列馆，德国 // 2009年：尼奥·劳赫：芦苇地，EIGEN + ART画廊，柏林 // 2008年：尼奥·劳赫，大卫·卓纳画廊，纽约 // 2007年：尼奥·劳赫在大都会：空运小组，大都会美术馆，纽约 // 2006年：尼奥·劳赫，加拿大蒙特利尔当代艺术博物馆 // 尼奥·劳赫：新角色，沃尔夫斯堡艺术博物馆，德国 // 2005年：尼奥·劳赫，马拉加当代艺术中心，西班牙 // 尼奥·劳赫：叛逆者，大卫·卓纳画廊，纽约 // 尼奥·劳赫：1994—2000年作品，莱比锡大众报收藏，檀香山艺术学院，夏威夷州 // 2004年：尼奥·劳赫，纸本作品2003—2004年，阿尔贝蒂娜博物馆，维也纳

近期群展

2014年：安德烈亚斯·古尔斯基、尼奥·劳赫、杰夫·沃尔，凯斯特纳协会展览馆，汉诺威，德国 // 全景：德西代里奥、费歇尔、劳赫、萨维尔、坦西，威尔金森画廊，纽约艺术学院 // 艺术和炼金术：转化的秘密，施蒂夫通博物馆艾伦霍夫艺术宫文化中心，杜塞尔多夫，德国 // 2013年：逆光：

27

无墙的学院：36位世界顶级艺术家的艺术和生活课　　259

来自乔治·伊科诺姆库收藏的德国艺术，国家冬宫博物馆，圣彼得堡，俄罗斯 // 2012年：当代绘画，1960年至今，旧金山现代艺术馆收藏展，旧金山现代艺术馆，旧金山 // 回望未来，苏黎世美术馆 // 疲惫的英雄/筋疲力尽：费迪南德·霍德勒、阿莱克桑德·德伊涅卡、尼奥·劳赫，汉堡美术馆，汉堡，德国 // 夜幕降临，现代与当代艺术中心，德布勒森，匈牙利 // 鲁贝尔家族收藏画作，桑坦德银行基金会，博阿迪利亚，西班牙 // 沃尔夫斯堡艺术博物馆收藏，卡尔·安德烈和谢尔盖·延森的杰出作品，沃尔夫斯堡艺术博物馆，德国 // 爱人：艺术家夫妇，皮皮·霍尔兹沃思画廊，伦敦 // 梦幻世界：在梦中之王的宫廷里，HGN美术馆，杜德施塔特，德国 // 2011年：第四届莫斯科双年展；重写世界，俄罗斯 // 2010年：平凡的疯狂：卡内基艺术博物馆当代作品展，匹兹堡，宾夕法尼亚州

尼奥·劳赫
Neo Rauch

27

无墙的学院：36位世界顶级艺术家的艺术和生活课　　261

← 父亲，2007年，布面油画，200cm×150cm，私人收藏

↗ 晚间弥撒，2012年，布面油画，300cm×250cm，私人收藏

→ 巢，2012年，布面油画，300cm×250cm，巴尼维尔德·海斯−佐默收藏馆

262　尼奥·劳赫
　　　Neo Rauch

27

晚安，2006年，布面油画，300cm×420cm，莫尼克·扎伊芬收藏/布罗雷慈善基金会（文森特奖）

27

你是什么时候开始关注艺术的？你还能记起是怎样开始的吗？

尼奥·劳赫：我从小就被艺术包围。在我长大的地方，我祖父母家的客厅里挂着我母亲的画像。我知道这幅画是埃里希·赫林在1958年画的，当时我母亲还是德累斯顿工农学院的学生。我的母亲也是一位画家，这也是艺术渗入我周围环境的另一种方式，还有我父母研究的许多其他东西，使我祖父母家的艺术氛围更浓厚。但是，我什么时候才真正意识到艺术的存在呢？如何确定它的存在呢？如果进行回溯的话，我觉得一个人何时意识到艺术并不关键，重要的是艺术对孩子心灵景观发展中潜移默化的影响，这种影响很早的时候就产生了。

你觉得你在艺术学院学到了很多东西吗？

尼奥·劳赫：是的，我确实学到了很多东西。当然，五年的时间很短，这段时间其实只是一个启蒙阶段，但你可以尝试各种不同的事物，而不需要真正深化和扩展你对它们的认识，因为你有整整一生的时间来做这件事。从这个意义来说，你不应该对这种机构抱有过高的期望，或是对它们提出过多的要求。利用你自己的判断力和能力来扩展和加深你在大学第一次体验的知识是很容易的。你可以在之后几十年的修炼中做到这一点。

你一直以来很确定你会成为一个画家？

尼奥·劳赫：是的。

当你决定学习艺术的时候，你是否明白你的学习只是一个起点？或者对大学有很大的期望吗？

尼奥·劳赫：我自然希望自己能成为古代绘画技法的高手，这样我就会被誉为伟大的人物之一。人们在十八岁或十九岁时往往是那么天真。

如果你能回到过去，遇见二十三岁的自己，你会警告自己不要犯任何特别的错误吗？

尼奥·劳赫：哦，是的！我当时犯了太多的错误！

最初的时候，你对职业艺术家的生活最大的误解是什么？

尼奥·劳赫：可能是我对自己能够保持那样放荡不羁的生活方式的期待，对时间这种宝贵的资源，以及我的重要精力，都有一定程度的荒废。这让我有了更负责任的心态，我现在尝试着小心翼翼地管理我的财富、时间和精力。重要的是，要在日常生活中建立一贯的生活步骤和稳固的生活结构。当然，也应该为随机行为和放纵留有余地，但不能本末倒置。你只有在二十多岁时可以这样。

你认为对于一位艺术家来说（如果可以一概而论的话），那么在自己的工作室里花多少时间才是合理的？你有什么标准吗？

尼奥·劳赫：千万不能一概而论。我发现，当我每个工作日花五六个小时在工作室里，我的工作效率是最高的。在那段时间里，我会有效地工作三个小时——也就是真正地创造，进行我的手头工作。我发现，如果我待到超过这个时间，我就会出现麻痹的现象。但我从来没有设定每天工作几个小时——事实证明结果就是这样。

关于一位艺术家每天都应该做的特别的活动方面，你有什么建议吗？

尼奥·劳赫：艺术家应该尽可能在户外活动，

尼奥·劳赫
Neo Rauch

每天至少半小时。我会向任何人推荐这一点。如果可能的话，把运动和去户外结合起来是很好的。

对一位艺术家来说，真正了解过去有多重要？你会从过去汲取灵感吗？

尼奥·劳赫：是的，当然。这本身就是我使用的一种资源，我借鉴我个人的过去，但也借鉴集体历史的更深层次——这是一个你可以在街上找到的资源，但由于其与当下创作明显无关，所以它们常常得不到有效利用。

作为一位艺术家，你觉得自己对社会有责任感吗？

尼奥·劳赫：我认为作为一位艺术家我没有这样的责任，但作为一个人我是有的。一般来说，我宁可不用"艺术家"这个词。"画家"听起来更确切，且不矫情。然而我也不觉得作为一个画家对社会有什么责任感，只觉得对自己的作品有责任感。从这个意义上说，我觉得我对某些期望的态度是有一定的责任，我想避免、克服或转变这些期望，或者我甚至可能想利用它们，这取决于具体的情况。但我不愿意将其归结为对整个社会的责任感——我认为这有点自以为是。

你如何看待艺术或图像处理政治问题？

尼奥·劳赫：如果我想证明我是当代人，我会这么做，我的工作室或象牙塔的墙壁是开放的，即便坚硬如象牙，在很多地方依旧是可穿透的。问题只是：我想在多大程度上受到行动和声明、指责或揭露的影响？我对绘画的理解，如果不是对艺术本身的理解，那就是类似于一个自然的过程，这是一个特定场域所固有的，就像产生大气条件的环境一样。你可以感受到空气中的一些东西。我会在完成作品之后考量我的画作是否涉及社会、政治或普遍的人类境况。但我不能以一种预谋预判的方式去做。我不能把自己关在画室里，然后对自己说："中东发生的事情太可怕了——我必须以艺术家的身份对它做出反应。"如果我这样做，我就会直接跳进宣传、社会浪漫主义或是既完全又彻底的庸俗。

你认为是什么让一幅画变得好或坏？

尼奥·劳赫：我们只谈好的，不谈坏的。好的画是永恒的、有暗示性的，也是有个性的。它的永恒性在于它摆脱了近几十年的问题，这些问题的流行度此消彼长。凡是被时代潮流束缚得太厉害的东西都应该被排除在外。绘画因其个体性而具有暗示性——这并不是必然的，但往往如此。如果某样东西是有个性的，那么它就能让观者着魔；它便具有某种磁铁般的吸引力，能让观众停下脚步，并将他们的目光吸引到墙上，墙上的画面照向观者。只有极个别的情况下，我才会在回过头来或过了很久之后，或在阅读了相关资料之后，发现自己被某件作品说服了。

作为一位艺术家，你对那些去看你画作的人有什么期待？

尼奥·劳赫：我期待，或者更准确地说是希望，首先观者能把我的画当作画来欣赏和思考，至少在一开始，不要把它们看成一个故事，或者是可以通过它来解决问题的循序渐进的画面拼图。但最终，关键的问题是如何把一个故事放到画面中去。艺术家如何去完成这个任务？图像能否在文本的字里行间增加意义？文字本身就是一连串的条条框框，其背后的意义，就像笼中的老虎（我喜欢这样理解）。然而，在实践中，这又有很大区别，因为人们站在画前，然后

27

想知道画中发生了什么:"请解释一下这是什么含义。"对于抽象画家来说,这种情况早已不复存在。而四五十年前的情况正好相反。那时,一个抽象表现主义画家要提供无尽的解释,而这些解释在今天早已不再需要,但一个具象画家仍然要面对那些寻求解释的人的提问。

你如何看待你的整个创作过程,还有你创作中的主要阶段?

尼奥·劳赫:在我的作品中,变化和逆转——我从来没有把它们称为革命——是由于我对那些已经变得过于熟悉的事情感到厌倦而产生的。这是一种压倒性的确定感,它改变了游戏规则。这是我改变方向和寻找更危险领域的信号。

指定阅读和观看

这些作品都具有一定的神秘性、图画效力和暗示性。

阅读:

沃尔夫冈·布舍,《哈特兰:徒步穿越美国》,柏林:罗沃尔特出版社,2011年。

朱利安·格林,《午夜》,巴黎:普朗书局,1936年。维维安·霍兰德英译为《午夜》,伦敦:四重奏图书出版公司,1990年。

恩斯特·荣格,《在大理石悬崖上》,汉堡:汉萨特出版公司,1939年。由斯图尔特·胡德翻译为《在大理石悬崖上》,伦敦:J. 莱曼出版,1947年。

斯蒂芬·金,《11/22/63.》,纽约:斯科莱布纳,2011年。

霍斯特·朗格,《黑柳》,汉堡/莱比锡:H. 戈菲茨出版,1937年。

观看:

大卫·林奇,导演,《橡皮头》,天秤座电影国际公司,1977年。

拉斯·冯·提尔,导演,《欧罗巴》,北欧电影公司,1991年,电影。

蒂姆·罗林斯
Tim Rollins

出生/生活和工作

皮茨菲尔德,马萨诸塞州,1955年/布朗克斯,纽约

教育经历

纽约大学艺术教育专业,1980年

纽约视觉艺术学院艺术学士,1980年

缅因大学,缅因州奥古斯塔,1978年

教学职位

K.O.S.和艺术与知识工作坊有限公司,纽约布朗克斯,1982年至今

宾夕法尼亚州费城德雷塞尔大学艺术与教育驻地教授,2003—2005年

德雷塞尔大学预防学龄暴力中心艺术、文学和音乐客座教授;宾夕法尼亚州费城玛莎·华盛顿小学,2003—2005年

纽约视觉艺术学院,1997年

加州大学戴维斯分校杰出客座教授,1995年

蒂姆·罗林斯和K.O.S.重要作品

哈克贝里·费恩历险记——在木筏上(马克·吐温之后),2011年

仲夏夜之梦(莎士比亚和门德尔松之后),2009年

不择手段(马尔科姆·X之后),2008年

我们将何去何从,2008年

美国——欢迎大家(卡夫卡之后),2002年

科学怪人(玛丽·雪莱之后),1983年

蒂姆·罗林斯和K.O.S.近期个展

2014年:仲夏夜之梦,尚塔尔·克鲁塞尔画廊,巴黎 // 萨凡纳艺术与设计学院博物馆,萨凡纳,佐治亚州 // 2013年:在原点上,立木画廊,纽约 // 泽维尔·霍夫肯斯画廊,布鲁塞尔 // 莫林·佩利画廊,伦敦 // 2012年:塔尔博特·赖斯画廊,爱丁堡 // 巴塞尔当代艺术博物馆,巴塞尔,瑞士 // 2011年:蒂姆·罗林斯和K.O.S.——关于变容,贝加莫现代艺术馆,意大利和瑞士巴塞尔当代艺术博物馆 // 立木画廊,纽约 // 2010年:走向巅峰——蒂姆·罗林斯和K.O.S.,阿拉巴马大学莎拉·穆迪艺术馆,塔斯卡卢萨,阿拉巴马州 // 伊娃·普雷森胡伯画廊,苏黎世 // 蒂姆·罗林斯和K.O.S.:一部历史,弗莱艺术博物馆,西雅图,华盛顿州 // 蒂姆·罗林斯和K.O.S.,泽维尔·霍夫肯斯画廊,布鲁塞尔 // 2009年:蒂姆·罗林斯和K.O.S.:历史,ICA(当代艺术学院),费城,宾夕法尼亚州;并在纽约州萨拉托加市斯基德莫尔学院唐人博物馆巡回展出 // 2007年:蒂姆·罗林斯和K.O.S.:25周年,伊娃·普雷森胡伯画廊,苏黎世 // 2006年:音乐新作,罗奇/圣玛利亚画廊,那不勒斯,意大利 // 我们看到应许之地——蒂姆·罗林斯和K.O.S.与亚特兰大青年的合作,当代艺术博物馆,佐治亚州亚特兰大 // "创造"(海顿之后),纽约艺术与媒体研究中心,纽约,并在丹麦艺术中心巡回展出,缅因州

蒂姆·罗林斯和K.O.S.部分群展

2014年:树作为艺术,皮博迪埃塞克斯博物馆艺术与自然中心,塞勒姆,马萨诸塞州 // 2013年:大男子主义者,告诉我的心,朱莉·奥特收藏的作品,艺术家空间,纽约 // 我们时代的杜波依斯,马萨诸塞大学阿默斯特分校当代艺术博物馆 // 身体语言,哈莱姆区工作室博物馆,纽约 // 关于一棵树

28

的事,国旗艺术基金会,纽约 // 2012年:我跟着你下水,立木画廊,纽约 // 人间天堂,安德鲁·弗里德曼故居,纽约 // 开放的学校,海沃德画廊,伦敦 // 纸,现代艺术与当代艺术博物馆,尼斯,法国 // 2011年:爱丽丝梦游仙境,泰特利物浦美术馆,英国,并在意大利特伦托和罗韦雷托现代艺术馆和汉堡艺术馆巡回展出,汉堡,德国 // 除了青春,世界上什么都没有,特纳当代艺术馆,马尔盖特,英国 // 2010年:普通的疯狂,卡内基艺术博物馆,匹兹堡,宾夕法尼亚州 // 页码,基默里奇画廊,纽约 // 社会的凝结,斯马克·梅隆,布鲁克林,纽约 // 2009年:重要的事情,伍斯特美术馆,马萨诸塞州 // 切尔西访问哈瓦那,贝拉斯艺术博物馆,哈瓦那 // "物种起源"(达尔文之后),美国国家科学院,华盛顿特区 // 2008年:你和我,有时……立木画廊,纽约

268 蒂姆·罗林斯
Tim Rollins

28

28

无墙的学院：36位世界顶级艺术家的艺术和生活课　　269

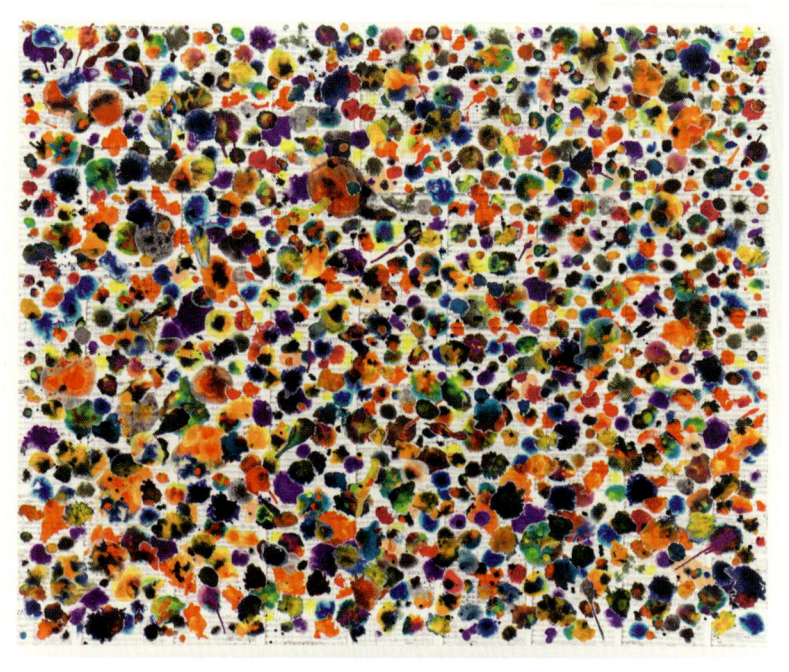

↖ 蒂姆·罗林斯和K.O.S.《哈克贝里·费恩历险记——在木筏上》（马克·吐温之后），2011年，亚光亚克力、书页、布面石膏，122cm×152cm，缅因州波特兰艺术博物馆

←← 蒂姆·罗林斯和K.O.S《隐形人》（拉尔夫·埃里森之后），墨汁和书页上的铅笔，30.5cm×30.5cm

← 蒂姆·罗林斯和K.O.S.《物种起源》（达尔文之后），2012年，书上墨汁，22.9cm×15.2cm，Noel Kirnon收藏

↑ 蒂姆·罗林斯和K.O.S.《科学怪人》（玛丽·雪莱之后），1983年，安装在画布上的书页亚克力，289cm×402cm，纽约布朗克斯艺术博物馆

→ 蒂姆·罗林斯和K.O.S.《仲夏夜之梦》（莎士比亚和门德尔松之后），2009年，水彩、印度和丙烯酸墨水、泰国桑树纸、拼贴画、芥菜籽、胶印平版印刷在画布上的乐谱页上，152cm×183cm，佛罗里达州康奈尔美术馆

蒂姆·罗林斯
Tim Rollins

20世纪50年代中期到60年代末,我在一个非常小的小镇出生并长大。这个小镇在缅因州中部的乡下,位于丘陵之间的塞巴斯蒂库克谷。

我妈妈喜欢讲这个故事。当我还是个婴儿的时候,我常常会哭闹不停。她和爸爸开车沿着南大街走到当地一家叫美味冰品的冰激凌摊。那地方有一个漂亮的白色霓虹灯招牌,轮廓是一个巨大的雪糕筒形状。"TASTEE FREEZ"这几个字母被涂成白色,在深海蓝色的背景下,底部有融化的冰激凌滴落的效果。我不知道他们是怎么构想出来这样的设计的,但我只要在蓝黑色的夜空前凝视这块牌子,就能睡着。

我的那些最初的艺术经历也是与乡土的邂逅。而且,我所在的城市里的灯光招牌是我最喜欢看的东西。我喜欢巴德红白超市的大型旋转圆形红白招牌。在寒冷的星期五晚上,当我妈妈每周去买菜的时候,我就会在停车场等待并开始研究它。还有那块在主街上的太阳石油加油站上方钴蓝色和黄色的牌子,非常高大,熠熠生辉。更美妙更复杂的是,在老宝石电影院的入口处,有一个被光照亮的遮檐,射出了温暖而明亮的白光。在这上面是大红色的半透明塑料大字,会显示本周的特色电影。我早年的一个激动的经历是在一个温暖的夏夜,宝石影院的经理惠顿先生允许我爬上梯子去摆放这些字母。当时我大概十三岁。

在这个区域来说,我第一次真正接触到无可争议的精美艺术,肯定是看到了路易斯·康福特·蒂芙尼于1900年创作的三扇宏伟的彩色玻璃窗,这三扇玻璃窗奇迹般地被安装在我所在的小城皮茨菲尔德中心教堂的圣殿里。在这幅三联画中,耶稣是一个散发着炽热光芒的人物,这种构思让人看到了一位热爱艺术的上帝的属性。我最初的艺术经历都涉及光影的形式。

路易斯·康福特·蒂芙尼,教堂的三扇彩色玻璃窗,皮茨菲尔德,缅因州

我第一次参观博物馆是在1969年,当时我14岁。我们很幸运地进入了一所公立初中,校长非常酷,他致力于先进的教育理念。我有生以来第一次有了一位全职的艺术老师瑟弗伦斯女士,她感受到了我对艺术的热爱,以及在缅因州农村工人阶级文化中因这种渴望而产生的孤独感。她组织了去波士顿的美术博物馆实地考察。这将是我第一次到比班戈大的城市参观。我清楚地记得校车在高速公路上呼啸而过,接近波士顿中心,并蜿蜒穿过罗克斯伯里的贫民窟。这是我第一次直接且直观地体验到城市的贫困,我当时有些恼火。

在美术馆,所有的同学都疯狂地冲向埃及木乃伊展品,而我则故意迷路,然后去参观其他展厅。我看到了一个弗里德尔·杜巴斯的超大画作的调查展。这是我在一个庄严的权威机构里看到的第一幅抽象画(附近还有一些莫里斯·路易斯的作品),这让

2008年9月20日,弗吉尼亚州马纳萨斯市,太阳石油加油站的牌子

28

我很兴奋,但即使是14岁的我也觉得这些作品缺少了点什么,小城里的蒂芙尼橱窗似乎比这更好。

几年后,又出现了一些不可思议的经历。我当时十六岁了,在当地的高中读书,有人不知为何为学校图书馆订购了露西·立帕德的开创性著作《波普艺术》。在它的书页中,我爱上了沃霍尔的金宝

安迪·沃霍尔,坎贝尔的汤罐头(胡椒锅),1962年,亚麻布上的酪蛋白和铅笔,50.8cm×40.6cm,私人收藏

汤罐(金宝汤罐那时也正是在我家深受喜爱的食品品牌)。其他的苗头和奇妙经历还在后面。

我在缅因州沃特维尔附近的榆树广场购物中心,在猛犸大卖场折扣百货店闲逛,等着我妈妈,我不记得她在买什么东西了。在这个庞大的商店后面,有一个大箱子,里面是卖剩下的黑胶唱片。翻到最后一排我恍惚间被一堆来自"转向"厂牌不允许发行的唱片吸引住了,每张唱片都是一美元。有一个标题让我很感兴趣,专辑封面也很诱人——《电子音乐》,收录了一个叫约翰·凯奇的人的作品《混合泉》。好吧,我有一美元,而且这张碟也吸引了我。回到家后,我用我那小小的立体声系统一遍又一遍地播放着音乐,我完全爱上了这些我觉得我知道但不理解的东西,导致我令人同情的父母确信我在吸毒。但我并没有,而我确实因为凯奇有了变化。凯奇的《4'33"》(包括书面乐谱)仍然是我生命中最重要且最具有影响的艺术作品。

没过多久,我被耶鲁大学、波士顿大学和缅因大学奥古斯塔分校的美术系录取,这是一所离我家乡两小时车程的社区学院。我很快意识到我绝对没有办法负担前两所大学的学费,所以我进入了缅因大学,参加了一个新的实验艺术课程。我和我的同学们立刻建立了联系,我们花了很多时间和精力让我们的教授发疯。他质疑每一项作业、每一个论点、每一个他们向我们提出的方法。那是70年代中期,批判性的反抗是那个年代的风气。反抗的方式催生了很多艺术作品。

我记得那是1974年,当时我再次去波士顿实地考察。我记得我们参观了波士顿美术馆,然后冒险般地去了哈佛的福格艺术博物馆,在那里我又一次选择了独自漫步。我的直觉召唤我来到了一个展厅,那其中有一件作品,那件作品是一个直接被钉在墙上的撕碎的纸板箱。现在看来,对于一个

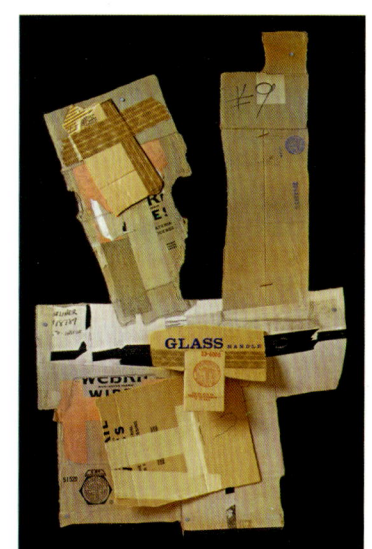

罗伯特·劳森伯格,《纸板鸟》系列中的《纸板鸟Ⅱ》,1971年,影印石版画、丝网印刷、瓦楞纸板、胶带、钢钉,138cm×91cm,澳大利亚国家美术馆,堪培拉

蒂姆·罗林斯
Tim Rollins

热爱艺术创作的乡下孩子来说，没有什么比拥有一个大纸箱来"进行创作"更令人向往的了。在一个有艺术细胞的孩子手中，盒子就变成了一种交通工具——海盗船或宇宙飞船或时间机器，在想象中的汹涌水域和暗潮中航行。我马上就想："如果这就是艺术，如果这就是一个艺术家允许自己做的东西，那我就要学它。"这就是这件作品，创作这件作品的艺术家罗伯特·劳森伯格，生于得克萨斯州的亚瑟港，作品的名字是《纸板鸟》。

几年后，当我还是纽约视觉艺术学院的学生和约瑟夫·科苏斯的助手时，我才第一次参观了劳申伯格位于拉斐特街一座老教堂的工作室。当我把这个故事告诉鲍勃（罗伯特·劳申伯格）时，我们都有些激动。他说："我为像你这样的孩子做艺术，蒂姆。"我永远不会忘记这一刻。

绘画史为理想的艺术流派提供了建议。首先想到的是劳伦斯·阿尔玛·塔德玛爵士的《荷马诗歌朗诵》（1885年），多年前我和K.O.S.在费城艺术博物馆遇到了这幅作品。相比于听众的活跃反应，学生们却反应平淡，但学生们被表演所吸引。他们已经暂时放下了他们的乐器。这是一个既独立又庄严的场景。每当我和K.O.S.工作室的成员参观大都会艺术博物馆时，我们总是会参观另一幅英雄的场景，这应该给所有真正的教育者以警示和勇气——大卫在1787年画的《苏格拉底之死》。但旁边展陈着我们最重要的导师——胡安·德·帕雷哈。他曾经是一个奴隶，他的画像作于他获得自由的那一年（1650年），由委拉斯开兹画的。这就是一个人的形象，让我们感到要通过任何必要的手段，包括艺术创作，来寻求自由。胡安·德·帕雷哈是我们充满挑战、追求真理的伟大导师，终身受教。

我们相信，好的艺术不要求存在的许可，仅仅

劳伦斯·阿尔玛·塔德玛爵士，《荷马的诗歌朗诵》，1885年，布面油画，91.8cm×183.5cm，费城艺术博物馆

雅克·路易·大卫，《苏格拉底之死》，1787年，布面油画，129.5cm×196.2cm，大都会艺术博物馆，纽约

迭戈·委拉斯开兹，《胡安·德·帕雷哈的肖像》，约1650年，布面油画，81.3cm×69.9cm，大都会艺术博物馆，纽约

是存在就足够了，任何真诚地做给你看的东西都是"好的艺术"。这种艺术可以是积极的，美丽的或丑陋的，是对异议的贡献，是大胆的和批判性的，

28

但又因其存在的事实而深感庆幸。我们认为好的艺术永远是一种礼物，同样是对一种神秘感觉的肯定。这不是工具性的，但感觉是必然的。艺术是一种建立在奇迹基础上的信仰命题。

什么样的人最想创作艺术？艺术家从表面看来是一个病态的群体。我们是带着病症生活的，我们对世界上现有事物秩序的质疑，这是与世界共存的且无法治愈的病症，我们只能尽量控制。艺术精神是无法被教授的，这种艺术精神必须是既有的，才能进行辨别、规范、制作、展示和推广。好的艺术学院和教育家可以引导和加速这一过程。

在艺术学院里，我希望能学到更多关于实践的实际情况：如何正确地绷画布，更多关于材料的可能性和它们的功用。应该更多地关注将想法转化为内涵的、显而易见的东西的学科。最重要的是什么想法能被激发和产生。激动人心的是培养思想与形式之间的辩证能力。另外，我也希望有人教我在做东西之前多等一会儿。最有力量的艺术总是来得很及时。

如果我能让时光倒流，我会警告年轻的自己，一位严肃的艺术家除了傲慢之外，没有任何缺陷，傲慢是一种烦恼，而不是真正的问题。话虽如此，艺术学院无法教授的一件事就是谦逊。

约翰·杜威对他所谓的"艺术产品"和"艺术作品"做了有说服力的区分。"前者是物理的和潜在的，后者是活动的和经验的。艺术作品是一种感知行为。"要想感知更深、更高、更广……这可以通过艺术学院的教育来实现。

艺术中唯一要打破的规则是艺术有规则的观念。

艺术有目的吗？有。但艺术的目的并非为了表现或交流，而只是为了"存在"——那是一种自由和爱的显现。

我认为艺术家应该每天赞叹歌颂。

指定阅读、收听和观看

阅读：

约翰·凯奇，《4'33"》，纽约：彼得斯版，1952年。

一部纸上和表演的作品，证明了沉默其实是不可能的。

约翰·杜威，"拥有一个经验"和"能量的组织"两章，出自《艺术即经验》，纽约：伯克利，1934年。

这些文字很好地解释了艺术的经验与日常生活材料的偶然相遇之间的区别。

保罗·弗雷尔，《自由的文化行动》，纽约：哈佛大学出版社，1970年。

这是一本鲜为人知的小册子，作者是一位伟大而高尚直率又单纯的教育家和活动家，他把艺术理解为社会转型和变革的一种激进形式。

亨利·大卫·梭罗，《行走》，载《大西洋月刊》，1862年6月。

这是一篇关于随机探究、发现和行动的文艺佳作。我认为，漫无目的的行走是想象力的创造过程的华丽隐喻。

《圣经》。

一个关于灵感的力量导致聚集在一起采取集体行动的故事。

收听：

马丁·路德·金，《完整生命的三个层面》，纽约康奈尔大学圣人教堂，1960年。

我最喜欢的一句话是："如果当清洁工是你的命运，那就出去扫街吧，就像米开朗琪罗画画一样。"

观影：

皮埃尔·保罗·帕索里尼导演，《马太福音》，Titanus Distribuzione，1964年，电影。

一部使用所谓非演员的平民电影，不是表演而是再现了耶稣的革命教义。

迈克尔·史密斯
Michael Smith

出生 / 生活和工作

芝加哥，伊利诺伊州，1951年 / 奥斯汀，得克萨斯州，以及纽约

教育经历

科罗拉多学院文学学士，科罗拉多泉，1973年

惠特尼博物馆独立研究计划，1970年和1973年

教学职位

得克萨斯大学奥斯汀分校工作室艺术教授，2001年至今

康涅狄格州纽黑文耶鲁大学艺术学院讲师，2005年和2000—2001年

哥本哈根丹麦皇家学院客座讲师，2000年和2004年

纽约哥伦比亚大学艺术学院客座评论家，2002年

密歇根州布卢姆菲尔德希尔斯克兰布鲁克艺术学院客座教师；伊利诺伊大学芝加哥分校，1998年

加州艺术学院瓦伦西亚分校、加州大学洛杉矶分校、加州艺术中心设计学院客座教师，1997年

重要作品

勇敢的探索，2012年

门户网站浏览，2005—2007年

西尔斯班级肖像，1999年至今

Mus-Co：1969—1997年，与约书亚·怀特合作，1997年

去吧迈克，1984年

迈克之家，1982年

隐秘的恐惧，1980年

获奖

加州圣莫尼卡阿尔珀特视觉艺术奖，2012年

纽约路易斯·康福特·蒂芙尼基金会奖，2007年

纽约艺术基金会奖学金，2007年、1991年和1987年

麻省理工学院高级视觉研究中心研究金，马萨诸塞州剑桥，2006年 / 2005年

艺术事务奖学金，1996年、1990年和1987年

国家艺术基金会奖学金，华盛顿特区，1991年 / 1983年 / 1982年 / 1978年

约翰·西蒙·古根海姆纪念基金会研究金，1985年，纽约

近期个展和双人展

2014年：来自存储的视频和杂物（pt.2），有轨电车，格拉斯哥国际 // 2013年:郊区：迈克尔·史密斯，与米歇尔·格拉布纳合作——我在家工作，克利夫兰当代艺术博物馆，俄亥俄州 // 论幽默：苍蝇和迈克尔·史密斯，表演13，纽约现代艺术博物馆PS1，长岛市，纽约 // 五十岁人们的星期日与健康中心巡回展，与约书亚·怀特合作的"卡茨基尔地区的艺术和个人成长"，由格林·纳夫塔利画廊主办，巴塞尔艺术博览会，瑞士巴塞尔 // "喷泉"，海尔斯画廊，伦敦 // 2012年：喷泉，丹·冈恩画廊，柏林 // 2011年：成长与发现之旅，与迈克·凯利合作。波罗的海当代艺术中心，英国盖茨黑德 // 2010年："成长与发现之旅"，与迈克·凯利合作，罗马以西公共艺术机构，洛杉矶 // 迈克尔·史密斯，埃伦·德·布吕尼项目，阿姆斯特丹 // 伊瑞克提翁之家，与杰伊·桑德斯合作，得克萨斯州奥斯汀试验场 // 2009年：成长与发现之旅，与迈克·凯利合作，纽约长岛市雕塑中心 // 埃

29

无墙的学院：36位世界顶级艺术家的艺术和生活课　　275

米·方塔纳画廊，米兰 // 2008年："在世界上最伟大的国家，你为什么要做一个混蛋？"，客观展览艺术中心，比利时安特卫普 // "学校工作"，海尔斯画廊，伦敦 // "伊克基宝宝的生日聚会"，电子艺术混合，纽约

近期群展

2014年："表演约翰·凯奇"，与"永远不会沉默"合作：为约翰·凯奇的《4'33"》配乐，纽约现代艺术博物馆 // 2013年：租借岛的仪式：物体剧场，阁楼表演和新心理剧——曼哈顿，1970—1980年，惠特尼美国艺术博物馆，纽约 // 2012年：达拉斯双年展，得克萨斯 // 2011年："娱乐"，与约书亚·怀特合作，格林·纳夫塔利画廊，纽约 // 2010年：替补教师，乔治亚州亚特兰大当代艺术中心 // "改变渠道"：1963—1987年的艺术与电视，维也纳现代艺术博物馆 // 牛仔布，80WSE画廊，纽约 // 2009年：图片世代，1974—1984年，大都会艺术博物馆，纽约 // 2008年：惠特尼双年展，惠特尼美国艺术博物馆，纽约

29

迈克尔·史密斯
Michael Smith

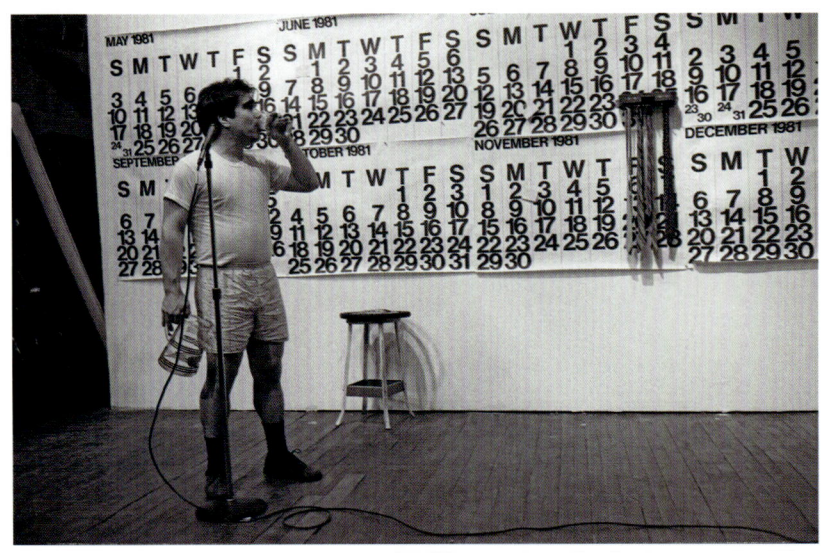

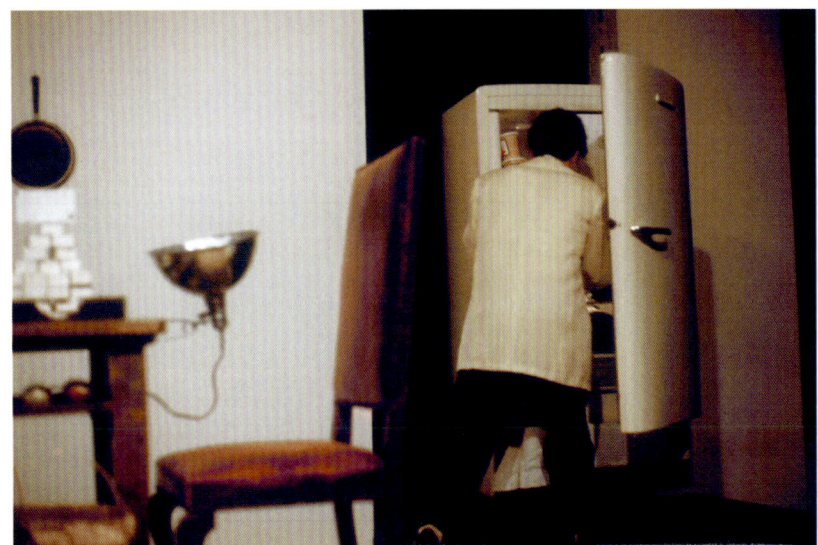

← 饮水，1982年，演出，伦道夫街画廊，芝加哥

← 让我们看看冰箱里有什么，1978年，表演，厨房，纽约

←↓ 跟上80年代，1987年，演出，舞蹈剧场工作室的经济轮胎剧场，纽约

1. 截止日期是你的朋友

对我来说，提笔写出一篇连贯的文字，从来都不是一件容易的事。所以，当我被邀请参加一个"重要图书项目"，并为初入这个领域的艺术家提供见解和建议时，我受宠若惊，但又犹豫不决。困扰我的是可怕的方向感，分不清主次，也不懂如何安排叙述的顺序，这让我感到不安。很奇怪，经过多年的学期规划，我竟然被一个任务搞得手忙脚乱。

我的强项向来不是确定顺序，唯一能迫使我集中精力的就是截止日期。大多数人都能理解最后期限，但当你处于最后期限时，并不是所有人都会同情你。在我的生活中，有一段时间我很难控制，我花了所有的精力来阻止我向那些抱怨即将到来的截止日期的朋友们扑去。如果你正在进行一个自己的项目，请为自己的截止日期感到高兴——并细心地与别人分享你的感受。

西尔斯班的肖像,2010年春,来自《西尔斯班的肖像》系列,1999年至今,照片,33cm×25.4cm

Mus-Co: 1969—1997年(与约书亚·怀特合作),1997年,装置

2. 从你所知道的开始

如果你很难想出有创意的想法,那你可以试着从你知道的东西开始,不论是童年的故事、纽扣或弹珠的收集、一张旧画或逸事——做这些事的目的是让你忙起来。不要觉得你白费力气做无用功,你要有耐心,并期待从中得到一些东西。如果你在截止日期前,尽量不要放大自己的不安全感;你要尽力把工作做完,等到评论来了之后,再面对自我实现的预言,即你确实是个冒牌货。

几年前,我正在为纽约的一个空间"厨房"做表演项目。当我的截止日期迫在眉睫时,一种恐惧感和恐慌感占据了我的心头。后来,在一个难得的清醒时刻,我意识相比于在办公桌上花费的时间,我似乎在冰箱上花费了更多的时间,而且我正在为"厨房"的演出做准备,我开始思考为什么不把演出地变成一个特定的场域,然后重新安置我的冰箱,进而让它成为当晚的关注焦点呢?结合上述想法,一个标题出现在我的脑海中,于是《让我们看看冰箱里有什么》形成了。我如期完成了演出,随后我看到了一篇评论。评论家没有对我进行夸赞,而是对我在新闻稿中使用"前卫幽默"一词来描述我的作品这一行为提出了批评。他继续在文中仔细地拆解我的表演,他也揭示了许多笑话实际上是俗套的喜剧套路,很难说是前卫的,这对我的戏剧来说完全是一种拖累,但至少当时我的自我厌恶被暂时转移到了其他地方。若干年后,我意识到那位评论家对我的评论是正确的,所以我下定决心以后在谈到我的作品时再也不使用这个词。

3. 平衡

在我成为行为艺术家之前，我是一个年轻的且非常严肃的画家。过了几年，我感觉一个人在画室里的状态是很舒适的，因为只有我和画布在一起，我执着于对图式的渲染、色彩调整、平衡和构图，直到我把它画好。由于我如此地投入这样一种特殊的绘画方法中，所以我无法考虑形式主义范围之外的工作。事实上，我会拒绝我今天所做的那种艺术，因为那看起来不够严肃。事实上，直到失败之前，这种"闭关自守"的状态都是很好的。长时间地看着空白的画布，除了能得到那种令人难以置信的焦虑，其余什么都没有，很明显我意识到需要走出去，分散自己的注意力。幸运的是，这种追求恰好与我当时正在经历的"逆向成熟"过程相吻合，在伪装了这么久的中年人之后，喝酒、跳舞、约会，这些行为帮我忽略了几十年的岁月。除了忘掉岁月，我不再需要一个大的工作室。我觉得自己很幸运，我没有负担，适应能力强，可以在任何干净的平面上工作。如果再有一扇窗子，那时对我来讲就是极为奢侈的待遇。与此同时，我的画家朋友和装置艺术家朋友却在为争取他们超大的工作室而争分夺秒。我每周工作几天之后就会打扫房屋，于是我很快就发现自己有一技之长，这是有道理的。因为我是个爱整洁的人，当我无须在冰箱前来回跑的时候，我就在工作室里。由于我的空间一直不大，所以我能把我的堆放量降到最低。

4. 任何事情都需要时间

对于艺术家来讲，时间也许是最重要的资源，有很多艺术家花了好几年的时间从一个驻留项目到另一个驻留项目。我只参加过一次驻留项目，那个为期两周的驻留项目更像是"地中海俱乐部"，而非"罗马奖"，所以我的观点是对驻留项目有一些了解就足够了。然而，就我所知，这些"专业"的驻留艺术家们已经想出了一种方法，可以争取更多的工作室驻留时间，进而避免与日常领域打交道。我自己也对这条路充满恐惧，我担心自己的时间会被用来等待下一顿"免费午餐"。我的许多学生在获得硕士学位后，却为了延长在驻留工作室的时间，而痴迷于参加任何可能的驻留项目。在20世纪80年代，对个人艺术家的公共资助比现在多得多，当时我很幸运地成了被资助艺术家中的一员，直到20世纪90年代初，我才意识到这类"从天而降的馅儿饼"已经变得干瘪，我也已经负债累累。同时，由于我没有明显的技能，我也不知道如何谋生，我开始准备认真考虑教书。正所谓工欲善其事，必先利其器，所以我上了一节课又一节课；我对驻留地不熟悉，但我感觉他们可能也是这样：一群特定的

学生的评价

艺术家可能会在一个又一个的驻留项目中出现，类似于艺术节或是双年展的现象。如果想留在驻留项目那便需要特定的技能：简洁的申请书加上成熟的履历可以帮助你大大增加被接受的概率。这与职业网球赛场没有什么不同，熟悉的名字会在某种程度上带来合法性。面对它，评审专家和业界权威都"心知肚明"，所以认可一个已经被"审查"过的人比重新为一个新人寻找出路更容易和安全。祝你在工作室争取自由时间的尝试中获得好运。

5. 仔细阅读邮件

如果只是匆匆一瞥，那可能会引起不必要的误解，进而错失机会，或者那只会浪费你的精力。我已经数不清有多少次我不停止往下看那些以"我很遗憾地通知你……"开头的信件，这些信件中也有很多是对你的安慰和对未来的希望。一定要往下翻，仔细阅读你的邮件，如果一开始没有，那么以后就会有。当邀请我参加这个项目的邮件来时，我立刻注意到了主题框：邀请我为新的费顿出版物撰稿。当我终于意识到这不是一个公益活动的邀请，而是一个图书项目时，我的兴趣被激发出来了。当时为这个项目拟定的名称是"艺术学院"，编辑们正在收集一些"世界上最受尊敬的艺术家"的智慧。正如我之前提到的，我受宠若惊，然后我继续阅读邮件，发现他们要求的是1500～2500字的内容、附图、书目、参考资料清单和我自己作品的图片。我越想越觉得这似乎涉及更多的工作。我关闭电脑，看了看冰箱里面的东西。一周后，我回看了这封邮件，开始盯着标题"艺术学院"，光是提到"学院"二字，我便想到行政琐事，并陷入熟悉的恐慌。为什么我在大学阶段教了二十年的书（我是基于几十年的艺术家经验进入大学的），但每当教授年轻艺术家如何准备学院外的生活的价值和有效性时，我仍然会经历这种不可思议的不安全感？

6. 不要随便丢掉东西

保留一个笔记本，注意，我是说的保留它。你永远不知道它什么时候会派上用场。不仅如此将笔记本堆放在桌子上，可以让人有一种成就感。翻阅旧的笔记，并将其抄录到更新、更厚的记事本上，还可以与那些从未实现的项目保持距离；换句话说，这是一种避免徒劳感的高效方式。很明显，相较于雕塑与装置艺术所需的储存空间而言，笔记本很容易储存，它不会占用太多空间。听起来很贵？确实如此。但是，假设你对你的旧作品确实产生了一些兴趣——试着在几年后更换有时间标记的材料和丢失的物品。在某种程度来说易贝（ebay）是很好的，但除非你有无数的金钱和无限的时间在网上消费，否则最好尽可能长时间地保留你的东西。如果你不忍心看它，就买个防水布把它们盖起来，用以防范那些将来可能出现的水渍。

7. 少即是多

在为旧道具和材料（如冰箱和煤渣）支付了大量的存储费用后，我越来越欣赏密斯·凡·德·罗的格言"少即是多"。这是一个很好的规则，特别是如果你正在考虑行为艺术的路线：在艺术背景下，一点点的技巧或适度的天赋可以令这位艺术家走很长的路。如果你正在考虑发掘日常事物，一个有开始、中间和结束的简单活动，对于熟悉观看颜料凝固成固态的观众来说，是非常有诱惑力的。你

迈克尔·史密斯
Michael Smith

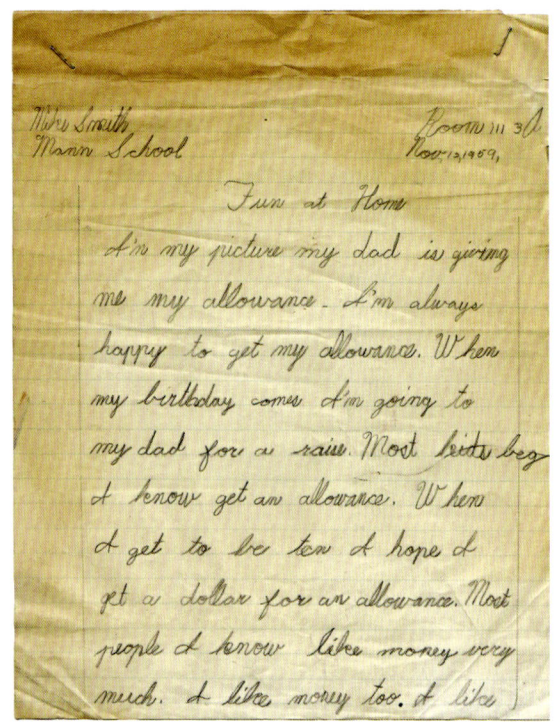

《家庭乐趣》，1957年，绘画和散文

起来的完美破冰工具，它可以扩展到填满整整一节课，一切都取决于你带来多少东西。在经历了无数的发条玩具、奇形怪状的石头和家庭快照之后，一场关于便捷、方便、存档和展示的讨论不可避免地落下帷幕。在经历了多年的翻箱倒柜和木偶舞台、不搬运行李箱和装满道具的箱子之后，我试图向学生灌输一种实用性的意识，即总有另一种方法可能更省事、更省钱、更省力。

8. 如果它没有坏，为什么要修理它？

做一个行政员工有一种好处，它意味着一个人已经找到了一种方法来有效地完成工作。一个行政员工可以避免在提交任务时的焦虑，我不明白为什么它被认为是一个贬义词。让我很受震撼的是，一个人不费吹灰之力就能完成任务。我自己的绘画（可能还有写作）风格从我小时候开始就没有什么变化。我不知道是因为我马上就"跳进"了抽象画里，拒绝学习如何塑造人物，还是因为完全不擅长。无论如何，我都以某种方式令自己的工作顺利进行，并且，在这个过程中，我知道了如何让错误看起来像一种奇思妙想。《家庭乐趣》是我八岁时画的一幅蜡笔画，表现出对对称和平衡的惊人敏感，这两点对我来说至今仍很重要。幸运的是，有一篇当时的随笔可以说明，这幅画是父亲给我零花钱的情景。如果只看这幅画，人们很难知道两个人物之间在进行什么样的交流：跳舞、挥手、对峙？1959年——也就是我创作《家庭乐趣》的那一年，艾文·戈夫曼的著作《日常生活中的自我呈现》出版了。这本重要的社会学著作对发展中的表演研究领域影响很大，它用戏剧分析的语言来剖析人类在社会交往中的行为。巧的是，在我的绘画中，我以

会惊讶于观众愿意与你进行刨根问底式的讨论。你愿意挎着腰包还是端着蒸箱从一个场地到另一个场地？实事求是地讲——你能装在这两种容器里的隐喻的交换率是非常接近的。

既然我说到了打包和拆包的话题，这里有一个可以用于一系列课程的练习：

从家里带一个抽屉来，然后向全班同学介绍里面的物品。

这个"展示和讲述"练习是让课堂气氛活跃

29

父亲的衣着、动作和表情为"镜子",学习他的为人处世之道,模仿他的微笑,模仿他在给我零用钱时戴着苏格兰圆扁帽。

我从父亲身上学到了很多东西,其中有一点我是肯定的,那即他对于时间的关注。我的父亲是个商人,他对时间很着迷,以一个人的守时与否来判断他的性格。显然,我没有追随他的脚步成为一个商人,但他着实提供了一个模型和一种思考商业与生存、失败及成功的关系的方法。我希望我对钱有更多的发言权,比如如何挣钱或管理它,但我没有。艺术家应该学会的一个重要的教训是:不要指望从自己的艺术中换取报酬。很少有人能靠作品谋生。一是他们这样做,他们就会被操控。我能给出的唯一的建议是找到一种支持自己的方式,一种不会让你感到妥协的方式,如果你幸运的话,这会让你感到舒坦和快乐。

指定阅读和观看

阅读:

霍雷肖·阿尔杰,《褴褛的迪克》,伦敦:洛林出版社,1868年。

阿尔杰19世纪神话化的美国梦,在白手起家的故事中,贫穷的男孩通过努力工作和坚持不懈的努力,在地位和阶级中上升。他的小说很可能被解读为21世纪的艺术世界寓言,因为他的主人公大多时候都会得到一位有钱的老先生的帮助,如果没有一点对自己有利的运气,很少会往上走。

戴尔·卡耐基,《人性的弱点》,纽约:西蒙和舒斯特出版公司,1937年。

可能是20世纪最畅销、最著名的自我提升出版物,这本书至今仍在影响着作家和思想家。我自己表演的角色迈克,多年来一直误用卡耐基的建议。我最喜欢卡耐基的建议:记住,一个人的名字,对这个人来说,是任何语言中最甜美、最重要的声音。

艾伦·卡普罗,《艺术与生活的模糊化》,伯克利:加州大学出版社,1993年。

在这本跨越四十年的论文集中,这位著名作家、艺术家、艺术史家对艺术家在面对成功、金钱和社会接受度时的两难境地进行了完美的论述。

迈克尔·科达,《力量!如何获得?如何使用?》,伦敦:科罗奈特出版社,1975年。

这本书融合了马基雅维利和戴尔·卡耐基,提供了一些有用的提示,比如在聚会上站在哪里,什么时候该打哪条领带,以及最好的办公桌位置。

伊利·洛兰,《塞尚的构图》,伯克利:加州大学出版社,1943年。

洛兰为我打开了绘画世界,正是通过这本充满插图、照片和复制图的书,我开始更好地理解塞尚的表面、画面平面、空间和立体主义。

斯科特·麦克劳德,《理解漫画》,纽约:哈珀常青出版社,1993年。

一本关于漫画书的漫画书,这本关于漫画书的俏皮分析,将其词汇、历史发展和图形典故解构为文字和图片的易懂模式。

乌布网
www.ubuweb.com

前卫电影和录像带、舞蹈、声音艺术、具体诗歌、概念写作等的首选网站。也是让学生在整个课程时间内都忙不过来的完美资源。

维基百科
www.wikipedia.org

我从我的学生那里了解到这个不可思议的资源。他们说,如果你把它用到课堂上的演示,那就太有用了。

观看:

加斯·范·桑特导演,《DE原则》,1982年,电影。

范·桑特的早期短片,改编自威廉·S.伯勒斯的一个故事,将禅宗冥想和家政学结合在一起,讲述了一个关于D.E.学科的奇特方法。学会掌握日常生活中的物品和规律,对艺术家来说是有好处的,回报你的是整洁的居室和练习、练习、练习、练习的耐心。

约翰·斯德扎克尔
John Stezaker

出生 / 生活和工作
伍斯特，英国，1949年 / 伦敦

教育经历
伦敦斯莱德美术学院艺术学学士，1973年

教学职位
批判与历史研究高级导师，伦敦皇家艺术学院，1989—2004年（导师：1988年）
伦敦中央圣马丁斯补充研究高级导师，1980—1989年（导师：1977—1980年）
伦敦中央圣马丁绘画导师，1974—1977年

重要作品
冒名顶替者9号，2013年
桥12号（来自城堡系列），2008年
一对4号，2007年
面具35号，2007年
爱11号，2006年
婚姻（电影肖像拼贴系列），2006年
谈判空间1号，1978年
无题，1977年

获奖
德意志证券交易所摄影奖，伦敦，2012年

近期个展
2013年：剪切粘贴——约翰·斯德扎克尔，日内瓦摄影中心，日内瓦，瑞士 // 约翰·斯德扎克尔：来自收藏的作品，阿尔勒摄影节，阿尔勒，法国 // 跨越，Capitain Petzel画廊，柏林 // 掩饰，要领画廊，伦敦 // 约翰·斯德扎克尔：一对一，特拉维夫美术馆，以色列 // 裸体与风景，弗里德里希·佩策尔画廊，纽约 // 2012年：Gisela Captain画廊，科隆，德国 // 约翰·斯德扎克尔，米尔德里德莱恩肯珀艺术博物馆，艾布斯沃思画廊，圣路易斯，密苏里州 // 婚姻，哈格蒂艺术博物馆，马奎特大学，密尔沃基，威斯康星州 // 2011年：白教堂画廊，伦敦 // 卢森堡现代艺术博物馆—让大公现代艺术博物馆 // 2010年：Capitain Petzel，柏林 // 弗莱堡艺术中心，德国 // 白板，要领画廊，伦敦 // 2009年：理查德·格雷画廊，芝加哥，伊利诺伊州 // Gisela Capitain画廊，科隆，德国 // 桥，弗里德里希·佩策尔画廊，纽约 // 2008年：面具与影子，宫殿画廊，布雷西亚，意大利 // 丹尼斯·基默里奇画廊，迪塞尔多夫，德国 // GAK不来梅当代艺术协会，德国 // 2007年：两部分展览——伦敦 / 卡斯滕舒伯特画廊（9—10月），要领画廊，伦敦（10—11月）// 鲁贝尔家族收藏，迈阿密，佛罗里达州 // 剧照画廊，爱丁堡 // 开眼画廊，项目室，利物浦，英国 // 伊冯·兰伯特画廊，巴黎 // 2006年：要领画廊，伦敦 // 丹尼斯·基默里奇画廊，杜塞尔多夫，德国 // 理查德泰勒斯画廊，洛杉矶 // 桥梁和其他隐喻，诺里奇画廊，英国 // 约翰·斯德扎克尔，白柱画廊，纽约 // 2005年：档案和叙述，约翰·斯德扎克尔和T.J.威尔科特斯，慕尼黑艺术协会，德国 // 2004年：第三人称档案和其他作品，要领画廊，伦敦

近期群展
2014年：第19届悉尼双年展——你想象你的愿望，澳大利亚 // 2013年：关于一棵树，国旗艺术基金会，纽约 // 弗兰克·埃格洛夫和约翰·斯德扎克尔，可见的合并，芭芭拉·克拉科夫画廊，波士

30

无墙的学院：36位世界顶级艺术家的艺术和生活课　283

顿，马萨诸塞州 // 2012年：混合——国际拼贴中心精选，达姆当代艺术博物馆，密苏里州塞达利亚市 // 狂热图书馆，弗里德里希·佩策尔画廊，纽约 // 德意志交易所摄影奖，摄影师画廊，伦敦 // 拼贴画，塔达斯画廊，巴黎 // 达普雷斯·乔治，乔治·伊萨·德·奇里科基金会，罗马 // 2011年：传送者/接收者：艺术委员会收藏的拼贴画的持久性，米德尔斯堡现代艺术学院，英国 // 反摄影，焦点画廊，埃塞克斯郡绍森德，并巡回到比克罗夫特画廊，埃塞克斯郡，英国 // 2010年：头，要领画廊，伦敦 // 页面，基默里奇，纽约 // 谈话的嗡嗡声，弗朗西斯卡·考夫曼画廊，米兰，意大利 // 超大风度，在萨顿巷1号的罗布·图夫内尔画廊，伦敦 // 乞讨、借贷和偷窃，当代艺术基金会，迈阿密，佛罗里达州 // 2009年：门谢尔画廊，纽约现代艺术馆，纽约 // 源代码，柏林Sprüth Magers画廊 // 诗人的血，法国南特FRAC卢瓦尔河画廊 // 谈话的嗡嗡声，弗朗西斯卡·考夫曼画廊，米兰，意大利 // 速度与死亡，明尼苏达州，明尼阿波利斯，沃克艺术中心 // 松树丛中，大卫里斯利画廊，哥本哈根

284 约翰·斯德扎克尔
John Stezaker

30

30

无墙的学院：36位世界顶级艺术家的艺术和生活课

↖↖ 爱6号，2006年，拼贴画，23cm×18cm

↖↑ 无题，1977年，拼贴画，27cm×19.4cm

← 婚姻（电影肖像拼贴）1号，2006年，拼贴，23.5cm×28.5cm

↑ 盲，1979年，拼贴画，19.5cm×24cm，带框

→ 谈判空间1号，1978年，拼贴画，20.6cm×25.3cm

约翰·斯德扎克尔
John Stezaker

30

《面具10号》,1982年,拼贴画,81cm×53cm

30

在多年来参与艺术教育实践的经验下（无论是作为学生还是作为教师），我都得出这样一个理念：艺术教育是一个矛盾的术语。毕加索就明白这个道理，他说他不是在寻找，而是在发现。艺术就是寻找，这是不可估量的，也是不可预知的。不能为它做任何准备，也不可能对它进行调查。

教育表面上是致力于知识的。而最好的艺术来自非知识，即来自无知。教育宣称要让世界变得透明或清晰，而艺术似乎总是要面对相对反的事物——不可知的、模糊的。

艺术教育试图以专业的方式培养学生登上公共舞台，它试图让大学成为展示的缩影。我觉得这是作为学生最困难的地方——自己的作品要被展示，同时要受制于别人的意见。最后，我放弃了大学里的工作室空间，在家里工作，这种做法一直延续至今。我对去工作室的恐惧和对去上大学时的恐惧一样多。

我相信在艺术创作中隐居和沉静的重要性。艺术需要找到一个可以隐藏的空间。它在布满灰尘、被忽视的破败空间里茁壮成长。在某种意义上，可以说它需要教育垮掉：它需要被忽视。在缺乏强有力的教育计划的情况下，有多少次艺术的重要发展是由一群学生控制自己的审美议题而产生的？现代教育试图自觉地创造一个微缩版的展览世界，等待着未来的艺术家，无意中背叛了艺术的可能性，正如莫里斯·布兰乔所坚持的那样，艺术来自"生活的放逐"。

更为实际的做法是，我建议效仿亨利·大卫·梭罗的美学反思经济学的例子：找一份要求不高的工作，投入最少的时间，以支持最大比例的时间用于审美的闲适。从梭罗时代开始，时代已经改变了这种经济的平衡。他每周只需为他所居住的土地上的农民工作一天，就能在生活的放逐中维持生计。我们生活在一种敌视非生产性活动的文化中，但正因为如此，对审美闲适的抵制才如此重要。

指定阅读

莫里斯·布朗肖，《本质孤独》，载于《文学的空间》。巴黎：伽利玛出版社，1955年。

安·斯莫克英译为《本质孤独》，载《文学的空间》，林肯，内布拉斯加州：内布拉斯加大学出版社，1982年。

亨利·大卫·梭罗，《瓦尔登湖》，波士顿，马萨诸塞州：蒂克纳和菲尔茨出版公司，1854年。

31

斯蒂芬妮·苏约克
Stephanie Syjuco

出生／生活和工作

菲律宾马尼拉，1974年／旧金山

教育经历

2005年，美国加州斯坦福大学艺术硕士

1995年，旧金山艺术学院艺术学士

教学职位

加州大学伯克利分校雕塑系助理教授，2014年至今

旧金山艺术学院新流派研究生讲师，2010—2011年

旧金山加州艺术学院美术研究生和本科生雕塑项目兼职教师，2009—2012年

宾夕法尼亚州匹兹堡卡内基梅隆大学雕塑系客座助理教授，2008年

加州艺术学院研究生美术课程讲师，旧金山，2007—2009年

重要作品

现代废墟（大众食人族），2014年

免费文本（开源阅览室），2012年至今

国际橙子纪念品商店（一个提案），2012年

影子商店，2011年

翻拍台：自主制造区，2009年

假冒伪劣的钩织计划（政治经济学批判），2006年至今

获奖

约翰·西蒙·古根海姆纪念革命会奖学金，纽约，2014年

南希·格雷夫斯基金会个人艺术家资助，纽约，2012年

采购奖，伯克利艺术博物馆，加州，2011年

阿塔迪亚奖学金驻留奖，纽约，2010年

哈波基金会艺术家资助，纽约，2010年

琼·米切尔画家和雕塑家奖，纽约，2009年

近期个展

2014年：免费文本，威奇托州立大学乌尔里希艺术博物馆，堪萨斯州 // 现代废墟（大众食人族），再生艺术驻留项目，旧金山 // 2013年：免费文本，约瑟夫·唐画廊，巴黎 // 突袭者，瑞安李画廊项目空间，纽约 // 2011年：潮流系列——斯蒂芬妮·苏约克——模式迁移，哥伦布艺术博物馆，俄亥俄州 // 突袭者，凯瑟琳·克拉克画廊，旧金山 // 2010年：悬浮微粒（事物、物质、东西），400画廊，伊利诺伊大学，芝加哥 // 不是"纽约现代艺术博物馆"，华盛顿州立大学，普尔曼 // 2009年：不请自来的制造，帕拉斯当代项目，与126空间合作，都柏林 // 2008年：多视角系列164——整体制作，休斯敦当代艺术博物馆，得克萨斯州

近期群展

2014年：新的原住民，照明弹当代艺术，中国香港 // 我们脑海中的墙，歌德学院，华盛顿特区 // 塑造卡斯卡迪亚，当代工艺博物馆与西北太平洋学院合作，波特兰，俄勒冈州 // 布加勒斯特双年展，罗马尼亚 // 反抗之城，德意志通讯社平台，巴塞罗那，西班牙 // 新的原住民，照明弹当代艺术，中国香港 // 私人事务，顶点艺术，纽约 // 新作初展：最近的购藏，圣何塞艺术博物馆，加利福尼亚

31

无墙的学院：36位世界顶级艺术家的艺术和生活课　289

州 // 女异形，公众舆论艺术中心，费城，宾夕法尼亚州，并在2015年巡回到芳草地艺术中心，旧金山 // 时尚访谈，海因茨·尼克斯多夫博物馆论坛，帕德博恩，德国，并巡回到贸易博物馆，温特图尔，瑞士 // 2012年：ZERO1双年展，圣何塞，加利福尼亚州 // 2011：全球当代——1989年后的艺术世界，ZKM艺术与媒体中心，卡尔斯鲁厄，德国 // 2009年：1969年，纽约现代艺术博物馆PS1，长岛市，纽约 // 弗里兹项目，弗里兹艺术博览会，伦敦 // 正面　反面，米兰三年展，米兰，意大利 // 2008年：未来马尼拉，奥沙画廊，中国香港，奥沙画廊，新加坡 // 时尚黑客与高级时装异端，保证画廊，伊斯坦布尔 // 伪造现实，环球影城画廊，北京 // 2006年：变更缝制和聚拢，纽约现代艺术博物馆PS1，长岛市，纽约

斯蒂芬妮·苏约克
Stephanie Syjuco

31

31

无墙的学院：36位世界顶级艺术家的艺术和生活课

↖ 翻拍台：自主制造区，2009年，弗里兹艺术博览会上为期五天的造假活动，受伦敦弗里兹项目的委托（细节：最后一天的井喷式销售）

← 国际橙子纪念品商店（一个提案），2012年，由数千件物品组成的公共装置，模拟一个虚构的金门大桥礼品店，安装在旧金山的"海角堡"，部分装置视图

→ 免费文本：开源阅览室，2012年，传单墙、阅读区、制作区、书架和热装订书籍

↑ 悬浮微粒（事物、物质、东西），2012年，混合媒体（纸板、泡沫芯、彩色纸、织物）、木托盘、数字视频投影、展览清单、部分装置视图

斯蒂芬妮·苏约克
Stephanie Syjuco

2013年9月1日

亲爱的艺术生／应届毕业生／青年艺术家／准艺术家／同事们：

嗨，你们好吗？——我很好，谢谢①。

我是以一个在美国六所不同大学和私立艺术学院任教近十年的在职艺术家的角度给你写这封信的，另外，我同时也拥有卓有成效的艺术事业。我之所以要明确说明这一点，是因为它决定了我的观点，因为作为一名教育者，我深深地扎根于艺术学院的体制中，这对我观察到的关于艺术家的"可教""不可教"以及教师在正式的、时有问题的体制背景下向学生传达什么是可接收的信息产生了很大的影响。

我也从我在专业艺术领域工作了近二十年的角度给你写信——我曾在画廊和博物馆做过展出，但一度因为疏离的挫折感而几乎放弃了商业领域，我曾两次经历过职业倦怠和创作疲劳，以至于我找不到出路，但也曾以某种方式坚持下来，并进入了一个有成效的时期，我认为在可预见的未来，这个时期将支撑我。这些起起伏伏的经历在经历时很难理解，因为虽然我记得在学校时教授们传授给我的建议，但要想真正在内心层面上认识和接受这些模式，并超越单纯的轶事来理解它们，就需要去亲身经历。

与大家分享一些坦诚的记录和观察。②

1. 停止制作"艺术"，开始制作你的作品③。

这一点排在第一位是有原因的——即，因为人们很容易做出一些看起来像艺术、行为像艺术，甚至销售也像艺术的东西，但到头来它们却不是真正的艺术，而是幻象，只是商品或可量化、可领会的声音。而不幸的是，你会被鼓励这样做。④一般来说，这些都是艺术学院和艺术界逼着你做的东西，因为它们是可读的，可以用对每个人都有意义的方式来说话：收藏家和策展人都是如此。这种"艺术"有正确的视觉标记，可以很容易地"溜进"展览和目录条目中。起初，玩这个游戏似乎真的很刺激，如果你玩得正确，它可以让你获得很多益处，但最终，这些都是真正无聊且没有太多的深度的东西。⑤尽量抵制这种做法，因为从长远来看，这不是令人满

---

① 如果我选择用一种非正式的语气，比如这种给你的"信"的形式，那是因为我想开始打破"你"和"我"之间的区别，打破任何学生／教授的关系，甚至是学生／在职艺术家的关系所暗示的等级制度。所以在这篇文字中，我会尽可能地坦诚、尽可能地直接，但也会尽量在这样的语境中嵌入尽可能多的温柔和慷慨。请注意，我在这里所说的完全是主观的，直接反映了我自己的弱点、失误和对成为一个艺术家的延展理解。这封信的格式借鉴了一系列鼓舞人心的坦诚书籍。由彼得·奈斯比特和雪莉·班克罗夫特编辑的《一个年轻艺术家的日记》和《给一个年轻艺术家的信》，他们委托当代艺术家撰写短文，挖掘他们工作生活的幕后。
② 因为这些富有成效的碰撞，我对直接与年轻艺术家合作的承诺只是随着岁月的流逝而加深，并不打算因为职业机会的相应增加而放弃。我认为教学是将知识直接传授给未来一代制作者的唯一途径之一，并且我会尽我所能，为年轻艺术家的困境和焦虑充当传声筒。对我来说，这是一种政治行为，试图掀开我所获得的"艺术世界"内部运作的起起伏伏、实际的矛盾和变幻莫测，以及越来越多的不稳定的经济状况等神秘面纱。
③ 布鲁斯·康纳在2005年写的一篇文章，被《布鲁克林铁道》转载，他说："我用'艺术家'这个词作为我行为方式的有力借口。它使我有可能扣除成本和费用，让国税局满意……当我谈论我所做的事情时，我试着用'作品'一词，而不是'艺术'。有人做出了'它是艺术'的决定。"有趣的是，康纳的这封信曾被委托收录在前述的《给一个年轻艺术家的信》一书中，但从未出版。（http://www.brooklynrail.org/2005/09/art/letter-from-ruce-conner）
④ 这类似于艾伦·卡普罗在他的论文集《艺术与生活的模糊性》中提到的"类似艺术"的艺术，但我使用它的方式更符合经济需求的"类似艺术"的生产。
⑤ 有趣的是，如果你"代表"某个性别／民族群体／国籍／阶级背景，你会得到双倍的分数。我并不是说这些都不是你工作中需要解决的有效而紧迫的话题。我只是提醒你要警惕你如何被要求在艺术世界中"表演"这种主体性，因为这并不像你所想的那样，而是关于你作为一种思想，服务于一种公认的话语功能。而我不确定这是不是你开始做这件作品时真正的想法。

意的。①要准备好不受欢迎、无法归类，甚至可能在别人（包括市场）对你艺术的渴望方面落伍。你是为了长远的发展，最后是你自己要接受你的作品。

2. 不要让艺术界的等级制度和局限的看法，控制你可以个人代理的潜力。

在我本科二年级的时候，一位年轻的兼职教授② 告诉我的最关键的事情是在课后，我们在一家酒吧喝酒。她说，我们都是同事，我们一起在这个艺术世界里，我们可以提出我们想在其中运作的条件。这真的让我大吃一惊。短短的几句话，她就能让我明白，我在这个系统中是有利害关系的，即使是作为一个学生，我也不必把自己看作是一个大轮子中的一个齿轮。如果我愿意，我可以提高赌注，然后开始制定条款，进而选择我将如何与之相关③。

3. 如果你真的选择去艺术学院，那你要明白它是一个有限的，但却很重要的部分结构，在你经历之后不久就会被淘汰。

艺术学院能教给你的东西只是你作为一个实践中的艺术家所需要的一小部分。虽然这可能看起来是一个明显的，不是很有趣的事情，但对我来说这是一个相当鼓舞人心的事情，因为艺术学院是一个系统，很大程度上是为了引导和推动你在一个范围有限，但正规化的艺术世界里工作④，但他们没有告诉你的是，在你离开学校后不久，你可能会明显发现自己有兴趣做一些画廊系统和机构的参数之外，同时不那么容易辨认，甚至更奇怪的工作。你已经把这些作品看作你的敲门砖这种情况。将给你带来很大程度的焦虑，因为你不知道如何"适应"之前为你制定的规范。⑤ 这是自然且正常的，也是值得庆幸的，你应该将这种恐惧转化为兴奋，驾驭它并发展它，尽管不知道它将

---

① 我是在90年代初的本科生时期成长起来的，当时身份政治是一个热点问题——既是可以作为诋毁的目标实践，又可以有效地积累一定的资本，这取决于你如何给作品定位。有一段时间，我把注意力集中在我的边缘性这个主题上，直到我意识到我作为一个艺术家的兴趣范围受到了限制。早期很难抗拒这个方向，因为任何走这条路的人都有很多明显的机会。我已经意识到，主观性是一个复杂的东西，政治可以停留在很多看似不政治化不被认可的事情上。这对于那些试图将我的作品解读为出生于菲律宾女性艺术家产物的策展人来说，并没有起到很好的作用。我知道，如果我打出这些牌，在移民、过境和记忆／怀旧等主题的"正确"领域工作，我的职业生涯可以走得更远。我现在回想这些时刻，意识到它们是外在的，与我作为一个艺术家的兴趣无关。也许它们是话题性的焦虑，因为它们很容易获得关注和资金，最终把注意力从要做的"真正"工作上转移开来，而真正的工作要复杂得多，有趣得多。
② 安·卡特是一位我觉得我可以与之产生共鸣的雕塑老师，因为她比其他教师更接近我的年龄，她直言不讳地讲述了她自己在艺术世界中的苦难，但并没有沦为彻头彻尾的愤世嫉俗者。我尊重她在分享她的经验时的脆弱，并希望年轻和年长的艺术家之间有更多的这种直言不讳。谢谢你，安。
③ 在这种思维转变之前，我认为自己与文化生产任务间是脱离的、边缘的和次要的，因为文化生产似乎被设定为一个等级制度，那些在上层的人拥有更多的知识、权力和获得一切的机会，而我自己则处于底层，无能而渺小。虽然我目前的很多作品都试图批判博物馆和美术馆的制度结构和价值体系的惯例，但在内心深处，我对改变其关系并使其更有回应性抱有健康的乐观态度。我喜欢这个陌生的地方，它也仍然是我的世界，也是我不愿放弃的潜在代理空间。
④ 在我执教的美国，艺术课程更希望在本科和研究生学位的各个层次中加入专业实践课，虽然这让学生在理论和工作室工作之外，尽可能多地武装自己的实践知识是非常有意义的，但我也认为这反映出该领域的专业化进程在加快，竞争也在加剧，越来越多的学生被输送到昂贵的艺术课程中。这对艺术学院来说是极其有利可图的，每年的学费在很多情况下高达4万美元以上。美国高价的艺术硕士课程的兴起（更不用说名校发明的同样昂贵的非学位后学士课程，仅举几例）是经济需求的直接结果——也就是说，私立艺术学院要求保持其人数的增长，并使工作室充满付费的、有希望的年轻艺术家（我很抱歉在这里谈钱——这总让人觉得我好像在给做艺术家的乐趣泼冷水——但我觉得不解决这个问题，不考虑它如何在未来的艺术教育中发挥越来越大的作用，是一种失职）。而你同时是他们的客户和他们的产品。这并不意味着这些项目都不好——只是不要认为这些机构是基于一种脱离经济生存现实的利他主义。反过来说，机构的好处在于它们是由其成员组成的，所以在这个框架内，是结构之外的同事、学生和教师之间的实际联系和成长的现实，你会从中得到很多东西，它在很多方面都是非凡的、令人难忘和令人振奋的。我并不是要贬低正规的艺术学院教育，而是试图对其作为一个行业的持续增长以及你如何在其中发挥潜在的作用给出一个明智的观察。
⑤ 时髦的理论来来去去，更重要的是你要尝试写出自己的想法，而不是听从什么是正确或"恰当"的处方。有趣的是，当你在艺术学院时，你会努力获得进入艺术对话的机会，试图获得正确的语言和形式，并学习正确的观念，这样你就可以做出一些自己的东西。为你所做的事情发展你自己的语言和措辞需要时间，并且在以后的很多时候才会展开。

斯蒂芬妮·苏约克
Stephanie Syjuco

把你引向何处。①

4. 善于使用资金②

学习如何为一个项目制定一个"真正的"预算，这样你就可以提前了解你的开支。③你很容易看到成本因为错误的决定而超支，所以要明智地使用你的资金，但也要知道如果真的很重要，什么时候该花钱。你会被要求免费或无偿贡献许多东西——义拍、展览、演讲等。你应该慎重选择你想支持的事情，因为这些事情会占用你的时间和金钱，而且会增加你的消耗。④

5. 彰显和亮相就是成功的一半

天赋（或对天赋的认识）只是等式中的一部分——其余的则是长寿、耐力和继续工作的能力，尽管生活中还有其他分心的陷阱和乐趣。延伸一下，不要因为你认为自己还没有达到要求，就不去申请基金、驻留或其他机会，从而自然而然地将自己排除在竞争之外。虽然为了完善申请，你可能还有更多的工作要做，但正是你的自我否定阻止了你。如果你连申请都没有提交，那你就不能怪策展人或评委团不给你机会⑤。

6. 你的愚蠢或怪诞的想法有时是最好的。

这一点真的很重要，这涉及勇敢的问题。虽然并不是所有的想法都是好的，但如果你把它们归入"愚蠢"文件夹，你实际上是在审查一种直觉反应，认为它不够深刻或有趣，不足以公开。但愚蠢的好处是，有时候它就是这么出格，不好不坏，或者说有什么怪异的东西在那。⑥我可以坦率地说，正是由于我勇敢地看到愚蠢的结果，所以最终我创作出了一些最好的作品，因为一旦你突破了最初的排斥，你就会挖掘出真正的分歧。然后你就可以把它变成更有趣的东西。

7. 你总是在制作作品，即使你认为这不是真正的作品。

艺术家是永恒的自由职业者——我们在自由职业中所做的一切都可以算作"作品"，这既是一种福气，也是一种诅咒。⑦一方面，你感觉自己好像永远都无法关闭时钟，因为你总是在"工作"——无论是研究一个不起眼的兴趣，还是花时间在工作室里做一些看起来漫无目的或本质上没有生产力的东西。⑧另一方面，即使你看起来不像是在工作，你也总是在工作，因为许多活动都是在意识和潜意识的层面上整理想法，模糊的形式、

---

① 另外，请记住，在艺术学院时的明星学生们最终很少能掀起长期的波澜。这听起来有悖常理，但这是我从自己在艺术学院的时间，以及从一些与我合作的学生身上观察到的。我记得（×××和×××）刚毕业就在纽约大红大紫，但他们现在在哪里？这还用说吗？当然也有例外，但整体的天赋（或对天赋的认知）只是其中的一部分。
② 哦，上帝。另一个没有人愿意明确谈论的肮脏事情是艺术作为职业背后的经济学：艺术作品的资金、销售、佣金、处理债务等。它玷污了艺术是由爱、激情和人类精神所创造的想法。值得庆幸的是，由于学生债务上升、经济衰退和一代艺术家意识到他们无法靠兼职教师的工作来维持自己的生活等问题，这种对现实艺术经济的沉默正在改变。虽然不完全是一个金字塔计划，但艺术世界和其他任何排斥和包容的系统一样，保持着一个层级结构，每个人都只有这么多的空间。参见格雷戈里·肖莱特，《暗物质：企业文化时代的艺术与政治》。
③ 这包括你从补助或佣金中支付给自己钱的细目，如果你不熟悉申请经费，而又没有立即提供这些细目，机会就很容易在拖延中错失。
④ 虽然我同意其中一些作为初始投资的东西是"做生意的成本"，但我不同意这样笼统的说法，即作为一个年轻的艺术家，你应该对所有的机会说"是"，并且作为一个文化生产者，要不断地期望你的时间和努力得不到补偿。参见"工作艺术家与大经济"http://www.wageforwork.com和临时服务机构制作的"艺术工作：关于艺术、劳动和经济的全国性对话"：http://www.artandwork.us。
⑤ 同样，这也是关于勇敢。
⑥ 我最喜欢的项目之一，"翻拍台：自主制造区"，2009年，就是这样一个"愚蠢"的想法——它在字面上看起来很荒谬。"如果我雇用五位年轻艺术家在大型艺术博览会上盗版和伪造艺术品，然后以很低的价格出售给公众，会怎么样呢？"但现实中的表现却完全不同，观众的互动、物流和持久的物理性都是项目发展的因素，而不是看上去的一言堂。一个项目背后的想法和实际情况可能会大相径庭，有时候最好不要自说自话，因为做了就会有很大的改变。
⑦ 黑特·史德耶尔在她的e-flux文章"摆脱一切的自由：自由职业者和雇佣兵"中谈到了艺术家作为"自由职业者"的概念，她从经济不稳定的角度分析了这个定义。永恒的自由职业者在自由的名义下挥舞着双刃剑。http://wwwe-flux.com/journal/freedom-from-eveiything-freelancers-and-mercenaries。
⑧ 在我自己的实践中，我花了80%的时间来做本质上"一无是处"的工作，但却朝着20%的看似有所作为的方向努力。

31

外围的项目以及想法都处于正在酝酿的状态，虽然不会立即上升到"工作"的前沿，但却是一种后备生产的形式，最终会增加一些东西。只是你要等待。

8. 了解你在处理事务的时间和在工作室时间之间的平衡点，并接受这种平衡点会因环境而变化的事实①

当涉及要为工作室腾出时间的情况，要非常非常自私，因为它很快就会被外界的需求所吞噬——这些需求看起来很重要，但有时可能会被更快地转移过去。你需要做出一些艰难的决定，你要知道你真正需要的是什么条件来维持你的工作室时间，并尽可能地把这些事情落实到位。②

9. 但不要忘记你是人！记住你也要有工作之外的生活。

你很容易被你所做的事情完全吸引，它可以让你彻头彻尾地痴迷并且倾注所有的消耗。我可以长时间地沉浸在项目或研究中，不愿意出来透透气。我忘记了自己的身体和工作之外的快乐，因为在很多方面，工作本身都是快乐的。当我抬起头的时候，我意识到世界上其他的人是如何使我恢复和支持我的，活着真好。③

10. 一切都是政治的，即使你不想这样做④。

你的，
斯蒂芬妮

指定阅读

彼得·奈斯比特，雪莉·班克罗夫特、萨拉·恩德雷斯编辑，《给一位年轻艺术家的信》，纽约：达特出版有限责任公司，2006年。

彼得·奈斯比特，雪莉·班克罗夫特、萨拉·恩德雷斯编辑，《青年艺术家日记》，纽约：达特出版有限责任公司，2009年。

阿德里安·派珀，《失序，失视》，卷1-2，剑桥，马萨诸塞州：麻省理工学院出版社，1996年。

格鲁维·舒来特，《暗物质》，伦敦／纽约：冥王星出版社，2011年。

黑特·史德耶尔，《摆脱一切束缚：自由职业者和雇佣兵》，《电子通量杂志》第41期（2013年1月）。

玛丽娜·范居尔埃，《懒惰的重要性》，载《内阁》杂志第11期（2003年6月至8月）。

《艺术工作：关于艺术、劳动和经济的全国性对话》，http://www.artandwork.us. 2014年6月19日访问。

---

① 我很幸运，如果我把20%的时间花在工作室工作上，剩下的80%用于管理职业和项目（又是那个80/20的比例出现了；真有趣）。这是很不幸的，我希望能调整一下结构。我的工作模式有两种：一种是与他人合作的大型研究项目，占用了大量的"管理"时间和后勤工作；另一种是用我独立工作，在物质、想法和在工作室的时间过程中迷失自己。这些工作模式似乎有天壤之别，管理的参与和我成为艺术家的初衷相去甚远。最近，我的项目需要大量的协调和非常实际的事情，比如电子表格、预算、给供应商打电话、演讲、与同事和策展人开会、实地考察、收发邮件、申请以及在做安装时紧张的现场即兴创作。我知道这些都是比较容易抱怨的事情，但我很害怕在这个过程中迷失自己，并且会越来越远离制作工作的直接和愉快的方面（虽然我意识到自己就是如此，因为我的项目类似于小型企业、组织和小型机构，所以这是一个艺术的自我结构管理）。我还没有足够的头脑和经济条件去雇用助理来处理事情，所以我必须学会如何锻炼自己的人际关系，如何将某些有问题的想法在顺利的情况下表达出来，以及如何成为一个好的团队成员和合作者。所有这些品质都与艺术家是一个自主的、倔强的、封闭的、非社会化的个体这一浪漫的理念背道而驰。

② 画家萨姆·查卡里安显然会对他的学生说："如果你开车到处抱怨没有足够的钱买油画颜料，那就卖掉你的车，买一些该死的油画颜料吧。"我经常提到这句话。

③ 然而，最终也会发现，你在工作室之外接触到的任何东西都会蔓延到作品中。所以，也许这是在工作和非工作的双重任务——又是一个永恒的自由职业问题。参见玛丽娜·范居尔埃，"懒惰的重要性"，载于《内阁杂志》：http://www.cabinetmagazine.org/issues/11/paresse.php。

④ 我一开始被要求回答"现实世界"成为艺术家的课程，最后又主要触及经济方面的问题。虽然这篇文章似乎不太关注作为一个艺术家的激情、乐趣和灵感，但我认为这些观点将在本书的其他条目中得到解决，所以希望能涵盖这个基础。但我不禁想知道，目前成功的艺术家所享有的经济条件和刚刚崛起的艺术家所经历的经济条件之间的差异越来越大，这将如何影响近期成为一名艺术家的现实：学生被债务压垮、艺术经费的削减以及艺术家被定位为不稳定的自由职业者的增加。我可以谈谈灵感和美感，以及我在工作室里的那个私密时刻，但我太焦虑了，不愿意这么做。我希望我的恐惧被证明是错误的，发现我的担心是没有理由的，下一代艺术家会用他们自己的方式来解决。对艺术家来说，逆境和问题并不新鲜，在发展充实的事业和生活方式方面存在障碍。这从来都不是一件容易的事。但是，这确实让人感觉是一个特殊的时代——一个经济震荡和一系列事件展开的时代，其中对文化生产的影响仍是未知的，但会在未来十年中显现出来。就像我的朋友们喜欢谈论的那样，"我爱艺术界，我恨艺术界"。试图改变你投入如此多热情的世界的状况并不是徒劳的。或者至少，在开始这种对话时，看看会发生什么。

谢淑妮
Shirley Tse

出生/生活和工作

中国香港，1968年/洛杉矶

教育经历

加州帕萨迪纳艺术中心设计学院艺术硕士，1996年

香港中文大学文学学士，1993年

加州大学伯克利分校海外交流项目，1990—1991年

教学职位

加州艺术学院艺术专业共同主任和教师，瓦伦西亚，2001年至今

康涅狄格州纽黑文市耶鲁艺术学院客座评论家，2006年春和2008年春

美国加州克莱蒙特研究生院客座艺术家，2004—2005年

加利福尼亚工艺美术学院访问艺术家，旧金山，2002年春

伊利诺伊州埃文斯顿西北大学艺术理论与实践系讲师，1999—2000年

重要作品

生命器官系列，2011—2012年

量子淑妮系列，2009年至今

像潜水艇一样下潜，2006—2007年

在美国与欧亚大陆分离的地方等待系列，2005年

电力塔，2004年

聚苯乙烯，1999—2000年

获奖

加州社区基金会视觉艺术家奖学金，2012年，洛杉矶

约翰·西蒙·古根海姆纪念基金会研究金，纽约，2009年

洛杉矶市个人艺术家奖学金，2009年

杜菲基金会艺术家资源完成奖金，加州圣莫尼卡，2001年

近期个展和双个展

2014年：量子淑妮，菲利普·费尔德曼画廊，西北太平洋艺术学院，波特兰，俄勒冈州 // 2012年：生命的器官和其他故事，肖沙娜·韦恩画廊，圣莫尼卡，加州 // 2011年：生命器官，洛基山艺术与设计学院，丹佛，科罗拉多州 // 2010年：深渊大饭店——大萧条时期的加州艺术，I.谢淑妮，左岸书局的深渊大饭店，加州圣巴巴拉 // 平行世界：萨拉淑妮和谢淑妮，奥沙画廊，中国香港 // 2007年：像潜水艇一样下潜，肖沙娜·韦恩画廊，圣塔莫尼卡，加州 // 等待，穆雷·盖伊，纽约 // 2004年：电力塔，波莫纳学院艺术博物馆，加州 // 电力塔和跨任务，穆雷·盖伊，纽约 // 2003年：佩鲁吉当代艺术中心，帕多瓦，意大利 // 保质期，肖沙娜·韦恩画廊，圣莫尼卡，加州 // 2002年：保质期，卡普街项目，瓦提斯学院，旧金山 // 蔓延，奥蒂斯的本·马尔兹画廊，洛杉矶 // 多胎生，穆雷·盖伊，纽约

近期群展

2014年：超越垃圾：升级再造的艺术，加利福尼亚州阿纳海姆市博物馆 // 2013年：军械库展览与讲述，军械库艺术中心，加州帕萨迪纳 // 高速公路研究#2——405公路这边，本·马尔茨画廊，洛杉矶 // 2011年，奥沙SOHO，中环，中国香港 // 积木：当代收藏作品，罗德岛设计学院美术馆，普罗

32

维登斯 // 2010年，奥沙SOHO，中环，中国香港 // 2010年：马德里当代艺术博览会——全景，洛杉矶，马德里 // 徒步旅行艺术，K11，九龙，中国香港 // 2009年：雷布斯，阿梅利亚考古博物馆，意大利 // 智能材料，水壶场艺廊，剑桥，英国 // 2006年：来自美国，现代美术博物馆，明斯克，白俄罗斯 // 2005年：美国的纪念碑，白色廊柱画廊，纽约 // 2004年：粒子·理论，韦克斯纳艺术中心，俄亥俄州哥伦布市 // 2002年：建筑结构，纽约现代艺术博物馆PS1，长岛市，纽约 // 场域之外，新艺术博物馆，纽约 // 世界可能是美妙的，第13届悉尼双年展，澳大利亚 // 艺术家对建筑的想象，波士顿现代艺术博物馆，马萨诸塞州 // 蔓延，辛辛那提当代艺术中心，俄亥俄州 // 景观前瞻，巴德学院策展研究中心，哈德逊河畔安娜达尔，纽约州 // 临时世界，安大略艺术馆，多伦多，加拿大 // 美国办公室，博洛尼亚现代艺术馆，意大利

298 **谢淑妮**
Shirley Tse

32

↑ 电力塔，2004年，高密度聚乙烯、橡皮泥、康复泥、塑料、聚苯乙烯、安装尺寸可变，雕塑高度为120cm～180cm

← "量子淑妮"系列：划清界限，2010年，泡沫芯、聚苯乙烯、织物，240cm×110cm×76cm

→ 像潜艇一样下潜，2006—2007年，铸造树脂、拾得树脂（工厂废弃的潜艇机器支架）、黄铜、玉石，210cm×90cm×50cm

32

谢淑妮
Shirley Tse

32

聚苯乙烯，2000年，使用电子路由器手工雕刻的挤压聚苯乙烯。所有的板块都是44cm宽，总长度可变，在这个装置中展示了42块板块（长度为60.96m）

通常情况下，艺术专业的学生会通过艺术专业课程或通识教育来学习批判理论、心理学和哲学。虽然这些课程的效果可能是显而易见的，但我发现学习经济学对当代的课后实践非常有用。我的意思不是指财务管理——金钱只是许多可能的经济体系的一种形式。我指的是更基本意义上的经济学——经济科学——研究描述社会中资源之间关系的形式系统。对动态如何运作的理解；权力如何在平衡中波动；如何在不同的模式之间转换；用非货币的术语（如"机会成本"）阐明"交换"的概念；盘点、重新评估等——所有这些都是帮助人们在边界、形式和状态快速清算的当代艺术实践的广阔领域中穿行的重要工具，并使自己置身于这个地带。

以"多重性"的概念为例。我最初尝试理解多重性是通过本体论和批评理论。我喜欢这个概念，但我确实觉得它很抽象。有一些问题没有得到解答。例如，在保持多重性的同时，我们能否对"体验"进行定位？伦理学又是如何进入多重性的？最近，我一直试图通过经济学为另一个视角来回答这些问题，这个过程帮助我以不同的方式来阐述多重性。

我们总是而且已经在不断地进行协商。协商便意味着在这里和那里、我们的和他们的、字面的和隐喻的、具象的和辩证的、真实的和抽象的……仅仅是一些两极的例子。但是，如果把自己的思维局限于二元论或是上述这种成对的概念，那就太短视了。我不需要把自己看成是漂浮的、多重的"每一个人"或

32

"无名小卒",而是一个随时可供不断协商的情境化身体。多重性的经验并不是一个给定的经验——我们必须努力去实现。我觉得用"协商"而不是"本体论的多重性"来思考是非常有用的。不过协商是一项艰苦的工作。

在写《在麦田里奔跑》(1993)时,我设想丹尼斯·奥本海姆不得不在他的概念(字面和其他方面)中讨论材料的符号学、材料的物理学、规模的符号学、生产成本等。

另一个应该在艺术学院中教授的有用的东西是佛教箴言"爱而不评",这句话不仅适用于你自己,也适用于你的作品和你周围的人。在批评的情境下,被这一箴言影响的心态会彰显出非常强大的力量。无一例外的是,艺术归根结底是一个价值问题。有一种谬误,即说服别人你的价值比他们高。我花了很长的时间才用这四个字来回答(和体验)价值问题,"爱而不评"。

你可能会开玩笑般地说,很多艺术家都是自大狂,因此他们爱自己是一件很容易的事情。诚然自大狂可能会非常爱自己,但如果他们爱自己,他们就会做出太多的判断,往往到了中毒很深的程度,如果不出意外,他们最终会判定自己就是最好的。

你可能会疑惑,当我们把自己的艺术决策呈现给大家分析时,怎么可能避免经过判断呢?我认为完全可以在不做判断的情况下进行批判。我们需要的是在一个非等级的环境中,提出自己艺术决策的理由,

丹尼斯·奥本海姆,在麦田里奔跑,1993年,铸铜,泡沫,91cm×305cm×152cm,亚利桑那大学艺术博物馆收藏

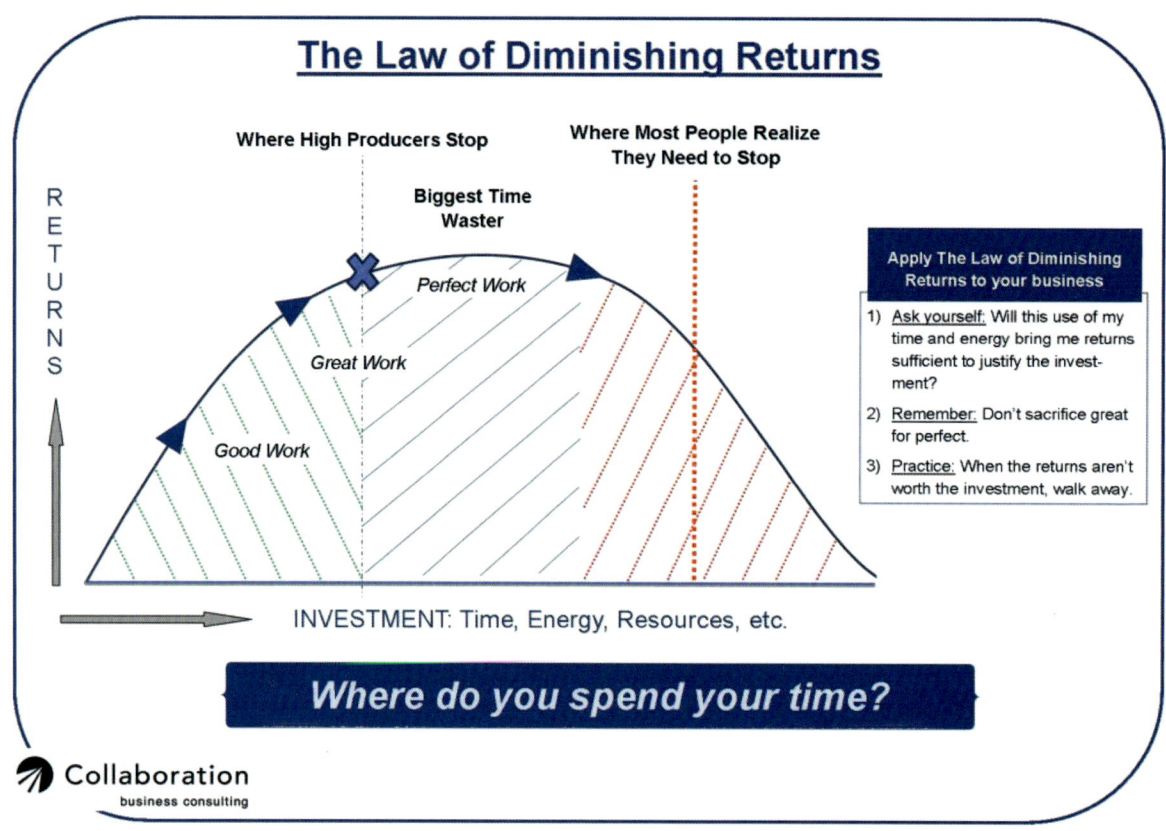

回报递减法则

这一做法并不是为了独善其身，而是为了挑战那些先入为主的观念或假设，让大家重新评估自己的立场和身份。

有一种工具有助于这个进程。"非暴力沟通"——马歇尔·罗森伯格在20世纪60年代开始开发的一套程序。其前提是，我们有共同的基本需求，这些需求并不冲突；冲突的是我们满足这些需求的策略。

我一直对家庭或学校很少教授学生沟通的技巧感到惊讶。我们被社会化了，所以我们相信沟通是"自然的"——我们天生就能理解对方，想必是因为只有我们自己理解自己。如果我们知道自己的沟通习惯与"中立"相去甚远，我们就会省去很多去办公室的次数，随之而来的是我们也会对价值观以及它们与不同人的关系有更深刻的理解。艺术当然不仅仅是交流。然而，从实际意义来讲，交流是艺术家实践的重要组成部分：你要在批评中与同行交流，与导师交流，与策展人交流，与艺术经销商交流，与艺术经纪人交流，与讲座观众交流，与艺术赞助人交流等。

编辑提示的一个问题是，"可否请你给大家推荐一种可以磨砺一个人的视觉智慧的活动？"

我的答案很简单，就是"思考"。在我看来，想和看是一回事。观察是为了辨别关系和差异，思考也是如此，我们通过召唤旧的东西来学习新的东西；当我们熟悉旧的视觉关系时，我们看到了新的视觉关系。这就是为什么艺术既是经验又是知识的生产。我从经济学中学到的关于复杂关系的知识将帮助我看清世界上的各种关系。

当我还是学生的时候，我看了很多其他艺术家

32

课程：从形而上学到经济学；从多重性到协商　　303

的艺术作品，无论是展览还是印刷品，当时我很容易被那种"哦，那已经做过了"的厌倦感所困扰。杜尚说，艺术是关于选择，而不是创造。他的这一观点真的帮助我不被那些原创性的想法所困扰。即使我看到其他人的作品恰好是基于我曾经也有过的想法，最终那也会成为一种亲切的兴奋。由于我们有这么多的选择以及数不尽的模式来制作一件作品，所以要选择是非常可怕的。作家们把这称为"空白页恐惧"。当我看其他艺术家的作品时，我经常对自己说："我是多么幸运，看到别人是如何走过那条特定的道路，并认识到那不太适合我。"这确实帮助我下定决心思考如何继续我的工作。让自己接触其他艺术家的作品并没有什么损失。有时，我无法忍受某些艺术家或作家的作品，但我确实很欣赏他们的思维方式以及他们处理信息和重新呈现信息的方式。我已经明白，我不需要为了从他们身上学到什么而同意他们的观点。我很惊讶地发现，很多年轻艺术家害怕失去天真，或者害怕在观赏其他艺术家的作品后变得堕落。这是一个属于19世纪的非常浪漫的想法。

一些年轻的艺术家在谈论他们的作品时，似乎也害怕失去"一些东西"。我说"东西"是因为我不确定那到底是什么。这种担心是不必要的，因为在我

罗德尼·格雷厄姆，75张宝丽来照片，1976年（细节）

谢淑妮
Shirley Tse

看来，谈论并不是为了取代"东西"，并不是说我们可以通过谈论而不是通过作品来更好地相互交流。艺术家表达自己实践的能力，其重要性不在于将作品转化为语言，而在于说明作品的前提。刚才我写到，2013年做作品有很多选择或模式。在我庆祝"普世价值"神话被揭穿的同时，我也有责任说明我的实践所依据的模式，从而说明我所认同的价值观。这一点最好通过谈话来完成。

当我23岁的时候，我成为一名艺术家的动机是简单且直接的，我的使命是给我们经验的深刻性赋予形式。我故意说"我们的"，而不是"我的"。在给我们经验的深刻性赋予形式的过程中，我会质疑艺术家可以获得形式的条件，我相信这是一个认识论、批判理论和政治的空间。对我来说，这也是我对创作感到兴奋的时候——同样，这种创作也会涉及无数困难的协商，但创造性思维和创作的回报是巨大的。

1976年，当罗德尼·格雷厄姆带着宝丽来相机在黑暗中穿过加拿大森林时，他并没有以为相机是用于主观观赏的取景设备。相反，他把相机的闪光灯作为光源，这样他就可以有在夜间穿行森林的体验。由此产生的75张宝丽来照片在1976年并非典型的风景照片。

我可以说，即使在今天我作为一个艺术家的动机也大致相同。我开始意识到，我需要协调如何在当下低估艺术字这种努力的社会中继续我的工作，或者尝试在尚未找到一种经济上支持这种价值的方式。因此，我倾向于转移与"职业"或"专业实践"有关的问题。在我看来，这些术语来自与我不同的动机。也许对于一个艺术家来说，最好的专业实践不是仅仅赞同现有的模型，而是去学习如何制作一个利用他/她自身优势资源的模型。

最后，给大家一个实用的建议：请记住当你拿到资助金时，你会被征税！

终于认真写完了，是时候来点轻松有趣的内容了：我根据费顿出版公司为本次征文提供的问题提示，列出以下违规行为。罚金适用于回答了这些问题的投撰稿人！

违规行为是借用了音乐人那些关于演出中不能做什么的备忘录。

违规行为

罚金

说出这些年艺术的变化	5美元
说出这些年来艺术上没有变化的地方	20美元
说出在你作为艺术家的一生中，对你意义最大的一个形象（或物品）	10美元
说出一幅展示"仔细观察重要性"的艺术作品或非艺术图片，并解释他们是如何做到的	10美元
推荐一项可以提高一个人的视觉智能活动	5美元
说出最近一件作品迫使你修改对艺术的定义的作品	50美元
举例说明什么是好的艺术	10美元
举例说明什么是差的艺术	666美元
说出你希望在艺术学院学到的东西	2000美元
说出一个学生在艺术学院永远也不曾听到的最宝贵的一课	5000美元

32

课程：从形而上学到经济学；从多重性到协商　　305

警告你23岁的自己注意某些陷阱	500美元
找出当你刚入行的时候，你对职业艺术家生活最大的误解	700美元
建议艺术家花在工作室的时间比例	100美元
劝告艺术家每天做某些事情	2000美元
推荐与艺术没有传统联系的、对艺术家特别有价值的技能	69美元
当看到艺术家的作品时，意识到"已经被人做过了"时，非常在意	8000美元
当看到艺术家的作品时，意识到"已经被人做过了"时，毫不在意	80美元
帮助艺术家避免被画廊或收藏家利用	5美元
说出值得打破的关于艺术创作的长期规则	20元
相信对艺术家来说，了解过去很重要	10美元
相信对艺术家来说，了解过去不重要	500美元
了解艺术的终点和政治的起点	600美元
相信艺术家对社会公众有独特的责任	100美元
相信艺术家对整个社会没有独特的责任	100美元
相信艺术是有目的的	1美元
相信艺术是没有目的的	1美元

指定阅读

诺曼·布列逊，《话语，形象》，载《语词与图像：旧王朝时期的法国绘画》，剑桥，英国：剑桥大学出版社，1981年。

对18世纪绘画进行了精彩的文本分析，将思辨和形象作为有效的窗口，而不是对立的限定词。你再也不会看到"透视"或"明暗"作为写实主义的纯粹手段了。

威廉·S. 伯勒斯，《D.E.定律》，载于《终结者》，伦敦：维京出版社，1973年。

我很喜欢伯勒斯的这个小故事，它崇尚道家的、不费吹灰之力的做事方式，而实际上，这需要对物体和身体的物理性有敏锐的理解。对于雕塑家来说，这是一本很好的读物！

唐娜·哈拉维，《视觉的持久性》，载于《视觉文化读本》，伦敦：劳特利奇，1998年。

一篇文章，谈的是为什么局部知识和情境知识是最客观的知识。我从来没有读到过像这样分析清晰、论证激烈的文章。我全程都在微笑着点头。虽然上来三拳两脚的很有趣，但她并不只是将它们击倒：她同时也在重新绘制形势。

布莱恩·马苏米，《财产归属的政治经济学与关系的逻辑》，载于《虚拟的寓言：运动，情感，感觉》，达勒姆，北卡罗来纳州：伦敦杜克大学出版社，2002年。

马苏米是一个彻头彻尾的德勒兹主义者，他处理个人与社会的关系，挑战这种区别的基础。我不是一个体育迷，但足球比赛的比喻用得很好。

托马斯·麦克埃维利，《13种观看黑鸟的方式》，载于《艺术及其不满：新千年的理论》，纽约：麦克弗森出版公司，1993年。

这篇文章探讨了从艺术作品中获取内容的13种方式。我是麦克埃维利的粉丝，但我直到最近才读到这篇特别的文章，当时一位同事推荐我给正在教的美术学本科1班读。虽然它可能散发着理性主义方法的气息，而且我个人认为形式和内容之间的区别具有误导性，但这是一篇很好的入门文章，可以让人们加快对当代话语的了解。

维克多·沃顿，《音乐课：通过音乐寻求精神上的成长》，纽约：伯克利书局，2006年。

我喜欢沃顿，他是现世最好的贝斯手之一，他将动物追踪与听音乐相提并论。我很欣赏他以整体和佛教的方式来理解一种创造性的实践。

詹姆斯·威灵
James Welling

出生/生活和工作

哈特福特，康涅狄格州，1951年/洛杉矶

教育经历

加州艺术学院艺术学士和艺术硕士，瓦伦西亚，1971—1974年

卡内基梅隆大学，宾夕法尼亚州匹兹堡，1969—1971年

教学职位

加州大学洛杉矶分校艺术系教授，1995年至今

新泽西州普林斯顿大学摄影系客座教授，2012年

马萨诸塞州剑桥市麻省理工学院视觉艺术项目客座讲师，1995年

巴德学院米尔顿·艾弗里艺术研究生院客座教授，纽约州哈德逊河畔安娜达尔，1995年

重要系列作品

流体动力学，2012年

惠氏，2010—2014年

几何抽象，2009—2012年

玻璃屋，2006—2009年

花，2005—2008年

光源，1992—2001年

铁路照片，1987—1994年

降解，1986—2006年

日记/景观，1977—1986年

获奖

纽约国际摄影中心"无限奖"，2014年

皮拉拉基金会杰出摄影访问学者，旧金山，2009年

国际艺术评论家协会授予詹姆斯·威灵优秀奖/第一名/全国商业画廊最佳展览，雷根项目画廊，洛杉矶，2007—2008年

德国中央合作银行摄影推广奖，汉诺威施普伦格尔博物馆，德国，1999年

纽约艺术基金会奖学金，1986年

国家艺术基金会研究金，华盛顿特区，1985年

近期个展

2014年：芝加哥艺术学院，伊利诺伊州 // 2013年：亲笔签名，温特图尔摄影博物馆，瑞士 // 莫林·佩利画廊，伦敦 // 专题写作，辛辛那提艺术博物馆，俄亥俄州，巡展至汉默博物馆，洛杉矶 // 开放空间，马萨诸塞大学当代艺术博物馆，艾摩斯特，马萨诸塞州 // 2012年：溢出，大卫·卓纳画廊，纽约 // 唐纳德·杨画廊，芝加哥，伊利诺伊州 // 几何抽象，雷根项目空间，洛杉矶 // 燃烧的心灵，米尔顿·凯恩斯画廊，米尔顿·凯恩斯，英国，并在加利西亚当代艺术中心巡回展出。西班牙圣地亚哥·德·孔波斯特拉以及加拿大温哥华当代艺术画廊 // 惠氏，沃兹沃思·雅典神庙艺术博物馆，康涅狄格州哈特福德市 // 惠氏，和光艺术画廊，东京 // 2011年：马塔·塞维拉画廊，马德里 // 莫林·佩利画廊，伦敦 // 2010年：玻璃屋，大卫·卓纳画廊，纽约 // 玻璃屋，雷根项目空间，洛杉矶 // 新图片3：玻璃屋，明尼阿波利斯艺术学院，明尼苏达州 // 2009年：罕用语，唐纳德·杨画廊，芝加哥，伊利诺伊州 // 纳尔逊·弗里曼画廊，巴黎 // 莫林·佩利画廊，伦敦

33

近期群展

2015年：暗室炼金术士，洛杉矶盖蒂中心 // 2014年：什么是摄影，国际摄影中心，纽约 // 建筑的意志，休斯敦美术博物馆，德州 // 2013年：黑镜，由詹姆斯·威灵策划，戴安·罗森斯坦美术馆，洛杉矶 // 展望未来——帕特丽夏·A.贝尔收藏的当代艺术礼物，蒙特克莱尔艺术博物馆，新泽西州 // 宝丽来年代——即时摄影和实验，弗朗西斯·雷曼·勒布艺术中心，纽约波基普西学院，并在佛罗里达州西棕榈滩诺顿艺术博物馆巡回展出 // 先思考，后拍摄，来自当代艺术博物馆收藏的摄影作品，芝加哥当代艺术博物馆，伊利诺伊州 // 2012年：101系列，3号公路，瓦蒂斯当代艺术学院，旧金山 // 暗物质，赫什霍恩博物馆和雕塑花园，华盛顿特区 // 这将是：1980年的艺术、爱情和政治，伊利诺伊州芝加哥当代艺术博物馆，并在明尼苏达州明尼阿波利斯沃克艺术中心和马萨诸塞州波士顿当代艺术博物馆巡回展出

詹姆斯·威灵
James Welling

↖ 下午4:55出发，马萨诸塞州波士顿南站，1991年，调色银盐感光相片，45.7cm × 55.9cm

↑ 梅里登，1992年，喷墨打印，82.6cm × 68.6cm

← 新抽象#1A，1999年，银盐感光相片，86.4cm × 68.6cm

↗ 0818，2006年，喷墨打印，83.85cm × 127cm

→ 9567，2009年，喷墨打印，54.9cm × 82.9cm

33

无墙的学院：36位世界顶级艺术家的艺术和生活课　　309

詹姆斯·威灵
James Welling

一

有五年时间里，我都就读于艺术学院：其中两年在匹兹堡的卡内基梅隆大学，三年在南加州的加州艺术学院。之前当有人问我关于艺术学院的情况时，我之前通常只谈加州艺术学院。我总是提到约翰·巴尔德萨里和我在加州艺术学院的同学，大卫·萨利、马特·穆里肯、杰克·戈德斯坦、吉儿·希麦特、伯纳德·库珀、特洛伊·布朗特奇和芭芭拉·布鲁姆。然而现在回想起来，在匹兹堡的那两年（1969—1971年）对我来说绝对是作为艺术家发展的基础。

《黑豹谷》，1971年

二

我来到卡内基梅隆大学时，已经对当代艺术产生了兴趣。我在初中时就已经开始把自己当成一个艺术家，当时我开始按照安德鲁·怀斯和爱德华·霍普的方式画水彩画。在高中时，我看了关于弗兰克·斯特拉、安迪·沃霍尔、罗伯特·劳申伯格和巴尼特·纽曼的纪录片，我模仿这些我感兴趣的艺术家。我尝试了罗伯特·马瑟韦尔式的抽象画，在劳申伯格作品的影响下，我用杂志图片做了拼贴画。

我在卡内基梅隆就读的第一年由基础课和人文学科选修课组成。在非艺术类的课程中，我报名参加了一个诗歌研讨班，现代主义诗歌让我大开眼界，尤其是华莱士·史蒂文斯的作品更是令我兴奋不已。在史蒂文斯身上，我很兴奋地发现了一部可以作为我自己的诗歌辞典。在接下来的几年里，我一直在模仿他的《诗集》或他的散文集《必要的天使》。

绘画1课程，我被分配到客座讲师甘迪·布罗迪教授的班级。甘迪·布罗迪1924年出生于纽约，是一位基本自学成才的艺术家。他穿着一身深蓝色西装，他很英俊，也很有魅力。他用自己对艺术的热情诱惑着在场的每一个人。甘迪对绘画的热爱极有感染力，以至于他的榜样们很快就成了我的榜样。伦勃朗、塞尚、马蒂斯、毕加索、克利、苏丁、卢奥和蒙德里安。他对艺术的"深刻性"和"严肃性"很感兴趣。他以伦勃朗和塞尚来评判所有的艺术，他发现当时流行的过于简单的色域和极简艺术有很多值得批评的地方。

甘迪教人物画的方法是在我们画画的时候大声朗读。他喜欢读卡夫卡的书，我永远不会忘记《变形记》中的一句话，常常在我工作时蹦出来："一天清晨，天还没亮，就已经快入夜了。"甘迪还带来尤金·阿特热的照片集，让同学们看。我记得有一张阿特热的树根照片很特别。

在与我们谈完话、读完书后，甘迪会过来看看我们在画架上做什么。有一节课上，我用炭笔创作了一幅美丽的女性裸体画。他走上前，抓住我的手。他说："不，不，应该像这样画。"他一边说，一边用他的手大力地移动我的手，用刚柔并济的线条改动了我的画。我的作品从一幅美丽而无味的裸体画，变成了一幅有力而富有生气的作品。

33

10月初，甘迪带我们去纽约实地考察。我们参观了现代艺术博物馆，他在那里对他在MOMA最为喜爱的画作进行了两天的讲述。毕加索的《格尔尼卡》、塞尚的《浴女》、蒙德里安的《百老汇爵士乐》。他看出我对几何抽象的浓烈兴趣，他让我仔细观察蒙德里安是如何画《百老汇爵士乐》的。在他给我这个任务之前，我从未想过要仔细观察一幅画的表面。

在现代艺术博物馆待了两天后，我们去了第五大道的弗里克收藏馆。甘迪讲述了他在这一美术馆中最喜欢的画作，然后给了我们几个小时的时间，让我们自己看藏品。在我们参观快结束时，我发现他在楼下厕所旁的电话亭里。他回到楼上，宣布我们要去拜访住在几个街区之外的马克·罗斯科。当我们在工作室门前集合时，甘迪让所有女孩站在前面，所以当罗斯科开门时，他看到了甘迪和一张张对他微笑的女孩的脸。

我们走进罗斯科的工作室，走过一排又一排的画架。他太虚弱了，什么画也拿不动，于是班上的男生开始从画架上拿出画来。当我们看着一组黑上加黑的画时，我给罗斯科画了素描，并做了谈话记录。全班同学能想到的最深刻的问题是"您是如何知道一幅画该在什么时候完成呢？"四十五分钟后，我们就离开了，我无意中听到甘迪和罗斯科在谈论他们有多讨厌亨利·盖尔扎勒在大都会艺术博物馆的纽约绘画和雕塑：1940—1970年的展。第二天我们在大都会待了一天。甘迪带着我们到处看他最喜欢的伦勃朗和苏丁的作品，但我还是去看了纽约绘画和雕塑的展。我喜欢罗斯科和斯特拉，对我来说没有任何冲突，两位艺术家都很棒。

甘迪经常对编舞家玛莎·格雷厄姆赞不绝口。后来我才知道，他曾在1945年短暂地跟玛莎·格雷厄姆学习过。所以当梅斯·坎宁安的舞蹈团在匹兹堡驻留一周时，那是我第一次看到了现代舞，对我来说，那是很兴奋的。我也准备好了迎接坎宁安的同伴，即前卫音乐家约翰·凯奇。在驻留期间，有一次凯奇和坎宁安在匹兹堡大学做了一次演讲示范。凯奇朗读了《一年后的星期一》中的选段，坎宁安则与瓦尔达·塞特菲尔德一起排练。我坐在前排，离塞特菲尔德、坎宁安和凯奇只有几英寸远。

周末，坎宁安团队举办了两场音乐会，第二场音乐会结束后，我到演奏区里与凯奇交谈。在他的演讲中，他谈到要超越他所贬低的德国美学，走向一种更加不带偏见、基于偶然的工作方式。我认识到这是对甘迪关于深刻性想法的威胁，我紧张地向凯奇解释说，我的教授甘迪·布罗迪是"日耳曼美学"的倡导者，这并没有错。回到寝室，我知道我面临着一个矛盾。我被凯奇的工作态度所迷惑，但我又不想放弃甘迪的"深刻性"和"严肃性"。

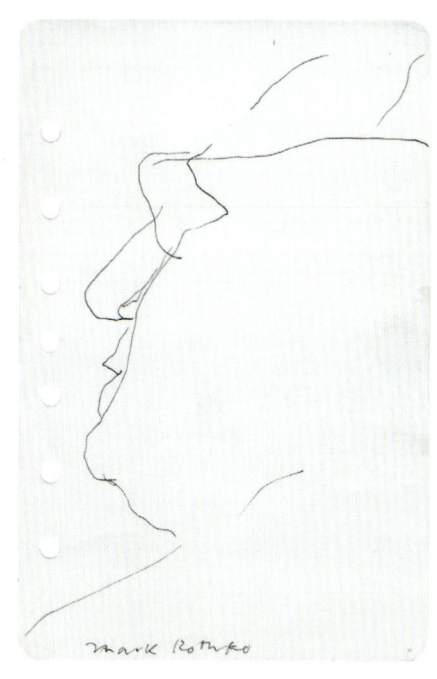

《马克·罗斯科》，1969年10月29日

詹姆斯·威灵
James Welling

这段时间，我晚上和周末都在卡内基梅隆大学艺术图书馆度过（我从高中开始使用图书馆。周六我会坐公交车去哈特福德，花几个小时在哈特福德公共图书馆的图片收藏中研究我喜欢的艺术家的作品）。坎宁安和凯奇来到匹兹堡后，我开始研究凯奇的作品，我读了《一年后的星期一》和《沉默》，我还听了他用准备好的钢琴演奏。不仅如此，凯奇写过关于埃里克·萨蒂和阿诺德·勋伯格的文章，所以我听了这两位作曲家的作品。我查找了其他曾向格雷厄姆和坎宁安学习的舞者，并开始阅读《舞蹈杂志》的后几期。贾斯帕·琼斯是坎宁安团队的艺术总监，所以我在艺术杂志上读到了关于他作品的评论文章。我开始看《艺术新闻》和《国际工作室》的后几期，想了解更多关于甘迪和罗斯科的情况。我读到罗斯科喜欢莫扎特，于是我听了《丘比特交响曲》和他晚期的单簧管协奏曲。

春季学期快结束时，我意识到甘迪明年不会再来了，我特意在他的工作室里多陪陪他。终于到了告别的时候，我向他索要了一幅画，那时他正用锈迹斑斑的锡罐画海葵，他拿起一幅大炭笔画，在画面中心签了名："给詹姆斯·威灵。甘迪·布罗迪。"

三

在匹兹堡的几年里，我经常参观纽约的画廊和博物馆。我会在哥伦比亚和一个高中同学住在一起。我在诺德勒画廊看了巴尼特·纽曼生平最后一次展览，其中包括他的作品《阿娜之光》和《耶利哥》；在德万画廊看了罗伯特·史密森的"螺旋形防波堤"展览；在索娜本画廊看了约翰·巴尔德萨里的画作；在犹太博物馆看了"软件"展；在现代艺术博物馆看了"信息"展；在惠特尼博物馆看了"反错觉：程序/材料"展，和古根海姆博物馆的"第六届古根海姆国际展"。

1970年8月，就在回到卡内基梅隆大学之前，我拿风筝线在康涅狄格州乡下的父母家后面的田野里创作了一个线状雕塑。我用柯达"傻瓜相机"和幻灯片记录了这个作品。我还做了一个用绳子把一个三英尺长的亚克力棒挂在枫树上的"移动雕塑"。寒假期间，我用一台超8毫米摄像机记录了这两件雕塑作品。后来，我会把我的第一次摄影活动追溯到这次对雕塑的记录。

在卡内基梅隆大学的第二年与第一年形成了十分强烈的对比。三位新教授来了，他们都是二十多岁或三十出头，都致力于后极少主义艺术。约翰·史蒂文森教授雕塑，康妮·福克斯和罗伯特·塔辛教授绘画。我选了史蒂文森的课程，我继续做户外雕塑，在今天的申利公园，一个毗邻校园的500英亩的公园。我把这些非永久性的作品拍了下来，并在课堂上展示了这些文献资料。

除了雕塑，我还跟康妮·福克斯上了绘画课。70年代初，人们都在谈论"绘画的死亡"。我在课程开始时画了很多画，但到了学期末，我几乎停止了这种媒介的创作。康妮让我留校察看，并告诉我如果我再不开始画画，她就会让我不及格。如果我在寒假里画一些画，她允许我完成这门课程。当我回到康涅狄格州时，我在父母家的地下室设立了一个绘画区域。我开始用平坦的灰色颜料覆盖在水彩纸上。有时，我在涂最后一层灰色颜料之前，先用蓝色和绿色做底色来引入色彩。我在康涅狄格州画了几十幅灰色的画，回到匹兹堡的宿舍后继续画。

一月底，我和我的两个朋友在校外的学生画廊举办了一个三人展。我把我的灰色画作展示在预制玻璃板下。后来，三月份，我对使用7英寸的正方形

33

纸作为绘画材料感到非常兴奋。我在美术楼的一个小画廊里放置了三幅单色的褐色、灰色和蓝色的7英寸画。最后,在我的丝网版画课上,我用7英寸的灰色、蓝灰色、红灰色、绿灰色丝网,在17英寸×14英寸的画纸上创作了一组六幅作品。

第二年,受坎宁安的启发,我决定学习现代舞。我在匹兹堡大学报了一个班,两个月内,我就在多丽丝·汉弗莱1931年的《摇摆者》的重新演出中出场了。匹兹堡大学的舞蹈班求贤若渴,所以尽管我的天赋有限,但我还是立即进行了表演。一位拉班舞谱专家来到匹兹堡,分几次教我们跳舞。我还跳了一个由匹兹堡研究生的原创编舞的舞蹈。

这支15分钟的舞蹈由薇拉·洛博思配乐,在《摇摆者》之后呈现。

表演结束后,我短暂地对创作自己的舞蹈产生了兴趣。我开始和班上的一个女生一起排练。我对舞蹈的形式毫无印象,只记得每次排练结束后,她的男朋友都会来接她。后来那个夏天,我在哈特福德舞蹈学院上了一个舞蹈课,教我的是格雷厄姆的同代人特鲁达·卡什曼。同样,我是班上唯一的男生。我和班上的一个学生成了朋友,我们去了康涅狄格州新伦敦的美国舞蹈节的三场音乐会。在一个难忘的晚上,我们看了格雷厄姆的舞团的表演,在此期间格雷厄姆高贵地坐在前排。

《雕塑》,1970年

《雕塑》,1970年,电影剧照

詹姆斯·威灵
James Welling

第二年，罗伯特·塔辛取代甘迪·布罗迪成为我的偶像。塔辛曾在加州大学伯克利分校学习，是一位激进的画家和艺术家。我没有跟他上过课，但他认识到我对新思想的渴望。他把颜料喷在未拉伸的画布上，然后用绳索将之固定在鹅卵石上悬挂起来。他对伊娃·黑塞和罗伯特·莫里斯等艺术家非常感兴趣，在他的指导下，我的艺术视野不断拓宽。

我和一群与塔辛和斯蒂文森一起上课的学生变得很要好，包括布莱恩·纽威克和他的女朋友凯茜·科恩，他们一起住在校外。布莱恩来自新泽西州，开着一辆黑色的福特伊克诺莱恩货车。他是我遇到的第一个自然摄影师，他总是带着一台尼康相机。我记得他给我看了一张凯茜漂亮的相片，那是在他的面包车后座上拍摄的，凯茜的头顶上环绕着一层光晕。他告诉我，相片会褪色，微妙的光晕最终会消失。那是我第一次意识到，摄影是一种易变的媒介。

詹姆斯·奥舍和我在体育课上成为朋友，我们在那里打了激烈的羽毛球比赛。奥舍在美术楼里有一个工作室，这成为我和布莱恩的见面地点。他对新技术很感兴趣，我们一起探索制作视频、彩色影印和用电脑绘画。

我在卡内基梅隆大学的第二年发现了《艺术论坛》杂志。安内特·米歇尔森和霍利斯·弗兰普顿两位作家脱颖而出。我被米歇尔森的《空间中的身体》所吸引，这是一篇关于库布里克电影《2001太空漫游》和纽约贾德逊教堂舞者的长文。米歇尔森让我认识了结构电影，那年夏天晚些时候，我去了拉斐特街的"选集电影档案馆"，观看了迈克尔·斯诺、霍利斯·弗兰普顿、肯恩·雅各布斯和彼得·库贝尔卡的电影。

弗兰普顿写了关于爱德华·韦斯顿和保罗·斯

《灰色绘画》，1970年

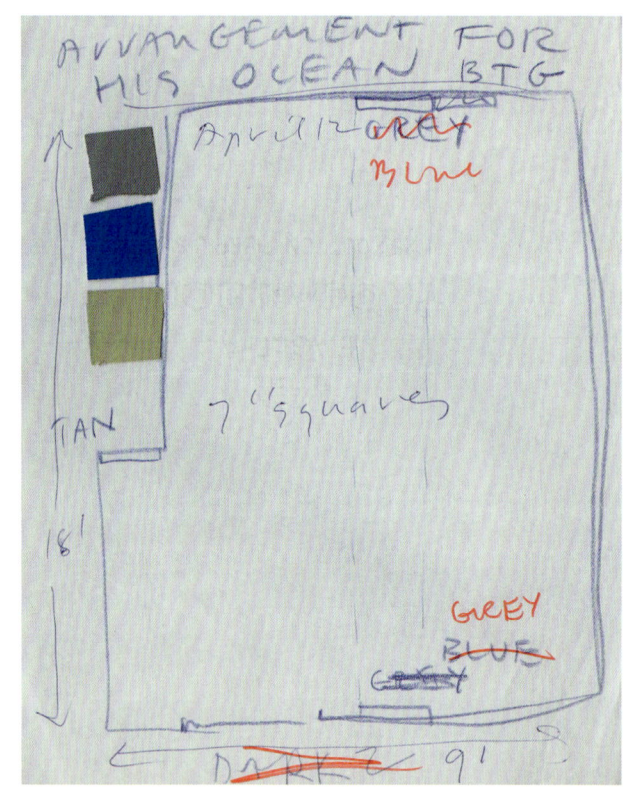

《示意图》，1971年

特兰德的文章，这两位摄影师我曾隐约知道，但现在他们却成了我脑海中的焦点。弗兰普顿让他们的作品看起来很有时代感。在图书馆里，我找到了一本《电影制作者合作》的目录，我反复阅读了弗兰普顿为他的电影提供的诙谐描述。我还要再过半年才能在"选集电影档案馆"看到某一部电影，但我通过描述在脑海中产生了画面。

33

《舞蹈》，1971年

《舞蹈》，1971年

我已经用一台超8摄影机记录了我的雕塑作品。在春季学期，我用学校的超8摄影机拍摄的时间越来越长。我使用柯达的三分钟录像带，创作了两部独立的影片。一部名为《行走》，记录了匹兹堡大学舞蹈系附近的一条街道。我那摇晃的画面记录了一个寒冷的冬日散步，街道上的炉子冒出蒸汽云。另一部电影，更多的是基于概念，使用了约翰·凯奇的偶发观念来决定我将拍摄什么以及拍摄多长时间。我投掷硬币来决定，在黑色胶片的34秒内，我在1971年2月20日上午11点05分在申利公园跑下坡时拍摄18秒的天空。

我的一个朋友是建筑系的，他带我去听了该系举办的一系列讲座，主题是"有思想的人"，主讲人是保罗·索莱里、查尔斯·伊姆斯、乔治·尼尔森、路易斯·卡恩和理查德·巴克明斯特·富勒，

其中，索莱里的演讲是最亲切的。他在建筑系的一个小礼堂里讲述了他在亚利桑那州建造的名为雅高山地的社区。卡恩的演讲在卡内基艺术博物馆进行，大多数听众都穿着晚礼服。他展示了幻灯片，并以简短而庄重的隽语形式讲述了他的建筑，包括他著名的"一块砖头想嵌在拱门里"。

巴克明斯特·富勒的讲座是系列讲座的最后一场，我的朋友们把它当成了一场摇滚音乐会。到了1970年，他的讲座成了传奇。没有一所大学或博物馆的大厅足够大，足以容纳每一个想参加的人，所以富勒在巨大的阿勒格尼郡士兵和水手会堂里演讲。他总是询问在座的建筑系学生关于他讲座所在建筑的重量，所以在他上台之前，我的建筑师朋友们疯狂地用他们的滑尺估算会堂的重量。富勒的观点肯定是，他的"短程线圆顶结构"会比士兵和水

詹姆斯·威灵
James Welling

手会堂轻很多。

1970年10月，塔辛被解雇，从次年6月开始生效。他被指出与奥舍合作的作品被列入年度教师展。纽威克、奥舍和我把塔辛的解雇作为离开卡内基梅隆大学的借口。我决定转学的一个重要因素是卡内基梅隆大学要求我选择绘画或雕塑之一作为我的专业。我很乐意在这两种媒体和电影制作中工作，但我不想在它们之间做出选择。我选择了一所新的艺术学院——洛杉矶附近的加州艺术学院，在那里我不必做选择。

匹兹堡不在我的未来规划内，我几乎不去上课。大多数时间我都会和塔辛和斯蒂文森的学生一起在美术大楼前的草坪上闲逛。奥舍在做大型户外画，我则在看很多书。匹兹堡对我来说还不够大。我梦想着去加州。

学期快结束时，艺术理论家杰克·伯纳姆在卡内基梅隆大学做了一次讲座。在他的演讲中，他描述了他刚刚在犹太博物馆策划的一个展览"软件"。这是我第一次听到这个词。伯纳姆还谈到了他的新书《艺术的结构》，他用结构人类学来分析艺术作品。我立即开始查阅，并找到了很多关于我刚刚在"第六届古根海姆国际展"上看到的艺术家的信息：汉娜·达波文、劳伦斯·韦纳、简·迪贝兹、道格拉斯·许布勒、丹尼尔·布伦。我在卡耐基梅隆的最后几周，我的艺术创作几乎减少到完全没有，因为我在思考观念艺术的意义。

1971年8月，我开车去拜访甘迪在佛蒙特州纽芬的家。那是一个下雨的星期六下午。我告诉他，我

《扔酒瓶》，1971年

《雕塑》，1971年3月

33

正在拍电影，而且我将转学到加州艺术学院。他告诉我，他认识那里的院长，一个和他同龄的画家，保罗·布拉克。

回家后，我打包行李，搭车去了加州。我在匹兹堡停留了很久，足以和那里的朋友们告别。然后，我绕道去了肯塔基州的莱克星顿，塔辛在那里找到了一份工作。最后，我在旧金山停留，去看詹姆斯·奥舍，他刚刚在旧金山艺术学院开始工作。

我在卡内基梅隆大学度过了令人震惊的两年。我发现了绘画、雕塑、电影制作、诗歌、音乐和舞蹈。我交了一些非常亲密的朋友；我曾拜在两位有影响力的老师门下。当我搭车沿着太平洋海岸公路前往加州艺术学院的时候，我感觉到我可以自由地做我想做的任何艺术，畅通无阻。

指定阅读

诺曼·布朗，《爱人的身体》，纽约：年代图书出版社，1966年。

杰克·伯纳姆，《艺术的结构》，纽约：布拉齐勒出版社，1971年。

詹姆斯·迪基，《诗集1957—1967》，纽约：科利尔出版公司，1968年。

乔治·杰克逊，索莱达兄弟，《乔治·杰克逊的狱中书信》，让·热内作序，纽约：班塔姆出版社，1970年。

罗伯特·洛厄尔，《戴维勋爵的城堡和卡瓦塔夫的磨坊》，圣迭戈：纽约哈考特支持世界公司，1961年。

罗伯特·洛厄尔，《生命研究与为联盟死者》，纽约：正午书局，1967年。

西奥多·罗特克，《风之语》，布卢明顿：印第安纳大学出版社，1961年。

威廉·莎士比亚，《理查二世国王的悲剧》，伦敦：企鹅书系，1970年。

华莱士·史蒂文森，《必要的天使：关于现实和想象力的论文》，纽约：年代图书出版社，1951年。

华莱士·史蒂文森，《诗集》，塞缪尔·弗伦奇·莫尔斯的导论，纽约：年代图书出版社，1959年。

华莱士·史蒂文森，《遗作集》，第三版，纽约：诺夫出版社，1969年。

《自拍像》，1971年

理查德·温特沃斯
Richard Wentworth

34

出生／生活和工作

    萨摩亚（后来成为新西兰的一部分），1947年／伦敦

教育经历

    霍恩西艺术学院，1965年

    伦敦皇家艺术学院文学硕士，1966—1970年

    德国学术交流计划（德国学术交流中心），1993—1994年

教学职位

    伦敦皇家艺术学院雕塑系主任，2009—2011年

    牛津大学罗斯金绘画与美术学院绘画导师，2002—2010年

    金史密斯学院，1971—1987年

重要作品

    充满情人的房间，2013年

    等量，2005年

    飞行（两层的罗夏墨迹测试），1999年

    假天花板，1995年

    小册子（从鼓舞到击打），1993年

    黄色的8，1985年

    得过且过，20世纪70年代初至今

近期个展和双人展

2014年：理查德·温特沃斯，彼得·弗里曼公司，纽约 // 2013年：黑玛利亚，与格鲁佩合作，伦敦 // 理查德·温特沃斯，利森画廊，伦敦 // 2012年：理查德·温特沃斯／亚历山德拉·斯普朗齐，尼古拉塔·鲁斯科尼画廊，米兰，意大利 // 2011年：理查德·温特沃斯，尼尔森·弗里曼画廊，巴黎 // 2010年：理查德·温特沃斯，得·弗里曼公司，纽约 // 理查德·温特沃斯，三种猜测，白教堂画廊，伦敦 // 2009年：刮／挠／挖，人行道画廊，曼彻斯特城市大学，英国 // 2006年：理查德·温特沃斯，法罗斯当代艺术中心，尼科西亚，塞浦路斯 // 2005年：理查德·温特沃斯，利森画廊，伦敦 // 理查德·温特沃斯，泰特美术馆，利物浦，英国 // 2003年：很高兴事物不会说话，爱尔兰现代艺术博物馆，都柏林，// 2002年：一个具有杰出非自然美景的地区，艺术天使，伦敦国王十字车站 // 观点，法国加莱美术与艺术博物馆 // 2000年：理查德·温特沃斯，玛格丽特·比德曼画廊，慕尼黑，德国 // 1999年：理查德·温特沃斯，利森画廊，伦敦 // 1998年：理查德·温特沃斯的"大声思考"，水壶场艺廊，剑桥，英国 // 理查德·温特沃斯，智慧宫画廊，苏黎世 // 1997年：理查德·温特沃斯，弗莱堡艺术馆，德国，1998年巡回展至高平根市立画廊和邦纳艺术馆，德国 // 1995年：里森画廊，伦敦 // 1994年：阿诺尔芬尼画廊，布里斯托尔，英国 // 法国加莱美术与艺术博物馆，法国 // 没有地图的旅行，德国学术交流中心艺术作品，柏林 // 1993年，蛇形画廊，伦敦 // 1992年，小仓光司画廊，名古屋，日本

近期群展

2014年：走下去，巡回展，伯明翰米德兰艺术中心；阿特金森家族，南港；普利茅斯市博物馆和美术馆，英国 // 座位的边缘：艺术家的椅子，大玻璃画廊，伦敦 // 2013年：走下去，巡回展，帕克米德集团画廊，伦敦。桑德兰北方当代艺术画廊，英国 // 弹性空间中的推针，尼尔森·弗里曼画廊，巴

34

黎 // 书屋，书籍的形状，卡坦扎罗美术馆，意大利 // 好奇心，特纳当代美术馆，马尔盖特，英国 // 世界颠倒了——巴斯特·基顿，雕塑与荒诞，米德画廊，华威艺术中心，英国 // 做吧，曼彻斯特美术馆，英国 // 怀念未来，里森画廊，伦敦 // 2012年：雕塑展，苏格兰国家美术馆，爱丁堡 // 力量何在，沃斯堡当代艺术中心，达拉斯，得克萨斯州 // 艺术家的明信片展，斯派克岛，布里斯托尔，英国 // 2011年：通过观察大脑——瑞士概念摄影收藏，波恩美术馆，德国，并在瑞士圣加仑美术馆巡回展出 // 40个理想的家，切尔西空间，切尔西艺术与设计学院，伦敦 // 未来的泵房——观念、想法和计划，泵屋画廊，伦敦 // 雕塑，彼得·弗里曼公司，纽约 // 庇护所，彼得·弗里曼公司，纽约 // 2010年：手势与程序，澳大利亚当代艺术中心，墨尔本，澳大利亚 // 2009年：非凡的日子，阿里尔戴维斯画廊，波伊斯，英国 // 创造世界，第53届威尼斯双年展，意大利 // 奇珍室，白教堂画廊，伦敦 // 蒙特利尔双年展，加拿大 // 里森展2，里森画廊，伦敦

理查德·温特沃斯
Richard Wentworth

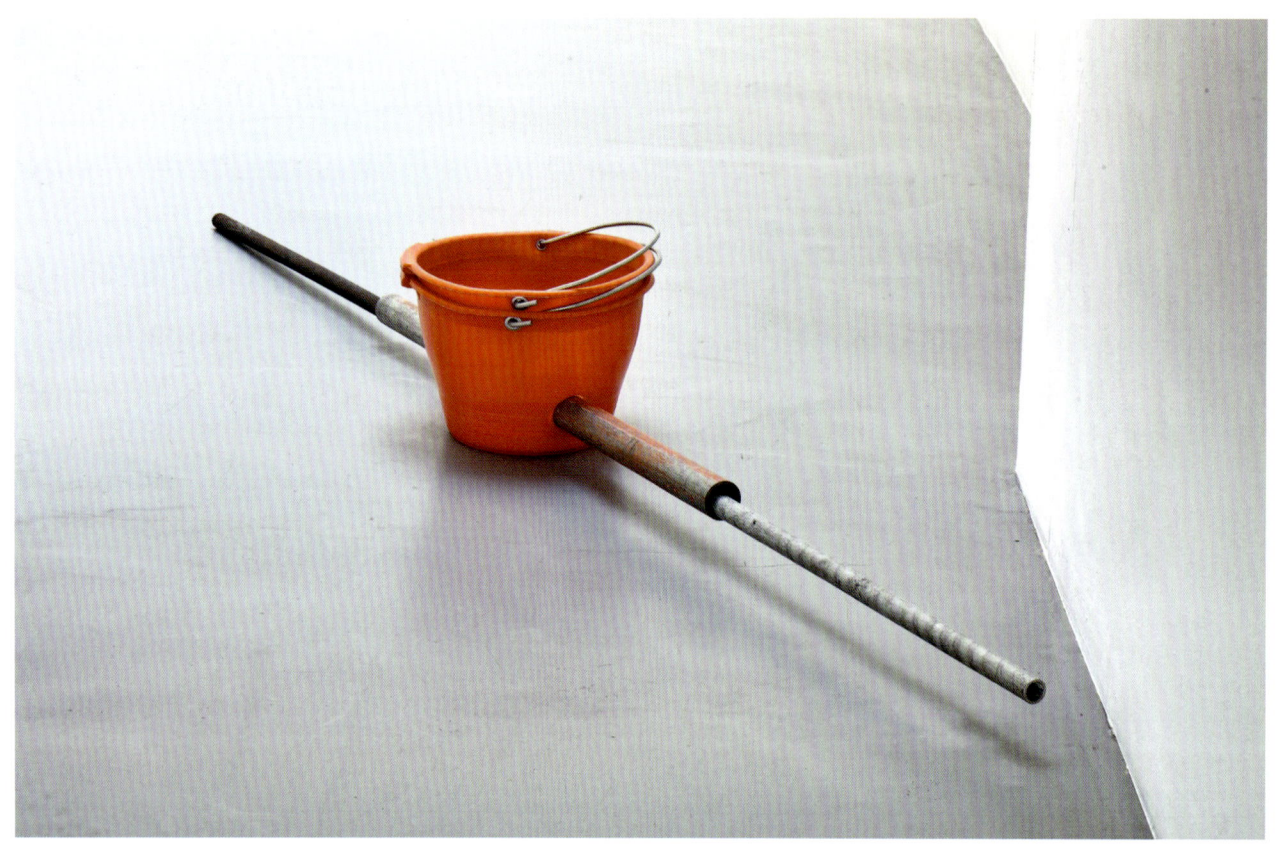

34

↖ 花押字，2011年，两个塑料桶、钢、油漆，29cm×247cm×35cm

← 宽度，2004年，书、望远镜、绳子、钢、橡胶、塑料，20cm×90cm×30cm

→ 带重物的轻量级椅子，1983年，层压木、钢、黄铜、铅和电缆，76cm×38cm×39cm

↗ 等量，2005年，拉伸障碍物、草包，尺寸可变，在泰特利物浦的装置展

理查德·温特沃斯
Richard Wentworth

《尼科西亚》，2001年，单色照片，19cm×28.8cm

年轻人的工作环境绝对是一切，这个环境决定了你能遇到谁，你能得到什么，你发现自己聚集在哪个人类群体中，天气是怎样的。历史的偶然性意味着我遇到了很多人，德国人、波兰人和法国人，其中很多是犹太人，以及不知不觉追求内向型的英国人。但我也很乐意在建造瓦茨塔时遇到西蒙·罗迪亚，或者为安东尼·高迪布置瓜尔公园的加泰罗尼亚工匠，并与他们交谈。

对于艺术家来说，"寻找"比探寻更适合，许多人并不好学，但却想方设法追求好奇心。我喜欢每天都有一个巧合，作为一种每日的情感生活。它必须是真实的。这就是适当的发现方式。它令人鼓舞，如果没有中间的名词"勇气"，生命就会变得麻木不仁。

遇到现代艺术博物馆关于沃克·埃文斯的书，以及埃里克·帕特里奇的《起源》，对我来说是类似双向门的词源学。在这一点上，我对我们如何奠定基础的兴趣猛增。很久以后，我遇到了布鲁斯·瑙曼的《设置一个好角落》（1999年）。它有很多美国艺术的那种"信手拈来"的大胆，混合着一种近乎乡土的网际和"就是这样做的"元素。人类在观看过程中的喜悦（栩栩如生的"程序"结尾）是促成这个自拍视频的原因。人类在"行为"和"通过行为学习"中的乐趣是这种沉默的平凡活生生的组成部分，但内容却像文明史一样庞大：人类如何分类、分离、计算、划分和控制，我们如何创造场域和我们当作"摆设"的语言。艺术家在视频中的存在，就像电视转播的烹饪节目一样有趣。如果说这是一个来自狂野西部的场景，其中的经济关系是被放大的。钉子、铁丝和电锯的发明是强烈的信号。想象一下，如果电线是农业武器库的一部分，那么15世纪的文艺复兴会是怎样的情景呢？

正如航运业的发展使人们跨越以前无法跨越的海域距离一样，从铁路到卫星通信的其他技术的发展，已经使世界变得平面化（在我成年后的岁月里，世界已经平面化了许多）。不了解这些事物会使你边缘化，就像第一批农民没有注意到种植和收获与时间的关系一样。理解（也许"参与"是一个更好的词）过去——你的过去和别人的过去，有助于你理解自己为什么会有这样的想法，以及是什么让你有这样的想法。

我自己的兴趣围绕着空间如何被制造和调整、一些较为常见的事物或事件、艺术创作边缘的文化素材以及一种作为社交语言的建筑学。正如艺术的自我意识目前所提供和传播的那样，并不是总能吸引我的注意力。我对故意破坏规则不感兴趣，但是对改变世界轴线的增量和中国式的耳语（也称电话游戏）感兴趣。误解具有很好的"工具性质"，只要有信心和动力来推动它。"艺术化"是儿童的标配，而要使它成为一种自我意识则有着相当大的阻碍。

让我对个别艺术家（和团体）

34

感兴趣的是他们信心与行为之间无论匹配与否的关系，以及这种信心如何被构建。在青春期晚期的"创造力"初露锋芒时，这并不是什么大问题，但是建立更长周期且更为丰厚的创造力生产是一个绝对的难题。

人类是由记忆构成的，所以我们会自动追忆，这就是为何情怀和怀旧的出现。不同的文化有不同的季节、温度、日照时间，以及对"昨天"和"明天"的不同感受。

比起绘画和电影，我的脑海里装了更多的噪声（这是工程师和机械师使用的术语）和对物体、风景和城市景观的参与。我觉得这是一种触觉的东西，就像大多数艺术活动一样，这来源于我们十分荒唐地称为"天性"的冲动，来自我们荒唐地称之为"自然"的欲望。确切地说，这些冲动对于人类个体和集体来说，似乎一直在变化。我们自觉称为艺术界的东西，正在不断观察这种情况，寻找新的动机和方向。在短期内，这显然容易成为一种潮流。

如果我们要把建筑和建筑形式看作是我们周围最显著的"视觉永久性"的例子，那么思考一下它们是如何产生的也许是有用的。尽管艺术作品的生产可以回避许多围绕着城市化的偶然性事件和法律规范，但很明显，短期直接经验的祸端和对记忆的非想象力使用将许多建筑和艺术作品限制成"时代的产物"。

当然，艺术作品只能是时代的产物，但机会来了的同时也要有足够的批判性，以避免跟风或过度简化方案的最坏面貌。任何事物都有限期，只有少数事物才配得上"永恒"这个形容词。任何一个对自己的工作和参与稍微认真的人，听到自己的工作被描述为"过时"，都会感到悲凉。

我是在一个大规模生产、广泛传播、自我意识的图像制作时期长大的。我的童年早于电视和彩色印刷的普及；我的青少午时期恰逢想象力丰富的辉煌时期，也是制造图像的辉煌时期，对于受过教育和没有受过教育的西方观众来说，在广告、电视广告和波普艺术之间闪展腾挪是一种双金属保险片。在我的英语思维与欧洲思维之间，有一根紧绷的绳子，一端是沃霍尔的灾难画和电椅，另一端是贾斯帕·约翰斯的彩绘铜啤酒罐。比方说，专辑封面的世界在一个较浅的空间里运作，尽管所有这些都给我留下了深刻的印象，但我可能不太喜欢想象中的东西，而喜欢包含潜在的复杂性和冲突叙事的"图像"。

出生和历史文化定位的本质是一种似乎让我们措手不及的力量。也许对艺术家来说，培养一种真正的历史时空感是有用的，所以他们必须手握各种文化模式的集合。同时，某种像洗衣机上的旋转键一样的评判标准也许会有帮助。"快速洗"显然与其他那些花费较长时间的洗涤模式截然不同。

能够适应这个世界是一种荣幸，所以有各种类别的经验对我来说都是同等重要的。区别的特征是，我是代理人（发现者）还是别人意图的见证者。也许人类最复杂的事情之一，就是在一切事物中感知意图和目的性——这就是高质量的绘画流派和一般绘画的区别。

最近和一些我几乎不认识的学生一起散步时，我们发现自己正徒步走出苏黎世。对于一个伦敦人来说，徒步离开一个城市几乎是不可想象的（虽然完全可能）。当我们沿着高速公路行走时，在秋日的黄昏里，我们看到了一个精心设计的、漂亮的立交桥枢纽。瑞士人对图形的喜爱与他们的工程技能和精确感相结合，使我这个参观者有一种走在精心制作的书法作品中的感觉。很明显，其中一个学生知道一些其他人不知道的东西，他开始带领我们走

34 理查德·温特沃斯
Richard Wentworth

苏黎世立交桥下的通道，2013年

一条略带迂回的路线，穿过车水马龙的车道，进入一段立交桥下的藏身处。

矗立在那里的是一栋房子，可能是19世纪末的村落建筑，并在20世纪50年代进行了加建，整个房子被整合成了一个家庭屋。现在我很清楚，是一个女学生的出现引起了房子里的一个住户从窗口开始交流。我们也转而被邀请进入屋内，在那里我们发现了一个井然有序的公路工程师办公室，两层楼的每一个房间都被不同的工程师占据，他们正在为苏黎世公路项目的不同部门工作。虽然我的瑞士德语水平不高，但我发现我们身处的是某种控制塔和机房的混合体，瑞士的公路运输计划正在其中进行模拟和设计。很明显，这栋房子已经被使用了很长时间，所以感觉很"正确"，但我们是在其被使用的最后几个月到访，因为那时它即将被拆除。

走到20世纪50年代原来的阳台上，意识到房子的屋檐与跨欧洲高速公路的屋檐进行了一场奢华的对话，这就像一个"艺术"时刻——对形状历史的认识。我认为世界上只有五种形状，这是由克里斯·奥登伯格首先向我提出的。这个相当长的故事是我试图传达的一种乐趣——对我来说非常重要的一种乐趣，在这种乐趣中，被锁定在某种难题中的事物开始通过机遇和谨慎的混合，缓缓分开。对我来说，这是真正的意象，就像我在看毕加索的《格尔尼卡》或伦敦的纪念碑时的感觉一样，或者回想起在唐人街，杰克·尼科尔森把一块牛表放在一辆停着的汽车轮胎下的那一刻。

毕加索的青铜彩绘《苦艾酒杯》（1914年）一直吸引着我。我尤其被它的"鞋匠"立体主义——那种在厨房的桌子上被敲打过的感觉所吸引。《苦艾酒杯》大约是在飞机和电影刚发明的时候完成的，它采取了一种让你远离塞尚的轨迹，其中的混杂、造型和组装的特质，因铸造而统一，但又被不同种类的绘画表面所干扰，使它像威伦道夫的维纳斯一样具有吸引力。

当我写下这些的时候，我意识到，好奇心强的艺术家在工作的时候会打破规则。有时这是出于无知，而有时是因为他们要走捷径。这可能是一个展览的最后期限，或者是深夜用完某种材料或颜色的紧急情况，或者是需要收拾东西。我喜欢这种紧张的气氛，也喜欢它能带来具有挑衅性的方式。它必须是真实的东西。我一直在想象波洛克一边接电话一边搅拌颜料罐，然后回头看看画布上的后果。余光是非常珍贵的，需要养成和巧妙地获得。

指定阅读

罗兰·巴特，《明室》，巴黎：伽利玛出版社，1980年。理查德·霍华德英译为《明室：摄影札记》，杰夫·戴尔编辑，纽约：Hill and Wang，1980年。

克莱夫·格雷，《制造大卫·史密斯：大卫·史密斯的雕塑和著作》，伦敦：泰晤士与哈德逊出版社，1989年。

蒂姆·英戈尔德，《线的简史》，伦敦和纽约：劳特利奇出版社，2007年。

林肯·科尔斯坦，沃克·伊文思，《美国摄影》，纽约：现代艺术博物馆，1938年。

马克·麦库切恩，《说明书：主题式词典》，纽约：Facts On File，1992年。

路易斯·芒福德，《历史上的城市：起源、转变与展望》，纽约：哈考特暨布来斯出版公司，1961年。

埃里克·帕特里奇，《起源：现代英语词源学简明词典》，伦敦：劳特利奇与基根·保罗出版社，1958年。

大卫·派伊，《工艺的本质与艺术》，英国剑桥：剑桥大学出版社，1968年。

玛格丽特·维瑟，《包罗万象的晚餐：一顿普通晚餐的非凡历史与神话，诱惑与迷恋，危险与禁忌》，纽约：格鲁夫出版社，1986年。

克里斯托弗·威廉姆斯
Christopher Williams

出生 / 生活和工作

  洛杉矶 / 德国科隆和杜塞尔多夫，荷兰阿姆斯特丹，1956年

教育经历

  加州艺术学院学士和艺术硕士，瓦伦西亚，1978年和1981年

教学职位

  德国杜塞尔多夫艺术学院摄影教授，2008年至今

重要作品

  山区的农场谷仓，荣克绍尔茨，莱希林根，2009年9月29日，2010年

  无题（棕色研究）德克·沙佩尔工作室，柏林，2009年4月30日，2009年

  柯达三点反射指南，1968年，伊士曼柯达公司，（Meiko笑），温哥华不列颠哥伦比亚省，2005年4月6日，2005年

  山田德洋 发型设计师 斋藤幸子，新比约书屋，南青山，东京1993年4月14日（第1号），1993年

  危地马拉（从安哥拉到越南*）布拉施考227模型，序号1891.1660，家族，兰科植物，洁白薄叶兰，1989年

获奖

  格兰特，约翰·西蒙·古根海姆纪念基金会赠款，纽约，2005年

  格兰特，保罗·盖蒂信托基金资助，洛杉矶，2004年

近期个展

  2014年：克里斯托弗·威廉姆斯，夹层画廊，维也纳 // 幸福的生产线，伊利诺伊州芝加哥艺术学院，巡展到纽约现代艺术博物馆 // 白教堂画廊，伦敦 // 2013年：克里斯托弗·威廉姆斯，沃尔克·布拉德克，德国杜塞尔多夫 // 举例说明：关于工业社会的18条意见，大卫·卓纳画廊，伦敦 // 关于工业社会的17条意见，吉塞拉·卡皮坦画廊，科隆，德国 // 2012年：幸福的生产线，当代艺术馆，不来梅港，德国 // 2011年：关于工业社会的15条意见，莫斯布罗希博物馆，勒沃库森，德国 // 关于工业社会的14条意见，艺术之家/当代艺术画廊，契斯凯布达札维，捷克共和国 // 关于工业社会的13条意见，达恩斯博物馆，德勒，比利时 // 关于工业社会的12条意见，大卫·卓纳画廊，纽约 // 2010年：安德烈·弗雷泽/克里斯托弗·威廉姆斯，克里斯蒂安·纳格尔画廊，安特卫普，比利时 // 关于工业社会的11条意见，巴登-巴登国家美术馆，德国 // 关于工业社会的10条意见，卑尔根美术馆，挪威 // 2009年：关于工业社会的9条意见，吉塞拉-卡皮坦画廊，科隆，德国 // 关于工业社会的8条意见，卡皮坦·佩策尔画廊，柏林 // 关于工业社会的8条意见，马蒂亚斯·波利德纳，克里斯托弗·威廉姆斯，波纳艺术中心，波恩，德国 // 2008年：关于工业社会的7条意见，大卫·卓纳画廊，纽约 // 2007年：关于工业社会的6条意见，苏黎世艺术馆，苏黎世 // 关于工业社会的5条意见，现代艺术画廊，博洛尼亚，意大利 // 接招，豪布洛克收藏，柏林 // 2006年：关于工业社会的4条意见，大卫·卓纳画廊，纽约 // 关于工业社会的3条意见，波尔图塞拉维斯当代艺术博物馆

近期群展

  2014年：（误）理解摄影：作品和宣言，福克旺博物馆，埃森，德国 // 现实的宣传，莫斯布鲁克博物馆，勒沃库森，德国 // 拿走或留下：机构、图像、意识形态，洛杉矶汉默博物馆 // 什么是照片？国际摄影中心，纽约 // 2013年：第55届威尼斯双年展"百科宫殿"，意大利 // 金库中的混乱，墨西哥优麦克斯博物馆，墨西哥城 // 波普生活：资本主义现实主义的复制，杜塞尔多夫美术馆，德国 //

35

北极磁性,比率3,旧金山 // 正式的欢迎——当代艺术购藏基金会的新作品,汉堡火车站当代艺术博物馆,柏林 // 传统:旧纺织品研究中心的精选作品,马斯特里赫特,荷兰,并在奥地利格拉茨艺术协会巡回展出 // 2012年:改变自己,情况!市立美术馆,施瓦茨,奥地利 // 盲点 / 柏林汉斯世界博物馆 // 德意志交易所摄影奖,摄影师画廊,伦敦 // 外国人无处不在:犹太人博物馆,维也纳 // 机器中的鬼魂,新博物馆,纽约 // 像蜂鸟一样站在原地不动,大卫·卓纳画廊,纽约

克里斯托弗·威廉姆斯
Christopher Williams

↖ 图2：装载胶片（ORWO NP15 135-36 ASA 25，由VEB沃尔芬胶片工厂制造，沃尔芬，民主德国）。
爱克山泰Ⅱa
35毫米胶片单反相机
由伊哈格制造，德累斯顿，民主德国
机身序列号：979625
（生产日期：1960—1963）卡尔·蔡司耶拿无损检测系统
50mm f/2.8镜头 由VEB 卡尔蔡司耶拿，耶拿，德意志民主共和国制造，序列号：8034351 8034351（生产期：1967—1970）
模特儿：克里斯托夫·博朗
托马斯·博尔霍工作室，杜塞尔多夫上卡塞勒大街39号，德国
2012年6月25日，2012
喷墨打印在棉布纸上，44.5cm×55.9cm

↑ 无题（黄绿研究/东柏林）托马斯·博尔霍工作室，杜塞尔多夫上卡塞勒大街39号，德国 2012年7月7日，2012年喷墨打印在棉布纸上，36.4cm×45.7cm

← 山区的农场谷仓，荣克绍尔茨，莱希林根，2009年9月29日，2010年档案颜料印刷在棉布纸上，43.8cm×55.9cm

→ 顺时针方向，从制造商名称（外圈）开始 米其林ZX型轮胎
胎面磨损200
牵引力A
温度B
从轮胎尺寸（内环）顺时针方向排列
135 SR 15
723 E2 0177523
无内胎
子午线X
法国制造
TN 2148 20-2044
胎面：1层聚酯纤维
+2层钢胎
侧壁：1层聚酯纤维
点FH PI援助X0607
仅限加拿大和美国的代码
最大载荷355公斤（780磅），最大压力。350 kPa (51 PSI)
V-1
摄影：道格拉斯-M-帕克工作室，加州格伦代尔 2007年12月27日至2008年1月2日，2008年明胶银打印，61cm×50.8cm

克里斯托弗·威廉姆斯
Christopher Williams

视觉智能是非常重要的。随着计算机和互联网的发展，图像的生产发生了变化，变得更快，但放慢感知速度和详细研究事物仍然很有价值。这不是为了怀念旧的观看方式，也不是为了让电脑的加速观看与慢速观看对立，而是为了强调慢速观看的价值。

你可以通过仔细分析来达成缓慢的观看，从字面来看，就是花很多的时间看一件事物。在艺术中，有各种各样的技巧可以做到这一点，但其实归根结底是要对你所看的任何东西给予密切关注和细致的阅读。希望你从密切关注中获得的经验——比如参观博物馆里能让你明白，在任何情况下，观察都是一种愉悦的活动。

谈话在这种观看的过程中扮演着重要的角色。我不喜欢艺术治疗，但我确实认为在谈论艺术时，有一种精神分析的元素。当你告诉别人你所看到的、你学到的东西就比你没有把这些想法变成语言的时候要多。因此，与人谈论艺术并倾听是有帮助的。

为了磨炼你的视觉感官，观看绘画和摄影是很重要的，但最好的方法之一是看大量的电影——而且是看很多不同种类的电影——因为它们每秒能给你二十四帧图像。

观看艺术

我不记得从什么时候起就不关注艺术了。但它一直是我生活的一部分。我是在初中时被美术课开除后才开始认真接触艺术的。我画了一幅画，老师觉得很反感，于是我被送进了一个留级班，是为那些被认为是不良少年的聪明孩子开设的。那段时间我们可以选择两个主题来学习，我们选择了音乐和艺术。一个伟大的老师（我现在忘了他的名字），他带我们去福特露天剧场听免费的爵士乐，还带我们去帕萨迪纳博物馆，在那里看到了卡尔·安德烈、马塞尔·杜尚、约瑟夫·康奈尔、埃尔斯沃斯·凯利和克里斯·奥登伯格等人的作品。因此，这被视为一种反抗的行为——或者也许只是一种关于绘画的非常规想法——使我接触到了更大的艺术世界。

正式的教育经验

我读的艺术学院是加州艺术学院，一所非常开放的学校。学生不被单一的媒介所定义。我们不仅被允许也被鼓励做任何我们想做的事情。第一学年大约五周后，我告诉我的一位老师，我还没有收到作业通知。他说，不会有作业，因为当我们离开学校时，我们就不会完成任务了。我们会为自己工作，为什么现在不开始为自己工作呢？老师们认为我们不是学生，而是艺术家。我在80年代初开始教书的时候，就带着这个想法，这一想法一直持续到今天。加州艺术学院的另一个原则来自我们的老师道格拉斯·许布勒。每当我们向他提出任何想法——艺术作品、艺术家计划或电影系列——他的回答总是"为什么不呢？"（他经常接着说："这可能不是好事，但为什么不呢？"）加州艺术学院真的有一种"为什么不呢？"的态度。

有时人们会等待好的想法，但好的想法并不是唯一能产生好的艺术的东西。有时，只要"拿出"一个坏主意，看看它是如何运作的，就能产生一些有价值的东西。因此，如果你坐等灵感或一个万无一失的想法，你就会失去很多时间。

我遇到的很多年轻艺术家似乎并不明白，他们要用一生的时间来做艺术家。他们很着急，因为他们觉得如果他们不是一开始就获得成功，就会成

35

课程：不用有机玻璃，不用电，不要有幽默感；或爱比死更冷

罗伯特·布列松，导演：《幸福的巴尔塔扎尔》，1966年，弗朗索瓦·拉法基的电影剧照

克里斯托弗·威廉姆斯
Christopher Williams

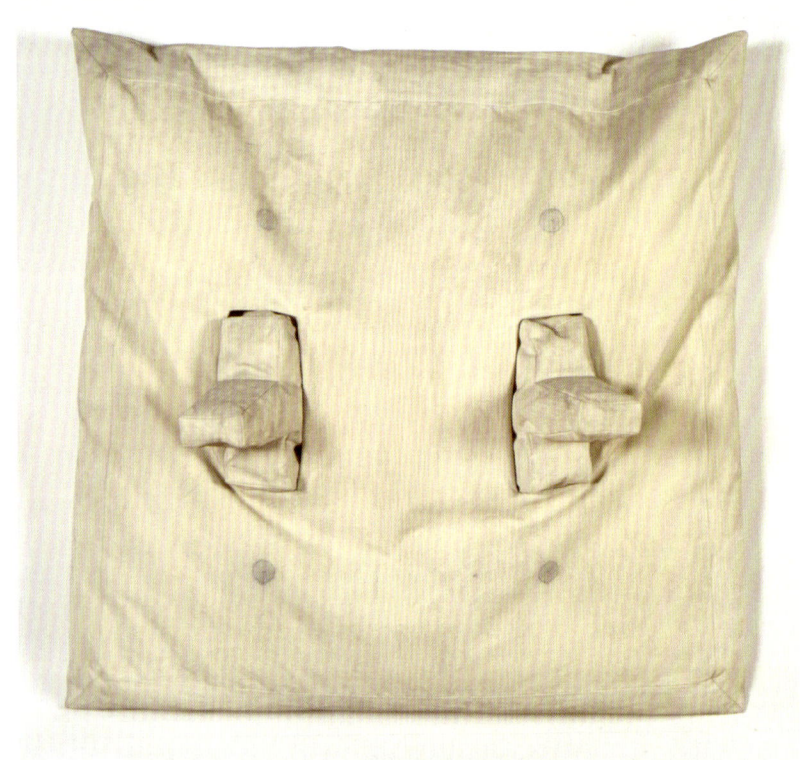

克里斯·奥登博格,《软灯开关——幽灵版Ⅱ》,1964—1971年,帆布上填充木棉、石膏、铅笔,119.4cm×119.4cm×30.5cm,克里斯·奥登博格和科斯杰·范·布鲁根收藏

为终身的失败者。我鼓励你从更长远的角度考虑问题,从容不迫,从长计议——不要对成功有一个先入为主的想法,不要把成功与期限框架联系在一起。有些艺术家很早就成功了,有些则比较晚。有时,学生也会对什么是成功有误解,把与成功相关的社会要素误解为是真正做出了成功的艺术作品。有一家画廊代理,有一间大工作室,以及赚很多钱不一定能做出好的艺术。不要把这两件事混为一谈。我鼓励你多从历史的角度去思考,考虑你对艺术的贡献可以是什么,而不是考虑你的艺术实践能给你带来什么物质方面的东西。

媒介问题

没有必要选择一种主要媒介并严格地在其中工作。这并不是说它不是一种选择,但它是众多选择中的一个。今天,艺术家们在这么多不同的媒介和学科中工作,没有理由把自己局限在一种媒介中。然而,一旦你选择在一种特定的媒介中工作,那重要的是了解这种媒介的历史,它的物质性和它在技术上的功用。而作为一个晚期现代主义艺术家,我想说的是,反思你的材料和这些材料的历史是非常重要的。

我主要从事摄影工作。最初我真的只打算用它做几件作品。我对摄影感兴趣,但并不是想成为一个摄影师,我当然也没有想过要花三十五年的时间去做摄影作品。尽管如此,我对摄影的概念并不局限于相机和冲印的概念。我认为摄影是一个机构,在这个机构中,冲印或视觉人工制品只是其他标志事物的网络中的一个元素。因此,我认为表现手段——画框、装裱、标题、建筑状况和展示机构的历史,广告、海报、目录、目录中的文章——都是摄影机构的延伸。因此,你有建筑,你有胶版冲印——不同类型的语言的生产——我认为这与摄影的表面是共存的。我不喜欢站在相机后面或相机前面,我喜欢站在相机旁边。我很早就发现,或者说我有了这个想法——相机实际上不是参与意义生产的唯一媒介。这其中不仅有化学设计师、光学设计师和工业设计师,还有经济和社会问题。所以我试图在摄影过程中移动,在不同的时间处于不同的位置。尽管我在艺术学院没有接到作业，但我还是像对待一个商业摄影师一样对待自己：我给自己安排任务。我成为一个产品摄影师，或者成为一个摄影记者，我会像一个新闻记者完成新闻记录一样选择一个主题。

合作的重要性

谈到与画廊打交道，我的建议是不要心急火燎地冲向策展人和经销商。退回来，谈论其他事情。这不是你向这些人展示你很有趣或者从口袋里掏出你幻灯片的唯一机会。相反，你要试着与他们交流合作的想法。通常情况下，年轻艺术家把策展人、画廊、编辑、出版商等看作是他们的一种服务行业。但在一个展览的制作过程中，策展人和写作者、编辑其实都是你的合作同事。你不可能什么都做。归根结底，这仍然是一个以艺术为中心的模式，但和你一起工作的人在帮助你实现一些你不一定能单独完成的事情。

我也很幸运能和一些有趣的艺术家合作。两个艺术家一起工作，或者一个艺术家和一个写作者——当它起作用时，它会在聚合中产生第三种元素，几乎就像第三个人或第三主体。在我最好的合作中，我想我是作为另一类艺术家而出现的。在这里我不能说出所有与我合作过的艺术家的名字，但我与阿尔伯特·奥伦、杰罗恩·德·赖克、维尔姆·德·罗利、马蒂亚斯·波利德纳和马丁·基朋贝格等人的合作对我来说是非常有影响的。基于这些原因，我强烈鼓励年轻艺术家合作。

马蒂亚斯·波利德纳/克里斯托弗·威廉姆斯，"展示与再现"展览的装置现场，2009年，波纳艺术协会，波恩，德国

克里斯托弗·威廉姆斯
Christopher Williams

一个艺术家每天应该做什么？

刷牙。无论你做什么，都不要在三十五岁之前逃避看牙医。

注意他人的情况

关注其他艺术家在做什么。随着艺术作品的数量不断增加，这变得越来越难，但了解你的同行在做什么是非常重要的。要能历史性地思考现在的问题，你要尽可能多地看看现在的情况。还有一个更社会化的方面，那就是如果你希望别人关注你的工作，你就需要关注他们的工作。如果你不关心你的同行，他们同样会对你不客气。随着艺术家的年龄越来越大，越来越成功，对他们来说，退居二线，见面的人越来越少，看的艺术作品越来越少，这是非常自然的事情。但像约翰·巴尔德萨里和埃德·拉斯查这样的艺术家，每个月都会继续去画廊，认识年轻的艺术家，不断地看别人的作品。

尤其是年轻的艺术家，更应该互相走动。重要的是要一起工作，并为那些起初可能无法实现的事情进行尝试。一旦你找到了你的圈子，就要对这些人保持冷静，因为你会在余生中认识他们中的一些人——这是一件好事，也是一件坏事。在这方面，我是非常幸运的。我在艺术学院的同事是拉里·约翰逊、斯蒂芬·普里纳、米尔塞·凯利、约翰·米勒和其他一大群真正伟大的人，他们至今仍然是我的朋友和同事。

艺术史和理论

学习艺术史和艺术理论是很重要的，但是在艺术创作与学习艺术史或艺术理论之间必须有所区别。我觉得最有趣的艺术家的做法是那些通过艺术思考或通过材料思考，并通过对这些材料和思想的沉浸而产生类似理论模型的东西，而不是把哲学或理论中发展出来的想法，然后加以说明或应用于艺术生产。吸收尽可能多的信息，然后通过你的材料来思考，这并不意味着只是在技术上或在视觉上的思考，而是要真正尝试理解你材料的媒介。比如说，绘画和写作是不同的。语言与绘画是截然不同的媒介。

阅读

在我个人的阅读中，我发现重要的是要超越艺术史和艺术理论的范畴。我没有太多的时间去阅读，所以当我阅读的时候，通常是为了获取我想在项目中使用的信息。说到这里，我刚刚和某人讨论了很久，关于托马斯·伯恩哈德的《失败者》，这是一本非常棒的书，讲述了一个失败的画家，他的整个人生都在格伦·古尔德成功的阴影下展开。我认为一本基于一个人意识到自己永远不会像格伦·古尔德成那样优秀的时刻而创作的小说作品，是一本送给有抱负的艺术家的好书。

更多给年轻艺术家的实践建议

1. 不用有机玻璃
2. 不用电
3. 不要有幽默感

我不喜欢把规则扔给别人，但如果你遵循这些准则，你会更有可能做出好的艺术作品。有些只是实际情况。普列克斯玻璃不容易老化，所以如果

35

你把它放在你的作品上，它会变成乳白色，并且在清洗的时候还会出现细微的划痕。另外，塑料的光学精度比玻璃低，所以在装裱时要使用玻璃。同样，也是实用的建议，电也是很容易出问题的。例如，如果你的作品中有声音的成分，你一离开装置现场，前台工作人员就会把音量调低，这意味着声音水平永远不会达到你想要的程度。有两次，我坐了一个小时的火车去看一个朋友的电影装置，有两次投影仪都不能正常工作——而这两次访问相隔两个月。最后一条规则，不要有幽默感——是如此明确，我想我不需要讨论它。另外——这就有了第四条规则：你不应该做任何你自己不能带进门的东西。这将确保所有的东西都在人的尺度下，并且与身体有关系。

指定的阅读、观看和收听

阅读：

贝蒂，劳拉，编辑，《皮埃尔-保罗·帕索里尼：未来的生活》，博洛尼亚，意大利：皮埃尔·帕索里尼基金会，1989年。

本杰明·布赫洛，《新前卫与文化工业：欧洲和美国艺术的论文，1955—1975年》，剑桥，马萨诸塞州：麻省理工学院出版社，2000年。

T. J. 克拉克的任何作品。

托马斯·克劳的任何作品。

约翰·凯尔西，《丰富的文本：艺术写作文选》，柏林：斯滕伯格出版社，2011年。

芭芭拉·克鲁格，《遥控：权力、文化与可见世界》，剑桥，马萨诸塞州：麻省理工学院出版社，1994年。

克鲁格把目光投向许多不被认为是艺术的东西，并把它们作为复杂的文化对象来处理，看作与艺术品相同的地位。她的批判性声音为艺术家开辟了很多路径。而且她是一个伟大的作家。她的语言真是太棒了。

约翰·米勒，《颠倒黑白》，法兰克福：林格出版社，2001年。

我觉得很明显，我读到的很多都是艺术家的著作。年轻的艺术家应该有许多不同的方式，尽可能地接触到艺术家。我提到的每一位艺术家都以非常不同的方式使用语言。意识到你可以博采众长是我在教学中努力提倡的一件事。

朱莉娅·罗宾逊编，《约翰·凯奇》，剑桥，马萨诸塞州：麻省理工学院出版社，2011年。

格雷戈尔·斯特姆里奇和格蒂·弗莱泽克编辑，《说过的话：劳伦斯·韦纳的写作和访谈1968—2003年》，柏林：哈特康次出版社，2004年。

当我需要重新聚焦和思考我正在做的事情时，我会求助两位艺术家：一位是马塞尔·布达埃尔，另一位是劳伦斯·韦纳。这本书是一部宝贵的工作室工具，韦纳的写作非常开放和概括，但它让我集中思想。

观看：

罗伯特·布列松导演，《驴子巴特萨》，电影风险投资公司，1966年，电影。

让-吕克·戈达尔导演，《我略知她一二》，标准收藏，1967年，电影。

任何一部巴斯特·基顿的电影。

克里斯·马克尔导演，《日月无光》，阿尔戈斯影业，1983年，电影。

听：

讨厌鬼的全部录音作品。

讨厌鬼乐队是过去三十年中最聪明的摇滚乐队之一。

桑拉的所有音乐。

克尔基斯多夫·沃蒂兹科
Krzysztof Wodiczko

出生/生活和工作

华沙，波兰，1943年

纽约和马萨诸塞州剑桥

教育经历

艺术硕士，华沙艺术学院，1968年

教学职位

哈佛大学设计学院艺术、设计和公共领域驻校教授，哈佛大学，剑桥，马萨诸塞州，2010年至今

麻省理工学院高级视觉研究中心质疑设计组组长，剑桥，马萨诸塞州，1997至今

马萨诸塞州剑桥市麻省理工学院视觉艺术专业教授，1997—2010年

重要作品

亚伯拉罕·林肯：战争老兵预测，2012年

……离开这里：退伍军人项目，2009—2011年

蒂华纳投影，2001年

解除武装，1999—2001年

无家可归者车辆，1988—1989年

个人工具，1969年

获奖

波兰文化部颁发的"荣誉艺术家"金奖，以表彰他对波兰文化的特殊贡献，华沙，2009年

波兰外交部颁发的海外促进波兰文化贡献奖，华沙，2009年

斯考赫根雕塑奖章，纽约，2008年

波兰文化研究所卡塔日娜·科布罗奖，纽约，2007年

学院艺术协会艺术家杰出作品奖，纽约，2005年

麻省理工学院凯普斯奖学金奖，马萨诸塞州剑桥，2004年

第四届国际广岛奖，表彰他作为艺术家对世界和平的贡献，日本，1998年

近期个展

2013年：公共领域的艺术，拉比林特画廊，卢布林，波兰 // 克尔基斯多夫·沃蒂兹科——局外人与局内人，DOX当代艺术中心，布拉格 // 2012年：克尔基斯多夫·沃蒂兹科——公共领域的艺术，概况基金会，华沙 // 克尔基斯多夫·沃蒂兹科——公共领域的艺术，BWA艺术中心索波特，波兰 // 克尔基斯多夫·沃蒂兹科——凯旋门——废除战争的月球研究所，克鲁瓦·巴拉尼翁空间画廊，图卢兹，法国 // 2011年：废除战争，WORK画廊，伦敦 // 凯旋门，世界废除战争研究所，加布里埃尔·莫布里画廊，巴黎 // ……离开这里：退伍军人项目，勒隆画廊，纽约 // 2010年：客人——艺术图谱空间，罗兹，波兰 // 2009年：……离开这里——退伍军人项目，当代艺术学院，纽约 // 自画像2，概况基金会画廊，华沙，波兰 // 2008年：波兹南投影，希格诺基金会，波兹南，波兰 // 2007年：车辆——工具，希格诺基金会，波兹南，波兰 // 2005年：如果你看到一些东西……勒隆画廊，纽约 // 纪念碑疗法，扎切塔国家艺术馆，华沙 // 1996—2004年的公共投影，采矿厂艺术空间，克拉科夫，波兰 // 2001年：提华纳的投影，加布里埃尔·莫布里画廊，巴黎，巴黎 // 2000年：广岛投影，勒隆画廊，纽约

36

近期群展

2013年：在国家的心脏，现代艺术博物馆，华沙 // 2012年：身体的电声——1957—1984年东欧的艺术和音乐实验，艺术博物馆，罗兹，波兰 // 超越毁灭之眼：阿库姆斯基2画廊，1972—1990年，扎切塔国家艺术馆，华沙 // 活着的岁月：1989年后的艺术，沃克艺术中心，明尼阿波利斯，明尼苏达州 // 破裂：公共演讲的形式，库珀联盟，纽约 // 圆环/圆圈，埃尔巴·贝尼特斯画廊，马德里 // 这将成为：20世纪80年代的艺术、爱情和政治，现代美术馆，芝加哥，伊利诺伊州，2013年在明尼苏达州明尼阿波利斯沃克艺术中心和马萨诸塞州波士顿当代艺术中心巡回展出 // 2011年：不流畅性，帕森斯设计学院，纽约 // "路西法效应"，DOX当代艺术中心，布拉格 // 辉光，范阿贝姆博物馆，埃因霍温，荷兰 // 看见自己的感觉：重新定义人类的感知，WORK画廊，伦敦 // 并肩作战：波兰-德国，马丁·格罗皮乌斯艺术馆，柏林

克尔基斯多夫·沃蒂兹科
Krzysztof Wodiczko

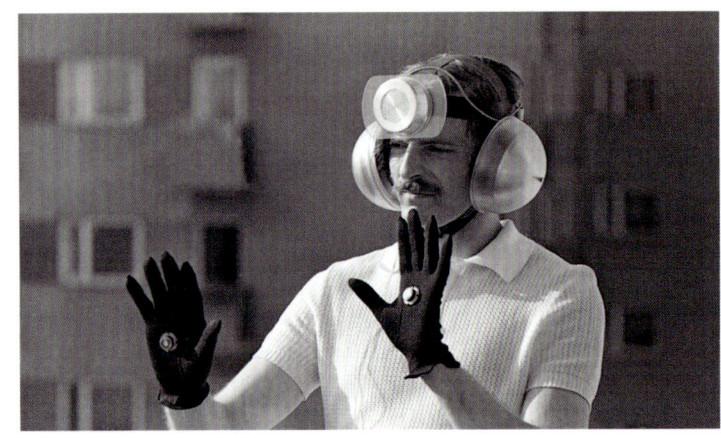

← 克尔基斯多夫·沃蒂兹科和个人工具，华沙，1969年

↓ 亚伯拉罕·林肯：战争老兵预测，联合广场，纽约，2012年11—12月，More Art委托

→ 赫希洪博物馆投影，华盛顿特区，1988年

→→ 凯旋门，世界废除战争研究所，2011年，为巴黎的建筑物

↘ 广岛投影，和平纪念公园，日本，1999年8月7—8日，两台大功率投影仪位于原爆圆顶对面的河流，河流两侧的音响系统，增强了建筑物的照明，由广岛市当代艺术博物馆组织和委托

36

无墙的学院：36位世界顶级艺术家的艺术和生活课   339

36

克尔基斯多夫·沃蒂兹科
Krzysztof Wodiczko

当你开始创作的时候，什么作品对你的观念影响最大？

KW：在回答任何问题之前，我想说的是，我很难根据自己的经验给别人提供建议，因为我不希望别人简单地跟着我走。每个人都是不同的，我不知道我自己的艺术经验对现在的年轻艺术家有什么用。在这种情况下，我想对他们说：你们愿意听我的就听我的，但不要笃信我，也不要把我当作榜样，尤其是当你们的"最好"或唯一的榜样。

在回答你的问题时，我很难提出一个对我来说最重要的图像或艺术对象，但我可以提供一些为我的工作引导方向的东西。首先是我读过的东西。阅读琳达·诺克林的《现实主义》（1971）是我经历过的一件大事。它很快被翻译成波兰语，我在70年代初还住在波兰时就读到了它，那时我刚从华沙的美术学院毕业不久。另一个重要的参考资料是维克多·巴巴纳克的《为真实世界而设计》（1971），还有伯托尔德·布莱希特的著作《论戏剧》（1978）。

在艺术方面，我受到苏联结构主义艺术家的影响。在我的脑海中，始终保留着一幅具体的艺术作品，那就是奥诺雷·杜米埃的一幅小画《三等车厢》（1862—1864），还有弗拉基米尔·塔特林的作品，尤其是莱特林飞行器（约1929—1932）和约翰·赫特菲尔德为A.I.Z.杂志创作的摄影蒙太奇。当然，巴克明斯特·富勒和卢西恩·克罗尔等有远见的设计师的作品对我来说也非常重要。所以，正如你所看到的，批判艺术和前卫设计的传统在我的生活中都扮演了重要的角色。

有一个特别的项目也让我记忆犹新，那就是1922年前卫作曲家阿森尼·阿夫拉莫夫的作品。这部作品名为《工厂警笛交响曲》，是为庆祝1917年十月革命五周年而在巴库市（现阿塞拜疆境内）创作的。阿夫拉莫夫几乎动用了整个城市的劳动力，包括维修工人和军人及其设备，创造了一个集体的城市音响工程。他通过指挥其他指挥家，利用旗帜信号和手枪，用汽车喇叭声、工厂和轮船汽笛声、汽笛声和飞翔的飞机声，来指挥这场盛大的演出。我认为这是一个相当惊人的项目，它显示了艺术家在改变城市人群的集体认知和想象力方面的参与程度。这种项目的表演和感知的直接体验可能只有一瞬间，但由于它涉及一个精心准备的过程，所以它永远留在了每个参与人员的心中。当然，是当时的特殊背景使之成为可能，这是我们今天的任何东西都无法比拟的，但它开创了某种方法论的先例，具有特殊的规模和独创性，结合了媒体并涉及城市阶层的许多部分。这可真是一个惊人的想法和实验！

最近有哪些作品或项目给了你灵感？

KW：同时作为哥伦比亚波哥大市市长以及数学家、哲学家和政治家的安塔纳斯·莫库斯的工作给我留下了深刻的印象，他在1995年至1997年和2001年至

奥诺雷·杜米埃，《三等车厢》，1862—1864年，大麻油，65.4cm×90.2cm，大都会艺术博物馆，纽约

2003年连续两届当选。他以令人惊讶和幽默的举措而闻名，这些举措是成功的公民文化项目的典范。他鼓励城市居民成为默剧艺术家，或者成为画家，这样他们就可以从视觉上改变他们的城市住宅。这说明，可以有一种新的公民前卫艺术由公民领袖的创造方式。其他几个城市的市长也纷纷效仿莫库斯的做法。

另一个很近的项目引起了我的注意，并以一种鼓舞人心的方式让我感到惊讶，而且这个项目比较有名，是由瑞士艺术家托马斯·赫什霍恩在2013年夏天发起。他与纽约布朗克斯区"森林屋"项目的居民合作，为20世纪意大利政治理论家安东尼奥·葛兰西制作了一座纪念碑。正如赫什霍恩所说，这是为了建立一个新的"纪念碑"的定义，以促进人们进行接触，创造一个事件，并在今天思考葛兰西。所以，当时有报纸、电台、剧院、讲座，所有的项目都有当地居民参与，其中有一些是来自非洲国家的移民；也吸引了其他地方的知识分子。当然，对这个项目可以进行批判，但它的复杂性和雄心壮志要求在一个非常富有成效和创造性的层面上进行批判性的讨论。

所以，这些作品影响了我作为一个艺术家生涯的一个更大的理论和实践作品的一些片段。

有什么东西影响了你对艺术教育的想法吗？

KW：巴西教育家保罗·弗雷尔写了一本重要的书，叫《被压迫者教育学》，1970年首次以英文进行出版。他颠覆了传统的、公认的教育方法，颠覆了一切，让学生成为知识的共同创造者。这种教育学的工作影响了当时的许多艺术家。弗雷尔现在已经没有那么多人去谈论了，因为人们更喜欢雅克·朗西埃的《无知的教师：智力解放五讲》（1981），但这实际上是同一学派的思想。它是关于知识型教育家和艺术家的参与——不是以说教的方式教人，而是创造条件让他们成为知识的生产者，我们自己作为教育者必须向他们学习。

这就是我作为一个艺术家、设计师和教育家，希望看到自己工作的方法论方向，而这正是我在艺术学院没有学到的。20世纪60年代末，在我做学生的时候，从来没有人提到过这种可能性。对比起来，在今天令人感到可喜的是，在一些艺术学院和大学中，有一些课程提出了这种社会美学艺术的方法，特别是参与和人合作（而不是只为人、代表人或关于人）的工作。我想我们这一代人是最后一个完全被阻止采取这种方法的一代人。

另一个在艺术学院没有向我们提供的重要事情是艺术家作为设计师操作的可能性。事实上，这种情况现在仍然存在。我认为艺术和设计之间的关系是需要进行进一步探索的，为了帮助我们朝着这个方向发展，我们应该向前卫传统看齐。20世纪20年代的苏联，构成主义和生产主义（Productivist）的作品，这种划分不太固定，在某种程度上，包豪斯、未来主义者、激流派和情境主义国际也是如此。我们有比我们

托马斯·赫什霍恩，《葛兰西纪念碑》，森林屋，布朗克斯区，纽约，2013年

克尔基斯多夫·沃蒂兹科
Krzysztof Wodiczko

认同的更多的，艺术家作为设计师运作的传统，并以一种激进的、干预性的、解构性的，但也是建设性的方法如此运行。那些想把"艺术融入生活"的艺术家——或者更好的，如理查德·瓦格纳所说，"生活融入艺术"——让艺术成为人们日常生活有意义的伴侣，同时打破过时的模式，引发新的认知；同时用新的批判性想象力和视野思考——应该考虑成为艺术家-设计师。

相反，我不鼓励那些设计专业的学生作为艺术家来工作。特别是对于未来的建筑师来说，更是如此。他们没有被教导和鼓励在设计项目中考虑其他更多的艺术道路，即使是作为官方"专业"的平行实践。开发和实施短期的、主动的、不受"客户"委托的项目，尤其是那些与弱势的、不被认可的潜在用户、合作者和生产者一起开发的项目，很少被鼓励和讨论。

艺术家，甚至是那些作为设计师进行工作的艺术家，很少被邀请在建筑和设计学院教授或共同教授设计工作室的课程，这一事实使得情况难以改变。作为哈佛大学设计研究生院艺术、设计和公共领域的驻校教授，我感到很荣幸，因为我处于一个不同寻常的位置，能够鼓励和启发设计专业的学生将艺术视为拓展和改变他们领域的一种方式，并挑战艺术和设计的边界，以造福生活。然而，这样的挑战，即使在我幸运的情况下，也是一项艰巨的任务，因为设计行业通常不对临时性、干预性和批判性的政治项目开放。然而，设计可以在识别那些不被市场认可的需求方面发挥作用，他们的需求不应该存在，但不幸的是，在我们这个"文明"的世界里确实存在——这些需求就像伤口一样，亟待包扎。这些需求可以通过设计来表达，但同时设计应该提醒人们注意这些需求的不可接受性，并强调解决方案（消除这些需求）必须通过其他方式来实现。

这种方法是我在80年代称之为"质询式设计"或"丑化功能主义"的东西。我早期的项目如"无家可归者车辆计划"（1987）并不试图为无家可归者提供一个永久的解决方案，而是让生活在街头的人们真实的生存状况和实际需求更加明显，更多地被理解。它既是对这些需求的阐述，也是对这些需求的一种紧急设计回应，旨在改善街头流浪生活的条件，以及与回收瓶罐相关的劳动——这些人为了换取微薄收入而进行的回收工作。这种批判性的、干预性的、话语性的设计在今天比以前出现得更多，但由于艺术和设计课程的分割，教育机构并没有为学生提供学习如何作为艺术家设计师工作的条件。无论如何，通过与无家可归者、退伍军人及其家属、非法移民等异类作为潜在的使用者、操作者或表演者的合作，可以将设计视为一种艺术方法。

学生需要学习这些项目所提供的研究、开发、社会生产和批判性分析的方法，以及如何成为批判性的、干预性的或"质询式的"设计师，成为有用的、有技巧的、有信息的、敏感的和鼓舞人心的设计师。不幸的是，我仍然随处可见这些"学科"的划分。即使是艺术和设计部门在同一栋楼里，他们之间依旧隔着厚厚的"墙"。

这十分困难，因为我不想草率地批评或把这种"学科划分"全部归咎于艺术和设计教育机构，因为这也与更广泛的艺术文化及其美学话语有关，在这种文化中，使用价值和象征价值被完全分开，特别是在艺术理论家、艺术策展人、艺术评论家和艺术教育家的头脑中。在博物馆中也重申了这一点，艺术作品和设计作品是分开的。当一个设计项目在艺术博物馆中展示时，往往被当作一个单一的审美对象，而没有被理解为一个复杂的过程。通常，公众没有被鼓励去了解设计是一个有创意的、有道德责任感的领域,它参与了设想、影响、启发和发展的方法——通常是与使用者一起——发明、实验、制造、使用、分配和维护的过程。巴克明斯特·富勒、维克多·巴巴纳克、吕西安·克罗尔、N55、马尔杰蒂卡·波特奇、范·里斯豪特工作室、露西·霍塔等人的项目可能偶尔会作为理想的特例出现在艺术博物馆中,但很少会在那里阐述其设计过程的整个社会方面。

你认为艺术有社会作用吗?

KW:之前有一本书我忽略了,也是真正影响到我的,就是《创伤与恢复:从家暴到政治恐怖的暴力后遗症》(1992),作者是朱迪斯·赫尔曼。她在这本书中解释了与受创伤者合作的阶段。在我的思想和实践中,这些阶段允许并邀请艺术参与,通过成为社会变革和正义的代理人,帮助人们从创伤中恢复。

我还想到了莫桑比克的克里斯托瓦奥·坎哈瓦托的一个名为"武器王座"的艺术项目。1992年,他用当地内战留下的枪支零件和武器制作了雕塑和家具。他的作品实际上帮助人们学会了如何继续生活;学会了他们所经历的过去是无法改变的,但一个人可以用一种健康的、新的、有创造力的、有趣的方式与过去共存。这说明艺术家在冲突后局势中的作用,通

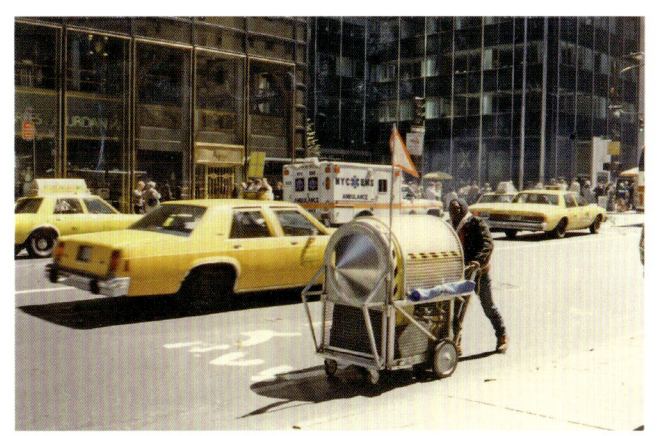

克尔基斯多夫·沃蒂兹科,《无家可归者车辆》在步行/瓶罐收集状态,纽约第五大道,1988年

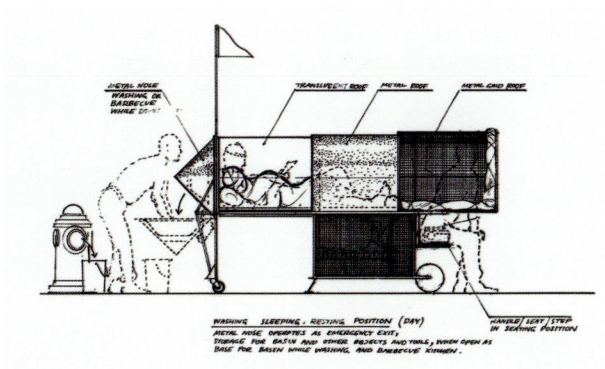

克尔基斯多夫·沃蒂兹科,《无家可归者车辆》,车辆在洗漱/睡觉/休息的状态图解,钟楼画廊的小册子,纽约,1988年

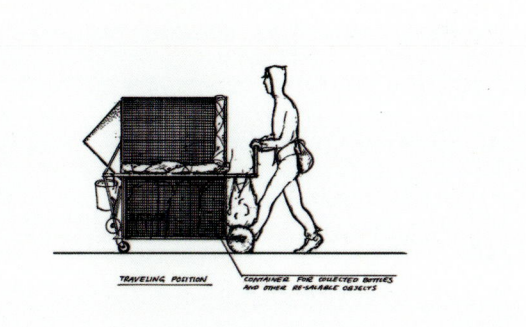

克尔基斯多夫·沃蒂兹科,《无家可归者车辆》,车辆在行驶的状态图解,钟楼画廊宣传册,纽约,1988年

克尔基斯多夫·沃蒂兹科
Krzysztof Wodiczko

过艺术手段来治愈和诊疗各种状况,帮助被疏远和受创伤的人和整个社会重新获得文化和交流的力量和信心,继续前行。

当然是我上艺术学院时没有学到艺术参与这种项目的可能性的。但还是那句话,公平地说,我有一些年轻的同事对他们的教育经历也会这么说,我们都看到现在的情况已经不同了,而且正在向好的方面变化。我已经生活和工作了很长时间,见证了许多重大变化。所以,我不能说我那个时代的不足之处就是看清现状的好办法。

那你觉得今天的艺术生是轻松还是困难?

KW:相比我那个时代,今天的学生有更多的可能性。这种在外面工作的艺术家的社会参与现在更被认可。现在的学生有更多的机会见到那些成功地发展出社会美学工作方法的艺术家,尽管没有人教他们如何去做。其中一些艺术家是艺术学院的客座讲师,因此成为当今学生们的榜样。事实上,"社会艺术"已经成为一些博物馆的一种设计,其临时性的展示甚至制作已经成为艺术界的一种表面时尚。新锐艺术家应该认识到这种肤浅的东西,并超越这种肤浅,进行独立的、更多参与性的探究和项目,寻求资助和支持,与独立的艺术和社会网络和组织进行接触。

我自己的一些学生和我一样,在同样的展览中展出,在类似的语境中工作,我们有着相似的信念和方法,但他们的作品和我的作品截然不同。社会生活、参与和艺术家更积极主动的角色之间的关系,已经成为一种真正的选择,可以采用多种形式和方法。一些大学甚至要求艺术和设计专业的学生通过与各种社会团体的接触来寻求这种工作方式的经验。

然而由于与学期制相关的限制,学生很难完全参与到这种工作方式中来。你不可能在短短的三个月内,与忙碌的外界个人、团体、机构、组织和社会运动建立信任和工作关系,从而形成一个艺术项目。但是,真正想学习的学生,即使是以有限的方式参与这种工作,也可以从尝试这种工作中获益良多。他们应该到各种不太熟悉的人工作和生活的地方去,与他们见面,与他们交谈,提出问题。他们可能会惊喜地得到慷慨的关注、兴趣、创造性和信息量大的回答,从而在自己的头脑中形成新的想法和想象力。针对学生最初的艺术或设计方案,有时可能会有笑声,或批评性的反应,建议或反建议,但最终以这种方式工作的学生会学到更多的东西,因为艺术和设计也是一个认知过程,围绕新项目的讨论会带来新的意识。通过他们对即使是天真的学生项目的反应,接触到的和后来

克里斯托瓦奥·坎哈瓦托,《武器王座》,1992年,退役武器(金属、木头、塑料),101cm×61cm×61cm,大英博物馆,伦敦

参与到设计过程中的各方,可能会发现或承认新的思维方式和改变自身处境的可能性。所以,即使在教育体系结构的限制下,也有可能发生真正的创造性和变革性的相遇。

我只是希望教育机构能够做更多的工作来支持这种项目。如果他们把项目延长到一个学期以后,允许把社会研究与前面提到的与外界合作的信任和实验工作的开展结合起来学习,那就会好得多。在研究、实验和学习相结合的地方(特别是在麻省理工学院这样的研究型学院),这种参与的潜力会更大。

在高等教育机构之外,是否还有其他地方有这样的项目发生?

KW:是的,在艺术中心、社区文化组织、当代艺术博物馆或美术馆,他们有自己的媒体生产基地、社区和公共艺术的专业知识和外展教育项目,这些项目总是有一片沃土。在一些博物馆和艺术中心,教育部门所做的文化艺术工作,比展览部门所能提供的还要宏大。20世纪八九十年代的纽约新博物馆绝对是这样。那里的教育非常先进,比如担任教育策展人的格雷格·肖莱特,还有苏珊·卡汉和佐亚·科库尔,他们出版了《当代艺术与多元文化教育》(1996)一书。有一些艰难的项目,你可以指出今天类似的项目,但那时他们真的很有创意。

遗憾的是,"艺术教育"和"艺术治疗"这两个领域在艺术界仍然是两个被嘲讽的领域。我认为这真的很糟糕!这实际上是把艺术家可以从事的一个非常重要的领域给压了下去,而且造成了对研究这些领域感兴趣的人越来越少的局面。"治疗"这个词就像"表演"一样,是以贬义的方式使用的。人们并没有真正理解艺术家可以在医院、学校、工作场所、监狱、青年和社区中心与退伍军人和他们的家人一起工作,以及与其他许多真正需要帮助的人一起工作,并为他们提供帮助、改变状况、治愈和激发新的交流、表达和意识。艺术教育工作者和艺术治疗师最终工作的地方有很多。如果我们能够想象他们的参与通过创新的设计实践得到有机的延伸,让这些艺术家能够获得更多的社会研究、社会心理学、人类学和其他相关领域知识的指挥权,就可以为年轻艺术家进入更大的外部世界创造出一系列不可思议的选择,而不是像艺术苦行僧一样被锁在工作室里探索和表达自己的内心世界。非常重要的是,这不应该是一种显而易见的选择,就像目前的情况,它被认为是艺术家"自然"的工作方式。

这种独自在工作室工作的想法之所以如此普遍,是因为艺术的价值主要还是体现在个体性及其在市场上的交换价值上——作为艺术家个人的"作品"和独特的对象,"被看",并作为画廊的艺术品、艺术收藏的潜在对象进行视觉消费。从历史来看,艺术作为一个社会或文化的过程,以及一个跨学科的集体项目,在艺术市场和"艺术世界"中并不被重视,所以不鼓励艺术家这样做。

艺术家应该如何从过去学习?

KW:艺术家应该从过去获得一些灵感,但这种灵感必须立即促成一个新的当代项目。艺术家有道德义务在社会和文化世界中作为一种变革的力量来工作。他们应该从头脑中的东西进入实践,进入实验,进入与他人的联系。他们应该学习如何与社会工作者、社区活动家、行政人员、城市官员、策展人合作,与任何需要接触的人合作,给予许可或提供资金或以其他方式支持他们的工作。这就是为什么艺术家必须尽

克尔基斯多夫·沃蒂兹科
Krzysztof Wodiczko

快进入当今世界的原因。因此,我们不是应该从历史中学习;我们应该创造我们自己的历史;在面对目前的情况和未来愿景,理解其新的意义时,不要"从过去学习",而是"教导过去"。我们应该回忆过去的某些事实和项目,并在新的工作中带给它们新的意义。当我看到学生们通过幻灯片被艺术史的光环所催眠和吓倒,被过去艺术的解读所洗脑,把这一切都当作纪念碑或圣地来崇拜时,我会感到不安。他们应该用批判的眼光来看待艺术史;选择与他们相关的东西,并批判性地重新阐释它们。他们应该敢于在过去的艺术中发现未被发现的方面和概念,看到过去的艺术作品、艺术项目、艺术运动、艺术宣言、活动和行动——在所有尚未写进教科书的地方,并赋予其新的意义。然后,他们应该从根本上改写或反对它。在这个意义上,每个艺术家都可以,而且在我看来,应该成为一个历史学家,但(正如尼采所希望的那样)是"批判性的",而不是"纪念性的"或"档案性的"那种,而且这些艺术家自己独特的过去应该公开分享,就像他们的艺术一样广泛。

这种对待历史的方法来自先锋派的传统。例如,古斯塔夫·库尔贝说过,他不介意创作历史画,只要是当代题材的作品。爱德华·马奈是另一个例子,就他与弗朗西斯科·戈雅的关系而言。当你把他们的作品放在一起看时,你可以看到马奈在与戈雅的关系中是如何创造他自己的学院,他自己的教育实验室,他自己的艺术史。他似乎沉迷于"复制"过去那些伟大的大师的作品,而事实上他根本没有复制它们,而是对它们作出回应,重新解释它们,观看它们,"消解绘画"和"重新绘画",在这样做的时候,既要尊重又要有一个根本的批判性的新思维和新眼光。我不认为有任何问题,例如,如果年轻的艺术家和设计师重新审视20世纪70年代和20世纪80年代的一些艺术和设计项目,许多人都在看巴克明斯特·富勒和维克多·巴巴纳克以及其他开创性的设想者和实

爱德华·马奈,《马克西米利安皇帝的死刑》,1868—1869年,布面油画,252cm×305cm,曼海姆美术馆

践者，问为什么需要发明新的东西，如果这些过去的作品今天看起来仍然如此新鲜和与我们相关。但是，如果他们不只是接纳这些作品，而是以新的方式去做和重做它们，他们可以学到和发现很多东西。过去项目的议程和工艺的一些微妙方面可能会被带回来，但以新的方式和新的背景进行转化。在任何情况下，许多事情都在发生根本性的变化：有新的技术、新的机会、新的议程、斗争和冲突、新的生态问题、新的生存技术以及新的艺术和设计方法。年轻的艺术家和设计师应该考虑到这些新的变化，同时重新审视过去，发展他们自己的批判历史传统。

你认为艺术家接受正规教育仍然很重要吗？

KW：是的，我认为将接受正规的教育作为一个起点是完全没有坏处的。重要的是，在你实际学习的学院或大学之外，通过参与项目、团体和运动，找到一种平行的方式来补充你的正规教育。利用它提供的东西，但也要利用其他一切。这是我的感觉。我相信不是每个人都会同意，我可能同意他们应该不同意我的观点！这只是我的生活和我的方法。应该为不同的方法留有余地——我们应该有不同的意见和争论！

指定阅读

贝特霍尔德·布莱希特，《关于戏剧的写作》，法兰克福：苏尔坎普出版社，1957年，约翰·威利特译为《布莱希特论戏剧：审美的发展》，纽约：Hill and Wang，1964年。

苏珊·卡恩和佐亚·科库尔，编辑，《当代艺术与多元文化教育》，伦敦：泰勒-弗朗西斯出版集团，1996年。

罗莎琳·达驰，《伊拉克之后的广岛：艺术与战争的三项研究》，纽约：哥伦比亚大学出版社，2010年。

米歇尔·福柯，《无畏的言说》，洛杉矶：Semiotext(e)，2001年。

保罗·弗莱雷，《被压迫者教育学》，里约热内卢：Paze Terra，1968年。由迈拉·拉莫斯翻译为《被压迫者教育学》，纽约：Herder and Herder，1970年。

朱迪斯·赫尔曼，《创伤与恢复：从家暴到政治恐怖的暴力后遗症》，纽约：BasicBooks，1992年。

茱莉亚·克里斯蒂娃，《陌生的自我》，巴黎：法耶尔艺术出版社，1988年，由莱昂·S. 鲁迪兹英译为《陌生人》，纽约：哥伦比亚大学出版社，1991年。

吕西安·克罗尔，《组件：建筑应该被工业化吗？》，布鲁塞尔：绍克雷马出版社，1979年，由彼得·布伦德尔·琼斯翻译为《建筑的复杂性》，伦敦：巴茨福德出版社，1986年。

邓肯·麦考德勒，编辑，《克尔基斯多夫·沃蒂兹科》，伦敦：黑狗出版社，2011年。

伊娃·马克森，《当代艺术中的治疗性思维，或艺术中的心理治疗》，载于《心理治疗中的艺术》，第36期（2009），第131-139页。

弗里德里希·尼采，《历史对于人生的利弊》，莱比锡，德国：E. W. 弗里奇出版，1974年，彼得·普鲁斯译为《论历史对生活的利与弊》，印第安纳波利斯：哈克特出版公司，1980年。

琳达·诺克林，《现实主义》，伦敦：鹈鹕图书出版公司，1971年。

维克多·巴巴纳克，《现实世界的设计：人类生态学和社会变革》，纽约：范诺斯特朗莱因霍尔德出版公司，1984年。

雅克·朗西埃，《无知的教师：智力解放五讲》，巴黎：法雅尔出版社，1987年，克里斯汀·罗斯译为《无知的教师：智力解放五讲》，斯坦福，加利福尼亚州：斯坦福大学，1991年。

格雷格·肖莱特，《暗物质：企业文化时代的艺术与政治》，伦敦/纽约：冥王星出版社，2011年。

D. W. 温尼科特，《游戏和现实》，伦敦：Tavistock，1971年。

克尔基斯多夫·沃蒂兹科，《关键工具：写作、项目、访谈》，剑桥，马萨诸塞州：麻省理工学院出版社，1999年。

Translator Profile 译者简介

高远,艺术史研究者、策展人。中央美术学院人文学院艺术史博士,清华大学美术学院艺术学理论博士后,任教于北京工业大学艺术设计学院传媒与艺术理论系。

曾赴佛罗伦萨哈佛大学意大利文艺复兴研究中心(Villa I Tatti, 2014)及巴黎德国艺术史研究中心(DFK Paris, 2017)及佛罗伦萨艺术史研究所(KHI, 2018)访问研究。

This is the simplified Chinese edition of the English edition of "Akademie X : Lessons in Art + Life" by Rebecca Morrill.
© 2015 Phaidon Press Limited. All rights reserved.
No part of this publication may be reproduced, stored in a retrieval system or transmitted, in any form or by any means, electronic, mechanical, photocopying, recording or otherwise, without the prior permission of Phaidon Press.
The publication and sales of the simplified Chinese edition authorised by Phaidon Press and the author Rebecca Morrill.
©2021辽宁美术出版社。
著作权合同登记号：06-2021年第81号。

版权所有·翻印必究

图书在版编目（CIP）数据

无墙的学院 : 36位世界顶级艺术家的艺术和生活课 / 高远译. — 沈阳 : 辽宁美术出版社，2021.6
　　ISBN 978-7-5314-9003-6

Ⅰ. ①无… Ⅱ. ①高… Ⅲ. ①艺术家—介绍—世界
Ⅳ. ①K811
中国版本图书馆CIP数据核字（2021）第109102号

出 版 者：	辽宁美术出版社
地　　　址：	沈阳市和平区民族北街29号　邮编：110001
发 行 者：	辽宁美术出版社
印 刷 者：	天津市豪迈印务有限公司
开　　　本：	889mm×1194mm　1/16
印　　　张：	22
字　　　数：	350千字
出版时间：	2021年6月第1版
印刷时间：	2021年6月第1次印刷
责任编辑：	张　玥
版式设计：	彭伟哲　张　法
责任校对：	郝　刚
书　　　号：	ISBN 978-7-5314-9003-6
定　　　价：	360.00元

邮购部电话：024-83833008
E-mail:lnmscbs@163.com
http://www.lnmscbs.com
图书如有印装质量问题请与出版部联系调换
出版部电话：024-23835227